경찰정책학강의

윤시영
손보인

머리말

정책학의 연구 목적은 우리가 직면한 근본적인 사회문제를 바람직한 방향으로 해결하여 인간의 존엄성을 실현하는 것이다. 경찰정책도 국민들의 생명, 신체, 재산을 보호하고 공공의 안녕질서를 충실히 보장함으로써 궁극적으로는 인간 존엄성을 실현하는 것이다.

경찰의 정책목표를 구체적으로 실현하기 위해 사회적 약자보호와 갈등관리, 공공봉사 등의 진정성 있는 노력을 지속하게 되면 국민이 경찰을 신뢰하게 되고, 이러한 신뢰는 협조와 참여라는 연대가 형성되어 자연스럽게 우리가 소망하는 사회통합으로 이어진다.

국가의 기능 중 하나는 법과 질서가 잘 지켜져 국민이 안전하고 편안하게 생활할 수 있는 사회를 만드는 것이다. 이를 위해 국가는 경찰과 검찰 등 여러 법집행 기관들을 두고 있으며, 그 집행 과정에서 국민들의 일상생활은 원하지 않아도 국가에 의해 규제되고 통제되고 있다.

오늘날 안전문제는 국가의 중요한 복지지표로 새롭게 부각되면서 안전에 관한 정책의 중요성 또한 날로 더해가고 있다. 많은 사회문제들이 이해 충돌 등 갈등으로 이어져 국민생활의 안전과 공동체 질서를 위협하고 있으며, 사회통합을 해치는 이러한 문제들은 대부분 경찰의 역할과 맞물려 있다. 특히 안전을 위한 경찰의 규제는 그 대상이 국민이고 일상의 국민생활에 직접적인 영향을 미치고 있기 때문에 이에 대한 정책 연구는 대단히 중요하고 반드시 필요한 과제다.

필자는 강의를 하면서 날로 중요해지고 있는 정책분야에 대해 경찰의 입장에서 기술한 정책학 교재가 크게 부족하고 또한 장래 경찰이 되기 위해 공부하는 경찰학부 학생들이 쉽게 이해할 수 있는 교재의 필요성을 느껴 집필하게 되었다.

이 책은 시중에 나와 있는 정책학 교재가 너무 많은 내용들을 담고 있어 한학기에 소화하기 어려운 점을 감안하여 경찰학부 학생들에 대한 강의와 학습에 사용할 수 있도록 가능하면 요약하고 쉬운 문장으로 기술하려고 노력하였으나, 연구부족 등으로 그 목적을 달성하였는지 많은 아쉬움이 남아 있다.

제1편에서는 경찰정책의 개념, 특성, 연구의 필요성과 중요성, 정책 관련 주요이론, 정책과 환경 및 갈등관리 등 경찰정책학의 기초적인 이론을 설명하였고,

제2편에서는 경찰정책의 기본적인 과정과 내용으로 경찰정책의 형성과정과 집행, 그리고 정책의 평가 및 종결 등을 다루었으며,

제3편에서는 경찰정책 대안의 원천이 되는 범죄이론, 미국과 일본의 범죄예방 정책, 선진국의 범죄피해자 보호정책, 경찰의 주요정책과 경찰통계의 변화추이 등에 대해 개략적으로 정리하였다.

여러모로 부족하지만 이 책을 통해 독자적인 수사권이 보장된 현재 경찰의 높아진 위상에 걸맞게 정책에 대한 관심을 새롭게 하여 경찰이 해결해야 할 사회문제에 대해 깊이 생각하는 기회가 되기를 바라며, 또한 경찰학부 학생들이 경찰정책학을 보다 쉽게 접근하는 계기가 되었으면 한다.

이 책이 나오기까지 여러 모로 도움을 제공해 주신 경찰 관계자를 비롯한 모든 분들에게 감사의 인사를 드리며, 필자의 가족 배태화, 은정, 희정, 제임스 그리고 사랑스러운 태호, 준호에게도 이 자리를 빌어 고마움을 전하고 싶다.

2021년 2월

윤 시 영
손 보 인

차 례

제1편 경찰정책학의 기초이론

제 1 편

경찰정책학의 기초이론

제1장 경찰정책 연구의 기본개념

제2장 경찰정책의 중요성과 실패요인 분석

제3장 경찰정책의 구성 요소

제4장 경찰정책의 성격과 기능적 특성

제5장 경찰정책의 유형 분류

제6장 경찰정책과 환경

제7장 경찰정책과 갈등관리

제8장 경찰정책의 결정요인

제9장 경찰정책 과정과 배경이론

제1장

경찰정책 연구의 기본개념

제1절 정책의 개념과 학문적 발전

1. 정책의 개념

우리는 일상생활을 하면서 정치·경제적인 문제를 비롯하여 이념적 갈등과 긴장을 수반하는 수많은 사회문제와 부딪치고 있다. 정부는 이러한 사회문제를 바람직한 방향으로 변화시키기 위해 각 부처에서 여러 정책 즉 안보정책, 경제정책, 교육정책, 복지정책, 범죄정책, 교통정책 등을 생산하고 있다.

이러한 정책들은 추상적이고 무형적인 특징을 가지고 있기 때문에 자연과학과는 달리 그 개념을 간명하게 정의하기는 매우 어렵다. 정책의 개념에 대해서는 학자들의 다양한 견해들이 있지만 정책의 여러 측면 중에서 어느 측면을 강조하는가에 따라 그 견해가 달라지고 있다. 정책의 개념에 대한 외국학자들의 견해를 살펴보면

이스턴(Easton, 1965)은 "정책이란 희소한 사회적 가치의 권위적 배분"이라고 정의하고, 드로(Dror, 1968)는 "매우 불확실하고 복잡한 동태적 상황 속에서 국가 및 공공단체가 공익의 구현을 위해 만든 미래 지향적인 행동지침"으로 정의하고 있다. 또한 라스웰(Lasswell, 1951)은 "문제 해결을 위해 사회변화를 전제한 정부의 활동"이라 하였으며, 라스웰과 카플란(Lassewell & Kaplan, 1970)은 "정책이란 목적, 가치, 전략을 포함한 큰 규모의 계획"으로 정의하고 있다. 다이(Dye, 1984)는 "정부가 하기로 또는 하지 않기로 선택한 모든 것"을 정책이라 하였으며, 윌다브스키와 프레스만(Wildavsky & Pressman, 1970)은 "정책은 목표와 이의 실현을 위한 행동으로 구성된 것"이라고 하였다. 피터스(Peters, 1999)는

"정책은 정부가 직접하든 다른 기관을 통해서 하든 시민생활에 영향을 주는 정부활동의 총합"이라고 하였고, 코크란 등(Cochran et al., 1999)은 갈등을 수반하는 사회적 가치의 재분배라는 측면에서 "정책은 누가 무엇을 갖는가에 대한 투쟁의 결과"라고 정책의 개념을 정의하고 있다.

국내학자인 유훈(1990: 23)은 "정책이란 대부분의 사회 구성원과 관련있는 시급한 문제들을 권위적으로 해결함으로써 생활의 질과 공익을 향상시키고자 하는 정부 및 공공기관의 미래지향적인 활동지침 또는 활동목표"라고 정의하고 있다. 또한 정정길(2000: 52)은 "정책이란 바람직한 사회상태를 이루려는 정책목표와 이를 달성하기 위해 필요한 정책수단에 대해 권위 있는 정부기관이 공식적으로 결정한 기본 방침"이라고 정의하고 있다.

일반적으로 정책이란 사회적 상황이나 조건을 유지하거나 아니면 변경하기 위해 정부나 공적기관이 개입하는 수단을 의미한다. 정책에 대한 여러 학자들의 견해를 바탕으로 정책이 가지는 공통적인 특징들을 정리해 보면 ① 사회문제 해결이라는 바람직한 가치 즉 정책목표, ② 정책목표 달성을 위해 실질적·보조적 수단을 포함하는 최선의 수단 선택, ③ 권위 있는 정부기관의 결정, ④ 이해득실에 따라 갈등을 수반하는 등의 특징들을 가지고 있다.

이러한 맥락에서 경찰정책의 개념을 정의해 보면, ① 국민의 생명·신체·재산의 보호와 공공의 안녕질서 유지라는 바람직한 가치 즉 경찰정책 목표를 달성하기 위해, ② 정책수단으로 법집행·질서유지·공공봉사·갈등관리 등의 실질적 수단과 이를 뒷받침하는 인적·물적 자원과 정보·기술의 확보 등 보조적 수단에 대해, ③ 경찰청 등 정부기관이 공식적으로 결정한 기본 방침"으로 정의할 수 있다.

경찰정책은 일반정책과 마찬가지로 정책결정과 집행단계에서 정책으로 인한 피해집단의 저항 등 갈등을 비롯하여, 인력과 예산의 부족 등 자원부족의 어려움을 항상 수반하게 된다. 경찰정책의 성공을 위해서는 이러한 환경에 동태적으로 적응하려는 적극적이고 다양한 노력들이 있어야 한다.

2. 학문적 발전

행정 이론의 초기시대에는 행정을 기계적 능률을 다루는 관리현상으로 파악하여, 정책문제는 행정의 연구대상 관심 밖에 있었다. 그러다가 20C 들어 세계대전과 대공황을 비롯한 각종 사회문제들이 발생하고, 정부가 이에 효과적으로 대처하지 못하면서 정책문제에 대한 관심이 높아지게 된 것이다.

1929년에 시작된 세계 대공황을 계기로 행정은 양적 확대와 더불어 질적 변화를 거치면서 정책기능까지 담당하게 되었다. 특히 제2차 세계대전 이후에는 세계 여러 나라들이 국가 발전을 위해 정부 주도의 개발정책을 채택하게 되고, 정부에 의해 형성·집행되는 정책으로 인해 사회생활의 모든 영역에 큰 영향을 미치게 되었다. 이에 따라 정책내용에 대한 시민들의 관심이 높아지고, 정책에 대한 연구 또한 활발해지면서 학문적 발전을 이루게 되었다.

일반적으로 정책에 대한 논의의 출발은 라스웰(Lasswel, 1951)이 발표한 "정책지향"(The Policy Orientation)이라는 논문에서부터 시작한다고 볼 수 있다. 그는 이 논문에서 정책학적 경향이 여러 분야에 진전되고 있다고 전제하면서, 크게 "정책 과정"(policy process)과 "정책에 필요한 지식"(intelligence needs of policy)의 두 가지 방향을 제시하였다. 라스웰의 이러한 방향 제시에도 불구하고 가치와 사실을 엄격히 분리하고, 과학적 접근이 강조되던 당시의 행태주의 이론 때문에 정책학은 크게 빛을 보지 못했다.

1960년대 후반들어 미국에서 일어난 월남전 참전 반대운동과 실업·빈곤문제 그리고 흑백간 인종차별 문제 등 여러 사회적 현안들이 발생하자, 과학적 접근과 가치와 사실의 분리 등으로 현실 적합성이 결여된 행태주의는 이와 같은 사회문제를 해결하는 데 한계를 드러낸 것이다. 무엇보다 각종 사회현안들이 갖는 동태적인 현실에 대한 적응문제의 해결에 별 도움이 되지 못하였다. 이러한 행태주의에 대한 반성으로 발전하게 된 것이 바로 행동(action)과 현실 적합성(relevance)이 강조되는 후기 행태주의다. 특히 1960년대 후반 목표와 행동의 합리적 결합을 연구하는 관리과학(management science)과, 가치관과 현실성의 연관을 연구하는 전략과학(strategy science)이 새로운 계량적 방법을 개발하면서 큰 성과를 이루었다. 그리고 "인간 삶의 질"이란 관점에서 종합적인 정보를 수집·관리·활용하고 이를 정책형성과 연관시키는 것을 목적으로 개발한 사회지표(social indicators) 등은 정책내용의 연구에 새로운 지식과 방법론적 도구를 제공하게 되어 획기적인 연구 진전이 있었다(유훈 외, 1976: 31-32).

이러한 학문적 발전에 힘입어 1970년대 들어 가시적으로 나타난 도시화, 환경오염, 실업·빈곤문제를 비롯하여 흉악범죄, 에너지문제 등을 현실적으로 해결하기 위한 정책연구가 더욱 활발히 진행되었다. 우리나라의 경우 1960년대부터 도입되기 시작한 정책학은 1981년 서울대학교 행정대학원 행정학 석사과정에 처음으로 정책학 전공이 개설되었고, 이를 계기로 1980년데 후반과 1990년대 초반에 한국외대, 고려대 등 여러 대학에서 정책과학대학 및 정책대학원이 설립되고, 관심 분야도 다양해지면서 정책연구의 외연이 크게 확대되었다.

3. 인접학문과의 관계

정책을 연구하는 목적은 다양한 학문 분야에서 축적된 지식을 활용하여 각종 사회문제를 해결하는 것이다. 다양한 학문적 요소들이 상호 보완되면서 통합적으로 작용할 때 시너지 효과가 발생하여 보다 효과적인 사회문제 해결이 가능하다. 정책문제를 다루는 정책학은 정치학, 행정학, 경제학, 경영학은 물론 사회심리학 등 여러 인접학문뿐만 아니라 자연과학 분야의 지식까지 정책문제 해결에 활용되고 있다. 인접학문 중 정치학과 행정학은 학문 영역에서 정책학과 중복되는 부분이 많아 서로 구분하기가 대단히 모호하며 학자들의 관점 또한 다양하다. 여기서는 정책학과 밀접한 관계를 가지고 있는 정치학, 행정학, 경제학, 사회심리학과의 관계에 대해서 간략히 살펴보기로 한다.

1) 정책학과 정치학

정책과정이나 정치과정을 살펴보면 엄격히 구분하기가 어려운 것과 마찬가지로 정책학과 정치학을 구분하는 것 또한 쉽지 않다. 정치학은 주로 국가 권력행사나 권력행사에 영향을 미치려는 여러 세력들간의 갈등·투쟁·타협, 그리고 한정된 자원을 둘러싼 국가간의 분쟁 등의 국가 현상을 연구하는 학문이다.

정책학은 이러한 기존의 전통적인 정치학으로는 국내·외의 현실문제를 바람직한 방향으로 제때 제대로 해결할 수 없다는 비판으로부터 출발하게 되었다. 세계 대공황 등의 사회문제를 해결하기 위해 "후기 행태주의"에 입각한 현실문제 관여가 곧 오늘날 정책학의 출발점이 된 것이다.

사회문제 해결을 지향하는 정책학은 정치적 성향이나 이념에 따라 관련 정책이 크게 달라질 수 있다. 그러므로 정책학 연구는 정치체제 등 정치학에 대한 논의가 함께 이루어져야 한다. 결국 정치학은 정책학의 모태이며 많은 부분을 공유하고 있다. 다만 전통적인 정치학은 현실문제에 관여하기보다는 이론 중심적 사고에 그쳐 실용적인 측면을 간과한 반면 정책학은 기존의 정치학에서 축적된 지식은 물론 다양한 학문분야의 지식을 받아 들여 실질적인 문제해결을 그 특성(류지성, 2012: 33)으로 하고 있다.

2) 정책학과 행정학

정치학으로부터 분리된 행정학은 정책학과 마찬가지로 정치학을 모태로 하고 있다. 19C 후반의 행정학은 주로 정부의 운영과 관리를 연구하는 학문으로 행정원리에 입각한 "공공관리"에 초점을 두고 있었다. 사회문제의 본질이라 할 수 있는 개인이나 집단, 계층간의 가치충돌에 대해서는 사회과학의 과학성을 높인다는 이유로 의도적으로 연구대상에서 배제되었다.

정책학은 이러한 행태주의 방법론으로는 사회문제를 해결할 수 없다는 인식하에 여러 학문들의 경계를 허물고 사회문제의 구체적인 해결책을 찾아내는 것을 특징으로 하고 있다. 사이먼(Simon, 1947)은 정책학을 정치학과 행정학은 물론 모든 사회과학을 통합하여 사회문제를 해결하는 "초학문"으로 간주하였다. 또한 그는 정치학과 행정학에 대해서도 정책과정을 외부적 단계(external stages)와 내부적 단계(internal stages)로 나누고, 외부적 단계인 정책환경과 정책과정에 초점을 맞추면 정치학이 되고, 내부적 단계인 정책이 결정되고 집행되는 데 초점을 맞추게 되면 행정학이 된다고 했다. 이와 같이 초학문적 성격을 지닌 정책학은 많은 분야에서 행정학과 중첩되고 있다.

3) 정책학과 경제학

경제학은 생산과 분배 그리고 재화나 용역의 소비와 같은 경제현상을 연구하는 학문으로, 복잡한 경제활동에서 특정한 규칙성을 발견하여 경제현상의 원인과 결과를 탐구하고 예측하는 것을 목표로 한다. 경제정책을 수립할 때 소비와 공급, 투자, 가격 등을 어떻게 결정할 것인가에 대한 합리적 의사결정은 매우 중요하다. 합리적 의사결정 문제는 정책학에서도 중요한 과제다.

합리적 의사결정을 위한 체제분석, 관리과학, 비용편익 분석 등의 논리는 후생 경제학에서 그 기원을 찾을 수 있다. 경제학의 이러한 논리들은 정책의 합리적 결정을 위해 정책분석 및 정책평가 분야에서 주로 사용되는 기법들로 정책학의 체계화에 크게 기여하고 있다. 특히 드레온(Deleon, 1994: 79)은 정책학의 최근 연구 경향을 경제학에 근본을 둔 "비용편익 분석"에 대한 "방법론적 논의"와 그것의 "실용성"에 대한 논쟁이라고까지 하고 있다. 이와 같이 경제학과 정책학은 연구목적은 다르지만 사회문제의 해결을 위해서는 상호 보완적 접근을 하고 있다.

4) 정책학과 사회심리학

사회심리학이란 사회적 상황요인이 개인의 생각과 느낌 그리고 행동에 어떤 영향을 미치는지를 비롯하여, 개인과 단체간의 관계 등을 심리적으로 연구하는 학문이다. 정책의 유형 중에 "상징정책"은 정치체제의 정통성, 정당성에 대한 심리적 신뢰감을 증진시켜 정책순응을 확보하고 체제를 유지하려는 정책으로, 정신적·무형적 정부활동과 관련이 있다. 사회심리학적 측면에서 볼 때 국경일 제정, 국기게양, 군대의식을 비롯하여 새마을운동본부 창설 또는 문화재 보존 등은 국민들의 가치관이나 의식변화를 유도하여 체제를 유지하려는 정책이다. 이는 정부의 정책이 성공하기 위해서는 사회심리학적 지식까지 활용해야 한다는 것을 의미한다.

경찰정책의 집행에 있어서도 '집회 및 시위에 관한 법률'이 일선 현장에서 잘 지켜지지 않는 것은 바로 정책순응과 관련되는 문제다. 야간 집회 및 시위와 관련하여 사회의 안녕질서를 위해 최소한의 규제가 필요하다는 경찰측의 입장과는 달리 집회·시위 주최측은 집회·결사의 자유는 헌법상 권리로 경찰의 규제는 헌법 위반이라며 헌법 소원을 제기하는 등 끊임없이 문제를 제기하고 있다. 이는 결국 국민들의 정책순응 없이는 집회 및 시위와 관련된 정책이 성공할 수 없다는 것을 의미 한다. 정책순응을 위해서는 사회 심리적 요인을 고려한 정치·사회적 합의가 있어야 가능하다. 정책학은 사회심리학 분야에서 축적된 지식을 활용하는 측면에서 상호 보완적 연관성을 갖고 있다.

제2절 경찰정책 연구의 필요성과 목적

1. 경찰정책 연구의 필요성

오늘날 우리사회는 국내·외적으로 해결해야 할 다양한 사회문제들을 안고 있다. 국제적으로는 북한 핵을 비롯한 핵 확산의 문제, 테러리즘, 종교와 자원, 교역 등을 둘러싼 국가간의 분쟁 등이 있다. 국내적으로는 빈부격차와 실업문제, 환경문제와 이념·지역·세대간 갈등, 성폭력·가정폭력 등 범죄문제, 이익집단들의 집단이익을 위한 불법행동 등 각 분야에서 복잡하고 다양한 사회문제들이 발생하고 있다.

이러한 사회문제들은 단시일 내에 해결되기는 어렵겠지만, 정부가 충분한 시간과 강한 의지를 갖고 노력하면 문제가 해결되거나 최소한 완화시킬 수는 있다는 것이 일반적인 기대이다. 그러나 현실에는 사회문제 해결을 위한 정부의 의지와 재원투자 등의 다양한 노력에도 불구하고, 의도한 대로 사회문제가 해결되지 않거나 완화 되지 않는 경우가 많다. 특히 국내의 사회문제들을 시장에만 맡겨 놓을 경우, 자원배분이 비효율적인 "시장실패"(market failure)나 "정부실패[1)]"로 나타나는 경우를 종종 볼 수 있다.

정책연구의 필요성은 '사회문제 해결을 위한 정부 정책이 왜 의도한 목표를 달성하지 못하는가?'라는 실용적 의문에서 출발한다. 경찰정책과 관련된 실용적 의문의 예를 들면, "사형제도가 실제 흉악범죄를 줄이는 데 과연 효과가 있었는가? 도심 교통정체를 해소하는데 신호등 연동체계는 얼마나 도움이 되었는가?" 등을 들 수 있다. 그리고 경제정책의 예로는 "감세정책은 일자리 창출 등 경제적 효과가 어느 정도였는지?" "공공근로는 일자리 창출에 어느 정도 도움을 주는지" 등이 있다. 사회문제 해결을 위해서는 이러한 실용적 의문과 더불어 그 정책의 가치판단과 함께 정책과정에 필요한 사실적·과학적 지식 등이 있어야만 정부가 의도한 바람직한 방향 즉 정책 목표를 보다 효과적으로 달성할 수 있다.

라스웰(Harold D. Lasswell)은 1951년 러너(Daniel Lerner)와 함께 편집, 출간한 "정책과학: 전망과 방법에서의 최근 발전"(The Policy Sciences: Recent Development in Scope and Method)의 서문에서 정책연구의 필요성과 목적에 대해 "정책연구는 기본적으로 현실성을 띠어야 하며 민주주의를 실현하는 데 필요한 지식을 창출해 인간의 존엄성을 실현하는 것이 목적"이라고 했다. 이는 특정정책이 민주적 가치나 인간의 존엄성 그리고 사회정의에 부합하느냐의 가치판단을 위해서 정책연구가 필요하다는 것을 의미한다. 가치판단의 문제를 보면 사형제도는 과연 좋은 제도인가? 대대적인 CCTV 설치는 범죄예방과 수사를 위한 바람직한 조치인

---

1) 정부실패의 원인으로는 특혜와 부정 등 관료제 병리, 행정책임의 불분명, 행정수요의 폭증과 정부정책의 측정곤란 및 능력의 한계, 조직내부 목표에 집착하는 경향, 규제행위가 또다른 사회·경제적 문제를 야기하는 파생적 외부효과 등이 있다.

가? 감세정책은 사회정의에 부합하는가? 국민편의를 위해 운전면허제도를 간소화해야 하는가? 일자리를 새로 만들기 위해 공공근로를 늘려야 하는가? 등이 여기에 해당한다.

한편 드로(Dror, 1989: 3)는 정책분야에 축적된 지금까지의 지식과 실제 정책이 만들어지고 집행되는 맥락이 크게 다르다고 전제하면서, 오늘날 사회문제 해결을 위해서는 매우 세련된 기술이 요구되지만, 정부의 정책결정 기구는 이에 미치지 못하기 때문에 정책연구가 필요하다고 보고 있다.

정책연구는 정책의 가치판단과 함께 자료수집과 분석과정 등의 과학적 연구를 통해 실제 사회문제를 해결하는 데 필요한 지식을 얻는 것이다. 경찰정책의 연구도 사회안전 및 질서유지와 관련된 경찰정책이 민주적인 가치에 부합하는가의 가치판단 문제를 비롯하여, 정책결정과 집행에 필요한 사실적·과학적 지식의 축적과 함께 실제 집행과정에서 빚어지는 갈등 조정 등의 해결책을 강구하기 위해 필요한 것이다.

● 정부실패 사례(울진공항, 양양공항)

울진공항은 2005년 공정률 85% 상태에서 공사가 사실상 종료되었다. 지금까지 들어간 정부예산 만 1,147억원으로 거액을 들여 만들어 놓고서 저가 항공사 정비공장이나 군 대체공항으로 사용하자는 제안만 있다, 양양공항은 2002년 개항 이후 484억 원의 누적적자를 내고 있으며, 최근에도 계속 매년 100억원 이상 적자를 보고 있다. 이러한 상황에서도 지방공항 건설 움직임은 잦아들지 않고 있다. 지방자치단체들이 이렇게 큰 돈이 들어가는 공항을 세우자고 나서는 이유는 건립비용을 중앙정부가 모두 부담하기 때문이다. (조선일보, 2008.8.2)

2. 경찰정책 연구의 목적

정책이란 일반적으로 우리가 직면하고 있는 근본적인 사회문제를 바람직한 방향으로 변화시키기 위해, 정부가 현재의 상황이나 조건들을 유지 또는 변경시키려고 할 때 사용하는 개입 수단이라 할 수 있다. 사회의 근본적인 문제를 바람직한 방향으로 변화시키는 것은 정부의 의지나 노력만으로 되는 것이 아니다. 정부의 의지와 재정투자 등 노력뿐만 아니라 지금까지의 모든 학문적 지식을 종합적으로 활용하지 않고는 불가능하다.

라스웰(Harold D. Lasswell, 1951: 15)은 대공황, 세계대전 등 인류문명 발달과정에서 야기되는 근본적인 사회문제는 사회·인류·심리 학자와 정신분석 학자들의 일련의 지적 노력을 종합하여 해결책을 강구한다면 큰 어려움이 없을 것이라고 했다. 또한 그는 정책에 대한 연구를 민주주의 정책학(The policy sciences of democracy)이라고 표현하면서, 정책연구를 통해 민주주의를 실현하는 데 필요한 지식을 창출해 인간의 존엄성을 충실히 실현하는 것이 정책과학의 궁극적인 목적이라고 하였다. 그러므로 정책연구의 목적은 우리가 지금까지 축적한 모든 지식을 활용하여 "사회의 근본적인 문제의 해결"을 도모하고 궁극적으로는 인간 존엄성을 실현하는 것이다.

오늘날 민주주의와 인간 존엄성의 실현문제는 많은 부분에서 경찰업무와 연관되어 있다. 헌법상 보장된 기본권인 양심의 자유, 표현의 자유, 집회·결사의 자유 등은 타인의 자유와 권리를 침해하지 않는 한 최대한 충실하게 보장되어야 한다. 경찰정책 집행과정에서 국민의 기본권 침해와 관련하여 법률을 위반한 경찰관의 처벌은 논외로 하더라도 경찰관의 공복의식에 따라서는 국민의 기본권이 교묘히 침해될 수도 있고 더 충실히 보장 될 수도 있다.

또한 우리사회에는 개발에 따른 환경파괴를 비롯하여 북한 핵을 둘러싼 안보문제, 빈부격차, 이념갈등, 가족공동체의 해체, 성폭력·가정폭력과 흉악범죄의 급증, 이익집단의 무질서한 집단행동 등 여러 사회문제들이 경찰업무와 직·간접적으로 연관되어 있다. 이러한 사회문제들이 바람직한 방향으로 해결되지 않으면, 결국 인간 파괴와 질서 파괴로 이어져 불안한 사회를 만들고 나아가서는 공동체 사회의 붕괴를 가져와 인간 존엄성을 훼손하게 된다. 경찰의 존재 이유는 갈등을 비롯한 여러 사회문제를 잘 관리하고 통제함으로써 인권을 보호하고 사회질서를 평온하게 유지하는 것이다. 따라서 경찰정책의 연구 목적도 국민생활의

안전과 질서를 확실히 보장함으로써 궁극적으로는 민주주의와 인간 존엄성을 실현하는 데 있다

제3절 경찰정책학의 연구대상과 접근방법

1. 정책학의 등장배경

정책학은 행태주의 정치·행정학이 지닌 약점을 극복하기 위해 1960년대 미국에서 등장한 학문이다. 행태주의는 논리실증주의를 철학적 배경으로, 제도내의 인간 행태와 실제 행동을 중시하고, 경험적·주관적 현상을 과학적 방법으로 법칙을 정립하는 것이다. 이러한 행태주의는 1960년대 미국의 흑인 폭동과 월남전 참전반대운동 등 사회적 혼란 상황에 대처하는 데 한계를 드러냈다는 점은 이미 앞에서 설명한 바 있다. 인간 행태의 연구나 과학적 방법의 적용만으로는 첨예한 갈등을 내포하고 있는 현실문제를 해결하는 데는 아무런 도움이 되지 못한다는 반성으로 나타난 것이 후기 행태주의이다.

이스턴(David Easton)이 주도한 후기 행태주의는 사회적 적실성과 처방성을 중심으로 한 현실문제 해결을 강조하고 있다. 그러므로 정책학은 사회문제의 적실성 있는 현실적 해결을 위해 정책목표 설정에서부터 수단선택과 정책집행 등 정책과정 전반을 연구하고, 아울러 정책결정자 등 이와 관련된 사람들에 대한 행태를 연구하는 학문이다.

2. 경찰정책학의 연구대상

정책학의 등장 배경인 현실문제의 적실성 있는 실질적 해결이라는 관점에서 경찰 정책학의 연구대상을 정리해 보면, 먼저 경찰정책의 목표는 “안전하고 질서 있는 사회”를 만드는 것이다. 따라서 경찰은 정책목표인 범죄로 인한 사회 불안이나 무질서 등으로 인한 사회혼란을 해

결하기 위해, 적실성·처방성 그리고 민주적 가치와 행동에 역점을 두고, 국민의 "안전과 질서"라는 문제지향적인 경찰정책을 결정하고 집행해야 한다. 또한 결정된 정책은 공정하고 효율적으로 집행하고, 그 결과를 평가하여 파악된 문제점 등은 다음 정책으로 환류시켜야 한다. 이러한 정책결정에서부터 결과 평가에 이르기까지 정책과정 전반을 연구하는 것이 경찰정책학의 연구대상이다.

아울러 규제적 성격이 강한 경찰정책의 특성을 감안할 때, 다양한 시민사회의 요구에 대응하는 배분적·규제적 정책 연구와 함께 경찰정책의 결정자, 집행자, 로비집단, 시민단체, 수혜자 및 고객 등 정책 과정상에 참여하는 모든 행위자들의 행태 연구와 이들간의 갈등을 관리하는 것도 경찰정책학의 주요 연구 대상이다. 정의를 내리면 경찰정책학은 안전과 질서라는 정책 목표를 핵심으로 정책의제 형성에서부터 정책결정·집행·평가·환류의 정책과정 전반과 함께 정책관련 행위자의 행태 연구 및 갈등관리 등을 연구하는 학문이라 할 수 있다.

3. 경찰정책 연구의 접근방법

"접근방법"(approach)은 논리의 체계를 뜻하며, 정책학의 접근방법이란 정책현상을 논리적으로 설명하는 방법을 말한다. 정책학은 문제해결을 위한 인접 학문간 상호작용의 결과라고도 할 수 있으므로 다양한 방법에 의해 접근된다. 정책연구의 가장 대표적인 유형을 보면, 첫번째 유형의 정책연구는 정부의 정책목표는 무엇이고, 그 목표는 어느정도 성취되었는가에 답하는 정책목표의 성취 여부에 대한 연구이고, 두번째 유형은 정책결정자 집단에 정책대안에 대한 정보를 제공함으로써 최적의 대안을 최종 결정할 수 있는 정책적 조언을 하기 위한 연구이며, 세번째 유형은 정책사례 연구로, 교육·교통·외교 등 개별정책과 관련되어 제기된 문제의 양상, 그 문제해결을 위한 정부의 노력, 정책관련 집단 등을 중심으로 정책결정과 집행과정에 대한 사례를 연구하는 것이다(Edwards Ⅲ & Sharkansky, 1978: 4-5).이 외에도 다양한 정책연구 방법이 있으나, 모든 유형의 정책연구는 그 특성에 따라 크게 경험적·실증적 접근방법과 규범적·처방적 접근방법으로 구분해 볼 수 있다(류지성, 2012: 27).

경험적·실증적 접근방법은 경험한 사실에 대해 과학적 방법을 동원하여 일정한 법칙을 정립하거나 사실 중심의 존재를 연구하는 접근방법이다. 반면에 규범적·처방적 접근방법은 가치문제와 처방성에 연구 중심을 두고 있다. 규범적 접근방법은 무엇이 가장 "바람직한 가치"인가의 가치판단적 접근이고 당위(sollen)에 관한 연구를 말한다. 그리고 처방적 접근방법은 인지된 정책문제를 해결하기 위한 "처방"을 목적으로 수행되는 연구방법이다. 규범적 접근방법과 처방적 접근방법은 서로 구별되는 개념이지만, "문제해결 지향성과 실용성"이라는 공통된 특징을 가지고 있다. 경험적·실증적 접근방법과 규범적·처방적 접근방법에 대해 요약하면 다음과 같다.

1) 경험적·실증적 접근방법

경험적·실증적 접근방법(empiricial-positive approach)은 경험한 사실을 연구 대상으로 하기 때문에 있는 그대로의 사실 중심의 존재(sein)에 대한 연구다. 경험적·실증적 접근방법에서 논의해야 할 중요한 개념으로는 "과학적 도구주의"(scientific instrumentalism)와 "가치 상대주의"(value relativism)가 있다.

이 두 개념은 정책 연구에 있어 "가치" 문제 취급에 대한 기준을 제공하기 때문에 매우 중요하다. "과학적 도구주의"는 과학이라는 도구를 사용하여 정책 혹은 사회현상을 연구하는 것을 말한다. 과학적 도구주의에 의한 정책연구의 특징은 가치와 사실을 엄격히 분리해 다루고, 가치는 주어진 것으로 과학적으로 다룰 수 없는 문제로 본다.

그리고 "가치 상대주의"는 가치·윤리·도덕적 기준은 절대적인 기준에 의해 합리적으로 논의될 수 없다는 입장으로, 가치·윤리·도덕적 기준은 비합리적인 욕망이나 요구에 대한 표현으로, 그것의 진위는 상대적으로 이루어질 수밖에 없다는 관점이다(Dunn, 1989: 93).

경험적·실증적 접근방법에 기초하여 경찰정책의 하위 접근방법들을 구조화 시켜보면 제도론적 접근, 행태론적 접근, 법률적 접근, 체제론적 접근, 범죄경제학적 접근 방법(이상안, 2005: 42-48) 등이 있다.

(1) 제도론적 접근방법

제도론적 접근방법은 제도와 관련된 정책연구 접근방법으로 주로 관료제의 분석과 이해를 통해, 현대조직이 가지는 가치와 질서를 찾아내는 접근방법이다. 최근의 대표적 연구로는 머어튼(R. K Merton)의 연구가 있으며, 그는 사회조직과 인격형성의 상호의존 관계를 전제로, 관료와 시민간의 갈등을 구조적 측면에서 그 원인을 규명하고, 또 관료제의 병리현상을 연구·제시함으로써, 보편적으로 인정할 수 있는 관료제적 행태의 문제점을 지적하고 있다. 본래 행태주의자들은 엄격한 논증방식의 존중 때문에 규범적 문제를 회피하나, 이 제도적 접근에서는 강한 규범적 흐름을 바탕에 두고 관료제를 분석하고, 관료제의 성격을 변화에 저항적이고 강력한 특권층을 형성함으로써 통제에서 벗어나려는 집단이라고 규정하고 있다.

경찰조직은 10만이 넘는 대규모 인력과 계층제적 구조, 하향식 의사결정 등의 전형적인 관료제 조직형태를 띠고 있다. 경찰조직을 가장 능률적이고 효과적인 조직으로 설계하기 위해서는 먼저 경찰관료제의 병리현상을 파악하고 쇄신하려는 정책연구가 있어야 한다. 경찰 관료제의 병리현상 연구와 더불어 조직의 "특별권력 관계적" 성격에서 오는 경직성 즉 유연성 부족 때문에 발생하는 경찰과 시민간의 갈등 등의 비효율을 어떻게 최소화시킬 수 있을까에 대한 정책적 접근 또한 필요하다. 이는 조직의 발전뿐만 아니라 생존에도 중요한 역할을 한다. 제도론적 접근방법은 경찰의 조직구조, 인력관리, 업무배분 등 조직 내부 문제와 더불어 경찰과 시민간의 관계 분석에 주로 초점을 두는 연구 접근방법이다.

(2) 행태론적 접근방법

행태론적 접근방법은 행정학 연구의 한 방법론인 행태론에 기초하여 제도 및 구조보다는 개인의 행위나 사회집단의 행태 등 인간적 요인의 연구에 초점을 맞추는 접근방법이다. 이 접근방법은 인간행태의 인과관계를 경험적·실증적으로 밝히는 데 목적이 있다. 경찰정책의 경우 조직이나 기구보다는 경찰관 개개인의 행위나 활동 그리고 시민과의 관계 등에서 나타나는 행태를 주요 연구대상으로 한다. 다시 말하면 내부적으로 동기부여, 공복의식 등 경찰관 행태와 관련된 문제를 비롯하여 대외적으로 일반 시민과의 관계에 있어 경찰관의 태도 등에 대한 정책적 연구를 말한다. 행태론적 접근방법은 인간 외면의 객관적 행태는 설명할 수 있지만 인간의 내면을 파악하는 데는 한계가 있으며, 가치와 사실을 엄격히 분리하는 것도 현실에서는 어려운 일이다.

이러한 연구방법은 많은 부분 사회심리적 방법에 의존하기 때문에 조직내부 문제의 분석은 잘 할 수 있을지 모르나, 행정의 목적의식이나 가치가 배제되어 절차를 중시하는 관료제의 병리 현상만 조장할 위험소지도 안고 있다. 그러나 오늘날의 정책연구는 이념과 규범, 가치판단의 문제 극복과 함께 시민참여를 통한 민주성과 공공성, 형평성과 책임성 보장이 더욱 중요해지고 있는 현실을 감안할 때 경찰정책의 행태론적 접근방법은 사회문제 해결을 위한 적실성과 처방성 측면에서 상당한 한계를 안고 있다.

(3) 법률적 접근방법

법률적 접근방법은 행정과정에서 절차의 합법성을 강조한 것으로, 민주주의 국가에서 가장 중요시되는 법치주의 원리에 기초하고 있다. 절차의 합법성이 무엇보다 중요한 경찰행정은 보건·복지 등 적극적인 조장행정과는 달리 소극적인 질서유지 행정이라 할 수 있다. 이와 같은 질서유지 행정이 봉사에 그치지 않고 시민의 권리 규제와 제한에 관계될 때는 더욱 엄격한 법적 해석과 집행이 요구된다. 합법성이 담보되지 않은 가운데 이해관계자의 충돌이 있을 경우에는 그 분쟁을 해결할 방법이 없기 때문이다.

따라서 법치주의 원리에 바탕을 둔 민주사회의 경찰은 엄격한 법적 해석과 집행에 대한 정책연구는 물론이고 헌법과 법률 그리고 명령·규칙 등으로 행정절차의 합법성을 확보하려는 정책연구 또한 병행되어야 한다. 특히 이념이나 가치와 관련된 갈등으로 법적 분쟁이 있을 경우에 갈등을 최소화하기 위해서는 정치적 타협을 통한 입법화로 해결하는 것이 가장 바람직하다. 그렇지 못할 경우 법적 책임문제로 현장 경찰관의 적극적인 정책집행을 기대할 수 없기 때문이다.

경찰의 법 집행 정당성과 행정절차의 합법성을 보장받기 위한 이러한 입법화 노력은 규제행정의 속성상 나타나는 정책 대상집단의 반발을 최소화 하기 위해서도 반드시 필요하다. 입법화 노력과 더불어 행정의 민주성을 보장하고 경찰권의 자의적 행사나 권한 남용을 방지하는 제도적 장치도 정교하게 정비되어야 한다. 법률적 접근방법은 이상적인 제도, 행동 등을 법제화하면 안정적인 사회질서가 유지될 것이라는 믿음을 전제로 하고 있다. 그러나 현실에 있어서는 법과 제도 이면에서 움직이는 동태적인 측면이 충분히 고려되지 않아 이러한 믿음이 제대로 작동되지 않는다. 이러한 측면을 극복하기 위해서는 다른 접근방법으로의 보완이 필요하다.

(4) 체제론적 접근방법

체제론적 접근방법은 행정을 하나의 "체제"로 파악하는 접근방법을 의미한다. 체제란 일정한 관계를 가지고 질서를 유지할 때 만들어지며 "상호작용하는 요소들의 집합체"로 정의할 수 있다. 체제이론은 1950년대 생물학 분야에서 생명체의 다양한 유형과 수준의 관계를 인식하기 위해 처음 사용되었으며, 그 후 체제적 사고의 실용성 때문에 다른 학문분야에서도 폭넓게 적용되어 오늘에 이르고 있다. 우리 몸을 체제이론에 맞추어 설명해 보면 소화기관은 입, 치아, 혀, 식도, 위 등의 단위로 구성되며, 이들은 서로 연계되어 기능함으로써 소화시킨다. 이와 같이 단위별로 구성된 소화체제는 소화라는 목표달성을 위해 서로 연계되어 기능을 하게 된다. 행정도 체제의 구성요소인 환경, 목적, 하위체제 등이 목표달성을 위해 서로 연계 기능을 하고 있다. 따라서 체제이론은 사회전체를 상위체제로 보고 다양한 사회기능을 하위체제의 경계로 삼아 행정체제, 정치체제, 경제체제 등으로 구분하여, 하위체제들의 각 기능과 하위체제들간의 유기적 상호작용 등을 논의한다. 개방형 체제인 행정체제는 일반적으로 환경·투입·전환·산출·환류의 다섯 가지 구성요소로 이루어진다. 경찰정책도 마찬가지로 사회환경으로부터 치안문제가 제기되면서 투입과 산출이 이루어지고 환류되고 있다.

경찰정책의 체제론적 접근방법은 환경과 상호 영향을 주고 받으면서 경찰에 대한 국민의 요구가 어떻게 투입되고, 어떤 정책이 산출되어 집행·환류되는지에 관한 연구 접근방법이다. 체제의 기본모형을 그림으로 단순하게 요약하면 [그림 1-1]과 같다.

[그림 1-1] 체제의 기본모형

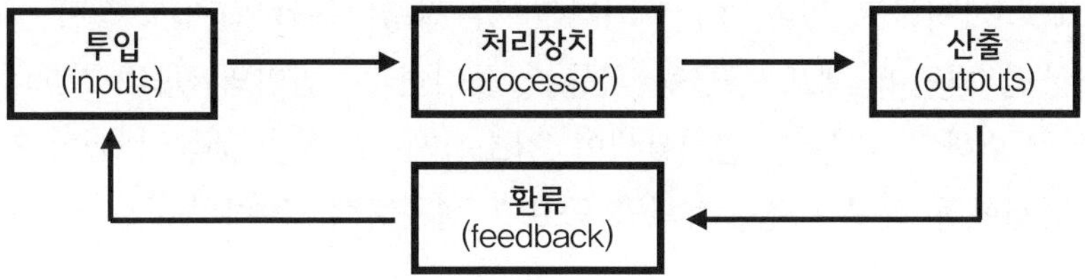

투입 (inputs) → 처리장치 (processor) → 산출 (outputs) → 환류 (feedback) → 투입 (inputs)

(5) 범죄경제학적 접근방법

범죄와 무질서를 바로잡아 안전하고 질서있는 사회를 만들기 위해서는 많은 시간과 비용이 소요된다. 범죄와 무질서의 발생과 억제에 관련된 시간과 비용 즉 경제적 측면에서 연구하는 방법이 범죄경제학적 접근방법이다. 범죄 참가의 일반 이론을 제시한 베커(Becker)는 우선 기본 논점으로. 모든 개인을 효용 극대주의자로 전제하고 있다. 그에 의하면 개인의 행동결정은 범죄행위에 참가함으로써 얻게 될 효용(utility)과 정상적이고 합법적인 노동에 시간과 자원을 투입함으로써 얻게 될 효용을 비교하여, 효용이 크다고 판단되는 쪽으로 행동을 결정한다는 것이다.

이때 개인이 범죄 행동을 결정하는 것은 동기가 달라서 그런 것이 아니라 범죄행위를 다시 B/C분석(이익과 비용)개념으로 인식하여 결정한다는 것이다. 즉 B요인으로는 금전이익·작업환경개선·소득증가·타인에 대한 육체적 해악·쾌감 등으로 계산하고, C요인으로는 체포될 확률과 위험부담 그리고 선고 후 형집행에 대한 고통 등을 합리적이고 경제적으로 고려하여 판단하는 태도상의 차이 때문이라고 보았다. 이는 범죄행위로 얻어지는 효용 즉 금전적 이득과 폭행으로 얻는 쾌감 등이 체포될 위험 및 형 집행에 대한 고통 등과 비교하여 범죄를 저지를지 말지를 결정한다는 것을 의미한다.

범죄자가 자기 행동을 B/C분석에 의해 판단할 때 결국 범죄행위로 인한 이득보다 손실이 크다는 인식을 갖게 하는 것이 경찰 및 형사정책의 중요한 과제가 된다. 범죄자에게 이익보다 손실이 크다는 점과 처벌의 확실성과 가혹성을 인식시킴으로써 범죄를 줄일 수 있다고 보는 베커의 범죄행위의 경제이론은 오늘날 범죄 예방정책과 형사정책의 결정에 크게 기여하고 있다. 이는 경찰의 법 집행비용인 인력과 장비 등이 증가하면 범인이 체포 구금될 확률이 증가하고, 범인의 범죄 기대이익 또한 감소하기 때문에 범죄발생이 감소하게 된다는 것을 의미하므로, 범죄경제학적 연구는 경찰정책의 중요한 접근방법 중 하나다.

2) 규범적·처방적 접근방법

규범적·처방적 접근방법(normative-prescriptive approach)은 실용적인 연구 경향에서 그 특성을 찾을 수 있다. 규범적 접근과 처방적 접근은 서로 구별되는 개념이나, 이들을 함께 설명하는 이유는 "문제해결 지향성과 실용성"이라는 공통된 특징을 가지고 있기 때문이다(류지성, 2012: 30). 규범적 접근은 가치판단과 당위에 관한 연구에 초점을 두고 있는 반면 처방적 접근은 최선의 수단선택 등 처방을 목적으로 합리적·분석적 연구를 하는 접근 방법이다.

(1) 규범적 접근방법

규범적 접근방법(normative approach)은 "무엇이 가장 바람직한 가치"인가를 연구하는 접근방법을 말한다. 따라서 규범적 접근방법에 의한 정책연구는 정책이 추구하는 가치문제를 주로 다루며, 이는 정책이 추구하는 가치에 대해 지지하거나 반대하는 "정책주장"(policy claims)으로 나타난다. 일반적으로 정책결정은 사회의 다양한 이해관계를 반영해 최종 결정되는 것이므로, 어떤 가치가 더 많이 반영될 것인지에 대해서는 항상 논란이 있다. 정책주장은 정책이 추구하는 가치에 대한 옳고 그름 또는 좋고 나쁨과 같은 가치판단이며, 특정정책을 좋거나 옳다고 주장하는 근거로는 "객관적인 문제분석", "직관적인 통찰력", "실용적 동기" 등이 있다(Dunn, 1989: 92).

규범적 접근방법에 의한 정책연구는 어떤 경우라도 가치와 분리되어 논의될 수 없다는 관점 즉 "가치 의존적"(value dependent) 혹은 "가치 비판적"(value critical)인 입장에서, 가치 문제도 "사실"과 같이 합리적으로 접근하여 정책주장을 펼친다. 여기에서 가치 의존적 혹은 가치 비판적이란 "가치"나 "윤리적 기준과 규칙"을 개개인의 감정적 표현이나 선호에 의하지 않고 그 사회에서 통용되는 이상적 기준(ideal standard)에 따라 판단하는 것을 의미 한다(류지성, 2012: 31). 예를 들면 신고 포상금 제도의 경우 질서유지에 효과적인 옳고 좋은 제도인가 아니면 사회적 신뢰를 훼손하는 잘못된 나쁜 제도인가의 가치판단에 따라 국민들은 그 정책을 지지 또는 반대하게 되고, 그 결과를 반영하여 정책을 결정하게 된다는 것이다. 이와 같이 주로 가치문제를 다루는 것이 규범적 접근방법이다.

(2) 처방적 접근방법

처방적 접근방법(prescriptive approach)은 인지된 정책문제를 해결하기 위한 "처방"을 목적으로 수행되는 연구방법을 말한다. 이것은 의사가 환자를 진찰하고 "처방"하듯이 정책문제 해결을 위한 구체적인 전략을 제공하기 위한 것이다. 처방적 접근방법에 의한 정책연구의 구체적 방법은 경험적·실증적 접근방법의 연장선상에서 찾아 볼 수 있다. 이것을 청소년 범죄를 예로 들어 설명하면 다음과 같다.

청소년 범죄에 대한 정책연구는 그 문제에 대한 분석·기술적 연구에서부터 시작된다. 먼저 청소년 범죄에 대한 성별·연령별·지역별·범죄유형별 등과 같은 청소년 범죄에 대한 전반적인 양상과 추세를 분석·기술하여 청소년 문제의 심각성을 제기한다. 그리고 청소년 범죄를 설명하기 위해 그 원인을 밝혀내고, 결손가정·유해환경 등이 그 원인으로 규명되면 청소년 문제를 설명할 수 있는 이론이나 명제를 구성한다. 문제를 야기하는 원인이 규명되면 그 원인을 적절히 통제하여 문제에 대한 처방을 할 수 있도록 한다. 스쿨 존(school zone)을 설정해 운영하거나 유해업소 출입금지와 같은 "처방"을 함으로써 그 문제를 해결하거나 완화시키는 것이다.

처방적 연구는 문제해결을 위해 이미 밝혀진 인과관계와 축적된 지식을 활용해 최선의 문제 해결책을 모색하는 것이다. 이러한 처방적 정책연구는 앞서 언급한 경험적·실증적 접근방법 및 규범적 접근방법과 분리해서 논의할 수 없다. 경험적·실증적 방법에 의해 얻어진 지식과 인과관계는 문제해결의 방향을 제시해 주고, 규범적 접근방법은 그 문제와 관련된 우리사회에서 통용되는 일반적인 가치 기준을 제공하기 때문이다. 정책문제의 실질적 해결을 위해서는 이와 같이 모든 방법에 의한 포괄적 정책연구가 있어야 한다(류지성, 2012: 28-32).

"문제지향성"과 "다학문성" 그리고 규범적 특성을 갖고 있는 정책학은 다양한 학문 분야에서 축적된 지식을 활용하여 주어진 사회문제를 해결하는 것을 목적으로 한다. 정책연구는 이러한 축적된 지식들을 바탕으로 가치문제를 포함한 여러 연구방법들을 종합적으로 활용해야만 최선의 정책대안이 선택되고 결정될 수 있을 것이다.

제2장

경찰정책의 중요성과 실패요인 분석

제1절 경찰정책 연구의 중요성

1. 국민생활의 안전과 질서

국가의 중요한 기능 중 하나는 법과 질서를 잘 유지하여 국민이 안전하고 편안하게 생활할 수 있도록 하는 것이다. 이러한 국민의 안전과 사회공공의 질서유지는 경찰의 가장 중요한 정책목표이자 존재 이유다. 오늘날 대부분의 사회문제들은 이해충돌 등 갈등으로 이어져 국민생활의 안전과 공동체 질서를 위협하고 있다. 이러한 안전과 질서를 위협하는 사회문제들은 대부분 경찰의 역할과 맞물려 있으며 결국 경찰이 주도적으로 해결해야 할 과제들이다.

최근 급격히 늘어나고 있는 흉악범죄나 성폭력 범죄 등은 그간 사회교육이나 경찰의 예방활동과 강력한 단속 등으로 충분히 억제될 수 있을 것으로 생각해 왔다. 그러나 현실은 여전히 이러한 범죄는 줄어들지 않고 있다. 이 문제를 해결하기 위해서는 먼저 왜 이런 현상들이 빚어지고 있는가, 정부나 경찰의 이에 대한 정책이 실제로 잘 집행되어 효과를 보고 있는가, 지금까지의 이러한 정책을 계속할 것인가 아니면 축소하거나 종결할 것인가, 경찰은 또 범죄와 관련하여 어떤 노력을 더 기울여야 할 것인가 등의 의문에 먼저 답해야 한다. 이를 바탕으로 그간의 경찰을 비롯한 정부 관련부처의 노력을 진단하고 그 해결책을 찾아야 한다. 원인 진단을 거쳐 찾아낸 해결책 즉 정책을 통해 안전하고 질서있는 사회가 될 수 있도록 정부가 정책적 개입을 하는 것이다.

사회불안을 야기하고 공동체 질서를 위협하는 사회문제는 대부분 경찰의 보호, 관리 및 규제의 대상으로 되어 있다. 특히 경찰의 규제는 그 대상이 일반 국민이고 국민 생활에 직접적인 영향을 주기 때문에 신중하게 다루어져야 한다. 경찰정책 연구의 중요성과 필요성도 바로 여기에 있는 것이다. 안전문제가 복지지표로 새롭게 부각되면서 그 중요성이 날로 더해가고 있는 오늘날 경찰의 역할과 부담은 점점 더 커지고 있지만 그 대응에 있어서는 인력과 예산의 부족, 법규의 제정이나 정비 미흡 등 여러 현실적인 요인들로 인해 효과적인 대응을 어렵게 하고 있다.

경찰 내부요인으로도 무책임, 무소신 또한 문제해결을 어렵게 하는 요인이 되고 있다. 특히 인력이나 예산 등에 있어 과소공급 문제들을 해결하기 위해서는 더 많은 국민 부담이 필요하나, 정치권을 비롯한 정부가 이에 대한 효과적인 해결책을 찾지 못하고 있다. 범죄 발생에 따른 엄청난 사회적 비용을 보더라도, 과소공급 문제는 반드시 해결되어야 한다. 형사정책연구원이 발표한 "범죄의 사회적 비용추계"를 보면 국민생활의 안전확보를 위한 경찰정책 연구의 중요성을 잘 이해할 수 있다.

● 살인마 3명 사회적 비용 5557억원

법무부가 국회에 제출한 자료에 따르면 사회적으로 큰 파장을 일으켰던 연쇄 살인범 유영철과 강호순, 서진환 등 3명이 저지른 범죄로 인해 발생한 사회적 비용은 모두 5,557억원으로 이는 중형 승용차 2만 7,700여대에 해당하는 가격이며 수형자 4만 5000명을 관리하는 교정본부 예산(2013년 기준, 1조 1,386억원)의 절반과 맞먹는 금액이다. 범죄자 별로는 중곡동 부녀자 살인사건의 범인 서진환의 경우 살인 1건과 강도 4건, 성폭행 5건, 폭력 2건, 절도 2건 등 모두 14건의 범죄를 저질러 186억원의 사회적 비용을 발생시키고, 희대의 살인범 유영철은 살인 21건과 강도 1건, 성폭행 1건, 절도 2건 등 총 25건의 범죄를 저질러 3,639억원의 사회적 비용을 초래했고, 살인 10건을 저지른 강호순은 1,731억원의 사회적 비용을 발생시킨 것으로 집계됐다. 이번 분석은 2011년 발표한 형사정책연구원의 "범죄의 사회적 비용 추계'에 따른 것으로 각 범

죄별 사회적 비용은 범죄자 체포, 기소, 처벌 등의 형사사법기관 비용, 피해자의 재산 손실과 생산성 손실 등 결과 비용, 도난경보기 설치 등 사회적 예방 비용 등을 합친 것이다. (2014.2.17 문화일보)

2. 경찰 실패의 극복

국민생활의 안전과 공동체 질서를 확보하는 문제에 있어서는 정권의 이념적 성향에 따라 기본적인 원칙이 무너지는 등 영향을 받아서는 안 된다. 예를 들면 불법시위에 대한 경찰의 대응방식이나 발생한 피해에 대한 손해배상 등에 있어 정권에 따라 적용기준 등 정책수단이 달라져서는 안 된다는 것이다. 의사결정의 피라미드 구조(상명하복) 등 전형적인 관료제 조직 형태를 띠고 있는 경찰은 이 점에 특별히 유의해야 한다. 정책 수단의 일관성이 무너지면 악순환이 반복되어 그 해결책을 찾기가 어렵게 되기 때문이다.

또한 정책 결정과 집행에 있어 관료제의 무책임, 무소신 등의 병리현상 극복과 함께 정책의 민주성, 형평성, 대응성을 높이는 노력을 한층 강화해야 한다. 특히 민주성과 대응성 등 행정 이념의 충실한 구현은 국민의 신뢰를 받게 되고, 이는 경찰의 정책목표 달성을 위한 인력증원 등 국민의 추가부담 문제를 해결하는 데 반드시 필요하다. 경찰이 안고 있는 이러한 문제들을 극복하려는 지속적인 노력이 없으면 경찰실패는 반복될 수밖에 없다.

민간영역에서 경제활동을 자유시장 기구에 맡기면 공공재의 무임승차 문제, 외부효과의 발생, 독과점 등 불완전 경쟁, 정보 부족에 따른 역선택 등의 요인으로 효율적인 자원배분과 균등한 소득 분배가 실현되지 못하는 시장실패 상황이 발생한다. 이와 달리 정부실패는 대부분 “내부성”과 “파생적 외부성” 등의 요인으로 발생한다. “내부성”은 관료들이 행정의 목표나 기준을 설정함에 있어 공익보다 조직 내부 목표를 우선시하는 것을 말한다. 전형적인 예로 “공공기관의 예산 극대화”를 들 수 있다. 시장에서는 이윤이라는 기준에 따라 그 조직의 성과가 평가되지만 정부영역에서는 이와 같은 이윤을 생각할 수 없기 때문에 그 기관의 예산 규모를 가지고 주요한 성과기준으로 설정하게 되는 측면이 있다. 그 결과 비용절감보다는 비용을 부풀리거나 집행에 있어 그것을 정당화시키는 사람이 오히려 보상을 받게 되는 경우도 발생한다.

반면에 "파생적 외부성"은 문제를 시정하고 해결하려는 정부개입이 오히려 예기치 못한 다른 결과를 초래하는 것을 뜻한다. 이탈리아의 "아브루치"라는 작은 마을에서 독사가 자주 출현하여 이를 해결하기 위해 상금을 주기로 하자 집 지하실에 독사를 사육하는 엉뚱한 결과를 초래한 경우를 말한다(백승기, 2010: 120). 우리나라의 사례로는 불법행위에 대한 "신고 보상금제" 실시가 불법행위에 대한 억제 효과도 있지만 포상금을 노린 전문 신고꾼[2)]을 양성하는 학원까지 등장하고, 서로 감시·경계하는 분위기 때문에 사회적 신뢰가 무너지는 부작용이 발생하는 것이 여기에 해당한다.

민주정부에서 수립된 정책이라 하더라도 때로는 국민의 요구를 적절히 반영하지 못하고 특정 이익집단의 요구만 반영하게 됨으로써 민주성과 형평성, 책임성을 저해하는 정부실패의 경우가 종종 발생한다. 강성 노조에 끌려가는 회사나 정부, 그리고 정경유착 등을 보면 이를 쉽게 이해할 수 있다.

경찰조직도 경찰실패를 방지하기 위해서는 먼저 정책 목표나 기준 설정에 있어 공익에 충실했는지, 민주성에는 부합하는지 등을 살펴야 한다. 그리고 정책결정과 집행과정에서 무소신, 무책임, 권한남용 등의 내부성 요인은 없었는지, 정책수단에 일관성은 있었는지 그리고 집행된 정책 중에 파생적 외부성은 없었는지 등에 대한 정책연구가 있어야 한다.

---

2) 포상금 목적의 전문 신고꾼이란 특정 범법행위를 채증하여 신고하면 포상금을 주는 점을 이용해서 이를 노리고 특정 범법행위(주로 경범죄)를 감시하고, 신고하는 사람을 말한다. 쓰레기 불법 투기 신고에서부터 여러 신고행위가 있으며 예를 들면 노래방 불법영업 신고(노파라치), 교통위반차량 신고(카파라치), 불량식품 신고(식파라치) 등이 있다. 범법행위의 첫번째 음절과 연관시켜 "O파라치"로 유행어가 되었으며 2010년 이후에는 직업적으로 활성화되어 심지어 학원까지 생겼다. 질서유지에 기여한 측면도 있지만 비교육적이고 비윤리적 측면과 함께 서로 감시·경계하는 사회분위기 때문에 신뢰를 훼손, 사회통합을 저해하고 있다는 문제점도 지적되고 있다.

3. 경찰정책을 위한 지식 제공

라스웰(Harold D. Lasswell, 1971)은 정책연구를 통해 민주주의를 실현하는 데 필요한 지식을 창출해 인간의 존엄성을 충실히 실현하는 것이 정책과학의 궁극적인 목적이라고 했다. 국민의 안전과 질서유지를 정책목표로 하는 경찰정책의 궁극적 목적도 "인간 존엄성"의 실현이다. 다시 말하면 경찰이 사회적 약자 보호와 함께 범죄를 효과적으로 통제하고 질서를 유지함으로써, 궁극적으로는 국민의 인권을 보호하는 등 인간 존엄성을 실현하는 것이다.

이 궁극적 정책목표를 달성하기 위해서는 "정책과정의 합리성" 제고가 중간목표로 설정되어야 하고, 이와 동시에 경찰정책의 바람직한 결정·집행·평가를 성공적으로 실현하기 위한 "정책지식"의 제공이 필요하다. "정책지식"은 정책에 대한 이해뿐만 아니라 정책과정에서 필요한 지적 활동으로서 경찰정책의 실질적 내용에 대한 지식과 함께 정책문제의 개념 정의와 정책목표 설정 그리고 정책 수단에 대한 지식들을 포함한다(이상안, 2005: 38). 경찰정책도 일반정책과 마찬가지로 경찰 조직원들이 경찰정책 전반에 대한 지식과 이해 없이는 정책목표를 효과적으로 달성할 수 없다. 경찰정책의 연구는 바로 이와 같은 경찰정책 전반에 대한 지식을 제공하는 데 그 중요성이 있다.

제2절 경찰실패의 요인 분석

경찰 실패에 대한 사례들은 언론의 비판 기사를 통해 쉽게 접할 수 있다. 공무원 범죄의 절반을 저지르는 경찰(동아일보, 2007.8,22)이라는 사설을 비롯하여 부실수사, 금품수수, 성 매매 업주와의 유착 등 수많은 비리 기사가 계속 이어지고 있다. 이는 바로 경찰의 인력과 조직관리의 실패를 단적으로 보여주고 있는 것이다. 세계일보가 보도(2011.6.11)한 "우울한 경찰 3제/범죄에 빠지고… 빚에 허덕이고… 현장 인력 없고…"

기사를 보면 그간의 경찰 조직과 인력 관리 정책에 얼마나 많은 문제점이 있었는지를 미루어 짐작할 수 있다. 또한 장기적으로 추진되어야 할 경찰정책이 청장이 교체되면 흐지부지되거나 심지어 경찰목표인 안전과 질서를 유지를 하는 데 있어서도 정권이나 이념적 성향에 따라 정책수단이 달라지는 경향마저 보이고 있다. 제주 해군기지 건설 과정에서 해군은 불법적인 공사 방해 행위로 인해 국민 세금 34억 5000만원이 손실되었다며 시위를 벌인 개인과 단체를 상대로 구상권 청구소송을 제기하였으나, 문재인 정부 들어 이 소송을 철회(2017.12.12)한 바 있다. 이는 불법 시위자들에게 면죄부를 줌으로써 법치주의가 무너졌다는 논란과 함께 안전과 질서유지 정책에서 대단히 중요한 일관성과 지속성이 훼손되었다는 지적을 피하기 어렵게 되었다.

경찰 실패의 가장 중요한 요인으로는 먼저 경찰조직 발전과 국민생활의 안전과 질서를 위한 장기적인 전략 부재를 들 수 있다. 사회문제가 된 대부분의 경찰정책들은 그 문제가 어느 정도 해결되거나, 사회적 관심이 줄어들면 후순위로 밀려나는 등의 임기응변식 단기정책에 그치는 경향이 있다. 안전과 질서라는 경찰정책의 목표는 시대상황에 따른 변화는 다소 있겠지만 기본적인 내용이 달라지는 것은 아니다.

정책의 일관성과 지속성 그리고 지속적인 Feedback은 경찰정책 성공에 대단히 중요한 요소다. 이와 더불어 정치권의 영향, 행정수요와 재량권의 확대, 관료제 병리현상, 다원화된 사회에서의 외부통제 곤란 등이 경찰실패의 영향요인으로 분석되고 있으며, 사회통합 노력의 부족 또한 경찰 실패의 중요한 요인으로 지적되고 있다.

● 우울한 경찰 3題/ 범죄에 빠지고… 빚에 허덕이고…. 현장인력 없고

범죄에 빠지고/2008년 이후 각종범죄의 피의자로 형사 입건된 경찰관이 모두 731명으로 집계됐다. 형사 입건된 경찰관 수는 2008년 230명, 2009년 239명, 지난해 163명, 올해 7월까지 99명이다.

빚에 허덕이고/은행대출이나 신용카드 빚, 사채 등으로 급여를 압류당하는 경찰공무원이 1,200여 명에 달하는 것으로 나타났다. 2008~2011년 8월 경찰공무원 1,209명이 모두 1,694억 4,000여 만원의 급여를 압류당했다. 이는 급여 압류 경찰공무원 1인당 1억 4,016만원을 압류당한 셈이다.
현장인력 없고/지구대와 파출소 등 일선에서 일하는 경찰은 줄어든 반면 본청의 인력은 늘어난 것으로 나타났다. 경찰청 본청의 현원은 999명으로 법정정원인 881명보다 13.3%(118명) 많았다. 반면 현장에서 뛰는 지구대와 파출소근무 경찰의 현원은 지난해 4만 1,393명으로 정원(4만 2,564명)보다 2.75% 부족했다. (세계일보, 2011.6.11)

1. 장기적인 전략 부재

어떤 조직이든 미래에 대한 수요 예측과 그에 대한 대응책을 마련하는 것은 조직 발전은 물론 생존을 위해서도 반드시 필요하다. 경찰은 그간 많은 연구 용역을 통해 경찰발전을 모색해 왔으나, 정치권의 이해관계 등 정치적 요인이나 검찰과의 수사권 충돌 등 환경적 요인으로 인해 예산만 낭비하고 흐지부지되고 말았다. 그러다 보니 경찰조직 발전이나 정책목표에 대한 장기적인 전략없이 주로 상황변화에 따른 임기응변식의 접근이 이루어져 왔다고 해도 과언이 아니다.

국민의 안전과 질서유지 문제에 대해 살펴보면 최근 성폭력·흉악범죄 등이 사회문제로 대두되자, 국민들의 신속한 제압 요구와 질책에 급급하여 변화된 시대상황만 일부 반영한 과거정책들을 반복하고 있는 실정이다. 범정부적인 노력 등 장기적인 억제 전략없이, 이러한 상황이 발생할 때마다 경찰은 매번 인력과 예산 부족 탓으로 돌리며 과학장비 등 최신기술의 도입을 요구하는 등 오히려 내부적 목표에 더 치중하는 느낌마저 주고 있다. 특히 종합적이고 장기적인 정책의 성공을 위해서는 정책결정자를 비롯한 조직원의 관심과 의지 그리고 그 정책의 지속성이 무엇보다 중요함에도 새로운 청장이 부임하면 청장이 선호하는 정책에 우선순위를 두고 집중하는 것이 현실이다.

이와 같이 장기적인 전략없이 문제 상황이 발생할 때마다 임기응변식 대응을 하다보니 경찰실패가 반복되고 있는 것이다. 따라서 미래사회를 대비한 조직의 재정비와 함께 경찰관들의 행태 관리를 비롯하여 흉악범죄·신종범죄·국경없는 범죄의 대응에 이르기까지 지속 가능한 장·단기 정책을 수립하여 추진해야 한다.

경찰의 발전전략 과제로 ① 조직 재정비와 함께 대국민 봉사에 대한 경찰관 개개인의 의식과 행태의 변화, ② 통신망 정비와 증거확보를 위한 CCTV 설치 등 인·물적 경찰 인프라의 대대적 확충, ③ 국민의 신뢰와 참여를 유도하는 방안과 함께 인적 및 시설 그리고 지역사회와의 네트워크 구축 등에 대한 적극적인 정책연구가 필요하다.

2. 관료제적 병리요인

경찰조직은 대규모 계층제 조직과 하향식 의사전달 체계 등의 특징을 가진 전형적인 관료제 조직이다. 관료제 조직의 병리현상에 대해서는 행정학에서 이미 많은 연구가 있었기 때문에 여기서는 경찰과 관련된 몇 가지만 살펴보기로 한다. 관료제 조직은 업무의 정확성과 공식성, 명령복종 관계의 질서 확립, 상관에 대한 충성 등 많은 순기능도 있지만 형식주의, SOP준수로 인한 경직화, 파벌과 할거주의, 계층제로 인한 신속성과 유연성 부족 등의 역기능도 있다.

다양한 분야에서 위기 관리적 성격을 강하게 지닌 경찰행정도 일반행정과 마찬가지로 형식주의로 인한 무사안일과 법률 준수라는 강박관념에 책임회피 의식이 일부 저변에 잠재하고 있으며, 이러한 문제는 국민에 대한 진정한 봉사를 어렵게 하고 있다. 또한 경직된 의사결정 방식이나 상관의 권위에 의존하는 폐단 때문에 긴급상황 발생시 신속한 대응에 많은 문제를 안고 있다.

경찰내부 기능간에도 소속부서만 생각하는 이기주의적 성향이 내제되어 협조와 조정이 쉽지 않다. 이러한 관료제 병리현상이 복합적으로 작용하여 경찰의 민주성, 형평성, 대응성, 능률성 등에 영향을 미침으로써 경찰실패의 요인이 되고 있다.

3. 경찰행정의 통제 곤란

오늘날 행정 현실은 재량권의 증대, 정부정책에 대한 성과측정의 곤란, 행정관료의 능력 한계 등으로 자원배분의 왜곡 현상 등 많은 부작용을 초래하고 있다. 어렵고 정비되지 않은 행정법규들 때문에 공무원들의 자의적인 해석이 가능한 부분이 있음에도 국회는 정부의 방대한 정보와 전문성을 따라가지 못하고 있으며, 법원 또한 행정 비리에 민첩하게 대응하지 못하고 있다.

특히 경찰은 소위 권력기관으로 일선경찰은 시민생활과 밀접한 위치에서 예측 불가능한 다양한 상황을 효과적으로 관리하기 위해 많은 재량권이 부여되어 있다. 그에 따른 권한남용과 부패문제들을 일일이 통제하는 데는 현실적인 어려움도 있다. 경찰청에서는 감사관을 외부에서 영입하면서까지 내부통제를 위한 지속적인 노력을 하고 있음에도 부정적 경찰행정이 제대로 통제되지 않고 있다. 2012년 경찰청에서 발표한 반부패 관련 경찰 쇄신안 기사를 보면 상당히 진전된 내용을 담고 있다.

최근 업무성과를 측정하기 위해 실적을 평가해도 일선 경찰과의 소통부족으로 실적 경쟁을 부추긴다는 내부 반발을 촉발시키며 과잉단속 등의 부작용을 초래하고 있다. 이와 같은 경찰행정의 실효성 있는 통제 곤란이 바로 경찰의 실패요인으로 작용하고 있다. 공정한 업무 평가와 통제 체제를 구축하기 위해 외부 전문가의 참여를 확대시키는 방안을 보다 적극적으로 모색해야 한다. 그리고 경찰관 개개인에 대해서는 높은 수준에서의 동기부여와 함께 사기관리 등 의식과 행태 변화를 위한 노력도 병행되어야 한다.

● 반부패 관련 경찰 쇄신안

경찰법을 개정해 "반부패 정책"을 경찰위원회의 심의·의결사항에 추가하고 경찰청과 지방청 차장 산하에 5~7명의 반부패 전문가, 비정부기구(NGO) 인사로 구성된 "시민감사위원회"를 설치한다. 시민위는 기존감

> 사관실과 별개로 주요 비위 사건에 대한 조사를 개시·진행해 징계를 권고키로 하고 감사관실 안에는 "청렴지원담당관실"이 새로 만들어지고 이는 시민위가 인지한 사건, 경찰조사가 미흡하다고 판단된 사건의 재조사를 담당할 실무조직이다.
> 감사원, 국민권익위원회에서 파견된 공무원과 변호사가 주축이 되고 현 감사관실 기능도 대폭 강화해 내부비리 전담 수사부서를 만들고 수사권을 부여한다. 감찰과 수사가 분리된 현 구조는 효율이 떨어진다는 판단에서 이다. 일선서 감찰기능도 상당부분 지방청에 흡수된다." (세계일보 2012.6.11)

4. 사회통합 노력의 부족

공동체 사회의 질서있고 안전한 삶을 보장하는 일은 경찰활동 중 가장 중요한 과제다. 이를 위해서는 법 집행이나 질서유지 활동뿐만 아니라 공공봉사, 갈등관리 등 사회통합의 노력도 병행되어야 그 효과를 높일 수 있다. 그러나 우리 사회는 첨예한 이해관계, 이념의 차이에서 오는 갈등, 시민의식 부족 등으로 공동체의 삶이 개선되기 보다는 오히려 위협받고 있다. 그럼에도 경찰은 다양하고 과중한 업무 부담 속에 국민적 관심사항인 민감한 치안현실에 매몰되어 경찰에 대한 믿음과 신뢰를 가져올 수 있는 공공봉사나 갈등관리에 소홀한 측면이 없지 않았다.

최근 질서유지와 관련하여 국가가 해야 할 일을 다하지 못하고 고육책으로 실시한 신고보상금제의 경우 일부 효과도 있지만 포상금을 목적으로 한 전문 신고꾼이 등장하는 등 파생적 외부성 문제가 발생하고 있다는 것은 이미 언급한 바 있다. 이는 질서유지라는 본래의 목적 외에 서로가 믿지 못하는 즉 사회적 신뢰가 무너지는 현상으로 사회 통합을 저해하고 있다.

경찰은 사회통합을 위해 무엇보다 민주적 절차에 의한 정의롭고 일관된 정책결정과 집행이 선행되어야 한다. 그리고 사회 내의 갈등, 다툼

등을 조정·통제하여 문제해결에 앞장서고, 사회적 약자와 범죄피해자에 대한 공공봉사 등을 통해 계층·집단간 공존과 협동이 이루어질 수 있도록 정책적 노력을 기울여야 한다.

이와 더불어 시민과 함께하는 지역사회 경찰활동(Community policing)을 비롯하여 장래 나라의 주인이 될 청소년을 대상으로 "경찰과 학교간 친선 프로그램"(Police-School Liaison Program), 청소년 범죄 예방교실, 어린이 교통교육 등을 통해 외연을 지속적으로 넓혀 나가는 데 특별히 유념해야 한다. 이는 결국 일반 시민들의 경찰관에 대한 인식개선으로 이어지게 될 것이다. 이러한 경찰의 노력이 지속될 때 경찰에 대한 국민의 신뢰는 높아지고, 국민들은 법치 실현을 기대하고 참여함으로써, 사회통합은 자연스럽게 이루어지게 된다. 이는 정책 순응과도 관련되는 중요한 과제이다.

제3장

경찰정책의 구성 요소

제1절 정책의 일반적 구성 요소

다이(Tomas Dye, 1978)는 정책을 “정부가 하기로 또는 하지 않기로 결정(선택)한 것”(Public policy is what the government chooses to do or not to do)으로 정의하고 라스웰(Lasswell, 1951)은 “문제해결을 위해 사회 변화를 전제한 정부의 활동”이라고 정의하고 있다. 정책의 개념에 대해서는 이미 제1장에서 정리한 바 있지만 라스웰이나 다이 이외에도 정책을 보는 관점에 따라 학자들은 “목적·가치·전략을 포함한 큰 규모의 계획” 또는 “희소한 사회적 가치의 권위적 배분” 등으로 정의하고 있다.

정책의 개념에서 보듯이 정책은 바람직한 사회 상태를 만들려는 정부의 공식적인 의사결정을 의미한다. 정부의 공식적인 의사결정인 정책이 무엇인지를 구체적으로 알기 위해서는 정책을 구성하고 있는 중요한 요소들을 먼저 살펴볼 필요가 있다. 일반적으로 정책을 구성하는 중요한 요소로는 정책의도, 정책목표, 정책제안, 정책수단, 의사결정, 정책효과, 정책 대상집단 등(류지성, 2012: 40-44)을 들 수 있다.

1. 정책 의도(policy intentions)

정책의도는 정책집행을 통해 성취하고자 하는 “실질적 목적”(true purposes)으로 정책목표와는 구별된다. 예를 들면 많은 언론인과 정책전문가들이 언급하고 있듯이 미국의 이라크에 대한 군사적 개입의 정책적 의도는 중동지역에서 기득권 유지를 통한 석유자원의 안정적 확보라고 하고 있다.

이에 대해 미국 정부는 이라크에 대한 군사적 개입은 이라크 국민을 독재정권으로부터 해방시켜 민주국가 수립과 더불어 중동지역의 평화와 안정에 기여하기 위한 것이라고 정책목표를 설명하고 있다. 이와 같이 정책의도는 숨기면서 정책목표를 설명하고 있는 것을 보면 정책목표와 정책의도는 분명히 구별된다는 점을 알 수 있다.

2. 정책 목표(policy goals)

목표는 "장래에 실현하고자 하는 바람직한 상태"(Etzioni, 1964)를 말하는 것이고, 이러한 목표를 가진 정책은 공식화 과정을 거쳐 결정되며, 공식화 과정이란 일반적으로 정부에 의해 발의된 정책이 입법부에 의해 법률로 제정되거나 예산이 확보되는 것을 의미한다, 이와 같이 입법화된 정책목표는 정부의 정책집행과 관련된 행정업무 수행 즉 정책집행의 포괄적 지침이 된다. 따라서 앞에서 언급한 정책의도와는 구별된다.

3. 정책 제안(policy proposals)

정책제안은 정책목표를 성취시키기 위한 구체적 대안을 정책결정 집단에 추천하는 것을 말한다. 일반적으로 정책제안은 여러 "정책대안"(policy alternatives)들의 검토와 비교를 통해 최선의 문제해결 방안을 찾아내고, 찾아낸 문제해결 방안을 정책결정 집단에 추천하는 것이다. 정책제안이 타당하려면 문제해결 방안을 최종 선택하게 된 기준이 명확히 제시되는 등 논리적·체계적·비판적이어야 한다.

4. 정책 수단(policy instruments)

정책수단은 공식화 과정을 거친 정책목표를 성취시키기 위해 만들어진 "프로그램"(programs)이나 "프로젝트"(projects)를 의미한다. 이는 정부기관이 목표달성을 위해 사용하는 여러 수단들을 의미하며, 일반적으로 정책목표를 성취시키기 위해서는 구체적으로 세분화된 정책수단들이 사용된다. 예를 들면 대북정책의 궁극적 목표가 "한반도 평화와 공존"이라고 할 때 대북정책의 수단으로 "개성공단 확대 발전"과 금강산

관광" 문제를 비롯하여 "식량지원 프로그램", "의료지원 프로그램", "한반도 비핵화 프로그램", "이산가족 찾기 프로그램" 등의 다양한 수단들이 여기에 해당한다.

5. 의사 결정(decisions-making)

의사결정은 주어진 문제를 해결하기 위해 여러 대안들을 검토·비교하여 그 중에서 가장 합리적인 대안을 최종적으로 결정하는 행위이다. 정책결정은 일반적으로 정책목표를 달성하기 위해 구체적인 대안들에 대해 검토·비교 과정을 거쳐 최선의 대안을 최종적으로 선택·결정하는 것이다.

의사결정은 정책결정뿐만 아니라 결정된 정책을 어떻게 성취시키고 집행하고 평가할 것인지에 대해서도 그때마다 의사결정을 해야 한다. 이와 같이 정책결정, 정책집행, 정책평가 등 정책과 관련되어 야기되는 모든 문제들은 정책담당자들에게 지속적으로 의사결정을 요구한다. 의사결정 문제는 기본적으로 "정치권력과의 관계"와 "합리성과의 관계" 측면에서 고려되고 연구되어야 한다. 이에 대해서는 정책결정론에서 설명하기로 한다.

6. 정책 효과(policy effects)

정책효과는 결정된 정책이 집행되어서 나타난 결과를 말한다. 정책의 집행결과는 "의도한 결과"와 "의도하지 않은 결과" 그리고 "본질적 효과"와 "부수적 효과" 등으로 나눌 수 있다. 모든 정책은 의도한 결과를 기대하지만 실제 현실은 의도한 결과만을 초래하지 않고 의도하지 않는 결과도 초래한다.

정책이 얼마나 "의도한 결과"를 초래했는지는 평가를 통해 측정하게 되며, 평가측정 결과 "의도하지 않은 결과"는 정책의 수정·보완의 대상이 된다. "의도하지 않은 결과"와 같은 맥락에서 이해되는 "부수적 효과"에는 의도하지는 않았지만 긍정적 효과를 가져오는 "외부경제효과"(과수원과 양봉업자)와 우리사회에 비용을 유발시키는 "외부 불경제 효과"

(기업의 경제활동으로 인한 환경 오염 등)가 있다.

7. 정책 대상집단(policy target groups)

정책 대상집단은 특정 정책에 영향을 받는 사람이나 집단을 말한다. 정책은 환경과 끊임없는 상호작용을 통해 이루어진다. 정책 대상집단은 특정 정책에 영향을 받는 만큼 정책과정에 민감할 뿐 아니라 정치적 영향력을 행사해 자신들의 이해관계를 극대화시키려고 한다, 정책집행을 통해 의도한 정책목표를 성취시킬 수 있는 정도는 그 정책 대상집단의 순응에 달려 있다. 다양한 정책 대상집단의 갈등을 해소하지 않고는 정책을 성공적으로 집행할 수 없다는 것을 의미한다.

정책 대상집단은 크게 혜택을 받는 "수혜집단"과 불이익을 감수해야 하는 "피해집단"으로 나눌 수 있다. 특히 피해 집단으로부터 정책적 순응을 이끌어 내기는 쉽지 않다. 정책 순응을 이끌어 내기 위한 방편으로 정책적 배려나 혜택 등 반대급부를 주기도 한다. 이와 같은 맥락에서 경찰정책의 중요한 구성요소들을 검토·정리해 보기로 한다.

제2절 경찰정책의 구성요소 검토

1. 경찰정책의 목표

정책목표란 일반적으로 정책을 통해 달성하고자 하는 바람직한 사회상태를 말하며, 이는 문제가 되고 있는 사회문제를 해결하거나 새로운 가치를 창출하여 바람직한 사회상태를 만드는 것을 말한다. 구체적인 예를 들면 보건의료 정책의 목표는 "국민 보건 수준의 향상"이라 할 수 있다. 경찰정책의 목표도 경찰정책을 통해 이룩하고자 하는 바람직한 사회상태 즉 "안전하고 질서있는 사회"를 만드는 것이다. 구체적으로 살펴보면 범죄예방과 질서유지 활동으로 범죄와 무질서를 예방하고, 경호·경비 활동을 통해 중요 인물과 시설을 보호하며, 적극적인 공공봉사와 갈등관리로 사회통합과 법질서를 유지함으로써 안전하고 질서있는 사회를 만드는 것을 말한다.

이를 체제론적 입장에서 보면 교통안전이나 범죄예방, 환경보호 등에 대한 경찰정책이라는 산출물(Outputs)을 정책이나 제도 또는 서비스 형태로 사회라는 환경에 투입·적용함으로써 원활한 교통소통과 사고감소, 무질서와 범죄예방, 공해단속을 통한 환경보호 등의 바람직한 사회상태를 만드는 것을 말한다. 이러한 경찰정책의 목표는 이를 달성하기 위한 정책수단의 선정, 정책집행의 지침, 정책평가의 기준 등을 제시해주는 기능을 한다. 그리고 경찰정책 목표가 달성되어 나타나는 결과인 정책효과는 시간적 변화에 따라 정책산출, 정책결과, 정책영향 등으로 나타난다. 경찰정책 목표가 달성되어 나타나는 정책효과를 보면

첫째, 정책산출(Policy outputs)은 정책요구에 대응하는 일차적 결과인 유형적 효과로 단기간에 나타나는 효과를 말한다. 계량적으로 측정하기 용이하며 "검거된 범인의 수" 등이 그 예다.

둘째, 정책결과(Policy outcomes)는 정책 대상자들에게 일어난 변화를 말하며 정책산출에 비해 계량화가 곤란한 장기적 효과를 말한다. 연간 교통사고의 감소 또는 범죄발생의 감소 등이 있다.

셋째, 정책영향(Policy impacts)은 가장 장기적인 효과로 경찰정책으로 인한 사회의 변화를 말한다. 예를 들면 "질서의식의 회복"과 "치안상태의 호전" 등을 말한다.

2. 경찰정책의 수단

정책수단은 정책목표를 달성하기 위해 정부기관이 사용하는 각종 수단들을 말한다. 여기에는 직접 집행을 담보하는 실질적 정책수단과 설득과 유인 등의 실질적 정책수단을 실현시키기 위한 보조적(도구적) 정책수단이 있다. 마찬가지로 경찰정책 수단도 경찰정책 목표를 달성하기 위해 경찰청 등 정부기관이 법 집행 등 직접 집행을 담보하는 실질적 정책수단과 보조적 정책수단이 있다. 경찰 정책수단은 주로 강제적 성격을 띠고 있는 것이 특징이다.

실질적 정책수단은 정책의 "목표-수단"의 연쇄관계에서 볼 때 상위 목표에 대해서는 수단이 되는 것을 말한다. 예를 들면 범죄 진압(목표)이라는 목표달성을 위해 범인을 검거하여 형사처벌(수단)을 하거나, 범죄 발생을 억제(목표)하기 위해 방범순찰 등 예방활동(수단)을 펴거나, 교통 소통과 사고를 방지(목표)하기 위해 교통지도와 단속(수단)을 하는 것 등이 실질적 경찰 정책의 수단이라 할 수 있다.

보조적 경찰정책 수단은 실질적 정책수단을 실현하는 데 필요한 수단으로서 설득·교육·지도·계몽·신고보상 등의 각종 유인책을 쓰는 것을 말한다. 예를 들면 아동안전 정책에서 설득은 학교주변 문방구 등 아동보호가 가능한 업주들을 대상으로 시행하고 있는 "아동안전지킴이(집)" 제도(2011년 보건복지부와 경찰청 공동으로 법적 근거 마련)의 취지 등을 설명하고 아동보호와 범죄예방에 협조해 줄 것을 설득하는 것이고, 유인은 신고 보상금이나 세제혜택 등을 줌으로써 그들의 자발적인 협조를 이끌어 내는 것이다. 이와 더불어 잔혹범죄 등 강력범을 효과적으로 제압하고 형사처벌을 강화하기 위해서는 공권력 신뢰회복과 더불어 사전에 수사 기구·예산·인력 등을 늘리고 증거능력을 보강하기 위한 과학수사 장비의 도입 등 여러 노력이 필요하다. 이러한 노력들이 보조적 경찰 정책수단에 해당한다.

[표 1-1] 아동안전지킴이집 현황

구분	총계	편의점	약국	문구점	상가	기타
2016년	17,821	2,383	1,396	2,601	5,779	5,662
2017년	15,095	1,841	1,337	2,255	4,942	4,720
2018년	13,567	1,768	1,278	2,116	4,195	4,210

자료: 경찰백서(2019: 148).

3. 경찰정책의 대상집단

정책의 대상집단은 정책을 통해 어떠한 형태로든 영향을 받는 사람이나 집단을 말한다. 경찰정책의 대상집단도 경찰정책을 통해 영향을 받는 집단으로 일반적으로 수혜자 집단이 대부분이지만 일부 피해자 집단도 발생한다. 경찰의 범죄예방 활동으로 안전한 지역사회라는 긍정적인 효과로 혜택을 보는 수혜자 집단이 있는 반면 범죄예방 비용 즉 세금이라는 비용부담을 상대적으로 많이 해야 하는 피해자 집단이 있는 것이다. 집회·시위를 하는 사람들은 '집회 및 시위에 관한 법률'에 따라 보호를 받는 수혜자 집단에 해당하지만 주변의 상가피해·교통정체·소음 등으로 불편을 겪는 많은 사람들은 피해자 집단이 될 수 있다.

집회·시위를 하는 사람들은 국민의 기본권을 강조하며 가급적 행동에 제한을 받지 않으려고 하지만, 경찰은 인권을 최대한 보장하면서도 타인의 권익이 침해받지 않도록 집회 장소를 제한하거나 교통통제 등 최소한의 질서유지 임무를 수행하지 않을 수 없다. 이러한 상반된 입장 때문에 경찰정책 수단의 결정은 이해관계자간의 갈등, 대립, 다툼을 불러일으키며 정치적 쟁점의 중심에 놓이게 된다. 따라서 정책결정과 집행과정에서 논쟁이 있는 경찰정책의 수단선택과 결정에 있어서는 정책수단의 효과성·능률성만 고려할 것이 아니라, 공정·공평성의 기준에도 부합하여야 한다(이상안, 2005: 7). 정책 대상집단 중 비용 부담이나 불편을 겪는 집단 즉 피해자 집단은 경찰정책에 대해 순응하지 않을 가능성이 비교적 높다. 그러므로 경찰정책의 목표와 수단을 선택하고 결정함에 있어서는 공정성·공평성·민주성·균형성 등 행정 이념에 충실해야 함은 물론 적절한 보상책 등 순응 확보 대책도 이울러 마련해야 한다.

특히 오늘날에는 민주성의 부합 문제가 더욱 강조되고 있다. 경찰의 불심검문을 예로 들면 불심검문으로 얻게 될 범죄 예방효과를 강조하며 강화하자는 입장과 불심검문으로 인한 인권 침해를 우려하며 최소화하자는 입장이 첨예하게 대립하고 있다. 이러한 논란으로 경찰은 집행현장에서 상당한 혼란 등 어려움을 겪고 있다. 이는 정치적 타협 등 민주성이 담보되지 않은 경찰정책은 정책순응 또한 담보할 수 없다는 것을 단적으로 보여 주는 것이다. 경찰은 정책순응을 위해 정책 대상집단에 대한 더 많은 정책연구 노력이 있어야 한다.

제4장
경찰정책의 성격과 기능적 특성

제1절 경찰정책의 성격

1. 목표 지향성

라스웰(Lasswell)과 카플란(Kaplan)은 "정책은 일정한 목표와 가치를 실현하는것"이라며 정책의 목표가치를 강조하고 있다. 프리드리히(Friedrich)도 정책은 목표를 달성하기 위하여 환경의 장애를 극복하거나 기회를 활용하는 것으로 파악하였다. 이와 같이 정책은 일정한 목표(사회문제 해결)를 설정하고 장애 등 환경을 극복하여 설정된 목표를 여러 정책수단들을 통해 달성하는 목표 지향적 성격을 가지고 있다.

경찰행정은 공급 주체가 국가나 공공단체가 독점하는 비경쟁체제의 순수 공공재로, 국민의 안전과 질서유지 그리고 각종 치안서비스 제공 등의 목표를 가지고 이를 지향하는 특성을 가지고 있다. 다시 말하면 경찰정책은 국민의 생명, 신체, 재산을 보호하고, 사회공공의 질서를 유지하는 한편 공공봉사 및 갈등관리 등의 각종 치안서비스를 제공하는 정책목표를 가지고 이를 지향하며 실현하는 데 초점을 맞추는 특성을 지니고 있다는 것이다.

2. 행동 지향성

정책은 당위적 가치를 행동으로 전환시키는 것이다. 존스(C. O. Jones, 1984)는 정책이 현실적으로 공공 문제의 해결을 위한 정책 결정자와 집행자의 행동과 관련되고, 이러한 행동이 일관성과 반복성을 가질 때 의미가 있다고 하였다. 이러한 맥락에서 볼 때 경찰정책도 마찬가지로 "사회문제 해결을 위한 행동"이라는 행동 지향적 특성을 가지고 있다.

경찰업무와 관련된 사회문제에 대해 정부의 정책이 결정되고 나면 일선 경찰관들은 정책결정자들과 함께 정책효과를 제대로 내기 위해 집행이라는 행동을 해야 한다. 특히 집행과정에서 효과적인 정책집행을 위해서는 강한 집행의지와 함께 행동지향적인 일관성과 지속성 그리고 반복성을 가져야 한다는 것이다.

3. 공식성·강제성

정책은 사회를 어떻게 만들겠다는 정부의 공식적인 입장 표명이다. 따라서 정책이 되기 위해서는 특정사안에 대한 정부의 공식적인 입장 표명이 전제되어야 한다. 그리고 일단 공표된 정책은 집행 등에 있어 권위적 성격과 강제성을 지닌다. 경찰정책도 국민의 생명, 신체, 재산을 보호하고 사회공공의 안녕 질서를 유지하기 위해 경찰청 등 정부기관이 결정하고 공식적으로 밝힌 것이다. 경찰청 등 정부기관이 공식적으로 결정하고 밝힌 경찰정책을 집행기관인 일선 경찰이 이를 행동으로 옮기는 것이다.

일반적으로 정책목표를 달성하기 위해서는 정책에 대해 공식적인 권위를 부여하고, 강제성이 있어야 효과적으로 달성할 수 있다. 특히 규제적 성격이 강한 경찰정책의 경우 공식적인 권위와 강제성이 없으면 정책효과를 기대하기는 매우 어렵다. 이와 같이 일단 공표된 경찰정책은 이를 효과적으로 달성하기 위해 권위적 성격과 강제성이 부여되는 특성을 지닌다.

4. 문제해결 지향성

정책은 사회의 다양한 문제들을 해결하려는 노력이며, 변화에 신속하고 능동적으로 대처하기 위한 노력의 총체이다. 정책연구는 우리가 직면한 사회문제의 실질적 해결이라는 실천적 목표를 가지고 이에 초점을 맞추고 있다. 우리사회가 안고 있는 주택·경제·교통·환경·범죄문제 등이 모두 정책문제의 사례들이며, 그 중에서 범죄·교통·환경문제 등은 경찰정책과 바로 연결되는 사회문제다. 경찰정책은 이러한 사회문제 해결을 지향하고 있다. 경찰과 관련되는 사회문제를 효과적으로 해결하기 위해서는 제도·행태적인 측면에서 시대 정신에 부응할 수 있도록 조직·제도 및 경찰관 행태에 발전적 변화가 있어야 한다. 이러한 변화 없이는 당면한 사회문제를 현실 적합적으로 해결할 수 없기 때문이다.

어떤 조직이든 조직발전과 생존을 위해서는 끊임없는 조직쇄신을 통해 문제해결 능력을 갖추어야 한다. 특히 국민의 안전과 사회질서를 유지하는 경찰정책에 있어서는 현장의 문제해결 능력이 무엇보다 중요하다. 2014년 4월에 발생한 세월호 침몰(인천-제주간 여객선, 304명 사망·실종) 사고시에 해양경찰청이 효과적인 인명구조라는 문제해결에 실패함으로써 조직이 해체되는 비운을 맞았다가 다시 부활(2017. 7)한 사례를 보면 잘 알 수 있다.

제2절 경찰정책의 기능적 특성

1. 사회통합 기능

경찰정책의 궁극적 목표는 범죄와 무질서를 추방하고, 갈등과 대립, 다툼을 조정하는 한편 사회적 약자와 피해자를 보호하는 등 공공봉사를 통해 인간 존엄성을 실현하는 것이다.

파슨즈(T. Parsons)는 사회전체 체제가 수행해야 할 기본적 기능으로 ① 적응 기능(Adaptation), ② 목표달성 기능(Goal attainment), ③ 통합 기능(Integration), ④ 체제유지 기능(Latent pattern maintenance)의 4가지 기능을 제시하고 있다. "적응 기능"은 인적·물적 자원을 확보하는 기능이며, "목표달성 기능"은 목표의 설정과 집행에 관한 기능이며, "통합 기능"은 사회체제 구성의 하위체제(sub-systems)들을 조정하고 결속시키며 수평적 협력체제로 네트워크화하는 것을 말한다. 그리고 "체제유지 기능"은 문화·종교·교육을 통한 가치창출과 보존·전승시키는 기능을 말한다. 파슨즈(T. Parsons)의 이러한 4가지 기능 중에서 경찰은 통합 기능인 사회통합의 역할을 수행 한다(이상안, 2005: 9)고 볼 수 있다.

경찰정책의 사회통합 기능은 경찰의 목표와 역할 중 하나인 사회적 약자보호와 갈등관리, 공공봉사 등의 노력을 지속하게 되면 국민이 경찰을 신뢰하고 협조하게 되며, 이 신뢰와 협조는 바로 사회통합으로 이어진다. 다시 말하면 경찰목표 실현을 위한 민주적이고 정의로운 정책결정과 집행 그리고 국민을 위한 봉사 등의 진정성 있는 노력을 지속하면, 경찰에 대한 국민의 믿음 즉 신뢰가 생겨나고 나아가 사회구성원들의 적극적인 협조라는 연대가 형성되는 것이다. 이와 같이 경찰정책은 국민의 연대를 통한 참여라는 사회통합의 기능을 수행하게 되는 특성을 갖고 있다.

2. 사회 간접자본(SOC) 기능

사회간접자본(social overhead capital: SOC)은 정부가 공급자가 되는 시설 등의 총칭으로, 넓은 의미로는 생산활동이나 국민생활에 필수 불가결한 자본으로 정부의 규제를 많이 받는 사회적 성격을 지닌 자본을 말하며, 좁은 의미로는 재화나 서비스 생산활동에 간접적으로 사용되는 자본을 말한다. SOC의 개념화를 처음 시도한 허쉬만(Hirschman, 1967)은 교육, 보건, 의료, 국방, 법질서 및 치안유지 등 일상생활에 필요한 모든 공공적 자본을 포함하여 이를 광의의 SOC로 파악하고 있다.

SOC는 민간 기업활동에 필수 불가결하게 요구되는 서비스를 제공함으로써 많은 외부경제효과를 창출하여 경제발전에 결정적 역할을 할 뿐 아니라 공공재의 생산(국방, 치안등)이나 사회적 소비와 관련하여 국민의 복지증진에도 긴밀한 관계를 갖고 기여를 하고 있다. 또한 SOC는 정부의 기능 수행, 공공재의 생산과 공급, 시장실패 문제 그리고 범죄와 무질서 등 負的 생산물(Disproducts)과 환경오염 등과도 밀접한 관계가 있다(이상안, 2005: 14). 이와 같은 SOC의 중요성 때문에 오늘날 각국은 SOC 투자에 적극적인 노력을 기울이고 있다.

경찰정책과 관련해서 살펴보면 극심한 노사분규 등 사회혼란은 대규모 시위로 이어지고 이를 효과적으로 관리하거나 통제하지 못하면 사회불안으로 증폭된다. 이럴 경우 국가 신인도는 하락하고 외국의 투자 유입은 급격히 떨어지며 결국 생산활동은 위축될 수밖에 없는 것이다. 경제발전과 성장을 위해서는 그 만큼 정치·사회적 안정이 필요하다는 것이다. 이러한 맥락에서 볼 때 사회불안을 해소하는 치안유지 정책은 바로 SOC[3] 기능을 수행하는 것이다.

퍼트남(R. Putnam) 교수는 그의 저서 "Making Democracy Work" (1994)에서 이탈리아 남부와 북부의 지방자치와 시민적 전통을 비교하면서 신뢰와 규범 그리고 네트워크 등 사회적 자본(social capital)이 지역발전에 큰 영향을 미친다고 설명하고 있다. 믿음으로 인한 자발적 협력과 상부상조 등의 사회적 자본은 건강한 사회를 촉진시키는 역할을 한다는 것이다.

경찰정책에 있어서도 신뢰와 규범 그리고 지역사회 네트워크 구축 등의 정책은 안전한 사회를 만드는 지름길이 된다. 결국 경찰정책을 통한 안전하고 안정된 치안상태의 확보는 신뢰사회 구축은 물론이고 나아가 생산활동을 촉진하고 국민의 복지 향상에 기여하는 등의 사회간접자본 기능을 한다.

3. 규제·배분적 기능

경찰정책은 목표 달성을 위해 법률이 허용하는 범위 내에서 국민의 자유와 권리를 일정부분 제한하고 금지하는 규제를 하고 있다. 또한 범죄예방과 공공봉사 등을 통해 사회적 약자와 범죄 피해자를 보호하는 배분적 기능도 가지고 있다. 이와 같이 규제적 기능과 배분적 기능을 함께 가진 경찰정책은 일반정책과는 다른 몇 가지 특성을 갖고 있다.

경찰정책은 본질적으로 사회공공의 안녕질서와 갈등해소 및 사회적

---

3) SOC는 여러가지로 분류할 수 있으나 가장 유용한 것으로 보이는 분류방법은 OECD 분류방법이다(송병락, 1981: 381-381)
① 경제적 SOC: 수송, 통신, 전력, 용수시설등 경제활동과 관련있는 SOC
② 사회적 SOC: 교육, 보건, 의료, 후생 등 사회개발 또는 사회복지와 관련있는 SOC
③ 행정적 SOC: 국방, 치안, 법질서 유지 등 정부의 기초기능과 관련있는 SOC
④ 자연적 SOC: 물, 공기, 자연환경 등 인간이 만들지 않은 SOC로 이중 사회적 SOC나 행정적 SOC는 허쉬만의 광의의 SOC에 해당한다.

응원을 주 임무로 하는 기능을 갖고 있으므로, 사회공공의 복리증진만을 적극적으로 추구하는 복지행정 정책과는 구별된다. 범죄의 예방과 수사, 기타 공공의 안녕과 질서유지를 위해 최소한으로 규제·제한하는 차원의 소극성과 함께 적극적 보호와 봉사를 주 임무로 하는 치안서비스의 배분적 특성의 2원적 유형을 띠는 점에서 복지정책 등 타 정책과 구별되는 것이다. 따라서 경찰정책은 배분적 의미와 규제적 의미를 동시에 갖는 특성을 가진다.

그리고 경찰정책은 형사정책과도 구별된다. 기본적으로 예방 우선과 봉사 지향의 성격을 가진 경찰정책은 범죄 수사 등 일부 기능에서 중첩되기는 하지만 범죄수사와 공소유지, 형 집행만을 주 임무로 하는 형사정책과는 기능상 상당한 차이가 있다. 경찰정책은 범죄예방, 갈등관리, 공공봉사 등을 통해 갈등과 대립을 예방적으로 해결하지만 형사정책은 형사처벌로 응징과 교정을 주 임무로 한다는 점에서 양자는 크게 구별된다. 경찰정책과 형사정책의 차이를 그림을 통해 보면 다음과 같다(이상안, 2005: 11, 26).

[그림 1-2] 경찰정책과 형사정책의 차이

제5장

경찰정책의 유형 분류

제1절 일반적 정책 유형

정책을 유형화하거나 범주화하는 것은 복잡한 정책현상을 단순화시켜 이를 쉽게 이해하기 위해서다. 유형화(categorization)란 공통되는 성질이나 특징에 따라 몇 개의 전형적인 틀로 분류하는 것을 말한다. 정책을 유형화하여 이해하면 특정정책과 관련된 이해관계나 정치적 행태 등을 미리 파악하여 대처할 수 있으므로 정책목표 달성에도 효과적이다. 정책유형은 관점과 기준에 따라 다양하게 유형화 할 수 있으며 이에 대한 학자들의 논의도 다양하다. 이렇게 다양하게 논의되는 정책유형에 대해 정확한 정의를 내리려고 시도하는 것은 바로 정책의 목표설정과 정책수단의 선택에 도움을 주기 때문이다.

일반적으로 정책유형을 분류하는 방법 중 가장 기본적인 것은 정책의 내용이나 기능을 기준으로 분류하는 방법이다. 예를 들면 복지정책, 외교정책, 교육정책, 국방정책, 경찰정책 등이 여기에 해당한다. 이 방법은 정책을 수행하는 부서와 기능, 그리고 정책의 성격과 목적을 쉽게 알아 볼 수 있는 장점이 있다. 현재 정부의 각 부처, 국회의 상임위원회 구성도 이와 같은 기능별 분류방식을 택하고 있다. 또한 정책을 담당하는 기관별로 국방부 정책, 교육부 정책, 보건복지부 정책 등으로 정책유형을 분류할 수 있다. 시기별, 정권별로 구분하는 것도 가능하며 정책이 문제 해결에 직접적으로 관련이 있는지의 여부에 따라서는 실질정책과 절차정책으로도 구분할 수 있다.

여기서는 정책유형의 가장 대표적인 로위(Theodore J. Lowi)의 정책유형과 앨먼드와 파월(Almond & Powell) 그리고 리플리와 프랭클린(Ripley & Franklin)의 정책유형에 대해서 살펴보기로 한다.

1. 로위(Lowi)의 정책유형

정책유형의 대표적 연구자인 로위(Lowi, 1964, 1972)는 행태주의에 영향을 받은 정치학이 정치과정 중심으로 연구가 이루어져, 정부활동이나 공공정책에 대한 연구를 소홀히하여, 정부기능이나 정책연구에서 "권력"이라는 중요한 요소가 충분히 고려되지 못했다고 지적한다. 따라서 정책이라는 현상을 유형화시켜 변수화한다면 이미 발달한 정치학과 연결시켜 정책연구의 발달을 더 꾀할 수 있다고 보았다.

또한 그는 정책결정과 관련해서 소수의 지배집단이 국가를 통치한다는 "엘리트주의"와 사회를 다원적으로 통치하고 있다는 "다원주의"의 양 주장 모두가 일리 있다고 주장하면서, 다만 각각 적용되는 정책분야가 다를 뿐이라는 상황론을 펴고 있다. 그에 의하면 갈등이 표면화 된 정책은 주로 규제정책이며, 이 규제정책은 다원론적으로 결정된다고 하였다. 그리고 공공정책과 그 결정에 관한 상황은 공적이고 공식적인 것이라서 권력적인 요소가 필연적으로 개입하게 되어 강제(coercion)라는 요소가 있을 수밖에 없다고 하였다. 결국 정책은 계획적인 강제이며 따라서 강제의 목적, 수단, 주체와 객체를 표현하고 있는 것이다. 이와 같이 정책 현상은 권력의 거시적인 표현이라고 할 수 있는 강제와는 분리될 수 없고, 이것은 바로 정책을 분류하기 위한 중요한 요소가 된다고 본 것이다(한석태, 2013: 39). 로위는 정책분류를 위한 요소로 바로 이 "강제의 가능성"과 "강제의 적용형태"에 따라 다음 4개의 정책유형 즉 분배정책, 재분배정책, 규제정책, 구성정책을 제시하고 있다(Lowi, 1972: 300).

1) 분배 정책(distributive policy)

분배정책은 정부·지방자치단체·기타 공공단체가 민간분야에서 잘 공급되지 않는 재화나 서비스 등을 적극적으로 창출하여 정책 대상집단에 배분하는 정책이다. 이 정책은 정부가 공공 서비스의 제공 또는 권리의 보장, 이익의 향유 등 혜택을 사회의 특정 부분에 분배하는 것을 목적으로 한다. 19세기 미국의 토지정책이 대표적인 사례로 오늘날의 국유지 정책과 도로·항만·공항·지하철 건설과 같은 사회간접자본의 구축 등을 의미한다.

경찰정책의 경우 IT기술의 해외 유출 방지를 위한 보안강화, 방범순찰을 통한 주민생활의 안전확보와 범죄예방, 사회적 약자(노약자, 질병자 등)에 대한 공공봉사 등의 하위정치(low politics)기능 모두가 여기에 해당한다(이상안, 2005: 28). 분배 정책의 특징은 도로·항만 등 국가차원의 다양한 사업들이기 때문에 규제정책이나 재분배정책과는 달리 정책대상집단 즉 정책 수혜자와 피해자간의 이념 대립이나 갈등이 비교적 낮게 나타난다.

2) 재분배 정책(redistributive policy)

재분배 정책은 사회 구성원들이 가지고 있는 부와 재산 그리고 권리와 같은 여러 가치들을 재구성하려는 목적을 가진 정책이다. 특히 재분배 정책은 부, 소득, 재산, 권리 등을 분배할 때 많이 가진 계층으로부터 더 많이 추출해서 적게 가진 계층에게 사회보장 차원에서 이를 분배하려는 정책이다. 주로 소득에 대한 "누진세율의 적용"이나 생활보호대상자에 대한 "보조금 지급" 등과 같이 소득이전과 관련 있는 정책이 대부분 여기에 해당한다. 구체적인 예를 들면 소득 재 배분을 위한 누진소득세, 극빈자를 위한 법률 서비스 제도 그리고 경찰의 범죄 피해자와 사회적 약자 보호를 위한 각종 지원책 등을 들 수 있다.

로위(lowi)는 재분배 정책의 특징을 "가진 자", "못 가진 자"와 같은 사회계층간의 대립에서 찾고 있으며 재분배 정책의 대상은 재산권의 행사가 아니라 재산 그 자체이며 평등한 대우의 문제가 아니라 평등한 소유의 문제라고 하였다.(Lowi, 1964: 691) 재분배 정책은 얻는자(the winners)와 잃는자(the losers)가 있기 때문에 진보와 보수의 대립 등 이데올로기 논란과 갈등·반발 등 정책 불응의 소지가 높다.

3) 규제 정책(regulatory policy)

규제 정책은 사회 구성원이나 집단의 활동을 통제하여 다른 사람이나 집단을 보호하려는 목적을 가진 정책을 말한다. 즉 피규제자의 행위에 관한 자유, 권리, 재량권을 제한함으로써 반사적으로 절대 다수의 국민들을 보호하거나 사회적 이익을 증진시키려는 정책을 말한다. 독과점과 불공정 거래의 규제, 안전을 위한 총기의 규제 등이 이 정책에 해당한다.

규제 정책은 규제 내용에 따라 규제받는 개인이나 집단간에 이념대립이나 갈등이 심각하게 발생할 수 있다. 로위(Lowi)는 규제정책의 특성을 정책 불응자에 대한 정부의 강제력에서 찾고 있다. 또한 그는 정부에 의한 강제력은 권력남용을 방지하기 위해 입법부의 의결을 필요로 한다(Lowi, 1964: 691)는 점을 강조하고 있다.

4) 구성 정책(constitutional policy)

구성정책은 정책을 결정하게 되는 환경이나 체제 또는 제도에 관한 것으로, 그 영향이 광범위하고 장기적인 정책을 말한다. 구성정책의 예를 들면 새로운 정부기관의 신설이나 변경, 공직자의 보수 책정, 퇴직연금에 관한 정책 그리고 선거구의 조정 문제 등이 있다. 장기적이고 그 영향이 광범위한 구성정책은 정부를 구조화하고 운영하는 일과 관련이 있을 뿐 아니라 선거구의 조정과도 관련이 있기 때문에 모든 정당이 큰 관심을 가지고 영향력을 행사 하려고 한다(Lowi, 1972: 300-302). 경찰정책의 경우 신종범죄에 대응할 새로운 기구의 신설, 경찰관 사기관리를 위한 복지·후생정책 등이 여기에 해당한다.

2. 앨먼드와 파월(Almond & Powell)의 정책유형

비교 정치학자인 앨먼드와 파월(Almond & Powel, 1978)은 기능주의(functionalism)적 관점에서 정치체제의 기능을 기준으로 정책유형을 분류하고 있다. 이들은 정치체제의 기능으로 "체제유지 기능"과 "총체적 정책결정과 집행기능"을 들면서 특히 체제 유지 기능에 중점을 두고 체제가 존속하기 위해 요구되는 추출, 규제, 분배, 상징능력을 기준으로 정책유형을 구분하고 있다.

체제가 존속하기 위해서는 추출능력(extractive capability), 규제능력

(regulative capability), 분배능력(distributive capability), 상징능력(symbolic capability)을 가져야 하고, 이러한 체제유지 능력은 바로 정책으로 전환되어 기능하게 된다며, 이를 정책유형 분류의 기준으로 삼고 있다. 로위(Lowi)의 정책유형 분류와 비교하면 분배정책과 규제정책은 대체로 같으나, 다른 점은 로위(Lowi)의 재분배 정책과 구성정책이 없는 대신 추출정책과 상징정책을 제시하고 있는 점이다.

1) 추출 정책

추출정책이란 정부가 체제유지를 위해 필요한 인적·물적 자원을 사회로부터 갹출하는 정부의 행위를 말한다. 즉 조세·병역·노역 등과 같이 체제유지를 위해 환경으로부터 추출하고 동원해 내는 것을 말한다. 이러한 추출정책은 정부의 체제유지를 위한 기본 기능이며, 이러한 기능이 결여되면 체제유지가 어렵게 된다. 특히 국민 부담과 직결되는 추출정책에서는 정부수입의 양, 추출방법, 부담자뿐만 아니라 추출과 관련된 절차와 구조도 중요하다(Almond & Powell, 1966: 195-201). 따라서 추출되는 종류와 정도 그리고 추출방법 등 절차의 정당성을 확보하는 것은 부담하는 국민들의 반발 등 정책순응 문제와 직결되기 때문에 다양한 연구와 신중한 접근은 물론 의회의 입법화 조치가 반드시 필요하다.

2) 규제 정책

정부가 개인이나 집단의 행동을 무제한 보장하는 것이 아니라 인·허가, 승인 등의 절차를 통해 통제·제한을 함으로써 다른 많은 사람이나 집단을 보호하려는 것과 관련된 정책을 말하며, 로위(Lowi)의 규제정책과 대체로 유사하다. 총기규제 등의 경찰정책, 범죄인을 처벌하는 형사정책, 공해방지와 독점금지 등의 기업규제정책 등이 여기에 해당한다. 규제정책에서 대부분의 규제는 피규제자가 원하지 않는데도 규제되기 때문에, 규제자와 피규제자간에 심한 갈등을 불러일으킨다는 점은 로위의 규제정책에서 설명한 바와 같다.

3) 분배 정책

민간분야에서 잘 공급되지 않는 활동들을 증진시키기 위한 정책으로 정부의 보조금·국유지·공공서비스·권리·혜택 등을 개인·집단·조직·지역사회에 제공해 주는 것과 관련된 정책을 말한다. 분배정책에는 도로와 항만 등의 사회간접자본의 확충, 택지공급, 가격유지를 위한 농수산물 구입, 지방자치단체에 대한 보조금 지원 등이 있다(이종수 외, 1995: 168).

소요자원은 원칙적으로 공공재원(공금, 조세)이며, 불특정 다수의 대상집단에 혜택을 주는 것이므로, 수혜자 집단간은 물론 정부와 국민 등 환경간의 직접적인 대립이나 갈등·경쟁은 특별히 야기되지 않는다. 환경의 저항보다는 순응도가 매우 높기 때문에 정부 당국의 정책에 대한 자율성도 높다. 다만 정책담당자의 자의적 행태로 인해 분배가 공정하게 이루어지지 못할 때 특혜 시비가 야기될 수 있다. 로위(Lowi)의 분배정책과 대체로 유사하다.

4) 상징 정책

상징정책은 정치체제 유지를 위해 정통성, 정당성, 신뢰성 등을 국내·외적으로 확보하기 위한 정책이다. 이는 정치체제의 정통성, 정당성에 대한 심리적 신뢰감을 증진시켜 국가나 정권에 대한 충성심을 유발하고, 정책의 대상인 국민들을 보다 체제 순응적으로 만들기 위한 순응확보 정책을 말한다. 국경일, 경복궁 복원, 올림픽과 월드컵 유치 등이 그 예이다. 이와 같은 맥락에서 최근 지방자치단체의 지역 이미지 제고와 수입 증대 등 여러 목적하에 경쟁적으로 개최하고 있는 지역축제도 상징정책의 성격을 갖고 있다.

3. 리플리와 프랭클린(Ripley & Franklin)의 정책유형

리플리와 프랭클린(Ripley & Franklin, 1982)은 정책형성뿐만 아니라 정책집행에도 관심을 가지고 정책유형을 분배정책(distributive policy), 경쟁적 규제정책(competitive regulatory policy), 보호적 규제정책(protective regulatory policy), 재분배정책(redistributive policy)으로 나누고 있다. 이들은 정책유형에 따라 정책형성 과정뿐만 아니라 집행과정에서도 각기 다른 특징이 나타난다고 주장하고 있으며, 이에 대해서는 정책유형별 집행상의 특징부분에서 다루기로 한다. 여기서는 다른 학자들의 정책유형과 유사한 분배정책과 재분배정책은 생략하고 경쟁적 규제정책과 보호적 규제정책에 대해서만 살펴보기로 한다.

1) 경쟁적 규제정책

경쟁적 규제정책이란 특정한 개인, 기업, 기관, 단체등에 특정한 권리, 재화, 서비스를 제공할 수 있도록 하는 정책유형이다. 예를 들면 항공사에 특정노선의 운항권 부여, 방송사에 특정 주파수나 채널 배정을 비롯하여 최근 국가 차원에서 필요한 영유아 보육사업이나 복지시설의 운영을 위한 민간위탁기관의 선정 등을 들 수 있다.

경쟁적 규제정책은 특정 재화나 서비스를 제공할 수 있는 권리를 갖는데 필요한 일정한 자격이나 기준을 마련하고, 그 권리를 향유할 수 있는 기간을 정해 다수의 경쟁 잠재력을 가진 집단과 경쟁을 정례화하며, 선정된 개인이나 집단이 재화나 서비스를 의도한 대로 재공하고 있는지 등에 대해 정부의 관리·감독기관이 정기적으로 감사하는 것을 특징으로 한다(류지성, 2012: 51).

2) 보호적 규제정책

보호적 규제정책은 일반 국민을 보호하기 위해 개인이나 집단의 행위를 일정 부분 제한하는 정책을 말한다. 예를 들면 교통관련 법규나 노동 관련법, 식품위생법, 공정거래에 관한 법 그리고 환경문제와 관련된 각종 규제 등이 있다. 이 정책의 수혜집단은 일반 국민이고 피해집단은 규제받는 개인이나 기업, 산업 등이다. 이 정책은 불특정 다수의 국민들이 간접적 혜택을 느끼는 데 반해 피규제 집단은 규제로 인한 손해를 직접적으로 느낀다. 특히 보호적 규제정책은 일반국민을 보호하기 위한 수단으로 강제력을 수반하기 때문에 규제를 받는 개인이나 기업의 반발은 당연히 있게 마련이다.

로위(Lowi), 앨먼드와 파월(Almond & Powell), 리플리와 프랭클린(Ripley & Franklin) 외에도 많은 학자들이 정책유형에 대해 다양한 논의를 하고 있다. 엔더선(Anderson, 1979)은 정책대상에 따라 실질적 정책과 절차적 정책, 정책의 이념적 특성에 따라 진보적 정책과 보수적 정책 그리고 정책의 형태에 따라 물질적 정책과 상징적 정책으로 분류하고 있다. 또한 미첼과 미첼(Mitchell & Mitchell, 1969)은 정책의 특징이 문제해결에 있는만큼 정책의 분류는 정부가 해결하려는 문제중심으로 분류되어야 한다며 ① 자원의 동원과 배분, ② 분배, ③ 비용과 분담, ④ 규제와 통제, ⑤ 적응과 안정, ⑥ 정치적 분업과 역할분배 등으로 분류하고 있다.

이와 같이 관점과 기준에 따라 다양하게 유형화할 수 있는 정책유형에 대해 한석태(2013: 51-52)는 앞에서 살펴본 정책유형 이론에 기초하면서도 기존 연구들의 단점을 보완하기 위해 ① 정책이 대상으로 하고 있는 가치의 형태, ② 정부가 정책을 시행하기 위해 사용하는 유인책의 특성이라는 두 가지 분류 요소를 사용하여 정책의 유형화를 시도하였다. 첫째 요소는 정책이 다루려는 가치가 유형적인가 무형적인가의 두 범주로 나누고, 둘째 요소는 유인책의 특성이 강압적인가 아니면 유화적인가로 나누어 정책의 유형을 [표 1-2]와 같이 정리하고 있다.

[표 1-2] 정책의 유형

정책가치 / 유인책	무형적	유형적
강제적·직접적	규제정책 (regulation)	재분배정책 (redistribution)
유화적·간접적	순응확보정책 (compliance)	분배정책 (distribution)

제2절 경찰정책의 유형화

경찰정책의 유형화를 시도하는 것은 경찰정책을 보다 정확히 이해하고 개념을 정의하는 데 도움을 줄 뿐만 아니라, 정책을 포괄적으로 설명할 수 있기 때문이다. 이는 경찰정책의 목표설정, 합리적인 정책수단의 선택, 정책과정에서 정책 성질별 특징들을 밝히는 데 유용함을 의미한다. 정책의 유형분류는 일반적으로 정책의 내용이나 기능에 따른 전통적 방법에서부터 기관별, 시기별, 정권별 등 보는 관점과 기준에 따라 여러 방법이 있다는 것은 앞에서 이미 설명한 바 있다.

경찰정책을 이와 같은 관점과 기준에 기초하여 유형화해 보면 크게 세 가지 관점에서 유형화할 수 있다. 정책의 내용과 기능을 기준으로 하는 전통적인 기능주의적 관점과 경찰정책의 특성을 잘 나타내는 규제적 관점 그리고 경찰정책의 결정과정에 나타나는 특성과 함께 산출물인 경찰정책이 사회에 미치는 영향 등을 기준으로 하는 체제적 관점에서 유형화 할 수 있다.

1. 기능주의적 관점

정책의 내용과 기능을 기준으로 분류하는 기능주의적 관점에서 보면 일반적으로 국방·치안·교육·환경정책 등으로 유형화할 수 있으며 그 중 치안관련 정책이 바로 경찰정책에 해당한다. 그리고 경찰정책을 정책 특성별로 분류하여 보면 로위(Lowi)의 분류방법에 따른 분배·재분배·규제·구성정책으로 분류할 수 있다. 경찰정책 관련 구체적 사례를 들면 분배정책의 경우 범죄예방 활동을 통한 국민생활의 안전확보를 들 수 있고, 재분배정책으로 범죄 피해자 보호와 아동·여성 등 사회적 약자의 보호가 있다. 그리고 규제정책으로는 총기규제를 비롯하여 질서유지와 안전을 위한 교통관련 규제 등을 들 수 있으며, 구성정책으로는 신종범죄 대응기구의 신설과 경찰관 보수·연금정책 등을 들 수 있다. 그 내용은 이미 앞에서 살펴본 바와 같다.

2. 규제적 관점

경찰행정은 일반적으로 사회통합을 위한 봉사활동이나 갈등관리를 제외하고는 소극 목적의 질서유지 행정으로 제한된다고 볼 수 있다. 경찰정책도 마찬가지로 적극적인 복지정책 등 일반정책과는 달리 소수의 개인이나 집단의 활동을 통제하여, 반사적으로 절대 다수의 국민들을 보호하려는 목적을 지닌 규제적 성격이 강한 정책 특징을 가지고 있다. 예를 들면 질서유지를 위한 교통통제와 경범죄의 단속과 처벌 그리고 사회안전을 확보하기 위한 집회 및 시위에 관한 시간·장소의 규제 등이 있다.

규제정책에서 규제는 권한남용을 방지하고 국민의 권익보호를 위해 법률로 엄격히 제한된다. 그리고 법규의 형태로 강제성을 띠는 특징이 있다. 규제정책이 법규의 형태로 강제성을 띠는 것은 정책의 안정성과 계속성을 유지하기 위한 것으로, 이는 사적활동의 제한을 통해 일반국민을 보호하려는 "보호적 규제 정책"의 성질을 내포하고 있기 때문이다. 또한 규제정책은 규제받는 개인이나 집단간에 갈등을 야기하기 때문에 정책 순응과 불응 문제가 발생한다. 따라서 법에 의한 규제라 해도 국민의 권리나 자유를 침해할 때는 정책순응을 위해 사회통념상 필요한 한도 내에서 적당한 정도가 유지되어야 한다는 "비례의 원칙"도 함께 적용되어야 한다.

3. 체제론적 관점

경찰정책을 정치체제적 관점에서 분류하면 "요구대응 정책"과 "지지획득 정책"으로 나눌 수 있다. 국민이 정치체제인 정부에 요구하는 것은 개인의 힘으로는 해결하기 어려운 문제에 대해 정부 차원의 해결을 요구하는 것이다.

"요구대응 정책"은 국민들이 정치체제(정부)에 사회문제 해결을 요구하고, 정치체제는 국민의 요구를 받아들여 제기된 문제에 대해 정부 정책을 수립하고 집행하는 것을 말한다. 그리고 정책의 집행결과는 기존 정책이나 더 발전된 새로운 정책대안을 만드는 데 반영된다. 체제론적 관점에서 안전문제를 살펴보면 범죄 피해를 당한 국민들은 정부 등 정치체제에 대해 범죄단속과 예방 등 사회안전 확보를 강하게 요구(Inputs)하게 된다. 정치체제인 국회와 경찰 등 정부는 이에 대한 논의(processor)를 거쳐, 국민의 요구에 대응하는 정책(outputs)을 마련하여 집행하게 되고, 그 집행결과는 다음 정책에 반영(feedback)되는 것이다. 이와 같이 사회현안에 대한 국민의 요구가 반영되는 투입요인과 정책이라는 산출물이 순환되는 체제론적 System의 관점에서 경찰정책을 유형화 할 수 있다.

그리고 "지지획득 정책"으로는 정부에 대한 국민들의 지지를 확보하는 것은 체제유지와 운영에 필요한 인적·물적·정보자원의 제공을 가능하게 하며, 이의 획득정책은 앨먼드와 파월(Almond & Powell)의 추출정책을 의미한다. 이와 더불어 또다른 하나의 지지획득 정책은 "순응확보 정책"이다. 즉 정부에 대한 국민의 지지는 인적·물적 자원의 추출을 용이하게 하고, 나아가 규제정책에서의 공권력 행사에 피규제자들을 순응하게 만드는 것이다.

이러한 지지획득 정책은 정치체제나 정권 담당자들의 정통성(Legitimacy)과 신뢰도에 큰 영향을 받고 있으며, 이는 규제정책에 대한 순응에서도 문제가 된다. 규제정책의 목표는 권리행사의 자유나 행동을 일부 제한함으로써 일반국민을 보호하는 데 있으며, 그 마지막 순응확보 수단은 강제력에 있다(이상안, 2005: 36).

제6장

경찰정책과 환경

제1절 일반적 정책환경

정책과 환경의 관계에 대해 체제론적 관점에서 보면 환경은 정책결정 집단이나 정책결정 과정에 다양한 요구와 압력을 행사하고, 이러한 요구와 압력은 정치체제에 투입되어 정책이 결정·집행되고 환류된다. 이는 정책과 환경은 서로 밀접한 관계를 가지고 환경은 정책에 영향을 주고 정책은 환경에 영향을 주는 상호작용을 한다는 것을 의미한다.

상호작용을 하는 환경과 정책 중 어느 것을 독립변수로 보느냐에 따라, 정책이 환경에 영향을 주면 정책이 독립변수이고, 환경이 정책에 영향을 주면 환경이 독립변수가 된다. 정책(독립변수)이 환경에 영향을 주는 것은 결국 정책효과에 관한 내용이기 때문에 정책평가 분야에서 다루기로 하고 여기에서는 환경(독립변수)이 정책에 미치는 영향에 초점을 맞추고자 한다.

이스턴(D. Easton)은 정치체제는 사회환경으로부터 받아들여진 투입(Inputs)을 산출(Outputs)로 전환시키는 역할을 한다고 했다. 정책에 대한 사회의 요구(Demands)는 환경으로부터 일반화되어 정치체제에 투입되고, 정치체제는 문제의 분석과 정의를 내린 다음 최적의 대안 모색 등 적절한 처리과정(processor)을 거쳐 정책이라는 산출물을 만들어 낸다는 것이다.

이와 같이 정책과 환경은 상호 밀접한 관계를 가지고 영향을 주고받는 관계이기 때문에 정책을 환경과 분리해서 생각할 수 없다. 정책환경을 구성하는 일반적인 요인들을 살펴보면 지형학적, 인구학적, 정치문화적, 사회구조적 요인이 있다.

1. 지형학적 요인

정책에 영향을 미치는 지형학적 요인으로는 천연자원, 기후조건, 지정학적 위치, 분단국가 등을 들 수 있다. 예를 들면 석유 등 천연자원의 종류와 양의 차이 그리고 산업 발전에 영향을 미치는 기후조건 등은 그 나라의 정책결정에 큰 영향을 미친다. 이와 같은 지형학적 요인은 일반 정책뿐만 아니라 경찰정책에도 큰 영향을 미치고 있다. 남북이 분단된 우리나라 경찰의 경우 본연의 업무인 안전과 질서 유지 역할 외에 분단에 따른 국가안보나 자유민주주의 체제수호 등의 역할도 동시에 수행해야 하는 특성을 가지고 있다.

2. 인구학적 요인

인구학적 환경요인으로는 총 인구, 연령별 분포, 인구의 지역적 분포 등이 있으며 이들은 경제성장, 복지 등과 연결되는 정책의 중요한 환경적 변수로 작용한다. 인구학적 요인과 관련하여 우리나라는 1960년대 인구증가를 억제하기 위해 강력한 산아제한 정책을 펴 왔다. 그 결과 인구 감소로 이어지고 노동력 감소와 노령화 문제를 초래했다. 이는 결국 국가 경쟁력을 떨어뜨릴 것이라는 판단에 따라 오늘날 다시 출산장려정책을 펴고 있다.

경찰정책에 있어서도 인구학적 요인과 관련해서는 경찰관 1인당 담당 인구 등을 고려한 경찰인력 수급정책을 들 수 있다. 또한 범죄인의 연령, 강력범죄의 지역적 분포 등의 요인은 범죄의 예방과 단속에 관한 경찰정책의 결정과 집행에 있어 대단히 중요한 환경적 요인이 된다.

3. 정치·문화적 요인

문화는 사회생활을 통하여 만들어지고 집단적으로 공유되는 사회적 유산으로서 사회구성원들이 학습하고 전승하는 생활양식이나 규범을 말한다. 앤더슨(Anderson, 1984: 24)은 “문화란 사회적 유산으로서 사회집단으로부터 사회구성원인 개인에게 전수되어 온 총체적 생활양식으로, 사회의 행태에 영향을 미치는 중요한 요소 가운데 하나로 인식된다"고 정의하고 있다. 그리고 정치문화란 특정사회가 가지고 있는 문화의 일부로 사회구성원들에 의해 공유되는 정치적 신념 또는 가치, 태도 등을 말한다(류지성, 2012: 58).

정치·문화적 요인으로는 삼권분립 등 정치체제의 구조, 민주성 등 정치체제의 특성, 정치적으로 타협·협상 등을 이끌어낼 수 있는 능력 등이 있다. 전통적으로 미국 정치를 다룬 연구 문헌들을 보면 양당제도의 경쟁, 투표 참여, 의석 할당 등 정치·문화적 요인인 정치체제의 특성이 정책에 직접적인 관련이 있다고 믿어 왔다. 이러한 믿음은 미국사회를 지배하고 있는 이념인 다원주의(Pluralism)가 이들 특성을 중요한 가치로 생각하는 것에서 온 것으로 보인다(Dye, 1984: 304). 그리고 양당간의 경쟁은 각 정당이 가난한 계층(have-not sectors)의 지지를 얻기 위한 노력을 하게 만들 것이고, 계속적인 양당간의 경쟁은 집권당으로 하여금 공약사업을 경시하지 못하게 할 것이다. 이렇게 되면, 정당간의 경쟁이 치열할수록 가난한 계층을 위한 사회복지 사업들을 확대할 것(Richard I. Hofferbert, 1974: 145)이라는 것이다.

여타 문화적 요인으로는 유교문화, 이념논쟁, 권위주의, 족벌주의 등이 있으며 그 중 대표적인 것으로는 오랫동안 한국인과 한국사회를 지배해 왔던 전통적 가치관인 유교문화를 들 수 있다. 많은 학자들이 유교문화의 장단점을 설명하고 있지만 장점보다 단점인 가족주의, 권위주의, 온정주의, 지역할거주의, 부정부패 등의 병리현상은 정치·행정 발전에 큰 걸림돌이 되고 있다.

정책에 영향을 주는 한국 행정문화의 병리현상에 대해 여러 학자들이 연구한 결과를 토대로 정리하여 보면 [표 1-3]과 같다(한석태, 2013: 148). 경찰정책에도 이러한 정치·문화적 요인들이 영향을 미치고 있다.

[표 1-3] 유교적 전통에서 온 한국 행정문화의 병리적 요소들

김봉식 (1968)	윤우곤 (1973)	백완기 (1975)	김용욱 (1978)	양승두 (1978)	김해동 (1978, 1985)	김광웅 (1981)
권위주의	집권화	권위주의	인격적지배	엽관주의	권위주의	권위주의
족벌주의	변태주의	가족주의	족벌주의	상명하복	가족주의	가족주의
무사안일	공무사리화	정적 인간주의	공사 무분별	공사 무분별	온정주의	사인주의
형식주의		의식주의		부정부패	할거주의	의식주의
기분주의		운명주의		관존민비	의리주의	의리주의
		비물질주의			사대주의	일반주의

4. 사회·경제적 요인

앤더슨(Anderson, 1984, 26)은 "정책은 사회를 구성하고 있는 다양한 집단간의 갈등으로부터 시작 한다"고 했다. 이는 사회적 갈등이나 변화는 정부의 정책적 개입을 요구하게 되는 중요한 요인이 된다는 것을 의미한다. 오늘날 인권, 복지, 빈부격차, 여성차별, 혐오시설 입지선정, 근로자와 기업주간의 문제 등 끊임없는 사회적 갈등이 유발되고 있고, 이에 대한 정부정책 또한 무수히 만들어 내고 있다. 이와 같이 갈등을 유발하고 있는 사회적 요인들이 정책에 미치는 영향은 매우 크다. 경찰과 관련된 사례를 들면 노사분규나 혐오시설 유치에 따른 갈등의 경우 이는 대부분 집회·시위로 이어지고, 경찰은 이 집회·시위를 어떤 방향으로 관리할 것인지에 대한 입법 활동 등 정책적 연구를 하지 않을 수 없다.

경제적 요인으로는 천연자원, 산업화, 인적·물적 자본(human and physical capital), 노동생산성, 소득분배, 도시화 등의 문제를 들 수 있다. 사회·경제적 요인들은 정부의 경제개발 계획을 비롯하여 산업간 불균형 해소, 계층간 소득 재분배, 기술혁신, 물가 안정, 인구 분산정책 등 여러 경제정책에 큰 영향을 미치고 있다. 경제적 요인 중 산업화, 도시화는 노사갈등을 비롯하여 범죄와 교통문제 등 경찰정책에도 당연히 영향을 미친다.

정책의 환경요인들은 시대에 따라 다양하고 복잡하게 변화하고 있으며, 이러한 환경요인들은 정책에 영향을 미치기도 하지만 때로는 정책결정이나 집행에 있어 제약요인으로 작용하기도 한다.

제2절 경찰정책과 환경요인

1. 경찰조직과 환경

경찰정책에 직·간접적으로 영향을 주는 환경요인은 앞 절에서 설명한 일반적 환경요인과 더불어 경찰조직과의 근접성에 따라 크게 국내적 요인과 국외적 요인으로 구분해서 파악 할 필요가 있다. 이는 경찰조직에 근접한 환경요인 일수록 경찰정책에 직접적이고 강한 영향력을 미치기 때문이다.

먼저 경찰조직에 가장 가까이 있는 1차적 환경요인에는 지역사회와 주민, 검찰, 법원, 국방부 등 유관기관과 언론 등이 있다. 지역사회와 주민들은 안전과 질서유지에 위협을 받으면 이의 해결을 경찰에 직접 요구하게 되고, 경찰은 이에 어떤 형태로든 반응을 하지 않을 수 없다. 또한 경찰정책 및 집행과 관련된 언론의 문제제기 등 비판은 경찰정책의 결정과 집행에 큰 영향을 주고 있으며 이는 환류되어 다음 정책에도 반영된다. 그리고 범죄수사와 국가 안보 등 경찰업무와 연관성이 있는 검찰·국방부·국정원 등 유관기관의 영향도 현실적으로 크게 받고 있다.

다음으로 근접성에 따른 2차적 환경요인으로 국내적 요인으로는 정치, 경제, 사회, 문화, 기술적인 환경 및 자연재해, 원전사고 등이 있으며 국외적 요인으로는 통신기술의 발달로 인한 국제범죄, 테러리즘, 전쟁등의 요인들이 있다. 경찰조직을 둘러싼 환경요인들을 그림으로 정리하면 [그림1-3]과 같다.

[그림 1-3] 경찰조직과 환경

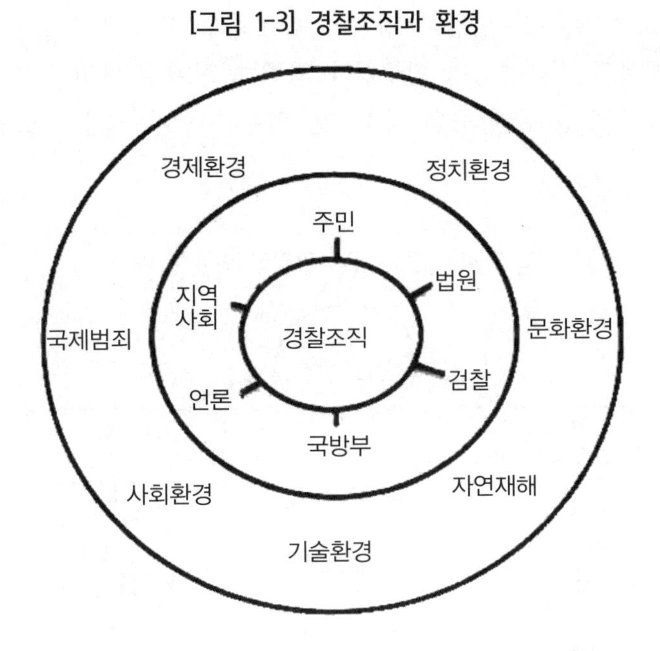

2. 경찰기능과 환경

경찰기능에 영향을 주는 중요한 환경요인으로는 정치권력과 이념을 들 수 있다. 정치권력적 측면에서 보면 집권세력의 이념적 성향에 따라 정책수단이 달라지는 것을 우리는 흔히 볼 수 있다. 예를 들면 정책의 수단선택에 있어 진보정권이 들어서면 인권보호에 우선순위를 두고, 보수정권이 들어서면 질서유지에 보다 중점을 두는 것이 여기에 해당 한다. 또한 북한 핵개발로 인해 긴장 국면이 조성되거나 아니면 핵폐기를 둘러싸고 남북 평화무드가 조성되는가에 따라 국가보안법 위반 수사 등 안보를 위한 경찰의 보안 기능도 심리적인 영향을 받는 것이 현실이다.

공권력 집행기능과 관련해서는 언론 등 여론의 영향도 크게 받고 있다. 공권력 집행에 언론 등 여론에 영향을 받는 대표적 사례를 보면 집회·시위 관리에서 찾아 볼 수 있으며 [그림 1-4]와 같은 악순환이 그간 끊임없이 반복되어 왔다. 이를 방지하기 위해서는 무엇보다 경찰의 법 집행 근거인 집회 및 시위에 관한 법률과 경찰관 직무집행법 등 관련법의 정비가 있어야 한다. 특히 논란이 되고 있는 법규에 대해서는 세부적이고 구체적인 입법화 정책이 필요하다. 그리고 경찰정책의 순응을 위해서도 정책결정의 민주성과 함께 법집행 수단의 적절성 그리고 정책의 일관성 유지 등의 다각적인 악순환 방지 전략이 모색되어야 한다.

[그림 1-4] 집회·시위 관리의 악순환 예시

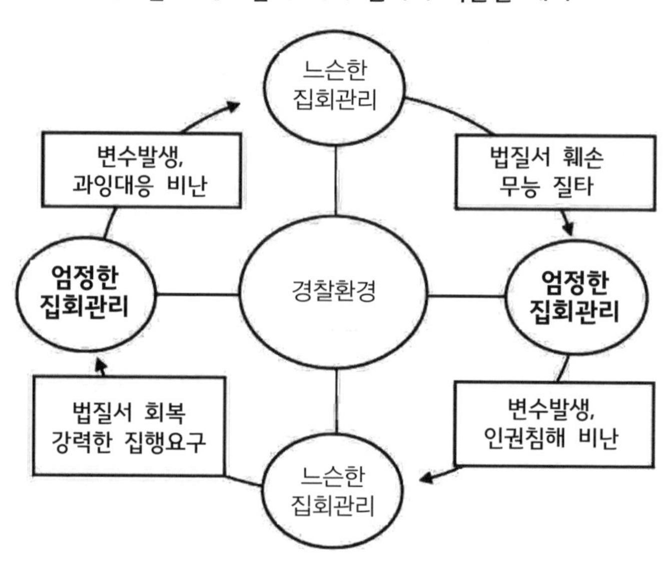

3. 경찰정책과 환경

모든 환경요인들은 정책에 영향을 미치고 정책도 사회문제 해결 등 정책효과로 환경에 새로운 영향을 주고 있다. 먼저 경찰정책이 환경에 미치는 영향은 적극적 의미의 "정책효과"와 소극적 의미의 "정책비용"으로 나눌 수 있다. 정책의 환경에 대한 정책효과는 사회에서 해결되기를 바라는 문제가 해결되어 바람직한 상태를 창조하는 것으로, 정책목표 달성의 결과로 나타나는 결과 변화를 의미 한다.

경찰정책의 정책효과를 두 가지 측면에서의 정책목표 즉 치유적 목표와 창조적 목표를 중심으로 살펴 보면 ① 소극적·치유적 목표는 범죄와 무질서를 바로 잡아 이로 인한 불안과 공포로부터 자유로워지는 것이고 ② 적극적·창조적 목표는 혼란없는 법질서 서비스를 통해 신뢰회복과 함께 경제부문에 "행정적 SOC"의 기능을 수행 함으로써 경제성장과 상호작용을 하는 것이다. 예를 들면 도로·항만·공항 등 물질적 SOC도 중요하지만 안전하고 질서있는 치안상태가 유지되면 관광객과 투자가 늘어나 경제성장에 기여하는 등 경제부문에 창조적 영향을 미친다.

이를 환경과 상호작용하는 체제론적 측면에서 보면 국민들의 범죄 등 사회불안에 대한 해결 요구(Inputs)는 전환과정을 거쳐 구체적인 범죄대응 정책(Outputs)이 산출 된다. 산출된 범죄대응 정책이 효과적이고 성공적으로 집행될 경우 검거된 범인의 수 증가 → 범죄 발생의 감소 → 치안상태의 호전 → 외국 관광객과 투자의 증가 등의 바람직한 정책효과가 발생하게 된다. 이러한 범죄대응 정책은 국민의 지지(법준수, 정부신뢰), 또는 반대(법무시, 정부 불신)로 환류(Feedback)되어 정책환경에 다시 영향을 미치고 다음 정책에도 반영된다.

반면에 환경이 경찰정책에 영향을 미치는 형태는 두 가지로 나누어 볼 수 있다. 하나는 환경이 정치체제를 변화시키고 다시 경찰정책에 영향을 미치는 간접적 형태이고, 다른 하나는 정치체제에 영향을 주지 않고 직접적으로 경찰정책의 내용에 영향을 미치는 경우다. 간접적 형태인 정치체제의 변화로 인한 정책영향은 정치체제의 이념과 규범, 권력구조 및 사회문화에 따라 경찰정책의 내용에 영향을 미치는 것을 말한다. 또한 정치체제 내에 있는 담당자의 성향이나 능력, 분위기 등도 정책내용과 집행에 영향을 미치고 있다. 이와는 달리 직접적 형태는 정치체제에는 영향을 미치지 않고 환경이 투입을 통하여 직접적으로 정책에 영향을 미치는 경우다. 환경으로부터의 투입은 요구(social demands)와 지지(support) 및 반대·저항의 형태로 이루어지며, 이 투입 3요소의 내용이 달라짐에 따라 경찰정책의 내용도 달라진다는 것이다(이상안, 2005: 95-96).

제7장

경찰정책과 갈등관리

제1절 갈등의 개념과 유형

1. 갈등의 개념

심리학에서 갈등은 동시에 해결될 수 없는 둘 또는 그 이상의 강한 동기유발을 의미한다. 코저(Coser, 1968)는 "사회적 갈등이란 대립되는 양편의 목적이 바라는 가치를 획득하고 동시에 상대편을 없애거나, 해하거나, 물리치려는 의도에서의 가치·권력·희소자원 등에 대한 권리투쟁"이라고 갈등의 개념을 정의하고 있다. 이를 쉽게 말하면 가치·권위·권력·희소자원 등에 대한 요구를 둘러싸고 벌이는 여러 형태의 싸움들을 말하는 것이다. 갈등을 제대로 이해하기 위해서는 바라는 가치 즉 다툼의 원인이 어디에 있는지를 먼저 파악해야 한다.

일반적으로 사람들은 가치관의 차이, 독단적인 결정, 한정된 자원 등으로 서로 다투고 있다. 갈등은 이러한 다툼에 대한 개인간, 집단간, 개인과 집단간에서의 권리투쟁을 말한다. 현대사회는 빠른 변화의 시대로, 변화에는 항상 갈등이 수반되고 우리의 일상은 갈등의 연속이라 해도 과언이 아니다. "정책은 사회를 구성하고 있는 다양한 집단간의 갈등으로부터 시작한다"는 앤더선(Anderson, 1984: 26)의 지적과 같이 갈등을 이해하고 관리하는 것은 정책연구에 있어서 다루어야 할 중요한 과제 중의 하나다.

우리나라의 경우 국가·사회 발전에 힘입어 민주화·분권화·다원화 현상이 급속히 진전되면서 갈등과 대립이 크게 증폭되고 있다. 인권과 자유의 신장, 지방분권에 따른 중앙정부와의 갈등을 비롯하여 지역·이념·세대간 갈등은 정책결정에 중요한 요인으로 부상하면서 큰 영향을 미치고 있다. 기업 경영에 있어서도 경영자들은 업무의 상당 시간을 갈등처리에 몰두해야 한다고 토로하면서 그 중요성을 강조하고 있으며, 최근에는 관리자들의 갈등관리 능력이 중요한 평가 항목으로까지 자리잡아가고 있는 추세다. 그만큼 갈등은 조직이나 성과관리에 직접적인 영향을 미친다는 것을 의미한다.

사회적 갈등이 사회 문제로 부각되면 정치권이 개입하여 이에 대한 해결책을 모색하게 되고, 결국 이는 정책으로 발현된다. 경찰의 갈등관리는 정책문제이기도 하지만 일선경찰이 현장에서 해결해야 할 중요한 기능중의 하나다. 특히 진보·보수 등 이념적 갈등, 여성차별 등 인권 문제, 혐오시설 입지 선정 등을 둘러싼 사회적 갈등은 경찰정책의 환경적 요인으로 그 중요성을 더해 가고 있다.

2. 갈등의 유형

1) 개인적 갈등

개인적 갈등은 개개인의 내면적인 심리상태나 성격 등에서 오는 문제를 말한다. 이러한 개인적 갈등을 개인적인 문제로 치부하여 스스로 해결해야 할 문제로 도외시할 수는 없다. 왜냐하면 개인적 갈등은 사회적 갈등으로 비화될 수도 있고, 또한 사회적 갈등이 개인적 갈등을 야기할 수도 있기 때문이다. 개인적 갈등으로는 욕구 좌절로 인한 갈등, 목표 갈등, 역할 갈등, 의사결정 갈등(장동운, 1997: 40-46) 등 네 가지로 유형화할 수 있다.

(1) 욕구좌절로 인한 갈등

개인은 그가 가지는 심리적 목표를 달성할 수 없을 때 욕구좌절에 빠지게 된다. 욕구좌절로 인한 갈등은 어떤 장애요인에 의해 개인의 욕구가 저지당해 목표달성을 할 수 없을 때 발생하는 갈등을 말한다. 높은 꿈을 갖고 경찰에 입문했으나 거대한 조직에 대한 무력감이나 상사의 권위적인 의사결정과 지시 등으로 개인적 발전을 기대할 수 없다고 판단될 때, 경찰을 계속해야 할지 아니면 그만두어야 할지에 대한 갈등을 겪게 되는 경우가 여기에 해당한다.

국민이 경찰의 인권침해를 지적하고 고치려 해도 법과 제도 등 현실적인 장벽에 부딪쳐 불가능하다고 느낄 때 좌절 등 심한 갈등상황에 직면하게 된다. 개인에 따라 다르지만 쉽게 포기하고 현실에 타협하거나, 아니면 문제 제기를 하면서 끝까지 고치려는 노력을 하는 경우가 있다. 욕구 좌절로 인한 갈등은 철회(withdrawal), 공격(aggression), 고정화(fixation), 타협(compromise) 등의 반응을 통하여 좌절된 욕구를 해소한다. 철회 방법에는 외적 철회로서 도피(External withdrawal)가 있고 내적 철회로는 무기력(Internal withdrawal)이 있다. 그 중에서 일반적으로 잘 나타나는 욕구좌절의 반응은 공격이다. 공격은 욕구좌절의 원인이 되는 대상에 대해 공격적 행위로서 반응하거나, 아니면 제3자나 무생물 등의 대상에게 공격적인 반응을 나타냄으로써 욕구불만을 해소하는 경우도 있다. 이는 선의의 제3자에게 피해를 주게 되는 문제를 야기할 수도 있으므로, 사회안전을 정책목표로 하고 있는 경찰은 선의의 제3자 피해방지를 위한 정책적 노력이 있어야 한다. 경찰의 인권침해와 관련하여 경찰관서 항의방문시 정문통제라는 장애(욕구좌절)에 부딪쳤을 때의 반응을 그림으로 구성해 보면 [그림 1-5]와 같다.

[그림 1-5] 욕구 좌절시 반응 예

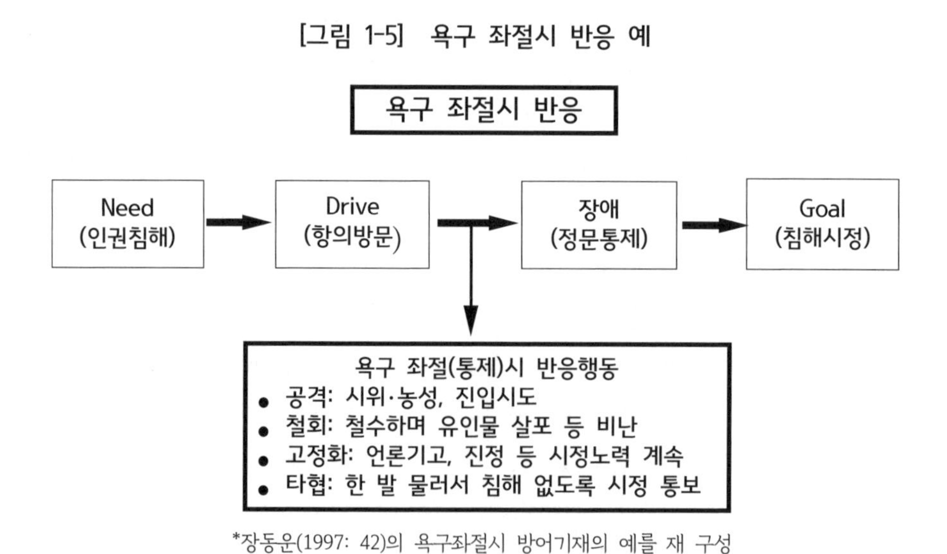

*장동운(1997: 42)의 욕구좌절시 방어기재의 예를 재 구성

(2) 목표 갈등

목표 갈등은 개인의 목표가 긍정적인 속성과 부정적인 속성을 동시에 지니고 있거나, 서로 상충되는 경우에 의사결정을 쉽게 내리지 못하는 경우의 갈등을 말한다. 목표 갈등은 다음 세 가지로 유형화할 수 있다.

① 선을 보고 신부 둘 모두에 호감을 가지고 있으나 선택을 고민하는 경우의 긍정적인 두 목표 사이에서 겪는 갈등

② 승진은 하고 싶은데 일은 하기 싫은 직장인의 경우 긍정과 부정적인 속성을 동시에 내포한 갈등

③ 잘못하면 처벌받을 수 있는 위험도 있고 또한 하기도 싫은 일을 하는 경우의 부정적 두 목표 사이에서 겪는 갈등을 말한다.

(3) 역할 갈등

역할 갈등은 한 개인이 동시에 여러가지 역할을 수행해야 하는 상황에서 발생하는 역할간의 충돌에서 오는 갈등을 말한다. 역할 갈등의 유형에는 역할긴장과 역할모순 그리고 전달자간 갈등과 전달자내 갈등이 있다(Kast & Rosenzweig, 1980: 276-278).

① 역할긴장은 한 개인이 하나의 지위에서 서로 상반되는 역할이 요구될 때 발생하는 갈등으로, 예를 들면 경찰관으로서 엄격한 법 집행과 더불어 집행 대상자에 친절함도 동시에 요구되는 경우와 역할 담당자의 계급은 낮은데 높은 계급의 역할을 기대하는 경우가 여기에 해당한다.

② 역할모순은 한 개인이 여러가지 지위에 따라 기대되는 역할들이 서로 상충될 경우에 발생하는 갈등으로, 경찰업무에 매진하다 보니 가정을 잘 돌볼 수 없는 업무와 가정이라는 두 목표 사이에 발생하는 갈등을 말한다

③ 전달자간 갈등은 여러 전달자들이 어떤 개인에게 분명하지 않은 이중적 태도 등으로 영향을 미치려고 할 때 발생하는 갈등으로, 경찰조직과 역할의 발전 방향을 제시하는 기획부서의 구성원들에 대해 발전 방향의 큰 흐름은 동의하면서도 내심으로는 각 기능별로 이기적인 영향력을 행사하려 할 경우가 그 사례다.

④ 전달자내 갈등은 어떤 전달자가 상충되는 지시를 하거나 불가능한 행동들을 기대할 때 발생하는 갈등으로, 상급자가 표면적으로는 법 절차 준수 등 정상적인 업무처리를 요구하면서도 은근히 편법적으로 문제를 빠르고 쉽게 해결하기를 바라는 이중적 태도의 경우에 발생하는 갈등을 말한다.

(4) 의사결정 갈등

의사결정 갈등은 개인이 여러 상황요인으로 의사결정을 쉽게 하지 못하는 경우로, ① "비수락성", ② "비비교성", ③ "불확실성" 등이 있을 때 생기는 갈등을 말한다.

"비수락성"은 상급자의 일방적인 의사결정 등으로 역할 담당자가 볼 때 만족의 기준에 이르지 못해 이를 수용할 수 없을 때 발생하는 갈등을 말하고, "비비교성"은 선택된 대안이 최적의 대안인지 의문이 들고 다른 대안과 비교할 수 없을 때 발생하는 갈등이다. "불확실성"은 노력과 시간에 비해 바람직한 결과가 나올지 확신이 서지 않는 경우에 발생한다.

2) 사회적 갈등

사회적 갈등은 보는 관점에 따라 다소 다르게 분류하는 학자들도 있지만 일반적으로 개인간, 집단간, 조직간에 있어 인식이나 추구하는 목표 그리고 가치관의 차이 등으로 발생하는 갈등을 말한다. 셔머혼과 그의 동료(John R. Schemerhorn, James G. Hunt, and Richard N. Osbm, 1985: 514-515)들은 갈등의 유형을 ① 개인적 갈등, ② 개인간 갈등, ③ 집단간 갈등, ④ 조직간 갈등으로 분류하고 있다. 개인적 갈등은 앞에서 설명한 바 있으므로 여기서는 개인간 갈등, 집단간 갈등, 조직간 갈등만을 소개하기로 한다(장동운, 1997: 47-49),

(1) 개인간 갈등

개인간 갈등은 다양한 사고와 가치관 등 개인의 차이에서 발생하는 갈등을 말한다. 조직생활을 하면서 이 갈등을 겪지 않는 사람은 거의 없으며, 관리자들이 중요하게 다루어야 할 갈등의 한 형태이다. 개인간의 갈등은 잘 승화하면 발전과 성장의 동력이 될 수 있다. 조직 구성원들의 다양한 사고와 가치들은 혁신과 창의력을 촉진시킬 수 있기 때문이다.

특히 경찰조직과 같이 상명 하복의 일사분란한 관료조직인 경우 창의와 쇄신을 기대하기는 현실적으로 대단히 어렵다. 이러한 점을 감안할 때 경찰관리자들은 개인간 갈등의 장점을 살려 경찰관 개개인의 다양성이 최대한 발휘될 수 있도록 조직을 관리하는 지혜가 필요하다.

(2) 집단간 갈등

집단간 갈등은 집단간에 추구하는 이념이나 가치·목표·방향의 차이에서 오는 갈등으로, 조직에서 가장 흔히 볼 수 있는 갈등의 한 형태이다. 회사의 생산부서와 판매부서간의 갈등이 대표적인 사례다. 경찰의 경우를 보면 업무 집행 현장에서 경비부서와 정보부서 그리고 수사부서와 예방(생활안전)부서간의 집행 방법론에 대한 인식 차이 등 미묘한 갈등을 들 수 있다. 집단간의 갈등은 조정과 통합에는 어려움이 있지만 위기시에 하나로 뭉치는 조직의 응집력을 높이는 데는 순기능을 하고 있다.

(3) 조직간 갈등

조직간 갈등은 조직간에 발생하는 갈등으로, 일반적으로 회사들간의 경쟁에 따른 갈등을 말한다. 예를 들면 경쟁기업들간에 일어나는 갈등, 정부부처와 기업간의 갈등, 기업과 노동조합과의 갈등 등을 들 수 있다. 특히 규제와 관련해서는 정부부처와 국민들간에도 갈등이 발생할 수 있다. 경찰조직과 관련해서는 범죄 수사권을 둘러싼 검찰과의 갈등을 들 수 있으며, 경찰 기구 및 인력 증원과 관련해서는 인사혁신처, 기획재정부 등 정부 관련부처와의 갈등이 여기에 해당한다.

3. 갈등 행동의 유형

갈등이 발생하면 대부분의 사람들은 갈등상황을 회피하거나 상대에 공격적 행동을 하는 등 평소 각자의 성향과 경험에 비추어 자신에게 가장 유리한 방향으로 갈등을 해결하고자 한다. 와이더스(Withers)와 위진스키(Wisinski)가 제시한 일반적인 갈등 행동의 유형을 요약해 소개하면 다음과 같다(Withers and Wisinski, 2007. 번역: 조진경).

1) 공격적 행동(Aggressive Behavior)

공격적 행동은 다른 사람의 권리는 없애려고 시도하는 반면 자신의 권리는 지키려고 적극적으로 노력하는 행동을 말한다. 사람들은 자신이 어떤 사람이나 상황을 지배할 수 있다는 사실을 알고 있을 때 이러한 공격적 행동을 선택한다. 그러나 상황에 맞는 최선의 방법을 찾지 않고 공격적 행동을 남용한다면 협박이나 위협, 인신공격이 될 수 있다.

2) 비주장적 행동(Nonassertive Behavior)

비주장적 행동은 평화로운 마무리나 상황을 끝내기 위해 소위 "항복"을 하는 것을 말한다. 어려운 문제에 직면해서 겁을 먹거나, 상대가 두려워서 아무 말도 하고 싶지 않을 때, 또는 결정을 내리기가 매우 힘들 때 이러한 행동을 한다. 이 행동 방식의 사람들은 문제해결에 있어 겉으로는 동의를 표하지만 속으로는 동의하지 않는 등 수동적 태도를 취한다. 그러므로 이 경우 겉으로는 동의하고 있지만 마음속의 불만이 쌓이면 폭발할 위험성이 있다.

3) 수동-공격적 행동(Possive-Aggressive Behavior)

수동-공격적 행동은 공격적 행동과 비주장적 행동이 결합된 형태이다. 이 유형은 처음부터 공격적으로 대응하지 않고 먼저 비주장적 태도를 취한다. 처음에는 갈등에 적응하거나 아예 피하고 있다가 상대가 그 상황에 지치거나 아니면 이길 수 있다고 판단될 때 태도를 공격적으로 바꾼다는 것이다. 이러한 행동을 전략적으로 사용할 경우 단기적으로는 이득이 있을 수 있지만 장기적으로는 신뢰를 잃게 된다.

4) 주장적 행동(Assertive Behavior)

주장적 행동은 자신의 자리를 지키면서 상대도 존중하며 갈등을 해결하려는 합리적인 방식이다. 이 방식은 자신에게 해가 되지 않으면서 다른 모든 사람에게 이로운 원만한 합의를 이끌어 내는 방식을 말한다.

주장적 행동을 하는 사람들은 상대와 협력(윈-윈)이 되면 가장 좋겠지만, 그렇지 않고 합의가 어려운 상황 또는 필요할 경우에는 타협할 태세를 갖춘다.

제2절 갈등의 기능

많은 경영자들은 최근 무한 경쟁시대를 맞아 갈등관리의 중요성과 그 비중이 점점 커지고 있다면서, 갈등을 처리하는데 상당한 시간을 소비하고 있다고 고충을 토로하고 있다. 조직 관리자들은 조직 내의 개인적 갈등과 개인·조직간 갈등을 효과적으로 관리하기 위해서는 먼저 그 기능을 제대로 이해할 필요가 있다. 갈등의 순기능과 역기능을 이해하는 것은 바로 문제해결의 기회가 되기 때문이다.

공공조직 관리에 있어 창의적 사고가 촉진되는 갈등의 순기능은 살리면서도 역기능은 최대한 줄이는 방향의 정책결정과 집행은 변화와 혁신을 유도해 낼 수 있는 매우 중요한 요인이 된다. 개인적 갈등과 더불어 사회적 갈등 또한 정책의 중요한 출발점이 된다. 사회적 갈등을 촉발하고 있는 인권·이념적 갈등을 비롯하여 도시개발과 관련된 갈등, 혐오시설 설치와 관련된 님비(NIMBY) 현상 등을 어떻게 극복할 것인가는 바로 안정된 복지사회를 만드는 정책목표와 직결된다. 따라서 갈등의 원인과 기능을 잘 이해하고 이를 적절히 정책에 반영하는 지혜가 필요하다.

1. 순기능

정과 메긴슨(Chung and Megginson, 1981, 261-263) 은 갈등의 순기능으로, “갈등은 실제 문제의 소재를 분명히 해주는 기능”을 한다고 했다. 갈등이 없으면 문제해결이 곤란할 뿐만 아니라 실제 어떤 문제를 안고 있는지를 알 수 없기 때문이다. 또한 갈등 표출로 다양한 아이디어와 의견이 제시됨으로써 다양성의 제고와 기술혁신을 촉진시킬 수 있다. 그리고 집단간 갈등은 그 집단을 결속시키는 기능과 함께 감정 배출을 통해 카타르시스(Catharsis) 역할도 한다고 했다.

더블린(Andrew J. Dublin, 1984, 139-142)은 갈등의 순기능으로 ① 구성원의 재능과 능력 발휘, ② 구성원의 다양한 심리적 욕구 충족, ③ 기술혁신과 변화 유도, ④ 조직 내의 갈등을 관리할 수 있는 유용한 방법 터득, ⑤ 조직 내 문제가 있는 곳에 대한 사전 정보 제공, ⑥ 새로운 화합의 계기 마련 등의 기능을 제시하고 있다.

다양한 갈등이 존재한다는 것은 그만큼 사회가 건강하다는 증거다. 최근 빠르게 산업화와 민주화를 이룬 우리사회에서 그 동안 묻혀 있던 사회문제들이 갈등을 통해 분출되는 것은 자연스럽고 건강한 현상이다. 이러한 갈등을 계기로 우리사회의 문제를 진단하고 이를 해결하는 정책을 마련함으로써 보다 성숙된 사회로 나아가는 기회로 삼아야 할 것이다.

2. 역기능

부정적인 측면에서 지각된 갈등은 불안·초조·긴장·적개심과 같은 감정을 갖게 되고, 이러한 감정은 사회의 원만한 통합을 방해하는 비정상적인 행동을 유발하게 된다. 머피(Murphy, 1994)는 갈등의 역기능으로 서로간 불신 증대, 인신 공격적인 언행, 서로간의 생각·감정·정보의 교류가 제한된다고 하였다. 스지라기와 왈라스(Szilagyi & Wallace, 1990: 361-362)는 갈등의 부정적인 측면을 "집단내 변화"와 "집단간 변화"로 구분하여 설명하고 있다.

먼저 "집단내 변화"를 보면 구성원들간에 응집력이 강화되어 높은 충성심을 지니게 되고, 그 집단은 외부 위협에 대처하기 위해 집단 단합이 강조된다. 또한 집단은 과업지향성을 띠면서 리더는 더 권위적이 되고 이때 리더십은 독재성을 더 많이 띠게 된다고 하면서 조직은 이전보다 경직화된다고 하였다. 이는 내부적 응집력과 외부적 위협이 있을 때 조직은 충성심과 일체감으로 뭉치는 집단 단합이 강조되는 부정적인 측면과 긍정적인 측면을 동시에 지니고 있다는 것을 의미한다.

"집단간 변화"로는 다른 집단에 대해 적대적·부정적인 태도가 확대되고, 집단간의 커뮤니케이션이 줄어들며, 타 집단 활동에 감시가 늘어난다고 하였다. 이러한 부정적 측면에서의 갈등은 반대집단을 적대시하고 왜곡된 시각을 가지는 등의 역기능이 증폭되면, 사회적 비용 또한 크게 증가시킬 수 있다.

순기능적 측면과 역기능적 측면을 동시에 지니고 있는 갈등을 효과적으로 관리하기 위해서는 먼저 이러한 양 기능적 측면을 결정하는 요소가 무엇인지를 살펴볼 필요가 있다. 이에 대한 결정 요소로 스토너(J. A. Stoner, 1978)는 갈등수준, 조직구조 및 풍토, 갈등관리 방법 등 세 가지를 들고 있다. 관리자들은 이러한 요소들을 고려하여 조직 내의 갈등을 모두 제거하는 것보다는 갈등의 부정적인 결과를 야기할 가능성이 큰 갈등을 먼저 적절히 관리해 나가는 것이 보다 현명한 방법이다.

제3절 경찰정책과 갈등관리

1. 갈등의 원인 진단

우리사회의 갈등 원인과 정도를 정확히 진단하기 위해서는 먼저 언론사의 여론조사 결과나 보도 내용들을 보면 쉽게 이해할 수 있다. 동아일보-리서치앤리서치(R&R) 여론조사(2014.3.24)에 의하면 한국 사회가 해결해야 할 최우선 과제는 "사회통합"인 것으로 조사됐다. 사회통합지수는 3.97점(10점 만점 기준)으로 위험 수준이었으며, 국익은 뒷전에 두고 정쟁에만 몰두하는 정치권과 일자리와 연금 등을 둘러싼 세대간 갈등, 영남과 호남의 해묵은 지역 갈등, 보수와 진보의 치열한 이념 갈등 등 다양한 갈등요인이 우리 사회의 통합을 저해하는 것으로 나타났다.

사회통합을 저해하는 갈등요인으로는 정치갈등(43.8), 빈부갈등(23.4), 지역갈등(11.1), 이념갈등(9.3), 노사갈등(3.1)순으로 조사되었으며 갈등을 부추기는 정치가 가장 통합을 저해하고 있는 것으로 조사 되었다. 사회통합을 위해 노력이 필요한 주체로는 복수 응답을 포함하여 정부(67.5), 국민 개개인(51.2), 언론(34.4), 기업(15.7), 학교(10.7)순으로 조사된 것을 보면 정부의 노력이 무엇보다 중요하다는 것을 말해주고 있다(동아일보, 2014.4.1). 또한 "한국사회갈등해소센터"가 발표(2014.7.16)한 자료에 의하면 우리사회의 갈등 수준이 "심각하다"고 응답한 비율이 93.0%에 달한다고 하면서, 우리사회의 집단간 갈등이 심각하다는 인식이 더욱 심화되고 보편화되는 경향이 있음에도 정부의 갈등대응 실패로 사회적 비용이 증가할 우려가 있다고 분석하고 있다. 그리고 빈부의 계층갈등〉이념갈등〉노사갈등〉세대갈등〉지역갈등순으로 그 심각성을 지적하고 있다.

이러한 조사결과들을 보면 정부의 갈등해소를 위한 정책적 노력이 무엇보다 중요하고 필요하다는 것을 단적으로 보여 주고 있다. 이러한 갈등이 적절히 관리되지 않을 때 이해 당사자들은 결국 길거리로 나오게 되고 파괴적인 분출로 이어지게 된다. 이는 경찰의 업무부담을 가중시킬 뿐만 아니라 파괴적 분출에 따른 후유증 치유를 위해 큰 사회적 비용을 치르게 된다.

정치의 요체는 국민의 통합(integration)을 이끌어 내는 것이다. 정치권은 정파적 이해관계를 떠나 국익을 위한 노력이 절실함에도 그렇지 못하고 있다. 이러한 사회적 갈등을 예방하고, 그 해결능력을 향상시켜 갈등비용을 줄이고, 사회통합을 이루기 위해서는 "갈등관리 기본법"이 빠른 시일 내 제정되어야 한다. 갈등관리 기본법 제정을 통해 다원화된 우리 사회 곳곳에서 분출되는 갈등을 통합적으로 관리해야 한다. 특히 정부는 갈등관리를 위한 범정부적인 대응시스템을 구축하여 중재·조정을 통한 분쟁해결을 적극적으로 활성화시켜야만 사회통합을 이룰 수 있고 엄청난 갈등비용도 효과적으로 줄일 수 있다.

경찰과 관련된 갈등사례를 보면 하나는 조직 내부 갈등이고 다른 하나는 국민과의 관계에서 발생하는 규제 관련 갈등으로 크게 구분해 볼수 있다. 사회적 갈등이 경찰의 부담으로 작용한다는 것은 대부분 규제관련 갈등과 맥락을 같이 한다. 먼저 조직 내부 갈등을 보면 지휘자와 실무자간의 계급간 갈등, 승진과 보직관리 등에서 오는 인사관리상의 갈등, 일사분란한 조직특성으로 인한 의사결정과 집행 과정상의 갈등 등이 있다.

규제와 관련된 국민과의 갈등으로는 대표적으로 불심검문과 경범죄 처벌 등 경찰 단속과 관련된 규제자와 피규제자간의 갈등이 있다. 불심검문의 경우 구체적인 법 규정 없이 광범위하게 불심검문을 인정하는 것은 인권침해라고 주장하는 측과 사회안전을 위해서는 현장 경찰관에게 적절한 재량권을 주어야 한다는 주장이 팽팽히 맞서고 있다. 또한 범인의 처벌과 피해회복 등 경찰업무 집행과정에서 발생하는 범죄 수혜자와 피해자간의 갈등도 있다. 이와 같은 규제와 관련된 갈등은 정책 순응 문제로 이어지기 때문에 경찰정책의 결정과 집행시에 갈등 관리에 대한 정책연구가 선행되어야 한다. 우리 사회의 갈등 사례를 표로 정리해 보면 [표 1-4]와 같다.

[표 1-4] 우리사회의 갈등 사례

갈등부문	구체적 사례
정치	정파적 이해득실에 따른 정치갈등, 합의를 통한 협치의 실종
정의	권력층과 부유층의 소위 갑질행태와 공정 경쟁의 제도적 미비
빈부	돈=행복의 잘못된 인식, 빈익빈 부익부 현상 등 빈부 갈등
지역	영·호남 지역 및 중앙과 지방과의 지역 갈등
이념	보수와 진보, 좌파와 우파의 이념 갈등, 북한과 관련한 종북 갈등
범죄	무차별 잔혹법죄, 학교·성폭력 등 강력범죄로 인한 사회갈등
노동	비 정규직, 노동 유연성, 근로조건 문제 등으로 인한 노사 갈등
환경	원전 폐기, 핵폐기물 문제, 환경오염 등으로 인한 사회 갈등
교육	공교육, 전교조, 무상급식, 역사교과서 등에 따른 사회 갈등
복지	무차별 복지와 복지재원 마련, 집행상 오류 등 사회 갈등
외교	북한 핵, 남북 문제, 대북지원, 친미·친중 등에 따른 사회 갈등

2. 경찰정책과 갈등관리

경찰과 관련된 갈등은 앞에서 살펴본 바와 같이 경찰조직 내의 갈등과 규제와 관련한 국민과의 갈등으로 크게 나눌 수 있다. 먼저 경찰조직 내의 갈등을 효과적으로 관리하지 못하면 조직의 변화와 쇄신을 기대할 수 없다. 경찰조직을 발전시키고 보다 질 높은 치안서비스를 제공하기 위해서는 경찰관들의 공복의식 등 시대정신에 부합하는 인식의 전환이 있어야 하며, 이를 위해서는 먼저 경찰활동을 통한 자아실현이라는 높은 수준에서의 동기부여가 있어야 한다. 그리고 적절한 보상과 함께 교육과 참여의 기회를 확대함으로써 경찰목표와 가치를 동질화시켜 나가는 방향으로 정책을 펴야 한다. 조직 내의 기능적인 측면에서의 갈등도 경쟁과 협력, 타협과 회피 등의 방식으로 관리하고 디지털 융합적 사고와 새로운 가치창조의 방향으로 정책 접근이 이루어져야 한다.

갈등해소를 위한 지휘관들의 조정 능력은 반드시 평가되어야 하며, 의사결정 방식에 있어서도 종래의 일방적으로 결정하고 지시한 후 방어하는 하향적·엘리트 지향적인 DAD(Decide Announce Defend)방식에서 과감히 탈피해야 한다. 경찰 업무 특성상 위기상황 관리 등 불가피한 경우를 제외하고는 합리적 절충을 통해 자발적 합의를 유도해 낼 수 있는 "대안적 분쟁해결 방안"인 ADR(Alternative Dispute Resolution) 방식으로 의사결정 방식도 변화되어야 한다.

한편 경찰정책 집행과정에서 발생하는 선의의 피해자와 범죄 피해자 그리고 공익을 위한 불가피한 규제에 따른 피규제자 등 국민과의 관계에서 발생하는 갈등은 경찰정책 집행뿐만 아니라 조직 존립에도 큰 영향을 미친다. 이들의 불만을 해소할 대안이 없을 경우 경찰과 갈등을 야기하면서 정책에 대한 반발로 이어지기 때문이다. 경찰은 이를 극복하기 위해 먼저 민주적 절차와 공정성 등 행정 이념을 구현하는데 보다 충실해야 한다. 그리고 가치·이념·이해관계에서 오는 갈등은 정치적 타협을 통한 입법화로 해결하는 것이 가장 최선의 방법이다. 사회 공공의 질서유지와 민주적 가치를 적절히 조화시키기 위해서는 현실적으로 정치적 대 타협 이외에는 다른 대안이 없기 때문이다. 타협을 통한 입법화가 되어야만 법 집행에 있어서도 민주성과 효과성을 동시에 제고시킬 수 있다.

특히 공식성과 강제성 그리고 규제·배분적 성격을 지닌 경찰정책의 경우 갈등을 최소화시키기 위해서는 행정 능률보다는 민주성이 보다 강조되어야 한다. 이를 위해 정책결정과 집행과정에 시민참여의 기회를 확대시켜 다양한 의견들이 반영되어야 한다. 이러한 사회적 갈등은 사회통합의 문제뿐 아니라 경제적 비용 또한 엄청나다는 연구 결과도 있다. 전국경제인연합회가 주최한 2013년 제2차 국민대통합 심포지엄에서 "한국 사회갈등의 현주소"라는 주제발표를 통해 갈등으로 인한 경제적 비용이 연간 82조~246조원(2010년 명목GDP기준)으로 추산된다고 밝혔다.

● 한국, OECD국가 중 2번째로 갈등 심각

전국경제인연합회가 주최한 "제2차 국민 대통합 심포지엄"에서 박준 삼성경제연구소 수석 연구원은 "한국 사회갈등의 현주소"라는 주제발표를 통해 2010년 데이터를 기준으로 한국의 갈등수준은 OECD 27개국 중에 종교분쟁을 겪고 있는 터키를 제외하고는 가장 심각한 수준으로 조사됐다고 밝혔다. 이 조사결과에 따르면 한국의 갈등지수는 0.72로 터키 1.27에 이어 두 번째로 높았고 가장 낮은 나라는 덴마크 0.25 였다. 또한 그는 분석 모형별로 차이가 있지만 고등교육, 경제규제, 대외개방도, 정부규모 등의 변수를 고려할 때 한국의 사회갈등 지수가 OECD 평균(0.44) 수준으로만 개선돼도 1인당 국내 총생산(GDP)이 7~21% 증가하는 효과를 가져올 수 있는 것으로 분석됐다면서, 한국의 사회갈등으로 인해 발생한 경제적 비용은 연간 82조~246조원(2010년 명목GDP기준)으로 추산된다고 밝혔다. (2013.8.21)

제8장

경찰정책의 결정요인

제1절 일반적 정책 결정요인

정책 결정요인은 정책의 실질내용을 결정하는 요인이 무엇인가를 밝히는 것으로 무슨 요인이 정책결정을 좌우하는가의 문제다. 일반적으로 정치적 요인과 사회·경제적 요인으로 나눠 볼 수 있다. 정책결정에 있어 이 두 요인 중 어느 것에 더 큰 비중을 두느냐의 우월성 논쟁은 최근까지 이어져 왔다. 초기 재정학자들을 중심으로 연구가 이루어진 1950~60년대에는 사회·경제적 변수가 강조되었으며, 이에 대응하기 위한 정치·행정학자들의 1960~70년대 연구에는 사회·경제적 변수에 정치적 변수를 추가시켰다.

일부 정치학자들은 사회·경제적 변수의 우월성을 인정하면서도 정치적 변수도 재정지출에 독립적인 영향을 미친다고 주장하고 있다. 그러나 현실을 보면 사회·경제적 변수가 있다 해도 정치적으로 쟁점화되지 않을 경우 쉽게 재정지출로 연결되지는 않는다. 다시 말하면 사회·경제적 변수가 사회문제화되어 정치체제에 영향을 미치고, 정치체제는 정부기관 등에 영향을 미쳐 정책이 최종 결정된다는 체제론적 측면이 보다 강하게 작용하는 것이다.

1. 사회·경제적 요인

사회경제학자들은 인구, 도시 빈민률, 범죄 및 질병 발생률 등의 사회·경제적 요인들에 의해 재정지출의 내용이나 규모가 결정된다고 주장하고 있다. 경제학자들 중에서 가장 종합적으로 정책결정 요인 연구를 촉발시킨 것은 1952년 패브리칸트(Solomon Fabricant)에 의해 수행된 미국의 주(州) 내 "총 정부지출의 결정요인 연구"다. 그는 1인당 소득, 도시화, 인구밀도 등을 도출하여 횡단면 회귀분석 기법을 사용하여, 각 주(州) 내의 총 정부지출(county 등 주(州) 내의 모든 정부 단위)을 비교했는데, 그 중에서도 1인당 소득이 정부 지출과 가장 밀접한 관계를 갖는 것을 발견했다. 패브리칸트 이후 대부분의 연구는 기본적으로 사회·경제적 요인들이 정책화되어 정부지출의 상당부분을 차지한다는 연구결과를 내놓았다. 특히 도슨(Richard E. Dawson)과 로빈슨(James A. Robinson)은 "정당간의 경쟁이 미국 주(州) 정부 복지정책의 내용과 범위의 결정에 중요한 매개변수의 역할을 하지 못하며, 주(州) 정부의 복지 지출 수준은 사회·경제적 요소들, 특히 1인당 소득의 함수다"라고 결론지었다(Dawson & Robinson, 1963, 289). 이러한 재정학자들의 연구는 정치·행정학자들에게는 상당한 자극이 되어 정치적 정책결정 요인론 출현의 모태가 되었다.

경찰과 관련된 사회·경제적 요인을 체제론적으로 살펴보면 빈부격차로 빈민가가 늘어나고 범죄 발생률이 증가하게 되면, 범죄 환경정비와 더불어 범죄 발생률을 억제하기 위한 정책이 수립되고, 여기에 투입될 인력과 장비의 확충 등으로 인해 자연스럽게 재정지출은 증가할 수밖에 없다. 2000년대 들어 성폭력 범죄와 소위 묻지마 범죄(동기 불분명, 대상 불분명 등 무차별성 범죄) 등 흉악범죄가 사회문제화되자 국민들은 이에 대한 해결을 경찰을 포함한 정부에 요구하게 되고, 국회 등 정치체제도 흉악범죄에 대한 정부대책에 반응을 보이게 된다. 경찰은 이에 대한 대응으로 흉악범죄 척결을 위한 경찰관 증원, 수사비 증액, 전담기구 확대, 수사요원의 전문화 등 관련 정책을 수립하여 추진하게 되고 이는 곧 정부지출로 연결된다. 이와 같이 정부지출과 관련된 범죄대책 등 경찰정책은 경찰이 각종지표 등을 고려하여 독자적인 판단하에 선제적으로 정책결정을 할 수도 있지만 정치체제를 통해 체제론적으로 결정되는 경우가 대부분이다. 체제론적 정책결정의 기본적인 모형을 보면 [그림 1-6]과 같다.

[그림 1-6] 정책결정 모형

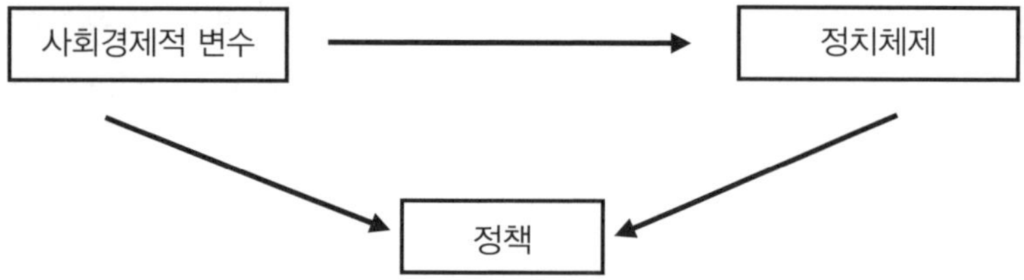

2. 정치적 요인

사회경제학자들의 정책결정 요인 연구는 그 동안 "정책의 내용은 정치의 최종 산물"이라고 믿어온 정치학자들에게는 큰 충격이었다. 이에 대한 반성으로 1960~70년대 정치·행정학자들은 정부 지출의 요인 연구를 시작하게 되었다. 경제적 변수의 우월적 영향에 대해 정치적 편향을 지닌 정치학자들은 주로 경제적 결정요인론의 방법론상의 문제점을 집중적으로 부각시켜 간접적이지만 정치변수가 여전히 중요하다는 주장을 유지하려고 노력하였다. 특히 키(V. O Key. Jr) 등 정치학자들은 정치적 요인을 강조하면서, 정당간 경쟁이 치열할수록 다수 유권자인 저소득층의 영향력은 커지게 되고, 이들의 표를 의식하여 사회보장 지출의 증가를 초래한다며, 정책의 내용을 결정하는 것은 정치적 요인이라고 주장하고 있다.

우리나라에서도 여성청소년과 노인 등 사회적 약자의 보호가 사회문제로 대두되자 정치권에서는 이를 해결하기 위해 정부에 더 많은 재정 지출을 요구하고 있다. 그리고 경찰수사권 제도화 문제와 관련해서도 중복수사로 인한 국민불편과 비용증가 등 사회·경제적 요인도 있지만 정치적 요인으로 이슈화되었다고 볼 수 있다. 2012년과 2017년 대통령 선거에서 여야 후보들이 검찰 권력을 견제하고 개혁하려는 정치적 판단과 더불어 내심으로는 경찰관 표도 의식하여 경찰관 증원과 일정 부분의 수사권 보장을 공약한 바 있으며, 이를 실현하기 위한 정책들이 그간 추진되어 경찰의 독자적 수사권을 담보한 형사소송법이 개정된 바 있다. 이와 같이 정책은 최종적으로 정치권이 움직여 예산과 입법화를 통해 해결책이 제시되는 것이므로 이는 정책결정에 있어 사회·경제적 요인 못지 않게 정치적 요인의 중요성을 말해 주고 있는 것이다.

제2절 경찰정책의 결정요인 검토

정책결정 요인을 사회·경제적 요인과 정치적 요인으로 나누어 볼 수 있는 것과 마찬가지로 경찰정책의 결정도 사회·경제적 요인과 정치적 요인이 독자적 또는 복합적으로 작용하고 있다. 예를 들면 범죄와 무질서로 사회불안이 야기되거나, 경찰의 독자적 수사권 제도화 문제 등이 사회문제로 되고, 정치적으로 이슈화되면 이에 대한 정책이 결정되고 집행된다. 치안관련 지표의 악화에 따라 선제적으로 대응해야 할 필요성이 있을 때는 경찰이 자체적으로 판단하여 정책을 결정하고 집행하는 경우도 있다. 그러나 경찰정책은 예산과 입법화로 연결되기 때문에 사회경제적 요인과 정치적 요인이 복합적으로 작용하여 결정되는 것이 대부분이다. 경찰목표 달성을 위해 추구해 온 정책현안 중 대표적인 경찰의 독자적 수사권 제도화 문제와 사회 안전과 질서 문제 그리고 경찰조직의 혁신과 관련된 정책 결정요인들을 검토해 보기로 한다.

1. 경찰의 독자적 수사권 제도화

"경찰의 독자적 수사권" 제도화 문제는 사회·경제적 측면에서 보면 실제 범죄인의 수사에 있어 인권보호와 함께 중복수사로 인한 비용과 국민불편 해소 등 사법 서비스를 크게 개선하면서, 범죄억제에도 효과적인 정책수단이 되어야 한다. 또한 국민과 정치권에서 문제를 제기하고 있는 검찰의 독점적 권한은 정의로운 사회 구현을 위해서도 견제와 균형의 원리가 작동되도록 조정되어야 한다. 현재 일반 민생범죄의 90% 이상을 경찰이 수사하고 있는 가운데 모든 범죄현장에 가장 접근이 용이한 경찰이 증거확보 등 현장 수사활동을 전개하고 있다. 그러므로 사회·경제적인 측면에서 보면 수사와 기소를 분리하여 경찰에 수사권을 부여하는 것이 타당하다.

그간의 검사 독점적인 수사 구조는 조선 총독을 정점으로 검사에 권력을 집중시켜 식민통치를 용이하게 하려는 조선 형사령에 그 뿌리를 두고 있다. 1945년 광복 후 미군정은 일제시대 형사사법제도를 개혁하기 위해 경찰에 英·美식의 독자적 수사권을 부여해 수사와 기소를 분리하였으나, 정부 수립 후 형사소송법 제정 당시(1954년) 혼란한 사회 여건을 감안하여 일제시대 수사구조로 회귀하였다. 당시에도 수사와 기소 분리의 타당성에 대해서는 공감대를 형성하고 있었다. 4·19혁명 후 제2공화국에서는 경찰과 검찰의 정치 편향성과 종속성을 혁파하기 위해 경찰에 1차적 수사권을 부여하는 방안을 논의했으나 5·16 이후 정권을 잡은 군부세력에 의해 세계 유례가 없는 검사의 독점적 영장 청구권이 헌법에 명시되는 등 검사의 권한은 오히려 강화되었다.

경찰의 독자적 수사권 문제는 90년대 민주화의 진전과 함께 김대중, 노무현 정부를 거치며 공론화되고 대선공약 및 국정과제로 선정되어, 경찰에 수사권을 부여하는 방안이 본격적으로 논의되었다. 그 결과 2011년 형사소송법을 일부 개정하여 경찰에 수사·개시 진행권을 부여한 바 있다. 그러나 모든 수사에 검사의 지휘권을 명시하고, 대통령령에 선거·공안사건 입건 여부 지휘와 송치前 지휘 및 송치 지휘를 규정하는 등 검사의 독점적·일방적 지휘구조를 그대로 유지함으로써 검찰권 견제를 바라는 국민들의 기대에는 크게 못 미치고 있었다. 선진 각국의 검찰과 비교한 [표 1-5]를 보면 우리나라 검찰의 권한이 어느 정도 인지를 잘 알 수 있다. 이러한 견제받지 않는 독점적 권한은 사회와 정치권으로부터 끊임없는 문제제기의 대상이 되었으며, 검찰의 자체개혁 노력에도 불구하고 정치 편향적이라는 비난은 끊이지 않았다. 인권옹호기관이라는 검찰의 수사과정에서 다수가 자살하는 사건(2010~2015. 6월 어간 자살자 79명, 국감자료)이 발생하고, 금품수수 등 잇따른 비리검사들로 인해 검찰개혁의 필요성은 점점 더 가중되어 왔다(국민 87% 검찰 권한 견제 필요, 중앙일보 2016.9.23).

[표 1-5] 국가별 검사의 권한 비교표 (2017 경찰청 자료)

분류	검사의 구체적 수사지휘권 등										검사의 수사상 지위				검사의 기소 권한			
	검찰영장청구권 헌법규정	인권 옹호직무방해죄 유무	체포구속장소 감찰권	사법경찰징계·체임요구권	변사체 검시권	체포구속피의자 석방지휘권	압수물 처분시 지휘	관할외 수사시 보고	특정사건 송치전 지휘	수사 개시 보고	수사권	수사 지휘권	자체 수사력	검·경조서 증거능력 차이	수사 종결권	기소독점주의	기소편의주의	공소 취소권
한국	○	○	○	○	○	○	○	○	○	○	○	○	○	○	○	○	○	○
일본	×	×	×	○	○	×	×	×	×	×	○	△	△	×	△	○	○	○
독일	×	×	×	×	○	×	×	×	×	△	○	○	×	×	○	○	×	×
프랑스	×	×	○	△	○	×	-	×	×	△	△	△	×	×	△	×	○	×
미국	×	×	×	×	×	×	×	×	×	×	△	×	△	×	×	×	○	○
영국	×	×	×	×	×	×	×	×	×	×	×	×	×	×	×	×	△	○

경찰의 독자적 수사권 제도화 문제는 검찰에 대한 부정적 인식과 중복수사로 인한 국민 불편 등 사회·경제적 요인이 충분함에도 문제제기 또는 논의과정에서 흐지부지되는 등 그간 정치체제에 크게 영향을 미치지 못하고 있었다. 그러나 2017년 대통령 선거를 기점으로 독점적인 권한을 가진 검찰의 개혁 필요성과 수사와 기소의 분리에 대한 국민적인 공감(82%공감, 리얼미터 전화조사 2016.9.24~25)을 바탕으로 당시 문재인 대통령 후보는 선거 공약으로 검찰개혁 분야에 "수사권 분점"을 포함시켰다. 이후 집권한 문재인 정부는 이를 국정과제로 채택하여 검찰개혁의 일환으로 경찰에 독자적 수사권을 부여하는 정책을 추진하여 경찰에 1차적 수사권과 종결권, 검사의 보완수사 및 징계요구권 등을 골자로 하는 "검·경 수사권 조정 합의문"을 발표(2018.6.21)한 후 입법화를 추진하였으며, 여·야 4당 원내대표는 수사권조정과 공수처 설치 등을 국회법 제85조의2(안건의 신속 처리)에 따른 신속처리 대상 안건으로 지정(2019.4.22)하고 후속 논의과정을 거쳐, 경찰과 검사의 수사 등에서의 상호 협력(제195조)과 경무관, 총경, 경정, 경감, 경위의 독자적 수사권 보장(제197조), 경찰 영장 청구 등에 관한 영장심의위원회 설치(제221조의5), 경찰작성 피의자 신문조서와 검찰작성 피의자 신문조서의 증거능력에 대한 동일 절차화(제312조) 등을 골자로 하는 형사소송법을 개정(법률 제16924호, 2020.2.4. 개정)함으로써 경찰의 숙원인 독자적 수사권이 제도화 된 것이다.

경찰의 독자적 수사권에 대한 정책은 기본적으로 국민에게 정의롭고 질 높은 사법서비스를 제공하기 위한 것이다. 경찰의 독자적 수사권 문제는 시민사회와 경찰의 꾸준한 노력과 함께 검찰 스스로의 부정적 측면이 정치체제에 영향을 주어 이슈화되고, 정당간 정책경쟁을 통해 공식의제 즉 정부의제로 된 것이다. 이러한 경찰의 독자적 수사권 제도화 문제는 사회·경제적 요인과 더불어 선거과정에서 정치체제의 사법개혁이라는 명분과 필요성 그리고 경찰의 지지를 의식한 정치적 요인 등이 복합적으로 작용해 정책이 결정된 사례로 볼 수 있다.

2. 사회공공의 안녕질서

안전하고 질서있는 교통문화 그리고 집회·시위 문화는 그 나라 사회질서의 수준을 말해 준다고 해도 과언이 아니다. 교통안전과 질서는 선진국으로 가는 척도가 될 뿐 아니라 새로운 복지과제로 그 중요성이 더해가고 있으며, 이러한 맥락에서 종래 차 중심의 교통정책이 사람 중심의 인본주의로 바뀌고 있는 추세이다. 그러나 우리나라의 교통안전과 질서 수준은 아직 선진국에 크게 못 미치고 있다. 학교 앞 난폭운전, 소위 칼치기라는 급격한 끼어들기 등 남을 배려하지 않는 운전행태는 교통질서만 어지럽히는 것이 아니라 타인의 무고한 생명을 위협하는 행위다. 교통사고 사망자만 보더라도 2018년 기준 자동차 1만대당 1.4명으로 OECD 회원국 2016년 평균 1.0명보다 높은 수준을 보이고 있다. 교통안전과 질서문제는 상당한 댓가를 치루더라도 반드시 해결해야 할 과제로, 운전자 교육을 비롯하여 교통법규 위반자에 대한 처벌의 수위를 한층 높이는 방향으로 정책추진이 되어야 한다.

[표 1-6] 주요 국가별 교통사고 사망자 수 비교 (경찰백서, 2019: 262)

구 분	한국	OECD평균	미국	일본	프랑스	스페인
연도	2018	2016	2016	2015	2015	2015
차량 1만대당	1.4	1.0	1.3	0.5	0.8	0.5
인구10만명당	7.3	5.5	11.6	3.7	5.4	3.9

집회·시위 문화와 관련해서도 앞에서 지적한 바 있듯이, 그간 우리나라의 노동계나 시민단체들은 집회 및 시위에 관한 법률에 대해 법 규정(제10조)이 애매하여 집회하는 사람들의 헌법상 기본권이 제한되고 있다고 반발해 왔다. 특히 야간 옥외집회에 대해 위헌 제청 등 꾸준히 문제 제기를 해 온 결과, 2009.9.24 헌법재판소는 2010.6.30까지 법률 개정을 하라며 헌법 불합치 결정(2008헌가25)을 내렸다. 그러나 당시 법률 개정 시한까지 개정이 이뤄지지 않았으며, 시한이 지난 2010년 7월부터는 평온해야 할 야간에 집회를 허용할 수밖에 없는 상황이 초래되

었다. 이후에도 헌법재판소는 2014.3.27 야간 시위에 관하여서도 한정위헌 결정(2010헌가2)을 내렸다. 사회공공의 안전과 야간의 평온을 위해 최소한의 규제는 있어야 한다는 사회적 공감대를 바탕으로 기본권은 최대한 보장하면서도 확성기 소음, 교통방해 등 최소한의 질서유지는 담보할 수 있는 합리적인 방향으로의 법률 개정이 필요한 상황이다. 그러나 정치권에서는 여·야 이념적 차이로 이견이 크고 정치적으로 민감한 사안이라며, 법률 개정을 계속해서 미뤄오고 있으며, 2020년 현재까지도 개정되지 않고 있다. 1993부터 2004년까지 집회 및 시위를 분석한 결과 주간에 발생한 폭력성 시위는 횟수 대비 69%인데 비해, 야간에는 74%로 야간 집회 및 시위의 경우 폭력성 집회 또는 질서파괴적 집회 비율이 더 높다는 연구 결과(윤시영, 2007)를 보더라도 조속한 법 개정이 필요하다.

안전하고 질서있는 사회를 만들기 위해서는 경찰의 치안서비스 개선과 함께 인권과 질서유지에 대한 균형적 시각을 동시에 가져야 하며, 일방의 가치만 중시해서는 정책이 성공할 수 없다. 정부와 비정부기구는 인권과 질서유지에 대해 균형적으로 경쟁해야 하며, 집회·시위는 시민생활의 활력소가 되어야 하지 병폐로 남아서는 안 된다. 집회·시위 역시 사회개선 운동의 하나로서 봉사로 볼 수 있기 때문에 봉사자의 타인에 대한 배려가 있어야 한다(이상안, 2005: 102).

이와 같이 집회 및 시위에 관한 법률 개정은 사회경제적 요인은 충분하나 정치체제가 반응을 하지 않고 있다, 집회·시위와 같은 규제와 관련된 정치권의 갈등은 결국 정파들간에 정치적 타협을 통해 해결할 수밖에 없다. 경찰은 야간 집회·시위와 관련된 법률 개정을 위한 정치·행정적 노력과 함께 집회 방해세력이나 관련법을 일탈하는 집단에 대해서는 일관되게 엄격히 규제해야 한다. 불법집회가 사라지지 않는 원인에 대한 전문가 의견(동아일보, 2013,12,30)을 보면 다음과 같다.

● **불법시위가 사라지지 않는 원인에 대한 전문가 의견**

* 후진적 집회문화: 집회주최측이 법과 제도를 통해 문제를 해결하지 않고 군사독재와 투쟁하던 방식대로 힘으로 해결하려 한다. 민주화운동시절의 "공권력에 대항하는 것이 정당하다"는 인식이 아직도 변하지 않았다.
* 갈등관리 미숙: 갈등이 충분히 예상되는 사안도 정부가 이해 당사자의 의견 수렴없이 "밀어붙이기"식으로 정책을 추진한다. 정부가 단호한 대응만 강조하다가 공권력의 권위를 잃고, 더욱 강경 대응한다.
* 경찰력 부족: 차로를 완전히 차단하려면 시위대 보다 2-3배 이상의 경찰력이 필요한데 1만명 이상이 모이는 대규모 집회는 이를 막을 경찰력이 없다.
* 경찰의 소극적 대응: 대규모 차로 점거시 현장에서 연행하려면 부상자가 속출할 수 있고 시간도 오래 걸린다. 쌍용자동차 불법파업을 경비하던 경찰관이 징역 6개월을 선고받고 해직될 위기에 놓여 집회현장 경찰관들이 심리적으로 위축되고 있다.

3. 범죄예방 등 사회 안전

2004년 7월 검거된 유영철의 엽기적 연쇄 살인사건(공식확인 20명)을 비롯하여 근래 들어 빈발하고 있는 소위 묻지마 범죄인 무차별 잔혹범죄, 그리고 학교폭력과 여성·어린이 성폭행 등이 사회문제화되고 있다. 국민들은 이러한 상황을 불안해하며 국가에 강력한 억제대책을 요구하고 있으나 경찰의 대응은 이에 크게 못 미치고 있는 것이 현실이다. 체제론적 관점에서 보면 이와 같은 국민들의 요구(Input)에 그간 경찰은 대응력 강화를 위해 예산과 인력의 증원, 예방과 수사 시스템의 정비, 지역사회와 함께하는 경찰활동 등의 관련정책(Output)을 지속적으로 펼쳤으나 범죄는 줄어들지 않고 오히려 엽기적인 사건이 증가하는 등 정책효과는 그다지 크지 못했다. 이러한 현상이 지속적으로 반복되는 것은 정책결정이나 추진과정, 정책평가 결과의 환류(Feedback) 등에 있어 상당한 문제점을 내포하고 있다는 것을 의미한다.

경찰은 흉악범죄 등 강력사건이 빈발하고 언론의 보도가 이에 집중되면 처음에는 범죄예방과 범인검거에 총력을 기울이다 사회적 관심이 멀어지면 흐지부지되면서 또 다른 사회적 관심사항에 매달리는 등 임기응변식 대응을 하여 왔다고 해도 과언은 아니다. 한정된 경찰 인력으로 변화무쌍한 치안 환경에 일일이 대응하다 보면 흉악범죄나 학교폭력 등 특정범죄와 관련된 정책의 지속 가능성에는 일정한 한계가 있다는 점은 부인할 수 없다.

이는 경찰만이 해결할 수 있는 문제는 아니며 엽기적인 사건과 학교폭력 등은 다른 선진국에서도 심각한 과도기를 거쳤다. 학교에서 총기난사 사건이 자주 발생하고 있는 미국은 학교폭력을 해결하기 위해 "타인에 대한 존중과 배려"로, 일본은 유치원 교육 시기부터 인사하기 등 친절교육을 통해 그 해결책을 찾음으로써 상당한 성공을 거둔 바 있다. 이를 교훈으로 우리사회도 만연된 황금 만능주의와 부패 등으로 인한 정의 사회의 후퇴, 사회적 약자에 대한 배려와 보호의 인식 부족 등의 근본적인 원인 치유를 위한 범 사회·정부적인 노력이 있어야 한다. 그러나 안타깝게도 경찰만이 이러한 문제 해결의 전면에 나서고 있는 것이 현실이다.

경찰의 대응책이 효율적으로 실현되기 위해서는 먼저 치안수요 전반에 대응할 수 있는 경찰의 능력부터 강화되어야 한다. 예방·검거 기술의 향상과 장비 개선도 필요하지만 효율적인 인력운용과 적정한 인력증원이 절대적으로 필요하다. 이와 더불어 치안 인프라 확충과 함께 지역사회와 함께하는 경찰활동(community policing)의 정착·확산 등 다양한 노력들이 병행되어야 한다. 그리고 현장에서 수집된 지문, 인상착의, 범행수법 등의 첩보(intelligence)들을 어떻게 체계적으로 정리하여 정보(information)를 생산해 낼 수 있느냐의 문제는 효과적인 범죄진압을 위해 대단히 중요하므로, 이에 대한 연구 또한 있어야 한다. 아울러 경찰기능 중 정보경찰의 사회안전과 범죄정보 수집기능도 한층 강화되어야 할 것이다.

건강하고 안전한 사회를 항구적으로 만들기 위해서는 이에 대한 사회적 관심 속에 정치체제가 반응하여 교육계와 문화계를 망라한 범사회·정부적이고 종합적인 사회안전 정책이 법제화되고 이에 대한 예산이 뒷받침되어야 한다. 사회안전 정책은 장기과제인 만큼 경찰은 정치체제의 반응을 기다릴 것이 아니라 선제적으로 정치체제에 끊임없이 문제를 제기하여 범정부적인 노력들이 이루어질 수 있도록 정책 의제화시켜 나가야 한다.

4. 창의적인 경찰조직

민주적 경찰 관료제는 규칙이나 규정에 얽매이기 보다는 창의적인 정신이 강조되어야 한다. 현재 국민들은 이러한 경찰 정신을 요구하고 있다. 그러나 현장에서 강조되고 있는 법의 지배(rule of law) 원리는 창의적이고 진취적인 정신을 현실적으로 억제하고 있다. 법률에 근거하지 않은 현장업무 집행은 우선 정당성을 확보할 수 없을 뿐 아니라 당사자의 항의 등 문제가 발생하면 책임을 져야 하기 때문이다. 특히 21세기는 지방분권적 민주주의 시대를 맞고 있다. 지역 실정에 맞는 경찰 행정을 펴기 위해서도 창의적인 정신이 더욱 요구된다.

그간 경찰은 중앙통제, 권위적 집행, 능률성 강조 등의 가치관들이 조직 전반을 지배해 왔다. 중앙통제와 권위적 집행 등의 경직된 가치관들은 구성원들의 창의적이고 진취적인 정신을 억제함은 물론 경찰청장 등 지휘관의 성향에 따라 정책수단이 달라지는 등 많은 문제를 내포하고 있었다. 경찰은 이러한 가치관들을 어떻게 효과적으로 극복하고 시대 정신에 부응할 것인가의 과제를 안고 있다.

이를 극복하고 창의적인 경찰조직을 만들기 위해서는 정의, 시민참여, 개인권리 존중, 수평적 네트워크 체제, 다원적 사고, 지방정부 지향 등이 강조되어야 하며, 가치관과 역할 변화에 대한 인식이 경찰조직 전반에 확산될 수 있도록 관련 정책의 변화 또한 있어야 한다.

경찰조직의 변화와 혁신에 대해 이상안(2005: 287)은 21세기는 지방분권적 민주주의가 성숙할 시기로, 분권적 민주주의의 요체는 시민참여가 그 핵심이 될 뿐 아니라 권위 체제가 계층적 명령제가 아닌 수평적 네트워크로 바뀌면서, 이 과정에서 협력과 봉사의 역할에 맞는 여성 경찰의 임무가 강조된다고 하며 [표 1-7]과 같이 정리하고 있다.

[표 1-7] 경찰조직과 역할 변화 예측

20세기 형		21세기 형
· 중앙정부 통제 중심	→	· 지방정부 중심 지향
· 조직목표의 엄격한 과학적 관리		· 개인권리의 존중(진보적)
· 권위적 관리		· 참여적 관리
· 이념지향, 현상유지 집착		· 실용·합리성, 다원적인 사고
· 기술발전과 운용예산 증가 강조		· 사회발전부응, 책임·생산성 강조
· 남성 중심, 효과성·능률성 강조		· 여성, 정의(Justice) 관심 증가
· 수직적 권위 통제		· 수평적 네트워크 협력
· 조직 중심적 의사결정		· 개인 상황적 의사결정

이와 같이 경찰조직과 역할 변모를 시대정신에 맞게 예측하여 선제적으로 경찰정책을 수립하고 집행하는 것은 경찰에 대한 국민의 신뢰를 가져오고, 이러한 신뢰는 국민들의 자발적 협조 등 정책 순응으로 이어지기 때문에 그 중요성과 필요성은 더 말할 필요가 없다. 따라서 경찰은 정의롭고 민주적이고 창의적인 경찰조직으로 거듭날 수 있도록 사회경제적 또는 정치적 요인이 당장 부각되지 않더라도 국민들을 위해 적극적이고 선제적인 조직관리 정책의 추진이 필요하다.

제9장
경찰정책 과정과 배경이론

제1절 정책과정의 개념과 흐름

1. 정책과정의 개념

정책과정이란 정책이 형성되고 집행되어 결과로 이어지는 일련의 과정을 말한다. 정책은 사회문제를 해결하기 위해 다양한 집단들이 환경과 상호 영향을 주고 받으면서, 복잡하고 동태적인 과정을 거쳐 만들어지고 집행되어 정책결과로 이어지게 된다. 이와 같은 정책은 사회문제 해결을 목표로 하고, 이를 달성하기 위한 수단을 그 기본내용으로 하고 있으므로 문제제기에서 시작하여 문제해결로 종결 된다(이상안, 2005: 106). 정책과정을 제대로 이해하려면 어떤 사람이 정책에 참여하는지, 정책은 어떤 과정을 거쳐 어떻게 만들어지는지, 그리고 이를 뒷받침하는 이론들은 무엇인지에 대해 먼저 알아야 한다. 이러한 일련의 과정을 이해하기 위해서 정책과정의 논의가 필요한 것이다. 정책과정을 연구하는 학자들은 복잡하고 동태적인 정책과정을 단순화시키고 그리고 그 특성에 따라 세분화하는 단계적 접근을 하고 있다. 다수의 학자들은 사회문제가 정책문제로 전환되고, 문제해결을 위한 정책이 만들어진 후, 집행되어 최종결과로 이어지는 과정을 단계별로 설명하고 있다.

앤더슨(Anderson, 1979)은 정책과정을 ① 공공문제가 정부의제로 전환되는 "문제형성" 단계, ② 최선의 대안을 탐색하는 과정인 "정책형성" 단계, ③ 최종적으로 선택된 대안이 정책으로 결정되는 "대안채택" 단계, ④ 결정된 대안을 구체적인 정책수단을 통해 실현시키는 과정인 "정책집행" 단계, ⑤ 집행결과 정책이 의도한 목표를 성취한 정도를 측정하는 "정책평가" 단계로 나누어 설명하고 있다.

또한 존스(Charles O. Jones, 1984)는 사회문제가 정부로부터 인지되어 정책결과로 이어지는 과정을 시간의 흐름에 따라 11단계로 나누고 있다. ① 정부의 문제 "인지와 정의" 단계, ② 많은 사람들이 제기된 문제가 중요하다고 생각하는지를 보여주는 "집결" 단계, ③ 사회문제를 정부에 공식적으로 요구하기 위해 조직되는 "조직화" 단계, ④ 문제해결을 공식적으로 요구하는 "주장" 단계, ⑤ 공식적 경로를 통해 전달된 집단적 요구가 정부에 의해 받아들여지는 "의제설정" 단계, ⑥ 문제해결의 구체적 방안을 찾는 "정책형성" 단계, ⑦ 결정된 정책이 국회의 비준을 거쳐 법제화되는 "합법화" 단계, ⑧ 정책집행에 소요될 예산의 규모와 적정성을 고려하는 "예산편성" 단계, ⑨ 정책목표 달성을 위한 정부의 "정책집행" 단계, ⑩ 목표달성 정도를 측정하는 "정책평가" 단계, ⑪ 평가정보를 활용해 정책을 재구성하거나 종결하는 "정책 조정과 종결" 단계로 나누고 있다.

한편 드로(Dror, 1989)는 앤더슨과 존스의 시간의 흐름에 따른 단계별 구분과 달리 정책이 구체화되는 정도에 따라 분류하고 있다. 그는 최적의 정책결정 과정으로 ① 정책결정 체제를 전체적으로 설계하고 운영체제를 구성하는 동시에 정책결정을 위한 포괄적 규칙과 원리를 설정하는 "상위 정책결정 단계", ② 상위 정책결정 단계의 연장선상에서 정책 쟁점을 보다 세분화시켜 최적의 대안이 구체화되는 "정책결정 단계", ③ 결정된 정책의 집행과 집행결과에 대한 평가로 구성되는 "후기 정책결정 단계", ④ 이상의 단계들을 연계해서 정책을 최적의 상태로 결정하고 집행하여 의도한 정책결과를 유도하는 "의사 소통과 환류 단계"로 구분하고 있다.

2. 정책과정의 흐름

정책과정의 개념에서 살펴본 바와 같이 정책과정의 흐름은 시간의 흐름에 따라 단계별로 구분하여 파악하거나, 아니면 정책이 구체화되는 정도에 따라 분류하여 그 흐름을 파악할 수 있다. 경찰정책에 있어 최근 사회문제가 되고 있는 성폭력 문제 해결을 위한 정책 과정의 흐름을 시간의 흐름에 따라 가장 기본적인 과정만 정리해 보면 ① 성폭력 범죄가 사회문제로 부각되어 정책문제로 제기되면, 이를 척결함으로써 안전한 사회를 만든다는 정책목표를 먼저 설정한다. ② 그 목표를 달성할 수 있는 정책수단으로 전자 발찌 착용 여부와 착용자 동향관찰 그리고 위치추적 시스템 점검 등 여러 대안들을 탐색하고 개발하여 하나의 최종 대안을 채택하게 된다. 이때 최선의 대안을 선택하기 위해서는 필요한 범죄 정보와 지식을 바탕으로 정책분석 과정을 거쳐야 한다. ③ 결정된 정책은 의도된 목표 즉 성폭력을 척결하여 안전한 사회를 만들기 위해 관련 법률의 정비 및 예산을 확보하고, 추진방안 모색 등 정책 전반에 대한 기획을 한 후, 인력보강과 전담부서 지정을 비롯하여 전자발찌 착용, 동향관찰 방법 등 구체적인 정책수단을 동원하여 정책을 실현시킨다. ④ 실현된 정책에 대해서는 성폭력의 감소 등 목표달성의 정도를 측정하는 정책평가로 이어진다. ⑤ 정책평가 결과 나타난 문제점 등은 환류되어 기존 정책을 수정 또는 보완하거나 아니면 다음 정책의 정보로 활용된다. 가장 기본적인 정책과정의 흐름을 그림으로 요약하면 [그림 1-7]과 같다.

[그림 1-7] 정책과정의 흐름

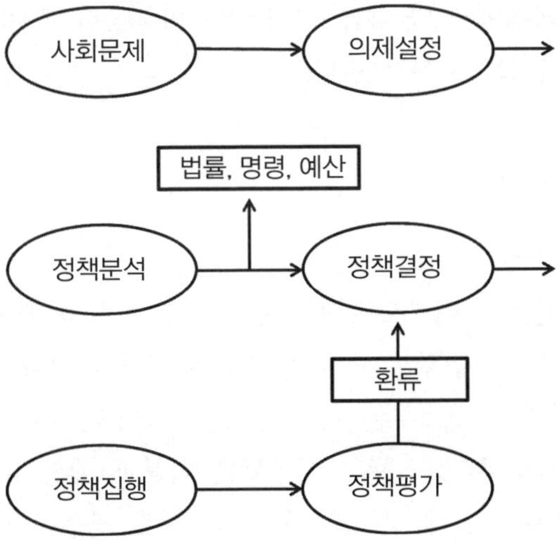

사회문제 → 의제설정 →

법률, 명령, 예산

정책분석 → 정책결정 →

환류

정책집행 → 정책평가

제2절 정책과정의 참여자

정책과정에 참여하는 행위자는 크게 공식적 참여자와 비공식적 참여자로 나눌 수 있다. 공식적 참여자는 공공정책의 결정에 관한 법적 권한과 책임을 가진 행위자를 말하며. 비공식적 참여자는 그러한 법적 권한과 책임을 부여받지 않은 행위자를 말한다. 공식적 참여자는 입법부, 사법부, 대통령과 국무위원, 중앙행정기관 등이 있고 비공식적 참여자로는 정당, 비정부단체(NGO), 이익집단, 언론, 전문가와 일반대중 등이 있다.

경찰정책도 마찬가지로 흉악범죄, 성폭력, 학교폭력 등의 사회문제가 공식의제로 등장하여 정책이 결정되고 정책결과로 이어지기까지는 다양한 참여자들의 영향을 받게 된다. 경찰정책에 공식적 권한을 가지고 참여하는 행위자로는 경찰청을 비롯한 중앙행정기관, 대통령, 국무위원, 사법부, 국회 등이 있다. 그리고 비공식적 참여자로는 공식적인 권한은 없지만 성 매매 특별법 제정시에 적극적으로 영향력을 행사한 여성단체의 경우와 같이 경찰정책 과정에 직·간접적으로 영향을 미치는 정당, 비정부단체(NGO), 이익집단, 전문가, 언론, 일반국민 등이 있다. 여기서는 정책과정에서 공식적 참여자와 비공식적 참여자들의 기능과 역할에 대해서만 살펴보기로 한다.

1. 공식적 참여자

1) 입법부(의회)

고전적 삼권분립 이론으로 볼 때 입법부는 법을 만들고, 행정부는 그 법을 집행하며, 사법부는 법을 판단하는 역할을 한다. 정치체제의 중요한 제도적 장치인 입법부는 다른 공식적 참여자와는 달리 법률을 만드는 일이 주된 임무다. 정책의 대부분은 법률과 예산의 형태로 나타나므로 법과 예산은 사실상 정책과 동의어라 해도 과언이 아니다.

일반적으로 정책결정은 법률, 명령, 예산의 형태로 나타나는 점을 감안할 때 결국 의회의 입법활동은 정부 정책을 최종적으로 합법화시키는 중요한 과정이라 할 수 있다. 특히 입법부는 법률의 제정과 더불어 국정감사 등 국정에 관한 고유 권한도 함께 가지고 있으므로 정책결정의 주된 공식적 행위자이다. 입법부인 우리나라 국회의 권한을 보면 첫째, 입법에 관한 권한으로 ① 헌법 개정 제안과 의결권, ② 법률의 제정과 개정권, ③ 조약 체결과 비준 동의권 등이 있다. 둘째, 정부 재정에 관한 권한으로 ① 정부 예산안의 심의·결정권, ② 정부예산의 결산 심사권, ③ 기금 심사권과 국가 부담이 될 계약 체결에 대한 동의권 등이 있다. 셋째, 일반 국정에 관한 권한으로 ① 국정감사와 조사권, ② 헌법기관 구성권, ③ 탄핵 소추권, ④ 국무총리·국무위원 해임 건의권, ⑤ 국무총리 등 출석요구권과 질문권 등이 있다.

입법부는 이와 같은 고유권한을 통해 정책과정에 큰 영향을 미치고 있으나 20세기 이후 행정국가화 현상 때문에 일반적으로 의회의 입법기능 또는 정책결정 기능이 점차 약화되는 경향이 있는 반면 행정부의 정책활동이나 기능은 오히려 활발해지는 문제점이 나타나고 있다. 의회의 입법기능 약화의 일반적 원인으로는

첫째, 사회가 복잡해지고 이해집단들의 갈등해결이 어려워지자 의회는 사회문제 해결에 대한 부담을 행정부에 떠넘기려고 법이나 정책의 큰 테두리만 정하고 구체적인 내용은 집행과정에서 행정부가 결정하도록 하려는 경향이 있다. 이는 모두를 만족시킬 수 없다는 점에서 정치적 부담을 줄이려는 의도가 내포되어 있다.

둘째, 의회는 다른 조직보다 민주적 절차를 중요시하는 조직으로 사회문제 해결에 있어 행정부보다 상대적으로 신속한 대응이 어렵다. 행정부는 大統領令이나 部令 등으로 사회문제의 신속한 해결이 가능하나 의회는 법률안 의결을 위해서는 소위원회, 상임위원회, 본회의를 거쳐야 하고 법률체계나 형식과 관련되면 법제사법위원회의 심사과정도 거쳐야 하는 복잡한 절차와 과정이 소요된다.

셋째, 입법과정에서 필요한 정책분야의 정보나 자료를 행정부에 의존하는 경우가 많고 때에 따라서는 담당공무원의 설명 등 협조를 받아야 하는 문제점이 있다. 이 과정에서 행정부처의 의견이 정책에 반영될 소

지가 다분하고 특히 외교·국방 분야의 경우 보안문제 등으로 행정부의 역할이 더욱 커지게 된다.

넷째, 행정부 공무원은 장기간 근무하면서 정책분야의 지식이나 기술이 축적되어 있지만 입법부는 多選 의원 일부를 제외하고는 공무원에 비해 전문성이 부족하다. 이를 보완하기 위해 전문위원, 입법 심의관 등을 두고 있으나 한계가 있다.

다섯째, 의회는 나라 전체의 이슈를 국익차원에서 다루어야 하지만 지역구에서 선출된 의원 개인들은 지역구를 우선 대변하고 다음 선거를 대비하는 데 더 관심이 있기 때문에 사회 전체에 관한 정책을 입안하는 데는 현실적인 어려움이 있다(한석태, 2013, 237-239).

2) 대통령과 국무위원

20세기 이후 우리는 행정이 양적으로 팽창하고 질적으로 복잡 다양하게 심화되어 있는 행정국가 시대에 살고 있다. 그만큼 행정부의 역할과 기능이 사법부나 입법부에 비해 비대해진 것으로, 행정부의 수반인 대통령의 권한 또한 막강해질 수밖에 없는 것이다. 대통령의 지위는 정치체제에 따라 다소 다르지만 대통령 중심제인 우리나라의 경우 행정부의 수반과 국가 원수로서의 지위를 동시에 갖고 있다. 행정부의 수반으로서 대통령은 헌법과 법률이 정하는 절차에 따라 ① 행정에 관한 권한으로 정책결정 및 집행권, 예산안 제출 및 집행권, 공무원 임면권 등이 있으며, ② 국회에 대한 권한으로 고유 권한인 국회 출석 발언권과 임시국회 소집 요구권 등이 있으며, ③ 입법에 관한 권한으로 법률안 제출권, 법률 공포권, 법률안 거부권, 행정 입법권 등이 있고, ④ 사법에 관한 권한으로는 헌법재판소와 대법원 구성권, 사면권 등이 있다. 이와 같이 대통령은 국가원수로서 국가를 대표하며 입법, 사법, 행정 등 국가의 모든 일에 책임과 의무를 지고 있으므로 정책과정 전반에 대한 대통령의 영향력은 매우 크다.

한편 국무위원은 대통령을 보좌하는 기능을 하며 국무회의의 구성원이 된다. 우리나라의 국무회의는 의원내각제와 달리 의결기관이 아닌 심의기관이다. 그러나 심의기관이라 해도 국무위원들은 제기된 문제들에 대해 국무회의 심의과정을 통해 정책적 해결방안을 모색하고 결정하는 데 많은 영향력을 행사할 수 있으므로 정책과정에 있어 중요한 참여자로 볼 수 있다.

3) 중앙행정기관

정책과정에서 행정기관은 정책의제 형성, 정책결정과 집행, 정책평가 등의 모든 단계에서 역할을 하고 있다. 행정관료들은 오랜 행정경험을 통해 습득한 지식과 정보를 바탕으로 정책의제를 형성할 때 실제 가장 큰 역할을 하게 되며, 정책결정은 행정수반이 하지만 정책대안이나 수단의 선택은 행정부처의 장을 보좌하는 직업관료들이 담당한다. 특히 정책집행에 있어서는 행정관료의 역할이 두드러지게 나타나며. 국회에서 제정된 법이나 정책의 경우 국회는 대부분 큰 테두리만 규정하고 세부적인 사항은 행정기관의 재량권으로 위임하고 있다. 이와 같이 중앙행정기관은 업무의 전문성과 지속성 등으로 정책 전반에 대해 큰 영향을 미친다. 특히 대통령을 비롯한 국무위원들은 정치인이지만 행정관료들은 그 분야의 전문가들이기 때문에 더욱 그렇다.

행정안전부 외청으로 있는 경찰청의 경우 범죄와 무질서, 안전과 관련된 분야에 대해서는 문제의 제기에서부터 정책결정과 집행에 이르기까지 사실상 주도적인 역할을 하고 있다. 특히 치안문제와 관련된 범정부적인 정책이 결정되어도 정책의 집행은 주로 그 분야에 경험과 정보를 갖고 있는 경찰이 1차적으로 담당한다. 경찰청장 등 경찰관료들의 지속적인 관심과 의지, 추진력, 자원의 배분을 어떻게 하느냐에 따라 정책결과에 큰 영향을 미치게 된다. 그러므로 경찰청 등 중앙행정기관은 정책을 결정하고 집행하는 과정에 중요한 역할을 하면서 영향을 미치고 있다.

4) 사 법 부

사법부는 일반적으로 사회 구성원간에 분쟁이 있거나 또는 반사회적 행위자에 대해 제재가 필요한 경우 이에 대한 판단을 내리는 곳이다. 사법부는 다른 정책 참여자와는 달리 공공의 이익을 직접 추구하지는 않지만 입법부나 행정부에서 분쟁이 발생될 경우 당사자간의 소송을 전제로, 분쟁 해결을 위한 정당한 법 적용을 보장하는 역할을 하고 있다. 사법부의 주요 정책행위를 하는 곳은 대법원과 헌법재판소다. 법원이 정책과정에 영향을 미치는 대표적인 것은 "명령, 규칙 또는 처분이 헌법이나 법률에 위반되는 여부가 재판의 전제가 된 경우 대법원은 이를 최종적으로 심사할 권한을 가진다"(헌법 제107조 제2항)는 헌법 규정을 들 수 있다. 또한 법원은 정부의 정책에 관해 분쟁이 있을 경우 이에 대한 판결을 통해 정책의 수정이나 시행 여부, 피해 원상복구 등을 결정함으로써 정책과정에 개입하고 영향력을 행사하고 있다.

사법부의 판결은 분쟁에 대한 사후적이고 수동적인 성격을 띠지만 판결의 내용에 따라서는 기존의 정책을 중단시키거나 다른 정책의제를 유발하는 등 현실적으로 정책행위를 하고 있다. 2003년 서울행정법원의 새만금간척사업에 대한 집행정지 결정으로 정책이 일시 중단된 사례가 있다. 이 외에도 헌법재판소의 경우, 정당해산 결정권, 기관간 권한쟁의 심사권, 헌법소원 심사권, 탄핵 결정권 등을 통해 정책과정에 대한 법리적 영향을 미치고 있다.

헌법재판소가 정책에 영향을 미친 대표적인 사례를 보면 "신행정수도의 건설을 위한 특별조치법"(2004.1.16)에 대한 헌법소원에서 위헌결정(2004.10.21)을 한 바 있고, 헌정사상 처음으로 헌법기관은 아니지만 통합진보당을 위헌정당으로 해산 결정(2014.12.19)한 사례가 있다. 경찰정책에 영향을 미친 사례로는 "야간집회 금지의 헌법 불합치 결정"(2009.9.24) 등이 있다.

2. 비공식적 참여자

1) 정 당

정당은 정치적 이익이나 견해를 같이하는 사람들의 결사체로 이들은 정책보다는 선거를 통한 권력 획득을 직접 목적으로 하고 있기 때문에 이익집단과는 구별된다. 정당은 헌법상 기관은 아니나 헌법에서 보장하는 정치·사회적 제도로서 국민들의 정치적 주장이나 의견들을 결집하는 사회적 기관이다. 따라서 국민들은 정당을 통해 정부에 이익 표출을 하는 등 정치적 요구를 함으로써 정책과정에 영향을 미치고 있다.

미국의 경우 보수성향의 공화당과 진보성향의 민주당은 그들의 정당 강령에 따라 노동, 복지, 외교, 주택, 농업정책 등을 펴고 있다. 따라서 어느 정당이 집권하느냐에 따라 정책방향은 크게 달라질 수밖에 없다. 마찬가지로 우리나라 정당도 이익집단이나 사회구성원의 다양한 요구를 수렴하는 이익결집을 하거나 정책 의제화하는 기능을 수행하고 있다. 어떤 이념적 성향을 가진 정당이 집권하느냐에 따라 국방, 외교, 노동, 환경, 복지정책 등에 당연히 영향을 미치고 있다. 그간 선거에 제시되는 공약들을 살펴보면 2018년을 기준으로 볼 때 자유한국당, 더불어민주당, 정의당순으로 이념적 지향이 우에서 좌로 펼쳐져 있는 것으로 보인다.

2) 비정부단체(NGO)

비정부단체(Non-Government Organization)의 개념과 범위에 대해서는 쉽게 정의를 내리기 어렵지만 “자발적으로 결성되어 영리를 추구하지 않으며, 정부로부터 영향을 받지 않고, 독립적으로 공익을 위해 활동하는 조직”이라 할 수 있다. 다시 말하면 비정부단체는 일반적으로 비영리를 목적으로 인권, 환경, 평화, 정의, 복지 등 사회 전반의 다양한 보편적 문제에 관심을 가지고 활동하는 민간단체들을 말한다. 따라서 NGO는 이익집단 중 공익집단에 속한다고 할 수 있으며, 예를 들면 참여연대, 경실련, YMCA, YWCA 등이 여기에 해당한다.

NGO의 정책참여 활동을 보면 국회, 행정부 등 다른 정책행위자들이 인식하지 못하거나, 의도적으로 하지 않고 있는 사회문제를 제기함으로써 정책의제 형성에 큰 기여를 하고 있다. 정책결정자들이 기득권이나 이념적 선입견 때문에 새로운 정책의 필요성이나 기존정책의 실수를 인정하기를 거부하는 경우 이에 대한 적극적인 문제 제기로 새로운 정책결정이나 정책수정을 이끌어 내는 역할을 한다. 특히 비정부단체는 정책결정자들이 국민의 반대에도 불구하고 무리하게 정책을 추진한다거나 아니면 국가가 발전하면서 갖게 되는 특성 즉 정부실패 등의 경우에 이를 시정하기 위해 집회·시위나 각종 사회통신망(SNS) 등을 통해 그 영향력을 확대시키고 있다. 최근들어 정의, 인권, 환경, 복지, 빈부문제 등의 사회문제 해결에 비정부단체가 시민단체 대표로 정부 정책에 적극적으로 참여하여, 자신들의 주장을 관철시키고 있는 것을 흔히 볼 수 있다.

3) 이익집단

이익집단은 동일한 목표 또는 공동의 목표를 추구하는 개인들의 집합체로 주로 사적인 이해관계에서 출발한다. 이익집단을 만드는 것은 개인적으로 목표를 추구하는 것보다는 집단을 만들어 정부에 접근할 수 있는 통로를 확보한 후 자신들의 이해관계를 설명하는 것이 보다 효과적이기 때문이다. 이익집단은 특정한 정책에 영향력을 행사하는데 관심이 있지, 정권이나 공직을 점유하려는 목적을 갖고 있지 않는다는 점에서 정당과 구별된다.

공동의 이익을 도모하기 위해 모인 결사체인 이익집단은 사익집단(private interest group)과 공익집단(public interest group)으로 나눌 수 있다. 사익집단의 예로는 민주노총, 전경련, 약사회 등을 들 수 있고 공익집단으로는 참여연대, 경실련 등 시민사회단체나 비정부기구(NGO) 등이 여기에 해당 한다(한석태, 2013: 250). 시민사회단체나 NGO 등 공익집단과 마찬가지로 사익집단도 자신들의 분야에 대해서는 전문성과 재정능력, 몰입수준, 성취욕구 등에서 다른 어떤 비공식적 참여자들보다 더 큰 영향력을 행사할 수 있다. 특히 이들의 정부 정책에 대한 지지나 반대는 그 정책의 성패를 좌우하는 중요한 요인으로 작용하고 있으므로 이익집단은 정책과정에 강력한 영향력을 행사하는 참여자다.

4) 국민과 언론

국민들은 자신들의 일상생활에 영향을 받게 되는 정부의 활동에만 주로 관심을 가진다. 그러므로 국민들은 정책과정에 직접적으로 큰 영향을 미치지는 않지만 투표를 통해 정치적 의사표현을 한다. 선거 결과는 국민의 정치적 요구와 연관되며 당연히 정책과정에도 영향을 미치게 된다.

오늘날 언론 매체는 정책과정의 비공식적 참여자 중에서 가장 영향력 있는 행위자다. 언론은 국민들의 여론을 형성하고 증폭하는 기능과 함께 사회 고발의 형식으로 사회문제를 정부의제로 전환시키는 촉매 역할을 한다. 여론은 사회문제나 정부 정책에 대해 일반 국민들이 만들어내는 의견이나 관심을 말한다. 그러므로 국민들의 관심과 의견이 많으면 많을수록 정치적 영향력은 커지게 마련이다. 국민 대다수가 공감하며 공유하는 여론은 정책과정에 더 큰 영향력을 행사하게 된다.

현재 다소 영향력이 줄어들긴 했지만 TV, 신문 등 제도권 언론은 물론이고, 최근 폭발적으로 성장하고 있는 비제도권 언론인 인터넷, 페이스북, 트위터, 유튜브 등 각종 SNS(Social Network Service)는 여론 형성에 지대한 역할을 하고 있다. 이와 같이 사회적 이슈에 관한 언론 매체의 보도는 여론 형성에 영향을 줌으로써 입법부나 행정부의 정책활동을 이끌어내고 있다. 2008년 미국산 소고기의 안전성 문제에 대한 문화방송의 “PD수첩” 보도는 실로 엄청난 사회적 파장을 일으키면서 정책문제를 만든 사례가 있다.

5) 전 문 가

정부는 다양한 사회문제를 해결하여 보다 바람직한 사회를 만드는데 그 존재 의의가 있다. 다양한 사회문제를 해결하기 위해서는 각 분야의 전문가들의 정책에 대한 의견을 수렴하지 않을 수 없으며, 이때 전문가들의 의견은 정책과정에 바로 영향을 미치게 된다. 그리고 전문가들의 의견은 정부정책에 정당성을 부여하기 때문에 더욱 중요성이 있다. 최근 정부가 정책과정에 전문가 집단인 각종 자문위원회를 구성하여 정책의 정당성을 확보하려는 노력을 보면 잘 알 수 있다.

정책문제가 고도의 과학적 기술을 필요로 하는 경우에 전문가의 정책대안에 대한 의견은 정책의 정당성을 넘어 정책의 “권위”(Power)와 “영향력”(Influence)을 더해 줄 수 있다(Nelkin, 1984, 16). 과학적 전문성의 권위는 과학적 합리성에 기초하므로 전문가의 판단은 정책대안의 최종 선택과정에 대단히 중요한 역할을 하고 있다. 예를 들어 핵 발전소 건설 및 시설의 안전 점검 등과 관련된 정책에 대해서는 원자력 전문가의 의견이 절대적이라 해도 과언이 아니다.

범죄예방 차원에서도 ① 분명한 시야선의 확보, ② CCTV 등 감시장비의 강화, ③ 자연적 감시와 접근통제 등 환경을 적절히 디자인하여 범죄를 사전에 차단하고 예방하는 기법인 "범죄예방 환경설계(CEPTED : Crime Prevention Through Environmental Design)"에 대한 전문가의 의견은 현재 경찰정책은 물론이고 주택 정책에도 새로운 영향을 주며 변화를 유도하고 있다.

제3절 정책과정의 배경이론

정책은 바람직한 사회상태를 만들려는 국가활동의 산물로, 정책과정을 설명하기 위해서는 먼저 국가의 기능과 역할을 이해할 필요가 있다. 그리고 정책과정에 영향을 미치는 권력 연구와 함께 권력구조론적 관점과 정치체제론적 관점에서의 정책과정에 대한 연구가 있어야 한다.

"권력구조이론"(theories of power structure)은 특정시점에서 정책에 대한 힘(권력)을 누가 얼마나 가지고 있고, 또 정책 참여자들간에 어떤 상호작용을 통해 정책이 결정되는지 등을 권력적 측면에서 실질적인 정책결정 주체와 통치현상의 특징들을 밝혀 내려는 이론이다. 대표적으로 다원주의 이론과 엘리트 이론이 있다.

정치체제론적 관점은 요구에 대한 반응으로서 정책을 파악하는 것으로, 공공정책을 보면 사회의 요구와 지지에 대해 정치체제가 반응하여, 일련의 활동과 결정 등 전환과정을 거쳐 해결책인 정책을 산출한다는 관점이다. 여기서는 국가의 기능과 역할에 대해 살펴본 후 "권력구조이론" 중 대표적인 이론과 정치체제 이론, 그리고 정책을 갈등관리 관점에서 접근하는 갈등관리 이론에 대해 간략히 소개하기로 한다.

1. 국가의 기능

국가의 가장 중요한 기능 중 하나는 나라의 안전을 보장하고 법과 질서를 확보하는 것으로, 이를 위해 군대와 경찰을 두고 있다. 안정된 국가·사회를 위해 국민들은 국가에 의해 원하지 않아도 알게 모르게 일상생활이 규제·통제되고 있다. 행정국가의 출현과 함께 국가의 기능은 교육, 의료, 빈부문제를 비롯하여 시장개입 등 경제문제에 이르기까지 지속적으로 확대되고 있다. 이와 같이 다양하게 확대된 사회문제를 해결하기 위해 국가는 여러 수단들을 동원하여 직·간접적인 개입을 하고 있다. 대통령제나 내각책임제 어느 정치체제이던 제도화된 국가는 다양한 기능과 역할들을 하고 있으며, 이 같은 국가의 기능과 역할은 광의로 볼 때 사회에 대한 개입을 의미한다.

국가의 사회 개입은 그 사회의 문화 또는 경제 발전을 이루기 위하거나 아니면 공동체 사회의 붕괴조짐 등이 있을 때 개입하게 된다. 예를 들면 나라의 안전이 위협받거나, 사회적으로 범죄와 무질서로 불안이 지속될 경우 또는 교육·주택 등 공공서비스 제공에 문제가 발생할 때 국가는 국가의 존립과 사회안정을 위해 이를 억제·완화하기 위한 정책적 개입을 하지 않을 수 없다. 따라서 국가의 이러한 기능과 역할에 대한 이해가 있어야 정책과정 연구에 보다 효과적으로 접근할 수 있다.

2. 권력구조 이론

1) 다원주의 이론

막스(Karl Heinrich Marx)나 엥겔스(Friedrich Engels) 등은 자본가들이 국가라는 도구를 이용하여 사회의 다수인 노동자 계급을 지배하고 착취한다는 주장을 하고 있다. 이처럼 소수의 권력 엘리트(power elite)가 사회를 지배하고 있다는 점을 강조하고 있는 것이 엘리트론자들이다. 그러나 정치학자 달(Robert A. Dahl. 1961, 11)은 이러한 엘리트주의적 연구를 비판하면서 전형적인 미국의 도시라고 생각하는 코네티컷州 뉴해이븐市는 “과거 2C 동안 과두제에서 다원주의로 점차 변해 왔다”고 하면서, 미국사회는 다원적으로 통치하고 있다고 주장하고 있다.

다원주의(Pluralism)란 엘리트주의와 달리 국가 사회는 여러 독립적인 이익집단이나 결사체로 이루어져 있으므로, 권력 엘리트에 의해 지배되기 보다는 집단의 경쟁, 갈등, 협력 등에 의하여 민주적으로 운영된다고 보는 사상이다. 이는 정치적 영향력이나 권력이 개인이나 소수의 지배계층이 아닌 사회를 구성하고 있는 다양한 집단에 분산되어 있다는 것이다. 그러므로 다원화된 사회는 권력분산이 제도적으로 이루어지고, 다양한 집단들이 그들의 이익을 위해 주장을 펼칠 수 있을 뿐만 아니라 상호 대립되는 의견은 협상, 타협 등을 통해 해결하는 제도적 장치가 마련되어 있는 사회를 말한다. 따라서 정부의 역할은 다양한 개인과 집단의 이익을 중립적인 입장에서 조정하는 역할을 담당하는 것이며, 이러한 과정을 통해 정책이 만들어지고 집행된다는 것이다.

다원주의적 사회에서 만들어진 정책은 다양한 집단간의 타협·협상에 의해 점진적으로 이루어지고, 정책이 결정되고 집행되는 과정에도 이익집단과 정당 및 의회 등의 역할이 중요시 된다. 같은 맥락에서 볼 때 최근 갈등을 빚고 있는 집회·시위에 관한 질서정책은 자유로운 집회를 주장하는 집회 주최측과 다수 국민들을 위해 최소한의 질서는 유지해야 한다는 경찰측의 의견을 바탕으로 타협과 협상의 다원주의적 접근을 통해 그 해결책을 찾아야 한다.

2) 엘리트 이론

엘리트 이론은 사회를 구성하고 있는 다양한 집단의 상호작용에 의해 정책이 결정되고 집행된다는 다원주의 입장과는 달리, 사회 내의 특정한 집단이 정책결정을 좌우한다고 보는 이론이다. 고전적 엘리트 이론가인 정치학자 모스카(G. Mosca)는 "이 세상에는 두 부류의 계층이 존재하며, 한 부류는 지배계층이고 다른 한 부류는 피지배계층"이라고 하면서, 지배계층은 소수이고 모든 정치적 기능을 수행하며 권력을 독점하고 권력의 혜택을 누리는 반면에 피지배계층은 다수이며, 지배계층에 의해 명령받고 통제된다"(Mosca. 1939. 50)고 했다. 이 이론은 소수의 지배 엘리트들이 정책의 모든 과정을 장악하고 그들의 영향력을 행사한다는 입장으로, 다음과 같은 가정에 의해 권력구조를 설명하고 있다. ① 정치권력은 불평등하게 배분되어 있으며, ② 엘리트 집단이 일반 국민을 일정한 방향으로 유도하고 있고, ③ 정치엘리트들은 정책대안 검토 시 자신들이 추구하는 가치를 우선적으로 고려하며, ④ 정치엘리트들은 자신들의 사회적 지위를 유지하고 발전시키기 위해 개혁보다는 점진적 변화만을 추구한다고 하였다.

정치엘리트들은 공식적인 정치권력을 가진 집단과 사회 각계 각층에 영향력을 행사할 수 있는 사람들로 구성된다. 그러므로 권력을 독점하고 있는 정치엘리트들에 의해 만들어진 정책은 정책결정의 합리적 과정은 기대하기 어렵고, 대부분의 정책은 그들의 이해가 훼손되지 않는 점진적 또는 현상유지에 그친다. 19세기 입법국가에서 20세기 행정국가로의 발전은 정치엘리트들의 출현을 가속화시켰으며 특히 관료조직을 비롯한 사회의 엘리트 집단은 정책과정에 가장 큰 영향력을 행사해 왔다. 정책과정에 영향력을 행사하는 엘리트 집단에 속하는 부류의 사람들로는 ① 정치인과 행정관료, ② 군부 리더, ③ 대기업 총수 등 기업가, ④ 노동조합장 등 노동운동가, ⑤ 기술 전문가를 비롯한 지식인 등을 들 수 있다.

3) 無意思 決定論(신 엘리트 이론)

무의사 결정론은 달(R. A. Dahl) 등의 다원주의자들이 엘리트 이론을 비판하는 것을 반박하기 위해 시작된 이론이다. 바크라크와 바라츠(Bachrach & Baratz, 1962)는 권력이라는 것은 다원주의자들이 말하는 것(권력은 소수 지배계층이 아닌 사회의 다양한 집단에 폭넓게 분산)처럼 그렇게 단순하지 않다면서 권력에 대한 그들의 관점을 피력하고 있다. 바크라크와 바라츠는 다원주의자들은 권력을 포괄적으로 다루지 않고 일부분만 취급하고 있다고 하면서, 권력의 실체에 접근하기 위해서는 권력과 관련하여 "어떤 일들이 벌어지고 있는지"는 물론이고 "왜 어떤 일은 일어나지 않는지"에도 관심을 가지고 "어떤 일이 일어나지 않게 제한하는 수단"에 대해 생각해 볼 필요가 있다고 주장한다.

바크라크와 바라츠(Bachrach & Baratz, 1962: 948)에 의하면 "권력은

어떤 사람이나 집단이 자신들이 추구하는 사회적·정치적 가치를 실현하는 정치과정에서, 그들에게 해로울 수 있는 쟁점은 공론화시키지 않고 제한하려는 일련의 노력에서 찾아볼 수 있다"고 하고 있다. 그들은 논문 "권력의 양면"(Tow Faces of Power)에서 권력의 첫번째 얼굴은 사회의 공개적인 갈등을 해결하는 것이고, 다른 하나는 "無意思 決定"(Non-Decision Making)이라고 했다. 각종 사회문제 중 일부만이 정책의제로 채택되고 일부는 기각·방치 되는데 그 이유는 정치적 요구가 표면화되거나 공식화되기 전에 의도적으로 소멸시키거나 파괴 또는 진입을 제한하기 때문이라는 것이다. 이러한 문제의 기각·방치는 정책대안을 마련하지 않겠다는 결정으로서 이를 "無意思 決定"이라 한다. 다시 말하면 국민이 해결해 주기를 갈망하는 사회문제가 통치권자 등 정치 엘리트의 가치나 욕구와 불일치할 때 정치 엘리트의 실력행사로, 공식 문제로 진입하지 못하게 하는 것을 말한다.

無意思 決定이 일어나게 되는 주요 요인들을 보면 ① 정책의 모호성, ② 편견의 동원(경제성장 강조, 환경문제 이슈 배제 등), ③ 엘리트의 자기이익 보호 및 강화, ④ 지배적 가치에 도전하는 이슈의 억압, ⑤ 하급자의 과잉 충성 등이 있다. 이러한 요인들에 의해 중요한 사회문제가 공식의제로 채택되지 않고 기각·방치된다는 것이다.

3. 정치체제 이론

체제이론은 생명체의 다양한 유형과 수준의 관계를 인식하기 위한 접근방법으로 생물학에서 처음 사용한 이론이다. 이 이론은 단위별로 구성된 체제가 그 체제의 목표를 달성하기 위해 서로 연계되어 기능하게 된다는 논리를 전개한다. 행정도 체제의 구성요소인 환경, 목적, 하위체제 등의 여러 단위들이 목표달성을 위해 서로 연계하여 기능을 하고 있다. 특히 사회적 관점에서 보면 사회전체를 상위 체제로 보고, 하위 체제로는 정치적 측면은 정치체제 그리고 경제적 측면은 경제체제 등으로 구분하여, 상호 유기적 작용을 통해 사회가 지향하는 목표를 달성하게 된다는 것이다.

이스턴(D. Easton, 1957)은 정치체제는 사회로부터 요구와 지지를 받아 산출(Output)로 전환시키는 역할을 하고, 산출인 정책은 사회에 소개되어 새로운 투입으로 환류(Feedback)되며, 이 과정이 지속적으로 반복되면서 사회 목표를 달성한다고 주장하고 있다. 또한 그는 하나의 요구가 관심을 끌거나 권위 있는 정책결정자의 의제 목록에 포함되는 데 중요한 것은, 요구가 이슈(issue)로 전환되는 과정을 거쳐야 하며, 요구가 이슈로 전환되면 요구의 가시성과 다른 사람들의 관심을 끌어들여 사회적으로 비중 있는 문제가 됨으로써 정책의제가 될 가능성을 높여 준다고 하였다.

범죄가 지속적으로 증가하여 불안한 사회가 계속되면 국민들은 범죄 증가를 억제하라는 요구를 하게 되고, 이 요구가 투입되어 경찰의 조직폭력배 특별단속을 비롯하여 범죄억제를 위한 범 정부적 정책이 산출되고 집행된다. 집행결과는 평가를 통해 다음 정책에 환류된다. 이와 같이 사회의 각 단위들이 목표달성을 위해 서로 연계되어 기능을 하는 체제이론은 정책과정을 설명하고 이해하는 데 대단히 유용한 이론이다.

4. 갈등관리 이론

우리가 살아가는 데는 개인적 갈등이든 사회적 갈등이든 갈등을 피할 수는 없다. 갈등은 주로 인간사회의 불평등 등 정의의 문제를 비롯하여 분배, 계층, 계급을 둘러싼 대립 등으로 발생한다. 정책은 갈등으로부터 시작한다는 앤더선(Anderson, 1984)의 지적과 같이 갈등의 해결 없이는 국가가 지향하는 목표 중 하나인 안정된 사회를 만들 수 없다.

마르크스(K. Marx)는 생산수단의 소유 여부에 따라 자본가 계급과 노동자 계급으로 양분하고, 이 두 계급간의 갈등과 투쟁이 사회발전의 동력이 된다고 하였다. 그는 노동자 계급에 주목하여 노동자들을 자본가의 종속집단으로 보는 반면 자본가는 노동력을 착취하여 부를 축적한 집단으로 보면서 열악한 지위의 노동자 계급은 자본주의 체제 붕괴를 위해 계급혁명을 시도한다고 했다.

분배문제와 관련해서 정의를 공정(fairness)으로 본 롤스(J. Rawls)는 사회·경제적 재화의 분배는 어느 사회에서나 차등이 발생한다고 전재하면서, 그는 정의의 제1원리(기본적 자유의 평등원리)와 제2원리(기회균등과 차등조정의 원리)라는 두 원리를 제시하고 있다. 자유와 기회, 소득과 부, 인간 존엄성 등과 같은 사회의 모든 가치는 기본적으로 평등하게 배분되어야 하며, 다만 가치의 일부나 전부의 불평등한 배분은 그것이 사회의 최소 수혜자에게 유리한 경우에만 정당하다고 보았다. 종교의 자유 등 기본적 자유의 평등 원리는 최대한 보장되어야 하지만 불평등도 공정한 기회균등의 원리와 차등조정의 원리(불평등의 시정은 가장 불리한 입장에 있는 사람들에게 최대한 이익이 되도록 조정)가 충족되는 한 그 차등은 정당한 것으로 본 것이다.

민주화가 급속히 진전되고 있는 오늘날 기본권인 자유·인권 문제와 더불어 분배, 이념, 계층, 지역, 범죄 등을 둘러싼 갈등이 우리사회 곳곳에서 분출되고 있다. 사회 각 분야에서 분출되는 갈등의 해결 없이는 우리 모두가 소망하는 안정되고 건강한 사회로 나아갈 수 없다.

이와 같은 갈등관리적 관점에서 국가는 안정된 사회라는 목표달성을 위해 갈등을 해결하기 위한 정책대안 마련 등 정책적 접근을 하는 것이 갈등관리 이론이다.

제 2 편

경찰정책의 기본과정과 내용

제1장

정책의제 형성

제1절 정책문제와 정책의제

1. 정책문제

1) 사회문제의 개념

문제가 있어야 정책과정도 존재한다. 문제는 불만족스러운 상태를 해결하려는 욕구가 있기 때문에 생기며 개인문제와 사회문제가 있다. 개인이 불만스런 상황을 해결해야 겠다고 인식하면 바로 개인문제로 이어지고, 개인문제가 발전하면 사회문제가 된다. 사회문제란 "상당히 많은 사람들의 가치 문제와 충돌하기 때문에 어떤 조치가 필요하다고 공감되는 것으로 주장되는 상황(situation)"으로 정의할 수 있다.

사회문제의 성립 조건으로는 ① 문제상황은 실제 존재 차원이 아니라 사람들에 의해 있다고 단정되고 주장되는 상황을 의미하며, ② 사람에 따라 다르지만 소유하고 있는 가치를 침해 받는다고 생각해야 하며 ③ 상당수의 사람이 문제상황에 대해 공감하고 있어야 하며 ④ 마지막으로 어떤 조치가 요구되고 있어야 한다(Rubington & Weinberg, 1981: 4-6). 여기에서 어떤 상황을 하나의 문제로 인식하는 것은 반드시 객관적인 사실의 존재를 요구하는 것이 아니라 인식 주체의 주관적·심리적 차원의 영역에 속하는 것이다. 따라서 사회문제란 공동체 사회의 이념, 가치관, 문화와 같은 사고체계의 반영물(한석태, 2013: 97)인 것이다.

2) 정책문제의 정의

모든 사회문제가 정책문제로 전환되지는 않는다. 사회문제 중 정부가 개입해야 한다는 공감대가 사회 저변에 확산되어 있는 경우에 정책문제가 성립한다. 따라서 정책문제란 사회문제 중에서 개인이나 집단이 해결하기보다는 정부가 해결해야 할 것으로, 다수 언론이나 국민들이 생각하는 문제라 할 수 있다.

사회문제가 대중들의 공감을 얻어 정책문제로 전환될 가능성이 높아지는 일반적인 조건들을 보면 ① 노사분규와 같이 때로는 당사자간에 자율적인 해결이 불가능한 경우, ② 국방, 환경문제와 같은 공공재의 경우 비배제성과 비분할성이라는 특성 때문에 사회 구성원 누구도 해결주체로 나서지 않을 때, ③ 철도, 항만, 발전소 등과 같이 막대한 자원과 높은 기술이 요구되는 사회문제로 정부가 해결사로 나설 수밖에 없는 경우, ④ 사회 내에 문제해결의 주체, 자원, 기술이 있다 해도, 문제해결에 오랜 시일이 걸림으로써 해결과정에서 광범위한 피해가 예상되어 사회로부터 정부의 신속한 개입을 요구하게 되는 경우에 정책문제로 전환될 가능성이 일반적으로 높아진다(안해균, 1997: 175-176).

사회문제를 해결하기 위해서는 정부는 이에 대한 정책을 결정해야 하며, 또한 바람직한 정책결정을 하기 위해서는 문제 자체를 정확히 파악해야 한다. 문제 자체를 정확히 파악하는 것이 바로 정책문제의 정의(definition)를 내리는 것이다. 정책문제의 정의를 내린다는 것은 정책관련자들이 무엇이 문제인가를 인지하고 그 문제의 원인, 구성요소, 결과 등에 관해 잠정적인 진단을 내리는 과정이라 할 수 있다(Hogwood & Gunn, 1984: 108).

정책문제의 정의가 중요한 것은 문제를 정확히 알지 못하면 그에 대한 제대로 된 해결책을 제시하지 못하는 등 문제를 풀 수 없기 때문이다. 특히 정책 문제의 정의를 어떻게 내리느냐에 따라 정책목표 설정과 정책수단의 선택이 크게 달라지므로 문제의 정의가 잘못 내려지면 정책이 추진되더라도 헛수고와 자원 낭비만 가져올 뿐이다. 그러므로 정책결정 과정의 절차 중에서 제일 먼저 해야 할 일은 정책문제를 정확히 파악하는 즉 정책문제의 정의를 내리는 것이다. 이는 문제의 정의 자체가 잘못된 경우에 발생하는 제3종 오류[4)](error of third kind)의 방지

---

4) 제1종 오류는 문제해결을 위한 적절한 대안을 적절치 못하다고 판단한 경우를 말하고, 제2종 오류는 적절치 못한 대안을 적절하다고 잘못 판단한 경우를 말한다.

를 위해서도 중요한 것이다(류지성, 2012: 163).

정책문제의 정의를 내리려면 사회문제의 원인과 결과, 그리고 이들 간의 인과관계를 비롯하여 정책문제의 심각성, 피해집단, 해결 가능성 등 문제의 구성요소들을 종합적으로 규명하여 무엇이 문제인지를 밝혀 내야 한다. 정책문제의 정의와 관련된 예로는 1992년 발생한 L.A 폭동이라는 사회문제를 경찰과 시당국에서는 한인교포와 흑인간의 인종적 갈등으로 정의 하였으나, Bush대통령은 도시 흑인의 빈민 문제로 정의했다. 이에 따라 정책문제는 복잡미묘하고 해결하기 어려운 한·흑간 인종적 갈등이 아닌 도시 흑인의 빈민문제 해결로 보고 빈민지원, 교육지원 등의 정책수단들을 사용하였다.

우리나라의 사례를 보면 2014년 4월 16일 인천에서 제주로 향하던 여객선 세월호(476명 탑승)가 진도 인근 해상에서 침몰하면서 304명이 사망한 참사와 관련하여, 이 문제의 정의를 우리사회 각 분야의 누적된 부패와 안전을 도외시한 편의주의 만연등 안전불감증, 안전 시스템의 미비 등의 총체적 부실에 의한 참사로 정의를 내리느냐, 아니면 소위 관피아(관료+마피아)의 부패로 인한 사고로 정의를 내리느냐에 따라 정부의 정책수단은 달라지게 마련이다. 정부는 안전시스템의 미비와 더불어 소위 관피아의 부패로 인한 참사에 비중을 두고 정의를 내리면서, 해양경찰청을 해체하고 국민안전처와 인사혁신처를 신설하는 등 정부조직의 개편(2014.11.19)을 단행하였다. 더 중요한 각 분야에 누적된 부패문제나 우리사회에 만연된 안전불감증을 치유하는 문제는 인명구조 실패와 사고책임 문제를 둘러싼 정치적 이슈에 묻혀 별다른 사회·정부적 노력 없이 흐지부지되고 말았다. 이와 같이 정책문제의 정의는 바람직한 목표설정과 수단선택의 방향타가 된다는 점에서 그 중요성은 대단히 크다

3) 정책문제의 특성

정책문제는 앞에서 살펴본 바와 같이 인지된 사회문제들 가운데 여론의 주목을 받아 정부가 정책적인 개입을 통해서 해결을 의도한 문제를 말한다. 정책문제의 특성에 대해 던(Dunn)은 정책문제란 “정부에 의

해 인지된 사회문제 가운데 정부의 활동을 통해 실현될 수 있는 가치, 요구, 기회"라고 정의하면서, 정책문제의 특성으로 주관성, 상호 연관성, 인공성, 동태성 등을 들고 있다. 던(Dunn, 1981: 98-100)이 들고 있는 정책문제 특성에 대해 정리하면

첫째, 주관성은 우리가 경험하는 것은 문제 그 자체가 아니라 "문제시되는 상황"이며, 정책문제는 우리의 "개념적 구성"(conceptual constructs)이다. 따라서 정책문제는 사회문제에 대한 주관적 판단에 의해 구성된다.

둘째, 상호 연관성이란 정책문제는 다양한 문제, 요인, 변수들의 상호작용의 결과다. 사회는 많은 하위체제들의 복합체이며, 이 하위체제들은 서로 연계되어 기능하기 때문에 특정 하위체제의 문제는 다른 하위체제의 기능에 영향을 미친다. 그러므로 어떤 한 영역의 정책문제가 다른 영역의 정책문제를 야기하기 때문에 하나의 정책만으로는 해결이 곤란하다는 것이다.

셋째, 인공성은 정책문제는 문제상황을 변화시키려는 우리의 욕구에서 비롯된 것이므로 정책문제는 우리의 주관적 판단의 산물이다. 따라서 정책문제를 인지하는 사람이 관련된 개인·집단·사회의 영향 아래 인공적으로 구성하는 개념이다.

넷째, 동태성은 정책문제가 인공적, 주관적으로 구성되기 때문에 정책문제는 사회적 상황에 따라 변하기 마련이다. 사회문제는 항상 해결된 상태에 머무르지 않으며 사회문제와 해결방법의 관계는 지속적인 "흐름"(flux)으로 묘사 된다.

이외에도 정책문제의 특성으로 공공성과 복잡다양성을 들 수 있다. 공공성은 많은 사람들이 주목하고 공공의 이익을 위해 정책입안자가 관심을 가지면 정책문제가 되고 이는 사회 구성원 전체에 영향을 미친다. 그리고 복잡다양성은 정책문제는 정치·경제·사회 등 복합적인 요인에 의하여 동시 다발적으로 다양하게 생겨 난다는 것이다.

2. 정책의제

1) 정책의제의 의미

개인문제가 사회문제(빈부격차, 범죄, 청소년 문제등)가 되고 이것이 일반 국민들의 관심을 받게 되면 공중문제가 된다. 공중문제가 정책 입안자들의 중요한 관심사가 되면 정책문제가 된다. 정책문제는 정부의 개입 등 행위를 유도하는 것이므로, 이를 먼저 살피지 않으면 완전한 정책연구라 할 수 없다. 국내문제 이든 국외문제 이든 정책문제의 본질은 정책과정의 성격을 결정하는 하나의 요인이기 때문이다(Anderson, 1984: 44).

던(Dunn)은 사회문제에 대해 객관적 관점에서는 문제시되는 상황 그 자체로서, 경험할 수 있는 객관적 실체라고 보았다. 또 주관적 관점에서는 문제를 정의하는 사람의 상황 판단과 추구하는 가치에 따라 달라질 수 있는, 즉 누군가에 의해 인식되고 해석되는 인위적 구조물이라고 정의하고 있다(Dunn, 1981, 97-98). 사회문제가 정책화되기 위해서는 특정 사회문제가 먼저 언론과 국민들의 관심과 지지 속에 정책문제가 되고, 그 정책문제 중에서 정부가 공식 안건으로 선정한 정책의제로 책정되어야 한다.

정책의제 설정은 다양한 참여자들에 의한 동태적 과정이며, 이 과정을 통해서 사회문제가 공중문제→정책문제→정책의제로 발전·전환된다. 그러므로 정책의제 설정은 “어떤 사회문제가 정부의 관심을 받아 정책의제로 등장하게 될 때까지의 일련의 과정을 말한다. 이는 무수히 많은 정치·사회적 문제 또는 개인·집단적 문제 중에서 정부가 정책적으로 대응할 것인가 아니면 말 것인가를 결정하는 과정”이라고 정리할 수 있다. 이와 같이 정책의제(policy agenda)는 정책문제 중에서 정부에 의해 공식적으로 정책적 검토의 대상으로 선택된 것 즉 정부가 공식적인 안건으로 표명한 것이다.

정부가 해결해야 할 문제로 공식화했다는 점에서, 사회쪽에서 정부의 개입을 요구하는 정책문제 단계와는 구별된다. 정책의제는 정책문제 다음 단계로 정부가 정책문제 중에서 선택하여 발표, 검토, 보고, 협의 등의 행동을 취하면 정책의제가 되는 것이다. 예를 들면 특정 사회문제에 대해 정부 발표가 있거나 정책적 검토 또는 논의가 있으면 정책의제가 되는 것이다. 정책의제는 [그림 2-1]과 같이 의제 형성과정의 마지막 단계다.

[그림 2-1] 정책의제 형성의 일반적 과정

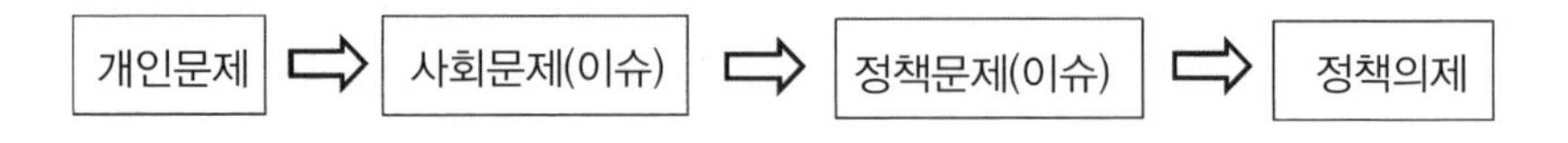

2) 체제의제와 제도의제

(1) 체제(공중)의제

체제의제(systematic agenda)란 "정치 공동체의 구성원에 의해 공통적으로 인식되고 논의되는 모든 쟁점의 목록이며, 이러한 쟁점은 정부의 관심을 끌 만한 가치가 있거나, 정부 권위에 의한 합법적 판단이나 결정이 이루어져야 한다고 인정되는 것"(Cobb & Elder, 1972: 85)을 말한다. 체제의제는 일반국민이나 사회집단의 높은 관심을 획득한 쟁점으로부터 시작된다는 측면에서 보면 공중의제를 의미한다. 이러한 의제는 교육, 환경, 노동, 범죄 등 사회 각 분야에서 제기되어 쟁점화되고 있는 문제에서 찾아볼 수 있으며, 사회적 쟁점으로부터 야기된 체제의제는 정부의 문제해결을 위한 태도 결정에 큰 영향을 미친다.

사회적 쟁점이 체제의제로 전환되는 데 필요한 조건으로는 ① 특정 쟁점에 대한 사회적 관심과 인지가 폭 넓게 이루어져야 하고, ② 사회구성원간에 특정 쟁점에 대해 어떤 조치가 필요하다는 "공동의 관심(shared concern)"이 조성되어야 하며, ③ 특정쟁점의 해결은 정부의 권한 영역에 속한다는 사회구성원간의 "공동 지각"(shared perception)이 필요하다(Cobb & Elder, 1972: 86)

(2) 제도(정부)의제

의제의 종류에 대해서는 많은 학자들이 용어는 달리하지만 유사하게 분류하고 있다. 콥과 엘더(Cdbb & Elder, 1972)의 체제(공중)의제와 제도(정부)의제에 대해 앤더슨(Anderson, 1984: 84)은 토의의제(discussion agenda)와 행동의제(action agenda)로, 아이스턴(Eyestone, 1978: 79, 87)은 공중의제(public agenda)와 공식의제(formal agenda)로 분류하여 설명하고 있다.

제도(정부)의제(institutional agenda)는 체제의제 가운데 정부관료들에 의해 적극적이고 심각한 관심이 표명된 것(Cobb & Elder, 1972: 86)을 의미한다. 체제의제는 일반적으로 문제의 특성만을 포괄적으로 나타내며, 쟁점을 해결하기 위한 구체적 수단이나 대안을 제시하지 않는다. 그러나 제도의제는 특정 쟁점에 대해 정책결정자가 적극적이고 심각한 검토를 위해 명백히 선택한 것이므로 정책대안이나 수단을 모색할 수 있을 정도로 구체적이다. 따라서 제도의제는 정부의제(governmental agenda)라고도 하며 국회, 대통령, 행정기관 등에서 다루어야 할 의제이다. 예를 들면 최근 사회적 쟁점이 되고 있는 저출산과 고령화가 체제(공중)의제라면, 정부가 출산 장려를 위한 양육비 지원이나 노인복지를 위한 기초노령연금제도 시행 등이 제도(정부)의제다.

제2절 정책의제 설정

1. 의제설정 유형

개인이나 사회집단의 문제에 대한 정부의 수용과정을 보면 일반적으로 사회문제→사회적 이슈→공중의제→정부의제 순으로 이루어진다. 예를 들면 관광버스 전복사고 등 대형 교통사고의 발생을 계기로 교통안전에 대한 국민적 요구가 이슈화되어 공중의제가 되고, 정부가 이에 대한 대책을 검토함으로써 정부의제가 되는 것이다. 그러나 수용과정이 반드시 이와 같은 과정을 거치는 것은 아니다. 정부가 선제적으로 문제의 심각성을 인식하여 공중의제화 과정을 거치지 않고 정책을 수립하는 경우도 있다. 정책의제는 주로 다음 4가지 유형으로 이루어진다.

첫째 유형은 사회문제가 정책 결정자에게 직접 인지되어 바로 정책결정이 이루어지는 사회문제→정부의제화되는 형태이다. 대통령의 농촌 방문 중 도로변 주택개량의 필요성 제기는 좋은 예이다. 이런 유형은 주로 후진국에서 발견되고 선진국에서는 은밀한 외교나 국방정책에서 정부가 직접 개입하는 경우에 발생한다.

둘째 유형은 공중의제화 과정을 거치지 않고 정부의제로 채택되는 경우로 사회문제→이슈화→정부의제화하는 형태이다. 급속한 질병 확산의 우려 때문에 공중의제화 과정을 거치지 않고 정부가 바로 공식의제화한 경우가 이에 해당한다. 후진국형에 속하지만 선·후진국을 막론하고 전염병, 테러 등 위급한 상황이나 외교·국방정책에서 자주 발견되는 형태이다.

셋째 유형은 사회문제가 국민들의 관심을 끌지 못한, 즉 이슈화되지 않은 상태에서 정부가 먼저 조치해야 할 필요성이 제기되어 정부의제로 성립되는 경우로 사회문제→공중의제→정부의제화하는 형태이다. 이라크 테러범에 의해 인질로 잡힌 교민의 안전을 위해 정부가 구출을 위한 공식의제로 신속히 받아들이는 경우이다. 이는 주로 위기 대응을 위한 정부 의제화로 볼 수 있다.

넷째 유형은 주로 안정된 선진국에서 찾아볼 수 있는 유형으로 사회문제→사회적 이슈→공중의제→정부의제의 4가지 단계 모두를 거치는 유형이다. 이 유형은 장기 발전 과제(국토의 균형 발전), 국민들의 적극적인 참여의 필요성(수도 이전), 외부집단의 정부의제화 주장(이익집단의 주장) 등이 있는 경우에 찾아 볼 수 있다(이상안, 2005, 132).

2. 의제설정 과정

일반적으로 정책의제가 성립되는 과정을 보면, 사회내의 개인이 큰 어려움을 겪거나 또는 새로운 욕구가 너무 강해 참을 수 없다면 그 개인에게는 이미 문제가 발생한 것이고, 이에 동조하는 사람이 많아지면 사회문제가 되는 것이다. 이러한 사회문제를 정부가 해결해야 한다고 다수 국민들이 생각하고 지지하면 정책문제로 전환되고, 정책문제 중에서 정부가 공식적인 안건으로 표명하면 정부의제가 성립된다는 것은 앞에서 설명한 바 있다. 여기서는 사회문제가 공중의제로 전환되어 정부의제로 채택되는 구체적 과정을 단계별로 살펴보기로 한다.

콥(Cobb, Ross, & Ross, 1976) 등은 의제를 공중(체제)의제(public agenda)와 공식(정부)의제(formal agenda)로 구분하면서, 의제가 설정되는 단계로 제기(initiation)→구체화(specification)→확산(expansion)→진입(entrance)의 4단계를 거쳐 공식의제 또는 정부의제가 성립된다고 하였다.

아이스턴(R. Eyeston, 1978)은 사회문제→사회적 이슈→체제(공중)의제→기관(공식)의제로 의제설정 단계를 제시하고 있다. 그는 사회문제가 정책의제로 전환되기 위해서는 먼저 그 문제가 쟁점으로 발전되어야 한다고 하면서, 쟁점은 정부로부터 인지된 사회문제를 해결하는 방법에 대해 각기 다른 견해를 가지고 있는 사회집단들이 있을 때 그 문제해결을 놓고 벌이는 논쟁에서 출발한다고 했다. 아이스턴(Eyeston)의 정책의제 설정 과정을 그림으로 구성해 보면 [그림 2-2]와 같다.

[그림 2-2] 아이스턴의 의제설정 과정

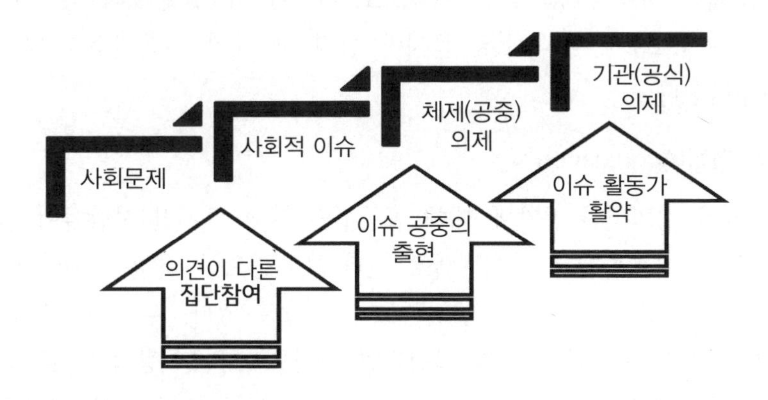

일반적으로 의제설정 과정에 대한 논의는 사회내의 다양한 사람과 집단들의 요구가 정책결정자의 관심을 끌어 공식(정부)의제로 채택되어 가는 구체적인 과정을 분석하고 설명하는 것이다. 존스(Jones, 1984)는 정책의제 설정 과정을 "사회문제가 정부로 도달되는 과정"(getting problems to government)으로 설명하면서, 활동의 기능에 초점을 맞추어

① 문제의 "인지와 정의"(perception and definition), ② 문제에 대한 "결집과 조직화"(aggregation and organization), ③ "대표"(representation), ④ "의제설정"(agenda setting) 등으로 분류하여 단계별로 설명하고 있다. 그의 의제 설정과정을 요약해 보면 다음과 같다.

1) 인지와 정의(Perception and Definition)

문제의 정의는 인지자가 사건을 어떻게 바라보고 인식하는가의 문제다. 그러므로 문제의 "인지와 정의"의 과정은 사회문제와 그 문제의 특성 등을 인지자들이 인식하고 문제를 정의하는 단계를 말한다. 많은 국민들이 인지하고 정의된 사회문제에 대해 정부는 무엇이 문제이고 이러한 문제가 추구하는 바가 무엇인지를 규명하는 것으로부터 시작하여 문제의 특성에 따라 문제의 정의를 구체화시킨다. 사회적 파장을 일으키고 있는 소위 묻지마 범죄의 경우, 파괴력이 큰 사회불안 요인으로 경찰을 비롯한 정부가 관심을 가지고 대응하지 않을 수 없다. 정부는 먼저 이러한 묻지마 범죄에 대한 현상을 정신질환 등 개인적인 문제로 볼 것인가 아니면 우리사회의 여러 병폐들의 총체적이고 복합적인 현상인가에 대한 문제의 정의를 구체적으로 내려야 한다. 문제의 정의가 어떻게 내려지느냐에 따라 소위 묻지마 범죄[5]에 대한 의제설정의 방향은 크게 달라진다.

2) 결집(Aggregation)

문제가 정의되면 문제에 대해 공통적인 관심을 가진 사람들이 결집하게 된다. 사회문제가 정책문제로 전환되는 중요한 기준은 얼마나 많은 사람들이 관심을 가지고 결집하느냐에 달려 있다. 우리사회에 많은 문제가 있지만 모두가 정부의 직접적인 개입을 요하는 정책문제로 전환되지는 않는다. 이슈의 확산 전략등을 통해 사회문제가 많은 사람들이

---

5) 묻지마 범죄는 학술적 용어가 아니고 언론에 의해 만들어진 신조어이며, 학자에 따라 이상동기 범죄, 무동기 범죄, 불특정인 대상범죄, 묻지마식 증오 범죄 등의 다양한 견해를 보이고 있다. 이 범죄는 범죄 동기와 목적이 분명하지 않고, 범죄자와 피해자간에 특정한 관계없이 막연한 적개심 등으로 불특정 다수를 대상으로 잔혹한 범죄를 저지르는 무차별적 범죄를 말한다.

공통적으로 인지하는 즉 여론으로 형성되어 구체적 요구(demand)로 전환되어야 정책문제가 되는 것이 일반적이기 때문이다.

3) 조직화(Organization)

문제에 대해 공통적인 관심을 가진 사람들이 결집되면 이를 좀더 효율적으로 실행에 옮기기 위해 조직을 결성하게 된다. 각종 이익단체들이 그 대표적인 예이다. 많은 사람들이 공유하고 있는 문제가 정부가 다루어야 할 공식문제로 전환되기 위해서는 문제를 공유한 사람들의 요구가 조직화되고, 그 요구를 정부에 공식적으로 전달할 수 있어야 한다. 조직화는 바로 이러한 문제의 해결을 정부에 공식적으로 요구할 수 있는 정도를 의미한다.

4) 대표(Representation)

사회문제에 대해 자신들의 이익을 결집하고 조직화했으면 다음으로는 자신들의 문제를 정부에 요구하는 행동을 해야 한다. 문제를 공유한 사람들이 조직화된 후 문제해결을 정부에 공식적으로 요구하려면 정부와의 대화 통로를 확보하고, 그들의 요구를 전달할 대표단 구성 및 공식 전달 통로의 유지방법 등에 대한 구체화가 모색 되어야 한다. 따라서 대표는 문제를 가지고 있는 사람과 정부를 연결시키는 개념으로, 이러한 연결에 관련된 활동을 총칭하는 것이다.

5) 의제 설정(Agenda Setting)

의제설정은 정부의 공식 통로를 통해 전달된 집단적 요구가 정부에 의해 받아들여지는 과정이다. 정부는 공식 통로를 통해 제기된 문제를 면밀히 검토하여 공식적으로 취급할 것인지 말 것인지 여부를 결정하게 된다. 만약 정부가 제기된 의제를 받아들여 문제해결 방안을 모색하게 되면 집단에 의해 제기된 공중의제가 정부의제로 전환되는 것이다.

성 매매 문제에 대한 정부의 의제설정 사례를 보면 경찰이 사회문제가 된 이 문제 해결을 위해 서울 미아리, 영등포 지역의 성매매 업소에 대한 대대적인 단속을 하자, 성매매 장소가 주택가로 스며들면서 오히려 확산되는 등 소위 풍선 효과가 발생하여 부작용만 더 심각하게 되었다. 시민단체들은 이러한 현상에 문제제기를 하고 여기에 국민들의 관심 또한 크게 증폭되었다. 이를 방치할 경우 통제가 불가능하고, 특히 성매매 업주 단속에만 그치던 기존의 윤락행위 방지법의 실효성에도 의문이 가지 않을 수 없게 되었다. 이에 여성단체 등에서 국민적 관심을 배경으로 성매매를 근절시킬 새로운 법 제정운동이 본격화되었다. 경찰청 등 정부에서도 성매매 근절을 위해서는 성매매 업주와 매수자를 동시에 처벌하고, 나아가 여성들의 인권을 보호하는 방향으로 공식적인 의사결정 즉 공식의제가 되었으며, 그 결과 성매매 특별법(2004.3.22)이 제정된 것이다. 이에 대한 의제설정 과정을 보면 성매매 만연→단속으로 인한 풍선효과 등 부작용 심각→국민적 관심 증폭→기존대책 재검토 및 특별대책 강구→정부의 종합대책 수립에 대한 공식적인 의사결정 등의 과정으로 정책의제가 설정된 것이다.

3. 의제설정의 영향요인

정책의제는 국민생활의 질을 해하고 안전을 위협하는 등 특정 쟁점이 사회적으로 문제가 되고, 이 문제가 사회적 이슈로 전환되어 정부가 정책의제로 채택하는 과정을 거쳐 형성된다. 이 과정에 영향을 미치는 요인으로는 여러가지가 있으나 먼저 이슈의 성격과 이슈에 관심을 가지는 집단의 개입 정도를 들 수 있다. 이슈(문제의 본질이나 해결방법등에 있어 사회 구성원간에 의견이 일치하지 않는 사회문제)는 그 성격에 따라 공중에게 확산되는 범위와 정도가 달라지므로 정책의제 성립에 큰 영향을 미친다. 그리고 이슈에 관심을 가지는 집단의 호응도와 개입의 규모가 커질수록 그 이슈는 정책의제로 성립될 가능성이 그만큼 더 커진다. 또한 대중들이나 고위 정책결정자의 관심과 당시 정치·사회적 분위기 등 정치체제 요인도 정책의제 형성에 큰 영향을 미친다.

킹던(KIngdon, 1984, 95)은 의제형성의 조건이나 상황과 관련하여 사회문제가 어떤 과정을 거쳐 정책문제로 전환되는가를 설명하면서, 그는 사회문제가 정책의제로 발전하는 데 영향을 미치는 사회적 조건이나 상황으로 사회지표와 사회적 사건·위기·상징 그리고 환류되는 정보 등을 들고 있다.

1) 사회지표

국민이나 정부의 사회문제 인지는 각종 사회지표를 통해 쉽게 인지할 수 있다. 일반 국민들은 특정분야의 과거상태를 잘 알지 못하기 때문에 지표에 대해 비교적 민감한 반응을 보이는 경향이 있다. 따라서 사회지표는 그 사회의 다양한 측면의 조건들을 단적으로 보여주는 역할을 하며, 나아가 사회문제로 심각하게 받아들여질 수 있는 기준이 된다. 예를 들면 국민 총생산, 소비자 가격지수 등 각종 경제지표를 비롯하여 인구의 증감, 범죄발생의 추세, 강력범죄의 지역별 분포, 교통사고 사망자 수 등이 있다.

때로는 사회의 특정문제나 정부정책에 대한 학계의 연구 결과도 사회지표로 활용되고 문제 제기의 수단이 되기도 한다. 교통사고 방지에 대한 연구, 식품안전에 관한 연구, 환경문제에 대한 연구등의 연구결과는 국민생활에 미치는 영향과 문제의 심각성에 따라 정책결정자들이 관심을 기울이는 사회지표로써 의제형성에 직·간접적으로 영향을 미치고 있다.

2) 사회적 사건, 위기, 상징 등

킹던(kingdon, 1984, 99-108)은 사회지표와 더불어 의제형성에 영향을 미치는 요인으로 사회의 중요한 사건((event), 위기(crises), 재난(disaster), 상징(symbols) 그리고 정책과정에 영향을 미칠수 있는 사람들의 개인적 경험(personal experiences) 등을 들고 있다. 먼저 사회적 사건이나 위기, 재난은 특정문제를 사회문제로 전환시키는 중요한 계기가 된다. 사회적 사건이나 위기 등이 발생하여 큰 사회적 파장을 일으키면 정부는 당연히 민감한 반응을 보이게 되고, 이는 그만큼 정책의제로 발전할 가능성이 커지게 되는 것이다. 사회적 이목을 집중시킨 성수대교 붕괴사고(1994.10.21, 사망 32명), 삼풍백화점 붕괴사고(1995.6.29, 사망 501명, 실종 6명, 부상 937명) 그리고 대구지하철 화재 참사(2003.2.18, 중앙로역, 192명사망, 148명 부상) 등을 계기로 우리나라 공공시설의 안전에 대한 새로운 기준이 마련되는 등 정부의 안전정책에 큰 영향을 미친 바 있다.

의제형성에 영향을 미치는 또 다른 요인으로 상징과 개인적 경험을 들 수 있다. 정책 제안이나 정치적 사건 등에 의해 형성된 여론인 상징(Symbols)의 예를 보면 독도 영유권 문제와 이중 국적자에 대해 병역을 부과하는 정책에 대한 국민들의 관심과 지지를 바탕으로 쉽게 의제로 발전되고 입법화되는 것을 볼 수 있었다(류지성, 2007, 167). 또한 정책과정의 중심에 있는 국회의원이나 장관 등의 개인적 경험도 그 문제의 심각성을 잘 이해하고 있기 때문에 비교적 쉽게 정책의제로 전환될 수 있다.

3) 환류 정보

정부는 최적의 정책 수립과 함께 효과적인 집행을 위해 정책과정 전반에 대해 감시활동(Monitoring)을 한다. "정책감시"는 정책결과 평가 뿐만 아니라 집행과정 전반에 나타난 예상치 못했던 인력과 예산의 부족, 대상집단의 불만과 저항 등의 변수들을 망라해서 이루어진다. "정책감시 활동의 결과"를 비롯하여 "정책 대상집단의 불만 표출", "정책집행을 담당한 관료들의 경험", "정책결정시 예상하지 못했던 요소" 등은 정책과정에 환류되는 정보의 원천이 된다.

정보의 원천으로부터 수집된 환류 정보를 유형별로 살펴보면 ① 정책목표가 의도한 대로 집행되었는가에 관한 정보, ② 정책목표에 대한 성취 정도와 관련된 정보, ③ 정책에 사용된 예산과 관련된 정보, ④ 예상치 못한 정책결과 등 크게 4가지 유형으로 나누어 볼 수 있다(Kingdon, 1984:107-108). 이러한 정보들은 환류(Feedback)되어 다음 정책이나 프로그램을 재구성하는 정보로 사용되기 때문에 의제형성에 영향을 미치는 중요한 요인이 된다.

4. 이슈(사회문제)의 확산 전략

1) 일반 전략

개인이나 집단은 자신들이 주장하는 문제를 정책의제로 만들기 위해서는 무엇보다 쟁점이 되는 사회문제를 이슈화시켜야 한다. 앞에서 언급한 바와 같이 사회문제가 정책의제로 채택되는 데 영향을 주는 요인으로 이슈의 성격, 관련집단의 관심과 규모, 고위 정책결정자의 관심 그리고 정치·사회적 분위기등의 요인들이 있다. 이러한 요인들을 바탕으로 일반 국민과 언론의 지지와 관심을 효과적으로 끌어들여 사회문제를 어떻게 이슈화시키느냐에 따라 정책의제로 성립할 가능성은 그만큼 커진다.

안해균(1997: 238-239)은 사회문제를 정책 의제화시키기 위한 이슈화 전략으로써, 첫째, 남을 설득하기 위해서는 자신들이 제기하고자 하는 문제와 달성하려는 목표를 명확히 해야 하고. 둘째, 이슈확산에 필요한 각종 인적·물적 자원을 가능한 많이 확보하고 능률적으로 사용해야 하며. 셋째, 상황변화를 예측하고 이에 따른 정확한 정보를 신속하게 입수하여 대비해야 하고. 넷째, 이슈 확산에 큰 역할을 할 수 있는 주요 인물들을 파악하여 접촉하고 유대관계를 유지해야 하며. 다섯째, 대중매체의 중요성을 인식하고 최대한 활용해야 한다는 다섯가지 전략을 제시하고 있다.

2) 상징 전략

이슈에 관심을 가지는 사회 구성원이 많으면 많을수록 정책의제로 채택될 가능성이 높아지는 만큼 대중 매체를 최대한 활용하는 등 일반적인 이슈의 확산 전략과 함께 특정 이슈에 대해 관심을 고조시키는 중요한 수단 중의 하나가 상징의 활용이다. 친숙한 상징을 개발하고 지속적으로 전파하면 문제에 대해 잘 모르던 사람들도 관심과 지지를 보내게 된다. 오늘날 신문, 방송뿐만 아니라 인터넷, SNS 등 통신매체를 이용한 상징조작(image manipulation)은 이슈확산에 큰 역할을 한다. 대중의 참여도를 높이려면 정의, 자유, 민주주의 등과 같은 지배적인 사회

주제에 이슈를 연결하여 정의하는 것이 유리하다(Rochefort & Cobb, 1994: 5) 반면에 이슈의 확산을 억제하고자 한다면 이슈를 절차적 또는 작은 기술적 용어로 정의하는 것이 효과적이다.

사회의 지배적 정서나 분위기, 이데올로기적 편견 등을 동원하여 대중에게 호소력 있는 이미지로 색칠하면 이슈확산에 결정적 계기를 만들 수 있다. 예를 들면 2011년 촉발된 무상급식 논란과 관련하여 당시 한나라당은 전면 무상급식을 반대하며 부자에게도 공짜 밥을 먹여야 하는가 라는 상대적 상징화를 시도했다. 그러나 민주당은 어른들이 애들 밥 먹이는 데 너무 인색하다며 감성적으로 대응하여 보다 큰 상징적 효과를 얻은 바 있다.

제3절 정책의제 설정모형

의제설정을 설명하는 이론이나 접근방법은 학자에 따라 다양하다. 의제설정의 개념과 전반적인 과정을 이해하는 데 도움이 될 수 있도록 이론이나 접근방법을 그 특성에 따라 분류해 보면 크게 세 가지 유형이 있다. 첫번째 유형은 권력적 측면에서 의제설정에 접근하는 방법으로 다원주의 이론, 엘리트 이론, 무의사 결정론 등이 있고, 두 번째 유형으로 체제적 관점에서 의제형성을 설명하는 접근방법이 있다. 세 번째 유형으로는 사회문제가 의제로 전환되어 정부의제로 채택되는 과정을 설명하는 콥과 엘더(Cobb & Elder, 1972), 아이스턴(Eyeston, 1978) 존스(Jones, 1984) 등의 "의제형성 모형"으로 나누어 볼 수 있다(류지성, 2012: 171),

의제형성의 이론적 모형으로는 개인문제가 사회적 이슈나 공중의제로 발전하고 공식의제로 전환되는 과정을 순차적으로 기술하는 과정모형과, 의제형성은 순차적으로 이루어지는 것이 아니라 정책결정에 필요한 각 요소들이 정책공동체 내에 무질서하게 흘러다니다 어떤 사건 등

촉발적 계기가 있을 때 이들이 결합하여 정책결정이 시작된다고 보는 흐름모형이 있다(한석태, 2013: 99).

권력적 측면에서 의제설정에 접근하는 방법과 체제적 관점에서 접근하는 방법은 정책과정의 배경이론에서 이미 설명한 바 있으므로 여기서는 세 번째 유형인 “의제형성 모형”만 다루기로 한다. 과정모형으로 콥과 그 동료들(Cobb, Ross, & Ross, 1976)의 의제설정 모형과 흐름모형으로 킹던(Kingdon, 1995)의 정책창 모형에 대해 간단히 정리해 보기로 한다.

1. 콥과 그 동료들(Cobb, Ross, & Ross)의 의제설정 모형

콥(Cobb)과 그의 동료들은 의제설정 과정을 공중(체제)의제와 공식(정부)의제로 구분하면서. 공중의제가 공식의제로 전환되기 위해서는 다음과 같은 단계를 거친다고 한다. ① 국민들의 집단적 불만 표출 등으로 사회쟁점이 응집되는 주도 단계(Initiation Stage), ② 제기된 쟁점에 대해 국민이나 집단들이 자신들의 이해관계를 표출하는 구체화 단계(Specification Stage), ③ 주도 집단들이 쟁점에 대한 지지를 얻어내기 위해 다양한 방법으로 확산시키는 확산 단계(Expansion Stage), ④ 제기된 쟁점을 정책결정자들이 진지하게 다루는 진입 단계(Enterance Stage)의 과정을 거쳐 최종 공식의제(Public Agenda) 또는 제도의제(Formal agenda)가 성립된다고 설명하고 있다. 콥과 그의 동료들은 위 4가지 단계가 진행되는 과정의 특징에 따라 의제설정 모형을 외부주도 모형, 동원 모형, 내부접근 모형으로 분류하고 있다(Cobb, Ross, & Ross, 1976, 128-138).

1) 외부주도 모형(Outside-initiative model)

외부주도 모형이란 쟁점이 정부 밖에서 발생하여 공중(체제)의제가 성립되고 최종적으로 공식(정부)의제로 전환되는 과정을 설명하는 모형으로, 공중의제가 공식의제로 전환되기 위해서는 주도단계, 구체화단계, 확산단계, 진입단계의 4가지 과정을 거쳐 공식의제가 성립된다는 모형이다.

이는 사회문제가 관련집단에 의해 쟁점으로 전환되어 정부에 귀속되는 과정을 다루는 모형으로, 정부조직 외부에 있는 집단이 사회문제에 불만을 표시하고, 이러한 불만이 공중의제로 다루어질 수 있도록 다른 집단의 관심을 환기시켜, 정책 결정자가 공식의제로 검토하도록 압력을 가하는 상황과 관련된 모형이라고 정리할 수 있다.

허쉬만(Hirshman)은 이를 "강요된 문제"라 하였으며 정책과정 전반을 외부집단이 주도하므로 진흙탕 싸움(muddling through)에 비유하기도 했다. 이 모형의 경우 의사결정 비용은 증가하지만 집행비용은 감소하게 되는 특징을 지니고 있다. 이 모형의 대표적인 예를 들면 1987년 운동권 학생과 제야단체의 대통령 직선제 개헌 요구가 사무노동자와 중산층이 시위에 적극 가담함으로써 광범위한 국민들의 지지를 받아 6.29 선언을 이끌어 낸 것(한석태, 2013: 101)을 들 수 있고 이 외에도 낙동강 수질오염 개선, 그린벨트 지정 완화, 양성평등 채용목표제 등이 있다.

2) **동원 모형**(Mobilization model)

이 모형은 정책 제안자가 정부 내부에 있다는 점에서 외부주도 모형과 다르다. 동원모형은 외부주도 모형과 같이 사회의 다양한 집단이나 국민들의 요구에 의해 쟁점이 부각되는 것이 아니라 정부에 의해 정책이 제안된다. 이 모형은 정책의 원활한 집행을 위해서 일반국민이나 다양한 사회집단을 대상으로 이슈의 확산 전략이 필요한 모형이다. 정책결정자가 새로운 정책이나 사업계획을 채택·발표하면 이는 자동적으로 공식적인 정부정책으로 확정된다. 이와 같이 확정된 사업이나 정책을 효율적으로 집행하기 위해서는 공중의 관심과 지원이 필요하며, 이를 확보하기 위한 수단으로 공중의 동원이 요구되는 것이다. 그러므로 전문가의 영향력이 크며, 정책결정 과정과 내용이 보다 분석적이라는 특징을 가지고 있다. 동원모형 역시 외부주도 모형에서 설명한 네 단계를 거쳐 공중의제가 공식의제로 전환하게 된다.

대표적인 정책 사례를 보면 경부고속도로 건설을 들 수 있다. 당시 공감대가 형성되어 있지 않은 상황에서 특히 차관문제와 관련이 있는 국제부흥개발은행(IBRD)측의 전문가 조차 타당성이 부족하다는 판단이 있었음에도 박정희 대통령의 독자적인 판단으로 경제개발에 고속도로의 필요성을 홍보하고 확산시키는 전략을 통해 건설이 된 것이다(한석태, 2013: 102). 이 외 가족계획, 88 서울올림픽 유치, 이라크 파병(2004.4. 서희부대, 2004,8. 자이툰부대) 등이 있다.

3) 내부접근 모형(Inside access model)

이 모형은 정부 내 기관이나 정치 지도자의 측근 등이 정책제안을 하기 때문에 동원모형과 유사하다. 정부 내에서 쟁점이 발생하고 그 쟁점을 일반 국민들에게 확산시킬 필요 없이 정부의제로 바로 전환되는 과정을 설명하는 모형이다. 따라서 공중의제 단계는 없고 공식의제 단계만 있는 모형이다. 공중의 참여를 배제하려는 의제형성 패턴에 중점을 둔 이 모형은 동원 모형과 달리 정책집행을 위한 공중의 관심과 지지를 얻기 위하여 정책 쟁점을 공중의제로서 국민들에게 확산시키려고 하지 않는다. 또한 외부주도 모형과 같이 정책결정자로 하여금 정책문제를 공식의제로 다루도록 하려고도 하지 않는다.

대표적인 예로는 김영삼 정부시절 금융실명제(1993.8.12, 대통령 긴급 제정경제명령 제16호 발동, 당일 20시부터 전격 실시)를 들 수 있다. 금융실명제 도입을 공개적으로 논의하면 부정한 자금이 빠져 나갈 수 있는 기회를 제공하는 등 혼란과 부작용 때문에 전격적으로 실시할 수 있는 내부접근 모형을 택한 것이다. 그 외 주로 보안이 요구되는 외교나 국방정책에서 볼 수 있으며, 전투 경찰대 설치(1967. 9. 1), 국방부의 무기 구매계약 등이 그 대표적인 예이다.

이상의 세 가지 의제설정 모형은 유형에 따라 각기 고유한 특성을 지니고 있으며, 민주정치 발전 정도와 관련지어 보면 외부주도 모형은 경제가 안정되고 소통이 잘 되는 민주국가에서 나타날 가능성이 높다. 이에 반해 동원모형이나 내부접근 모형은 개발도상국가나 민주정치가 정착되지 않은 나라에서 나타날 가능성이 상대적으로 높다. 다만 외교, 국방 등 보안이 필요한 정책분야는 동원모형이나 내부접근모형이 요구된다고 할 수 있다.

콥과 그의 동료들이 논의한 의제설정 모형을 전개 방향, 민주적 공개성, 공중의 참여도, 공중의제 성립, 공식의제 성립, 사회적·문화적 배경 등의 주요 차원별 특성 비교를 하면 [표 2-1]과 같다(채경석 외, 1996: 147). 이 표에서 쟁점이 공중의제에서 공식의제로 전개되는 방향을 보면 외부주도 모형은 쟁점이 정부 밖에서 제기되어 정부 내부로 향하고, 동원모형은 내부에서 시작하여 외부로 향하고, 내부접근 모형은 내부에서 내부로 향하고 있다. 의제설정의 민주적 공개성은 외부주도 모형, 동원모형, 내부접근 모형순으로 공개성이 높고, 국민의 참여도는 외부주도 모형, 동원 모형, 내부접근 모형순으로 국민의 참여를 허용하고 있다. 사회·문화적 배경으로는 외부주도 모형은 평등사회에서, 동원모형은 계층사회에서, 내부접근 모형은 사회적 지위와 부가 편중된 불평등 사회에서 주로 나타난다.

[표 2-1] Cobb 등의 의제형성 모형 : 주요 차원별 특성

차원 \ 모형	외부주도 모형	동원 모형	내부접근 모형
전개 방향	외부→내부	내부→외부	내부→내부
민주적 공개성	높음	중간	낮음
공중의 참여도	높음	중간	낮음
공중의제 성립	구체화, 확산 단계	확산 단계	공중의제 불성립
공식의제 성립	진입 단계	주도 단계	주도 단계
사회적, 문화적 배경	평등 사회	계층 사회	불평등 사회(사회적 지위, 부의 편중사회)

2. 킹던의 정책창 모형

킹던(Kingdon, 1995)은 합리모형과 점증모형이 정책의제의 변화에 대해 비현실적 가정을 하거나 또는 그러한 문제를 거의 다루지 않았다고 지적하면서, 의제설정과 정책대안이 성립되는 과정을 코헨 등(Cohen, March & Olsen, 1972)의 쓰레기통 모형(garbage can model)을 수정·보완

해서 정책현상에 이를 적용하는 모형을 제시하고 있다. 그는 왜 대통령 등 정책결정자들이 어떤 문제는 민감하게 반응해 문제해결을 하고, 어떤 문제는 관심을 두지 않음으로써 해결의 실마리를 찾지 못하는가를 설명하려고 했다. 그가 제기한 연구문제는 세 가지로, 첫째 어떤 문제가 정책결정자의 관심을 끌게 되는가, 둘째 시간이 지남에 따라 의제가 어떻게 변화하는가, 셋째 어떻게 정책대안들 가운데 문제해결을 위한 정책이 최종 선택되는가로 요약할 수 있다. 이상의 연구 질문에 답함으로써 사회문제가 의제로 전환되어 정책이 만들어지는 맥락을 설명하고자 했다(류지성, 2012: 202).

킹던(Kingdon, 1984: 174-203)은 정책의제와 정책대안의 설정에 영향을 미칠 수 있는 변수들과 그들의 상호작용을 살펴봄으로써 전반적인 정책형성 과정에 접근하려고 하고 있다. 그는 미국 연방정부의 경우를 살펴보면 하나의 결정의제(decisagenda)가 되는 과정에는 문제(problems), 정책제안(policy proposals), 정치(politics)라는 세 가지 요소가 독자적인 흐름을 형성하고 있다고 전제하면서 다음과 같이 설명하고 있다. ① 다양한 문제가 정부 안팎에서 사람들의 관심을 받거나 사라지는 현상이 끊임없이 일어나고, ② 다른 한편에서는 전문가·관료·이익집단 등에 의해 어떤 이슈에 관한 해결책이나 정책제안이 끊임없이 제기되고 또 사라지며, ③ 또 다른곳에서는 정치라는 흐름이 별도로 진행되는데 여기에는 국가 분위기, 여론의 변화, 선거 결과, 행정부의 변화, 의회내 세력변동, 이익집단의 로비나 캠페인 등이 활발히 움직이고 있다. 이들 세 개의 흐름이 거의 독자적으로 움직이다가 극적인 계기(critical juncture)를 만나게 되면 의제상의 큰 변화를 가져온다고 하였다. 이는 어떤 사회적 쟁점이 정책의제로 전환되어 해결되려면 "문제의 인지", "정치적 고려", "정책제안"이라는 세 가지가 조화를 이루었을 때 "결정의제"의 위치에 오르게 된다는 것이다.

그는 이러한 세 가지 요소의 흐름이 만나게 되어 문제해결을 하게 되는 상황을 "정책의 창"(policy window)에 비유하고 있으며, 어떤 흐름이 주도했는가에 따라 문제창, 정책창, 정치창으로 나누고 있다. 이 과정에서 정책활동가의 역할이 매우 중요하지만 이들 집단이 고정되어 있다거나 지배적인 형태를 띠는 것은 아니고 매우 유동적이라고 한다. 왜 어떤 사회문제는 정책의제가 되는데 또 다른 사회문제는 정책의제가 되지 않는가에 관한 것이 정책의제 선별이론이다. 이 질문에 대해 킹던의 연구가 시사하는 점을 보면 다음과 같다.

첫째, 촉발적 사건(triggering event)이 없는 경우에는 관련된 사회문제에 관한 정책창이 열리지 않고 따라서 정부의제가 만들어지지 않는다.

둘째, 촉발적 사건이 있다고 해도 나머지 흐름이 적당한 시간 내에 결합되지 않는다면 열렸던 정책창도 곧 닫히기 때문에 정부의제가 형성되지 않는다.

셋째, 촉발적 사건이나 정치 변동에 의해 고조되었던 정책 분위기가 사라지거나 또는 "정책활동가"의 적극적이고 꾸준한 노력이 뒷받침되지 않으면 정부의제는 성립되지 않을 수도 있다(한석태, 2013: 110-111).

제2장
정책목표 설정

제1절 정책목표의 기본개념

사회문제가 정부에 인지되어 정책문제로 전환되면 정책 결정자는 먼저 정책문제의 정의를 내린 후 문제해결을 통해 얻고자 하는 바람직한 상태 즉 정책목표를 설정해야 한다. 이는 정책을 통해 실현시키고자 하는 사회적 가치가 무엇인가를 명확히 하는 것이다. 정책목표의 설정은 불명확성 등 정책목표의 속성뿐만 아니라 문제해결을 위한 정책수단을 내포하고 있기 때문에 중요하면서도 매우 어려운 과정이다.

바람직한 사회상태를 만들려는 정책목표는 정책의 실질적 내용에 있어 소망성을 가져야 하고, 이를 구체화시킬 수 있는 적합성과 적절성을 동시에 지녀야 한다. 특히 소망성 그리고 적합성과 적절성을 가진 정책목표를 설정하기 위해서는 다양한 부류의 개인과 집단 모두가 그 정책에 합의할 수 있도록 합리적 결정을 해야 한다. 다양한 부류의 개인과 집단 모두를 만족시킬 수 있는 정책목표의 합리적 결정은 정책목표의 다양성, 불명확성 등의 속성 때문에 현실적으로 대단히 어려운 일이다.

니에나버와 윌다브스키(Nienaber & Wildavsky, 1973: 10)는 정책목표는 다양하고 상충되며 불분명한 속성을 가질 수밖에 없다는 것을 인정해야만 정책목표에 대한 체제적인 논의를 할 수 있다고 하였다. 정책목표의 합리적 결정이 어려운 것은 이와 같은 정책목표의 속성인 다양성과 불명확성 뿐만 아니라, 정책목표의 결정은 정책 수단의 선택과 정책 순응성에 바로 영향을 미친다는 점을 고려하지 않을 수 없기 때문이다. 바람직한 정책목표 설정을 위한 정책목표의 의미, 속성, 기능. 원천 등에 대해 살펴보기로 한다.

1. 정책목표의 의미

정책결정 과정에서 최초 단계는 정책문제의 정의를 내리는 것이고, 그 다음 단계는 정책목표를 설정하는 것이다. 정책목표 설정없이 바로 대안탐색과 결정이 이루어질 수도 있다. 그러나 이 경우 어느 정도까지 문제해결을 해야 하는지의 기준이 없기 때문에 어떤 대안이 최적의 대안인지를 판단하기가 곤란하다. 따라서 최적의 대안을 선택하기 위해서도 정책목표 설정이 선행되어야 한다.

목표에 대해 에치오니(Etzioni)는 "장래 실현하고자 하는 바람직한 상태"라고 했고, 사이먼(Herbert A. Simon)은 "의사결정에 있어 결정자가 자신이 선호하는 것들에 순위를 매기기 위해 사용하는 가치 전제(value premises) 또는 기준(criteria)"이라고 했다. 에치오니는 목표를 일이 일어난 결과나 상태라는 관점에서 보고 있고, 사이먼은 그러한 결과나 상태의 우선순위를 판단하는 기준에 더 중점을 두고 있다. 목표의 기능에 치우친 느낌이 드는 사이먼의 견해 보다는 에치오니의 견해가 보다 정책목표의 개념으로 적절하다고 볼 수 있다. 에치오니의 견해에 따라 정의를 내려 보면 정책목표는 정책을 통해 추구되는 가치(values)로, "문제해결을 통해 이루고자 하는 바람직한 미래 상태"라고 할 수 있다.

2. 정책목표의 속성

니에나버와 윌다브스키(Nienaber & Wildavsky)가 "정책목표는 다양하고(multiple) 상충되며(conflicting) 불분명(vague)한 속성을 가질 수밖에 없다는 점을 인정해야 만 정책목표에 대한 체제적인 논의를 할 수 있다"고 지적한 것은 앞에서 언급한 바 있다. 이러한 다양성, 불명확성, 갈등 등이 바로 정책목표의 속성들이다. 이 같은 속성들을 감안할 때 문제해결을 통해 얻고자 하는 바람직한 미래상태인 정책목표를 설정한다는 것은 그리 쉬운 일이 아니다. 정책과 관련된 다양한 부류의 개인과 집단이 모두 합의할 수 있는 정책목표를 구체적으로 찾아낸다는 것은 현실적으로 매우 어려운 일이기 때문이다.

그러므로 정책목표는 많은 학자들이 동의하고 있는 바와 같이 사회

구성원들로부터 폭넓게 지지를 얻어낼 수 있도록 규범적으로 설정되어야 할 필요가 있다. 규범적인 입장에서 정책목표를 설정한다는 것도 사회의 가치체계를 다루는 것이기 때문에 어려울 뿐 아니라 갈등이 내제되어 있어 결코 쉽지 않은 과정이다(Weimer & Vining, 1992: 212). 정책목표의 규범적 설정이란 특정사회에서 공유하고 있는 사회적 가치에 따라 목표가 설정되는 것을 말하며, 정책목표 설정의 기준이 되는 가치로는 민주주의, 정의, 공익, 인간의 존엄성, 능률성, 형평성 등이 있다. 이러한 가치들을 모두 고려하여 폭넓은 지지를 받을 수 있는 정책목표를 설정한다는 것은 어떻게 보면 불가능한 일일지도 모른다.

와이머와 바이닝(Weimer & Vining, 1992)은 정책목표에 대한 논의는 정책과 목표를 엄격히 구분하는 것으로부터 시작해야 하며, 정책목표를 설정할 때는 불명확성 등 정책목표의 속성과 함께 정책목표와 정책을 엄격히 구분하는 두 가지 측면을 모두 고려하여 설정되어야 한다고 주장하고 있다. 정책목표는 정책투입(policy input)에 대한 분석적 차원뿐만 아니라 정책산출(policy output)에 대한 분석적 차원에서도 고려되어야 한다. 정책투입에 대한 분석적 차원에서 정책목표를 다루어야 한다는 것은 정책대안들 가운데 최선의 대안을 찾는 과정에서 야기되는 정책목표의 불명확성, 다양성, 갈등 등을 깊이 있게 다루어야 함을 말한다. 그리고 정책산출에 대한 분석적 차원에서 정책목표를 취급한다는 것은 정책평가와 관련해 설정된 목표의 성취 정도를 가늠하는 것으로, 정책과정을 통해서 목표의 불명확성, 다양성, 갈등 등이 어떻게 취급되었는지를 분석한다는 의미다. 정책목표와 정책의 구분은 정책목표는 정책을 통해 추구되는 가치를 말하며, 반면에 정책이란 정책목표가 추구하는 가치들을 실현시키기 위해 고려되는 정책대안이나 전략을 말한다(류지성, 2012: 214-215).

일반적으로 정책목표의 속성은 다양한 부류의 다양한 의견들을 반영해야 하는 다양성, 한정된 자원 등으로 야기되는 갈등, 그리고 폭넓은 지지를 염두에 둔 규범적인 설정 등으로 인한 불명확성 등이라고 정리할 수 있다. 사회구성원들의 폭넓은 지지를 얻어낼 수 있는 정책목표를 설정한다는 것은 이와 같은 정책목표의 속성들을 어떻게 최소화시키며 극복하는가의 문제에 달려 있다.

3. 정책목표의 기능

정책목표는 다양성, 갈등, 불명확성 등의 속성뿐만 아니라 때로는 목표가 중복되거나 여러 목표들간에 가치충돌을 일으키는 경우도 있다. 이와 같은 속성 때문에 정책목표를 설정한다는 것은 매우 어려운 일이지만 정책목표의 속성 등이 잘 고려되어 정책목표가 분명하게 설정될 수만 있다면, 정책목표는 정책과정 전반에 걸쳐 미래에 대한 기대와 사회의 다양한 가치들을 함께 담아낼 수 있는 중요한 기능을 할 수 있다. 정책목표의 일반적인 기능을 요약하면 다음과 같다.

첫째, 정책목표는 정책개발이나 정책분석 활동의 방향을 제시한다. 소극적인 의미에서 정책개발은 주어진 목표를 달성하기 위한 수단을 강구하는 과정이므로 목표는 곧 정책개발 활동의 전개 방향과 테두리를 설정함으로써 분석가들이 수행해야 할 과제와 작업방향을 제시해 주며, 분석의 각 단계에서 계속하여 참조하는 준거틀(frame of reference)의 역할을 하게 된다(김신복, 1982: 39).

둘째, 정책목표는 정책의 집행을 구속하는 지침(guideline)이 된다. 일반적으로 정책목표는 공권력을 바탕으로 세부적인 의사결정과 활동에 지속적이고 광범한 영향을 미친다. 따라서 정책목표는 소극적으로는 정책집행자로 하여금 목표 달성에 저해되는 행위를 하지 못하게 하는 기능이 있고 적극적으로는 목표 달성을 위해 가능한 모든 수단을 강구할 것을 요구하는 의미도 담고 있다.

셋째, 정책목표는 정책집행의 결과나 성과를 평가하는 기준으로서 역할을 한다. 정책의 효과성을 측정하는 척도가 곧 목표 달성도인 점을 감안할 때 정책목표는 성공적인 집행 여부를 판단하는 기준이 된다.

넷째, 정책목표는 조직구성원의 동기부여나 동질의식을 갖게 한다. 정책목표는 조직 구성원이 환경으로부터 오는 저항을 극복하고, 외부로부터 자원을 끌어 모으는 데 동기부여 등 정서적 기능을 하고 있다.

다섯째, 정책목표는 대외적으로 정책 담당기관을 홍보하는 데 활용할 수 있다. 홍보 활용을 통해 기관이나 조직의 존재에 대한 정통성(legitimacy)을 확보하는 기능을 수행한다(한석태, 2013: 170-171).

4. 정책목표와 정책목적

던(Dunn, 1988: 144)은 현재 추구되는 사회적 가치는 미래에 변화될 가능성이 있기 때문에 기존의 사회적 규범에 의해 미래 사회의 규범상태를 정의한다는 것은 어렵다고 전제하면서, 정책분석가들은 미래 변화에 주목하여 정책목표와 정책수단을 강구할 필요가 있다고 했다. “정책목표”와 “정책목적”은 모두 미래지향적인 특성을 가지고 있으나, 정책목표는 “포괄적인 의미”(broad purpose)로 표현되는데 반해 정책목적은 정책의 “구체적인 의도”(specific aim)로 구성된다.

따라서 정책목표는 실행하기 위한 혹은 측정하기 위한 “조작적 정의”(operational definition)로 전환되기 어렵다. 여기서 정책목표의 “조작적 정의”란 정책을 측정 가능한 수준으로 구체화시키는 것이다. 즉 정책목표에 대한 “조작적 정의”란 목표의 성취 정도를 측정하기 위한 전략 혹은 실현시키기 위한 구체적인 전략을 말한다. 정책목표는 추상적이고 규범적으로 설정되어 있기 때문에 정책목표에 대한 구체적인 측정전략의 수립은 말처럼 그리 쉽지 않다. 반면에 정책목적은 정책목표보다 구체적으로 표현되며, 측정 가능한 수준으로 계량화할 수 있다(류지성, 2012: 217).

던(Dunn, 1981: 144)은 정책목표와 정책목적을 다섯 개의 범주로 구별하고 있다. 첫째, 정책목표와 정책목적의 구체화 정도를 비교하면 정책목표는 폭넓게, 정책목적은 구체적으로 정의된다. 둘째, 정책목표와 정책목적을 정의하는 데 사용하는 용어(terms)를 비교하면 정책목표는 형식적(formal)인 데 반해 정책목적은 조작적(operational)이다. 셋째, 시간적 범위(time priod)에서 정책목표는 구체적이지 못하지만 정책목적은 구체적으로 시간적 범위를 설정하고 있다. 넷째, 측정과정에서 정책목표는 계량화(quantify)가 어렵지만 정책목적은 계량화가 가능하다. 다섯째, 정책 대상집단을 정의하는 방법을 비교하면 정책목표는 폭넓게 정의하지만 정책목적은 구체적으로 정의한다. 류지성(2012: 217)은 이를 던(Dunn)에서 재구성하여 [표 2-2]와 같이 정리하고 있다.

[표 2-2] 정책목표와 정책목적의 특성별 대조

특 성	정책목표	정책목적
구체화 정도	포괄적 서술 예) …국민 건강의 질적 수준을 높이기 위해	구체적 서술 예) 현재보다 의사의 수를 10% 증가시켜
용어의 정의	공식적 서술 예) 국민 건강의 질적 수준은 의료서비스에 대한 접근성에 의해…	운영적 서술 예) …의료 서비스의 질적 수준은 활동하고 있는 의사의 수로 결정되며…
기간	불명확한 서술 예) …미래에…	구체적 서술 예) 2005년부터 2010년까지…
측정	비계량적 서술 예) …국민들이 의사에게 접근을 용이하게…	계량적 서술 예) …국민 1,000명 당 1인의 의사를 확보하여…
정책 대상집단	포괄적 정의 예) …의료 서비스가 필요한 사람들을…	구체적 정의 예) 연봉 2000만원 이하의 가구를 대상으로…

제2절 정책목표의 원천과 설정기준

1. 정책목표의 원천

정책목표나 정책대안을 설정하고 찾는 데는 기본적으로 창의성이 요구되지만 인간 능력과 시간의 제약 등으로 현실적인 한계가 있다. 그런 가운데서도 정책목표나 정책대안을 설정하고 선택하는 효과적이고 체계적인 방법 가운데 하나는 그것들의 원천(sources)을 고려하여 탐색하는 것이다. 던(Dunn, 1981, 145))은 정책목표나 정책대안의 원천으로 권위, 통찰력, 혁신적 분석전략, 과학적 이론, 동기, 유사사례 등을 다음과 같이 제시하고 있다.

첫째, 권위(authority)는 정책대안을 찾아가는 과정에서 정책분석가들은 그 문제와 관련된 전문가들의 의견을 듣게 되며, 문제와 관련된 전문가의 의견은 정책목표의 원천이 된다. 환경문제는 그 분야 전문가의 견해가 충분히 반영되어야 문제 해결을 보다 쉽게 할 수 있다. 따라서 정책목표, 정책목적, 정책대안의 원천으로 사회적 영향력을 가진 전문가 집단의 권위를 들 수 있다.

둘째, 통찰력(insight)으로 정책분석가들은 그들의 직관(intuition)이나 주관적 판단(judgement)에 의해 문제의 본질을 확인할 수 있다. 이러한 직관이나 주관적 판단 등 통찰력은 정책목표와 대안의 설정에 중요한 원천이 된다.

셋째, 혁신적 분석전략(innovative methods of analysis)으로 혁신적 분석전략의 개발은 문제에 대한 바람직한 정책대안을 구체화시키고 목표의 우선순위를 설정하는 데 큰 도움을 줄 수 있다.

넷째, 과학적 이론(scientific theory)으로 자연과학과 사회과학 분야에서 축적된 지식은 정책목표나 대안의 좋은 원천이 된다. 예를 들면 경찰관련 각종 통계와 범죄이론 등은 경찰정책의 목표 설정과 대안 선택에 중요한 원천이 된다.

다섯째, 동기(motivation)로 정책관련 집단의 신념(beliefs), 가치{values), 요구(needs) 등은 정책목표와 대안의 원천이 된다. 경찰공무원들이 공유하고 있는 신념, 가치, 요구는 국민을 위한 봉사활동 뿐만 아니라 근무행태의 변화를 가져오게 되며 이는 경찰 조직관리 정책의 목표와 대안의 원천이 될 수 있다.

여섯째, 유사사례(parallel case)로 과거의 정책 또는 다른 나라나 사회의 유사한 정책문제에 대한 경험은 정책목표나 대안의 좋은 원천이 될 수 있다. 대구 지하철 참사(2003.2.8, 중앙로역, 192명 사망, 148명 부상)를 겪은 후 우리의 지하철 체제와 일본·미국 등 외국의 지하철 체제를 비교하여 우리의 문제점을 지적하고, 사고 처리과정을 교훈으로 삼는 것은 이와 유사한 정책결정에 있어 원천이 될 수 있다는 것을 말한다.

2. 정책목표의 설정기준

정책목표 설정의 기준에 관한 학자들의 공통적인 견해들을 보면 효과성, 능률성, 형평성 공익성 등 주요 행정 이념들을 들고 있다. 이들 행정 이념들은 행정학에서 이미 많이 다루어 왔기 때문에 여기서는 정책목표 설정과 관련하여 그 개념만 간략히 소개하기로 한다.

일반적으로 "목표의 달성도"를 의미하는 효과성은 정책목표 설정은 정책목표를 효과적으로 달성할 수 있는지가 우선적으로 고려되어야 한다는 것이다. 능률성은 투입과 산출의 비율에 관한 개념으로, 같은 투입이라면 더 많은 산출을 가져오는 것이 바람직한 정책이므로 이에 맞게 정책이 설계되어야 한다는 관점이다. 형평성은 상대적으로 어려운 사람들에게 더 많은 혜택이 돌아가도록 해야 한다는 것이고, 공익성은 사사로운 이익보다는 공동체의 보편적 가치가 최대한 반영되도록 정책목표가 설정되어야 한다는 것이다.

이와 같은 공통적 기준과 더불어 바람직한 사회상태 즉 정책목표는 우리사회에 대한 소망성(desirability)을 내포하고 있어야 한다. 정책목표의 중요한 설정기준으로 소망성을 구체화시킬 수 있는 적합성과 적절성의 두 개념에 대해 살펴보기로 한다. 적합성과 적절성은 바람직한 정책목표가 지녀야 할 실질적인 내용인 소망성에 대한 평가 기준이기도 하다.

1) 적합성

"적합성"은 사회통합이나 목표달성 등 가치있는 여러 목표들 중에서 가장 바람직한 것을 목표로 채택했는지의 기준을 말한다. 그러므로 적합성은 문제의 정의와 밀접한 관계가 있으며, 문제의 정의를 정확히 내리기 위해서는 정책문제의 구성요소인 발생 원인, 문제의 심각성(피해규모, 범위, 강도 등)과 피해집단, 문제의 해결 가능성 등 모든 사항을 고려해야 한다.

예를 들면 정책문제의 정의 부분에서 설명한바 있는 미국 L.A지역 폭동과 관련하여 한인·흑인간의 인종갈등으로 볼 것인지, 아니면 도시 빈민의 문제로 볼 것인지를 놓고 Bush 대통령은 문제의 심각성과 해결 가능성 등을 종합적으로 고려하여, 복잡 미묘한 인종갈등보다는 도시빈민의 문제로 정의를 내리고, 빈곤문제 해결 등의 정책을 추진한 바 있다.

이와 같이 어디로 정의를 내리느냐의 문제가 바로 적합성에 관한 문제에 속한다. 또다른 예를 들면 청년 일자리 창출과 관련하여 일자리를 늘리기 위해 금리를 내려 투자와 소비를 촉진시키는 정책을 쓸 것이냐, 아니면 금리인상 정책을 쓸 것이냐에 있어, 투자와 소비를 위축시키는 금리인상 정책은 청년 일자리 창출을 위한 경제정책의 목표로는 적합성이 없는 경우가 된다.

2) 적절성

"적절성"은 정책목표의 달성 수준이 지나치게 높거나 낮지 않고 적당한 수준에 있는가의 목표달성 수준을 말하는 것이다. 따라서 적절성은 사회 구성원의 정책에 대한 평균적 기대치에 의해 산출된다. 적절성이 없다는 것은 정책산출이 정책 대상집단들의 기대에 미치지 못했다는 것을 의미한다. 그러므로 문제해결을 위한 정책목표는 앞에서 설명한 적합성과 함께 적절성이 있어야 한다.

예를 들면 청년 일자리 창출을 위해 매년 경제 성장률이 어느 정도 되어야 실업률을 낮추고 인플레의 가능성을 차단할 수 있는지의 문제가 적절성에 관한 것이다(이상안. 2005, 139). 또한 집회·시위 등 질서유지와 관련된 정책에 있어서도 집회의 장소, 시위용품의 소지, 도로행진, 야간 집회 등에 있어 어느 정도의 법적 규제가 국민의 기본권을 보장하면서도 건강한 사회질서를 유지할 수 있느냐의 문제가 이 적절성에 해당한다.

3. 정책목표의 구체화

정책목표는 사회문제를 해결하거나(치유적 목표) 아니면 없는 것을 새롭게 창조하는 것(창조적 목표)이거나 모두 바람직한 사회상태를 실현하려는 목적을 지닌다. 이것이 정책목표의 본질적 목적이고 기능이다. 정책목표 설정에 필요한 기본적인 전략과 관련하여 와이머와 바이닝(Weimer

& Vining)은 본질적 목표(substantive goals)와 도구적 목표(instrumental goals)라는 개념을 사용하고 있다.

본질적 목표는 능률성이나 형평성과 같이 사회의 안정성을 확보하기 위한 기본적 가치들이며 이 밖에도 인간의 존엄성과 자아실현 등을 포함한다. 반면에 도구적 목표란 본질적 목표를 실현시키기 위한 조건들을 말한다. 이는 정치적 실현 가능성 또는 예산 이용 가능성 등과 같이 목표 그 자체보다 목표를 구속하는 요인이다(Weimer & Vining, 1992, 214). 이는 주로 목표를 실현하는 수단적 요인과 관련된 것들이라 할 수 있다.

정책목표가 설정되면 정책목표의 본질적 목표와 기능을 성공적으로 수행하기 위해서는 정책목표를 구체화하는 작업이 필요하다. 특히 정책목표는 정책수단 선택의 기준이 되기 때문에 정책목표가 명확하지 않고 상호모순, 가치충돌 등으로 혼돈되어서는 안 된다. 이는 정책목표가 분명하지 않으면 효과적인 목표달성의 수단 선택이 어렵다는 것을 의미한다.

예컨대 경찰정책과 형사정책 중에서 법 집행 즉 범죄통제는 인간의 반윤리적·반사회적·반국가적 행위에 대하여 형사처벌을 강화함으로써 범죄자를 격리시켜 절대 다수의 국민을 보호하려는 정책수단이다. 반면에 질서통제는 반공익적 행위를 대상으로 행정벌 또는 질서벌에 의해 처벌 또는 즉시 강제하여 절대 다수의 국민이 불편없이 생활할 수 있도록 하는 정책수단이다.

이 두 수단 중에서 대상행위가 무엇이며 어떤 목적으로 이 수단들이 동원되는가 하는 것은 그 목표가 명확한 경우에만 처벌수단이 적합성을 갖게 되는 것이다. 범죄통제의 집행수단이 질서유지의 목적과 연계된다든지 질서유지의 목적인데도 형벌의 처벌수단이 동원되면 적합성이 없게 되는 경우가 된다. 우리나라가 6.25전쟁과 외환위기의 어려움을 딛고 선진국 진입을 위한 발전의 동력을 "명백하고 구체적인 목표를 제시한 강력한 리더십" 에서 찾는 것은 같은 맥락이다(이상안, 2005, 140).

4. 정책목표 설정시 고려사항

정책목표는 정책과정에서 정책개발이나 분석활동의 방향을 제시하고, 집행의 기준을 제시하는 등 다양한 기능을 수행하나, 정책목표 설정은 앞에서 설명한 바와 같이 불명확성, 다양성, 갈등 등의 속성 때문에 매우 어려운 일이다. 목표 설정의 어려움에 대한 원인은 불명확성 등 여러 가지가 있으나 그 중 가장 근본적인 원인은 정책목표라는 것이 가치판단의 영역에 있기 때문이다.

정정길(2003: 335-341)은 정책목표를 설정할 때 정책목표의 속성 등을 중심으로 고려해야 할 사항들을 다음과 같이 제시하고 있다.

첫째, 정책을 통해 얻고자 하는 바람직한 미래상태를 정책목표라고 할 때 사람이나 집단에 따라 소신, 가치관, 이해관계 등 미래상태가 각기 다를 수 있으므로 정책목표는 사실의 문제가 아니라 "가치의 문제"라는 점을 인식해야 한다.

둘째, 정책목표가 가치 함축적이기 때문에 목표의 설정은 원만한 정책집행을 고려하여 대중의 순응 유도와 이익집단의 반발 최소화를 모색해야 한다. 이를 위해서는 민주적 절차를 거쳐 사회적 동의를 얻어내는 것이 가장 바람직하다.

셋째, 정책목표는 공공의 이익과 사회 정의에 부합하여야 하므로, 특정집단이나 정파의 정치적 이해관계가 목표설정에 개입되어서는 안 된다. 예를 들면 공식적으로는 공공의 이익이나 사회정의로 포장하고, 실제 목표로는 특정인이나 집단의 이해관계가 추구되는 경우가 있기 때문이다.

넷째, 정책목표가 너무 범위가 넓고 추상적이면 대안탐색이나 정책집행 및 평가 등의 기준이나 지침으로서 역할을 제대로 할 수 없게 된다. 따라서 정책목표는 추상적이긴 하지만 가급적 구체화되도록 노력해야 한다.

다섯째, 정책목표가 "해결하고자 하는 사회문제의 바람직한 미래상태"라는 점을 고려할 때 "정책이 해결하려고 하는 사회문제를 해결했을 때 정말 원하는 바람직한 미래상태가 달성되었는가의 문제"를 의미하는 타당성 그리고 실현 가능성과 함께 "목표설정 수준이 사회문제를 충분히 해결할 만큼 되어 있는지"를 의미하는 충분성(adequacy)이 있어야 한다.

여섯째, 목표와 수단의 연쇄 관계에서 볼 때. 정책목표 내에 여러 개의 하위 목표가 있을 때 이들의 우선순위나 달성수준을 잘 결정해야 한다. 달성이 불가능한 목표인지, 능률성과 공정성 등이 결여된 목표인지를 잘 고려해야 한다.

"목표와 수단의 연쇄 관계"를 살펴보면 어떤 목표를 달성하기 위한 조건이나 수단으로서 다른 목표가 달성되어야 할 필요가 있다면 전자를 상위목표 후자를 하위목표라 할 수 있다. 즉 목표의 종적(수직적) 관계에서 상대적인 개념이지만 상위목표의 수단이 되는 것이 하위목표가 되는 것이다. 예를 들면 "국민생활의 안전확보" "범죄의 예방" 그리고 "사회적 약자보호" 등의 여러 정책목표들이 있다고 하자. 범죄의 예방은 국민생활의 안전확보라는 목표달성을 위한 하나의 수단이다. 이렇게 볼 때 국민생활의 안전확보는 상위목표가 되고 범죄의 예방은 하위목표가 되는 것이다. 또한 사회적 약자보호도 범죄예방이라는 수단을 통해 이루어질 수 있으므로 범죄예방은 사회적 약자보호의 하위목표가 되는 연쇄적 관계를 이룬다는 것이다. 이러한 연쇄관계는 상위목표일수록 추상적이고 가치 함축적이며, 하위목표로 갈수록 구체적이고 실제적인 성격이 강하다.

제3장
정책분석론

제1절 정책분석과 체제분석

1. 정책분석의 개념

정책분석은 정책의 내용을 어떻게 구성할 것인지, 그리고 그것이 가져올 결과가 어떻게 나타날 것인지, 또한 생각지도 못했던 다른 결과는 나타나지 않는지 등을 사전에 알기 위해 정책과정을 분석하는 것을 말한다. 배크맨(Backman, 1977: 222)은 정책분석을 각각의 정책대안들이 선택되어 집행되었을 때 초래될 결과에 대한 예측이라고 정의하고 있다.

정책분석을 위해서는 문제상황에 대한 정확한 진단과 정책대안의 결과에 대한 정확한 예측이 있어야 한다. 문제상황에 대한 정확한 진단은 현재상황은 물론 미래상황도 예측해야 한다. 현재의 범죄 발생률, 교통사고율 등의 문제가 미래에 어떻게 변화될지를 알아내야 한다는 것이다. 그리고 훌륭한 정책결과를 원한다면 가장 좋은 결과를 가져올 수 있는 정책대안을 선택해야 한다. 이와 같이 문제상황에 대한 진단과 정책대안의 결과예측, 그리고 최적의 대안선택 등과 관련된 제반 활동이 정책분석이다.

라스웰(lasswell)은 정책연구를 "정책과정에 관한 지식"(knowledge of the policy process)과 "정책과정에 필요한 지식"(knowledge in the policy process)을 산출하는 것이라고 하였다. "정책과정에 관한 지식"은 의제설정에서부터 정책결정, 집행, 평가로 이어지는 일련의 정책과정을 논리적으로 체계화하는 것으로 대부분 경험적 연구에 의한다. 반면에 "정책과정에 필요한 지식"이란 정책형성과 집행, 평가 과정에 필요한 지식으로 "정책문제의 구성", "정책대안들의 결과예측", "최적대안의 추천",

"정책성과 평가를 위한 기법" 등을 말한다(Lasswell, 1971, 1-13).

정책분석의 개념에 대해서는 학자들에 따라 견해가 다양하다. 정책과정에 대한 경험적 관찰을 통해 지식을 축적하는 모든 연구라고 주장하는 학자들이 있는 반면 정책과정에 필요한 지식으로 한정해야 한다고 주장하는 학자들이 있다. 일반적으로 정책분석은 "정책과정에 필요한 지식"을 지칭한다(류지성, 2012: 249). 정책분석의 정의에 대한 여러 학자들의 견해를 종합하여 보면 크게 기술적 정책분석과 규범적 정책분석으로 나누어 설명하고 있다.

1) 기술적 정책분석(descriptive policy analysis)

정책분석은 정책과정에 필요한 지식으로, 정책문제, 의제설정, 정책결정, 정책집행, 정책평가로 이어지는 일련의 정책과정을 통해 밝혀진 정책 관련 지식에 관한 연구를 말한다. 호그우드와 건(Hogwood & Gunn, 1984, 3)은 정책분석을 기술적인(descriptive) 연구와 처방적인(prescriptive) 연구로 구별할 필요가 있으며, 기술적 정책분석 이란 "정책이 어떻게 만들어지는가"에 궁극적으로 답해 나가는 것이라고 하였다.

정책분석의 기술적 연구는 정책이 만들어지게 된 정치, 경제, 사회 등 여러 요인들의 상호작용에 대한 결과를 체계적으로 다루는 것이다. 여기서 정책이 만들어지고 산출로 이어지는 과정에 대한 체계적인 분석이란 후기 행태주의의 입장에서 과학적 접근방법을 사용하되, 실용적인 측면을 간과하지 않는 것을 말한다. 이는 바람직한 사회상태를 유지, 발전시키기 위해 정책이 만들어지는 과정을 기술하고 설명하는 체계적인 연구라고 할 수 있다(류지성,2012: 250).

2) 규범적 정책분석(normative policy analysis)

규범적 정책분석은 학자에 따라서는 처방적 정책분석(prescriptive policy analysis)이라고도 한다. 규범적 정책분석과 관련하여 드로(Dror, 1971: 223)는 "정책분석 이란 정책 쟁점들 가운데 바람직한 정책대안을 탐색하고 추천하는 것"이라고 정의하고 있다. 퀘이드(Quade, 1975: 4-5)는 "정책결정자들이 정책결정을 하는 데 필요한 정보를 산출하고 추천하는 모든 유형의 분석"이라고 하였고, 호그우드와 건(hogwood & Gunn, 1984: 3)은 처방적 정책분석 이란 "정책이 어떻게 만들어져야 한다는 당위성에 입각한 연구"라고 주장하고 있다.

특히 던(Dunn,1981: 7-28)은 "정책분석이란 정책문제를 해결하기 위해 정보를 산출하고, 이를 정치적 맥락에서 사용할 수 있는 자료로 전환시키기 위해 탐색하고 논증하는 응용 사회과학의 한 분야"라고 하였다(류지성, 2012: 251).. 따라서 규범적 정책분석은 정책이 어떻게 만들어지는가에 치중하기 보다는, 정책문제를 해결하는 데 필요한 정보를 수집, 분석하여 정책 쟁점들 가운데 가장 바람직한 정책대안을 탐색하고 추천하는 일련의 과정을 연구하는 접근 방법이라 할 수 있다.

2. 체제분석과의 관계

체제분석은 의사결정자로 하여금 최적의 대안을 선택할 수 있도록 지원하기 위해 관련자료들을 체계적으로 수집, 조작, 평가하는 분석방법을 말한다. 경영조직에서의 의사결정은 어떤 대안이 가장 능률적이고 경제적인가는 경제적 합리성 측면에서 전개되는 것이 대부분이다. 그러나 행정조직의 경우에는 비록 경제적이고 능률적인 대안이라 하더라도 많은 국민들의 이해관계를 적절히 조정할 수 없거나, 정치적으로 실현 가능성이 없다면 채택될 수 없다.

이와 같이 정치적 요인을 고려한 정책분석은 체제분석에서 분석된 대안과 자료들을 충분히 고려하면서도, 어떠한 대안이 정치적 실현 가능성이 큰 것인지를 질적, 규범적, 가치적, 동태적 그리고 불확실성 측면에서 다시 비교, 분석, 평가하는 것이다. 그러므로 정책분석은 체제분석에 비하여 포괄적·목적적 의미를 지니는 활동이다.

또한 정책분석은 체제분석을 배제하는 것이 아니라 이를 바탕으로 전개되기 때문에 유기적인 관련성도 갖고 있으며, 분석대상이 사실에 한정되는 것이 아니고 사실을 개입시키면서 가치·규범을 중심으로 한다. 체제분석과 정책분석의 공통점은 ① 여러 대안 중 최적의 대안 탐색, ② 과학적 방법을 사용하여 대안을 체제적 관점에서 고찰, ③ 목표와 기대결과를 비교하여 합리적 대안을 선택하는 것 등이다. 정책분석과 체제분석의 차이점(정우일 외, 2010, 157)은 [표 2-3]과 같다

[표 2-3] 체제분석과 정책분석의 차이점

체제분석(SA)	정책분석(PA)
자원 배분의 효율성 중시	비용·효과의 사회적 배분 고려
경제적 합리성 중시	정치적 실현 가능성 중시(공익, 합리성)
계량분석, 비용·편익분석 위주	계량, 비용·편익분석외 질적분석도 중시
가치 문제 고려하지 않음	가치 문제를 고려
정치적 요인 고려하지 않음	정치적, 비합리적 요인 고려
경제학, 응용조사, 계량적 결정이론 활용	정치학, 행정학, 심리학, 정책과학 활용

제2절 정책분석과 불확실성

1. 불확실성의 개념

불확실성의 개념은 매우 추상적이라 정의를 내리기가 어려우며, 유사한 개념인 위험(risk), 모호성(ambiguity), 애매성(equivocality) 등과 혼용되기도 한다. 와인(Wynne, 2004: 5-6)은 불확실성과 위험, 모호성에 대해, 일반적으로 "위험은 가능한 결과들과 확률은 알고 있지만 실제로 어떤 결과가 발생할지는 발생한 시점에 가서야 아는 상황이고, 불확실성은 발생 가능한 결과들은 알고 있지만 각 결과들의 발생 확률은 모르는 경우이며, 모호성은 중요한 요인에 대해 합의가 없고 불명확한 것"이라고 정의하고 있다.

경험적으로 보면 정부의 정책은 당초 계획했던 결과가 나타나지 않거나, 아니면 생각하지 못했던 다른 결과가 나타나는 경우를 흔히 볼 수 있다. 특히 의도하지 않았던 결과가 사회에 피해를 주는 부정적인

것이라면 국가자원의 낭비일 뿐만 아니라, 부정적인 결과 때문에 상황이 악화되어 문제해결을 더욱 어렵게 만들 수도 있다. 정책분석은 이러한 문제들을 해결하고 정책을 통해 의도한 결과를 달성하기 위해 각 정책대안들 중에서 최적의 대안을 선택하기 위해 하는 것이다.

정책분석의 핵심은 독립변수인 정책과 그것이 가져오는 결과간의 인과관계를 확실히 규명하는 데 있다. 하나의 정책이 시행되어 결과가 나타날 때까지는 무수히 많은 요인들이 작용하며, 이 요인들을 모두 파악하는 것은 현실적으로 어렵다. 파악된 요인들도 환경의 동태성 때문에 정책과정에서 구체적으로 어떤 결과를 가져올지 정확히 알 수 없으며, 특히 이런 상황에서 수행되는 정책분석은 정책효과의 유무와 그 크기를 명확히 알 수 없다.

이와 같이 정책효과의 유무나 그 크기를 알 수 없는 현상을 정책분석의 불확실성(uncertainty)이라 한다. 이러한 불확실성을 어떻게 줄이는가의 문제가 정책분석의 성패를 좌우하고, 나아가 그 정책의 성공을 가져올 수 있는 중요한 요인이 된다. 불확실성을 줄이기 위해서는 먼저 이에 대한 이론적 검토와 극복방안에 대한 체계적인 연구가 있어야 한다. 불확실성의 유형과 극복방안을 정리해 보면 다음과 같다

2. 불확실성의 유형

립시츠와 스트라우스(Lipshitz & Strauss, 1997: 150-151)는 불확실성의 근원으로 ① 불완전한 정보, ② 부적당한 이해, ③ 비차별적 대안 세 가지를 들고 있다. “불완전한 정보”는 여기서 더 설명이 필요치 않으며, “부적당한 이해”는 정책대안 자체나 대안이 가져올 결과 등에 대해 확신이 서지 않을 때를 말한다. “비차별적 대안”(undifferentiated alternatives)은 여러 대안들이 모두 불만족스럽거나 이니면 모두 만족스러워 그 우월을 판단하기 어려운 갈등 상황을 말한다.

윤정원(1998: 55)은 불확실성의 유형을 ① 정보의 불완전성, ② 인지적 비결정성, ③ 상황적 미완료성 세 가지로 분류하여 다음과 같이 설명하고 있다.

첫째, 정보의 불완전성(informational imperfection)은 합리적 선택을 하기 위해 요구되는 정확한 정보를 수집하지 못한 상태를 의미하며, 수집된 정보가 애매하거나 모호하거나 완전한 부재 등이 그 원인이다.

둘째, 인지적 비결정성(cognitive indeterminacy)이란 주어진 정보가 완전하든 불완전하든, 처리되는 과정에서 다양하게 인식되어 최종적인 해석이 유보되는 것을 의미하며 인지적 무능력, 인지적 불일치, 인지적 불협화음 등이 원인이다.

셋째, 상황적 미완료성(situational incompleteness)이란 정책결정이 최종적인 결과를 산출하기까지 정책환경이 끊임없이 변할 뿐만 아니라 이러한 변화를 정확히 예측할 수 없음을 말하며 시간적 역동성, 사건의 돌발성 등이 그 원인이다. 정보의 불완전성이나 인지적 비결정성은 어떤 인위적 노력으로 극복될 가능성이 있으나 상황적 미완료성은 시간의 흐름 이외에는 인위적 노력으로 극복하기 어렵기 때문에 "순수한 불확실성"이라고 한다.

정정길(1998: 357-360)은 정책대안의 결과를 예측하는 과정에서 나타나는 불확실성의 1차적 원인을 "문제상황에 대한 모형의 부정확성과 모형에 포함된 변수의 자료 부족"이라고 설명하고 있다. 모형의 부정확성을 야기하는 원인 중 하나는 모형의 대상이 되는 문제상황의 복잡성과 동태성이고, 또 다른 하나는 모형을 작성하고 이용하는 분석가의 능력과 자원의 제약조건 이라고 한다.

문제상황의 복잡성은 문제발생의 원인이 다양할수록, 그리고 발생원인간의 관계 및 이들과 문제와의 관계가 복잡할수록 그 정도가 커지게 된다. 문제상황의 동태성은 문제발생의 원인과 이와 관련된 조건들이 시간의 흐름에 따라 변화하는 정도를 말한다. 그리고 모형을 작성하고 이용하는 사람의 지식, 시간, 경비 등은 모형의 정확성과 자료의 정확성을 크게 좌우한다. 경비나 시간이 부족하면 자료수집이 어려워지고 모형의 내용에 대한 치밀한 검토와 작성을 할 수 없기 때문이다.

3. 불확실성 대응방안

원인이 어디에 있든 정책분석에서 결과를 예측하는 데 불확실한 상황이 존재하는 것은 엄연한 사실이다. 또한 불확실한 상황을 완전히 제거하는 것도 현실적으로 불가능한 일이다. 따라서 주어진 조건하에서 인위적으로 할 수 있는 여러 방법들을 동원하여 불확실성의 범위나 수준을 감소시키는 데 최선의 노력을 다할 뿐이다.

립시츠와 스트라우스(Lipshitz & Strauss,, 1997: 156)는 의사결정자들이 할 수 있는 불확실성에 대한 대처방안으로 ① 불확실성의 감소, ② 불확실성의 인정, ③ 불확실성의 진압 등 세 가지를 제시하고 있다. 또한 윤정원(1998)은 정책결정의 불확실성을 관리하는 네 가지 형태로 ① 정책결정자가 불확실성의 중요성을 낮게 인식하여 대안의 선택 과정에서 불확실성을 무시, ② 의도적으로 인적, 물적, 시간적 자원을 투자하여 불확실성을 감소시키는 불확실성의 감축, ③ 불확실성을 그대로 인정하면서 전략적 선택을 하는 불확실성의 수용, ④ 감소시키기 힘든 불확실성을 인정하면서도 이를 수용하는 선택을 하지 않고 모험을 시도하는 불확실성의 간과 등을 제시하고 있다. 그리고 한석태(2013)는 불확실성에 직면한 결정자가 다양한 성향이나 직업을 가진 사람일 수 있으며, 여기에 따라 불확실성에 대처하는 수단의 선택에서도 어떤 직업적 성향이 작용할 수 있다고 보면서, 불확실성 해소를 위한 접근 방법으로 과학적, 관리적, 정치적 세 가지 범주로 나누어 설명하고 있다. 이들의 불확실성 대처방안을 구체적으로 정리하면 다음과 같다.

립시츠와 스트라우스(Lipshitz & Strauss)의 불확실성 대처방안을 보면

첫째, 불확실성의 감소(reducing) 전술로, ① 의사결정을 하기 전에 추가적인 정보를 적극적으로 수집하고, ② 추가 정보를 얻기 어려운 경우에는 기존의 이용 가능한 자료를 토대로 외삽법(extrapolation)에 의한 추론을 한다. 추론방법에는 시계열 분석과 가정에 기초한 추론 방법이 있다. ③ 불확실성은 목표나 환류에 있어 장기적 시계보다 단기적 시계를 선호함으로써 줄일 수 있으며, ④ 끝으로 조직 내의 불확실성을 제거하기 위해 표준운영절차(SOP)를 사용하거나, 불확실성을 야기하는 외

부환경의 중요한 요소를 조직에 영입하거나, 협상을 통해 장기적인 계약관계를 설정해 놓는 등 불확실성의 원천을 통제하는 방법도 있다.

둘째, 불확실성 인정(acknowledging) 전술로, 이는 의사결정자가 불확실성의 존재를 인정하고 이에 대처하는 경우를 말하며 ① 어떤 행동경로를 선택하는 의사결정에 불확실성 요인을 포함시켜 고려하는 것과 ② 직면하고 있는 잠재적인 위협에 대비하거나 이를 회피하는 두 가지 형태가 있다. 예를 들면 조직은 불안한 공급상황에 대처하기 위해 생산을 여유 있게 하는 등의 완충 방법과 예상하지 못했던 상황변화에 따라 조직의 우선순위를 재배열하는 등의 방법을 사용한다.

셋째, 불확실성의 진압(suppressing) 전술에는 바람직하지 않은 정보를 무시 또는 왜곡하는 것과 같은 부인전술(denial)과 상징적으로 불확실성을 감소시키거나 인정하는 것처럼 행동을 하는 일종의 합리화 전략 등이 있다. "이런 불행한 결과는 나에게 일어 날 수 없어"라고 부인하는 낙천적 태도는 바로 불확실성에 대한 진압 전략의 진수를 보여주는 경우다(한석태,2013: 221).

윤정원(1998: 62-67)이 제시한 불확실성 관리 방안 네 가지는

첫째, 불확실성의 무시(ignoring)로, 이는 정책결정자가 불확실성의 중요성을 매우 낮게 인식하여 대안선택 과정에서 고려하지 않고 무시하는 것을 말한다. 중요하지 않는 불확실성을 너무 심각하게 고려하는 것도 문제지만 의사결정자의 주관적 판단 때문에 중요한 불확실성을 중요하지 않은 것으로 판단하는 경우 큰 손실을 야기할 수 있다.

둘째, 불확실성의 감축(reduction)은 정책결정자가 의도적으로 불확실성을 줄이기 위해 최종대안의 선택시기를 지연시키거나, 정보의 불완전성을 감축시키기 위해 다양한 채널을 통해 더 많은 정보 수집과 더 정확한 정보 수집 노력을 하는 것이다. 또한 인지적 능력 향상을 위해 교육 투자와 과학적 정보처리 기법개발, 추가정보 수집을 위한 비용 및 결정의 지연에서 오는 총손실과 추가정보 취득에서 오는 총이익간에 편익·비용분석을 하는 등 의도적으로 인적, 물적, 시간적 자원을 투자하여 불확실성의 정도를 감소시키는 것을 말한다.

셋째, 불확실성의 수용(accommodation)으로, 중요한 불확실성을 더

이상 감축하기 어렵거나 감축에 소요되는 비용이 이익에 비해 높을 때 정책결정자는 불확실성을 그대로 인정하는 토대 위에서 전략적 선택을 한다. 불확실성 수용형태는 개혁적 결정보다는 보수적이고 점진적이며, 기존의 합의된 의사결정 절차에 따라 선정된 제도화된 대안을 선택하는 경향이 있다. 이 경우 표준운영 절차에 따라 결정 절차를 밟게 된다.

넷째, 불확실성의 간과(overlooking)는 중요하지만 감축시키기 힘든 불확실성을 인정하면서도 이를 수용하는 정책을 선택을 하지 않고 모험을 시도하는 것을 의미 한다. 중요하지도 않고 감축시킬 필요도 없다고 판단하는 경우의 무시(ignoring)와는 구별된다. 이 형태는 모험 추구적 성격의 의사결정자에게 나타날 가능성이 높고, 정책대안 선택시 직관적 합리성을 추구하거나 자신이 선호하고 이해하기 쉬운 대안을 선택하는 경향이 있다.

한석태(2013: 226-227)의 불확실성 해소를 위한 접근방법 세 가지는

첫째, 과학적 접근방법으로, 불확실성을 극복하기 위해 정확한 정보나 객관적인 근거를 동원하는 경우다. 분석가적 특성을 가지는 결정자가 문제상황의 불확실성을 감소하기 위해 인과모형의 정확성을 재검토하는 작업을 하거나, 모형의 예측력을 높이기 위해 추가정보를 획득하는 방법을 사용하는 것이 그 예다. 또한 불확실성을 수용한 상태에서 가능한 대안의 여러 결과를 예측하고 이들 중에서 가장 가능성이 높은 결과를 선택하는 방식을 택하기 위해 가치중립적 분석기법들을 사용하는 경우도 여기에 해당한다.

둘째, 관리적 접근방법으로, 행정관리자의 특성을 띠는 결정자가 불확실성을 해결하는 데 관리기술적 수단을 사용하는 경우다. 이는 주로 공권력을 가지고 있으며, 국정에 대한 직접적 책임을 지고 있는 정부 내 관료들의 대응 행태와 친근하다고 할 수 있다. 불확실성에 관련되는 주요변수의 값을 관할 부처가 공권력을 가지고 일정한 값이나 범위로 제한한다거나, 관료 집단의 속성상 정책선택에서 보수적이고 단기적인 대안을 선택하는 경향이 이러한 범주의 대응 행태로 생각할 수 있다.

셋째, 정치적 접근방법으로, 정치가적 특성을 가지는 결정자가 정치적 수단을 불확실성 해소에 동원하는 경우다. 이 유형의 예로는 정책관련

집단들이 미래에 행할 반응이나 태도에 관한 불확실성을 서로 해소하기 위해 정책 시행 전에 미리 협상이나 타협을 하는 것을 들 수 있다. 또는 불확실한 상황에서 결정에 대한 부담을 다른 기관이나 상위 권력자에게 미룸으로써 정치적 책임을 모면하려는 경우도 있다.

제3절 정책분석 기법

정책은 현존하는 또는 앞으로 발생이 예상되는 사회문제를 바람직한 방향으로 만들기 위한 정부의 대응이다. 정부의 대응이 바람직한 결과를 가져오기 위해서는 문제에 대한 정확한 진단과 함께 정책대안이 가져올 결과에 대한 정확한 미래 예측이 있어야 한다. 이와 관련된 제반 활동이 정책분석이라는 것은 앞에서 언급한 바 있다.

던(Dunn, 1981: 146)은 정책의 정확한 미래 예측을 위한 접근방법으로, 첫째 예측의 대상과 관련해 "무엇을 예측할 것인지"를 결정하고, 둘째 예측의 근거와 관련해 "어떤 근거에 의해 예측할 것인지"를 결정해야 하며, 셋째 앞에서 결정된 "예측의 대상"과 "근거(base)"에 의해 가장 적합한 예측기법(forecasting techniques)을 선택해야 한다고 했다. 예측기법은 예측의 근거에 따라 ① 과거의 자료나 정보를 바탕으로 하는 추세 연장적 예측, ② 이론에 근거하는 이론적 예측, ③ 전문가들의 주관이나 직관에 의존하는 판단적 예측 유형으로 나눌 수 있다(Dunn, 1994: 190). 던(Dunn)은 예측의 접근방법, 기초, 적합한 기법, 산출물 등을 [표 2-4]와 같이 정리하고 있다.

정책분석 방법에는 위의 세 가지 접근방법과 그리고 실험 연구를 통해 대안의 결과를 예측하는 실험적 방법을 포함하여 크게 네 가지로 분류할 수 있다. 정책분석 기법은 통계분석 등 상당히 복잡한 부분이 있으므로 충분히 이해하려면 분석기법들에 관한 더 많은 연구가 필요하다. 여기서는 네 가지 예측 방법 중 대표적인 것에 대해 개념만 정리하기로 한다.

[표 2-4] 예측의 접근방법, 기초, 적합한 기법, 산출물

접근방법	기초	적합한 기법	산출물
연장적 예측	추세연장	전통적시계열분석 선형경향추정 지수가중 자료변환 격변방법론	투사 (projections)
이론적 예측	이론	이론지도작성 인과모형화 회귀분석 구간(점)추정 상관분석	예견 (predictions)
판단적 예측	식견있는 판단	전통적 델파이 정책 델파이 교차영향분석 실현가능성분석	추측(conjectures)

1. 추세 연장적 예측방법

추세 연장적 예측방법은 외삽법(extrapolation)이 그 기본개념으로, 외삽법은 과거로부터 지속되어 온 역사적 경향을 "투사"(projection)하여 미래의 사회변화를 예측하는 방법이다. 특정정책에 주어진 조건이 같다면 그 정책의 과거 상태는 미래에도 지속될 것이라는 가정 아래 미래를 예측하는 방법이다. 외삽법에 의한 예측 기법들은 ① 지속성, ② 규칙성, ③ 자료의 신뢰성과 타당성 세 가지 가정에 따라 미래를 "투사"한다(류지성, 2012: 266).

이 방법은 대부분 다수의 시점에서 자료를 수집하여 시간의 흐름에 따라 배열한 수치들을 분석하는 일종의 시계열 분석에 기초하며, 시계열 분석은 과거와 미래의 변화량과 변화률의 요약측정치(평균)를 제공해 준다. 추세 연장적 예측은 인구증감, 범죄의 증감, 경제성장, 생활수준 등을 투사하는 데 활용되고 있다. 추세 연장적 예측방법의 대표적 기법으로는 시계열 분석과 선형경향추정이 있다(William N. Dunn, 남궁 근 외

공역, 2013: 18).

1) 시계열 분석

시계열 분석(time-series analysis)이란 현재나 과거 통계자료에서 일정한 패턴을 발견할 수 있다면 이러한 패턴이 미래에도 연장된다는 가정하에 추세를 예측하려는 분석기법이다. 시계열 자료를 이용한 추세 연장적 기법 중 대표적인 방법이 바로 시계열 분석이다. 시계열 분석은 관심 변수의 시계열에 따른 과거의 자료값의 변화에 일정한 추세(trend)가 있을 때 이 추세선(趨勢線)을 미래 일정시점에 투사하는 외삽법(extrapolation)이 그 기본 개념이다. 다시 말하면 시계열 분석은 시계열 자료(time-series data)를 분석함으로써 변동의 장기적인 추이를 관찰하고 변동의 원인을 파악하여 미래의 변화를 예측하는 것이다.

외삽법에 의한 미래 예측을 하는 경우 일반적으로 전통적 시계열 분석을 사용하게 되며, 모든 시계열은 ① 인구 증감 추이와 같이 완만한 성장이나 감소를 나타내는 지속적 경향, ② 1년 단위 등 짧은 기간 동안 일어나는 공원 이용자 수의 증감 같이 계절의 변화에 따라 증감하는 계절적 변동, ③ 계절적 변동보다 장기간에 걸쳐 번복되는 경향의 경기변동(business cycle)과 같은 순환적 파동, ④ 규칙성이 없는 변동으로서 자연재해, 정권의 변화 등의 요인으로 예측할 수 없는 불규칙적 변동 등 네 가지의 구성요소를 가지고 있다. 시계열 자료로는 매년 발표되는 범죄율, 실업률, 사망률, 출생률 등이 있으며 추세연장 기법에는 지속성, 규칙성, 자료의 신뢰성과 타당성 등 세 가지 기본 가정을 전제로 하고 있다.

첫째, 지속성은 과거에 관측된 어떤 경향이 미래에도 똑같이 계속될 것이라는 가정으로, 인구가 증가함에 따라 범죄도 계속 증가하여 왔다면 앞으로도 계속 증가할 것이라고 가정을 하는 것이다.

둘째, 규칙성은 과거에 관찰된 어떤 경향이 미래에 있어서도 똑같은 규칙성을 가지고 나타날 것이라는 가정으로 과거에 희대의 흉악범죄가 10년 주기로 발생했다면 이러한 주기는 똑같은 진폭으로 되풀이될 것이라는 가정이다.

셋째, 자료의 신뢰성과 타당성은 지속성이나 규칙성 등 어떤 경향에 대한 측정은 신뢰할 수 있어야 하고 타당성이 있어야 한다는 가정이다. 이러한 세 가지 전재조건이 충족될 때 추세연장 방법을 통해 정책으로 인한 동태적인 사회변화를 파악할 수 있고, 나아가 잠재적인 미래상태를 이해할 수 있다는 것이다.

2) 선형경향추정

선형경향추정(linear trend estimation)은 추세연장의 표준적인 기법이다. 이 기법은 회귀분석을 이용하여 시계열의 관측치를 기초로 미래 사회상태에 대한 통계적으로 신뢰할 수 있는 추정치를 얻는 절차이다. 선형회귀(linear regression)는 추세연장 기법의 기본 가정인 지속성, 규칙성, 자료의 신뢰성과 타당성을 기초로 한다.

던(William N Dunn, 2012)에 의하면 선형회귀는 지속적인 경향을 연장하는 정확한 방법이지만 다음과 같은 조건에 의해 제한을 받는다.

첫째, 시계열은 추세직선을 따라 계속해서 증가하거나 감소하는 모양이어야 한다. 만약 관측치가 비선형(nonlinear)이면(즉 변화량이 기간마다 증가하거나 감소하면) 다른 기법을 사용해야 하고, 이럴 때 사용하는 기법들은 비선형 시계열에 적합한 여러 종류의 곡선을 구하게 된다.

둘째, 역사적 경향이 미래에도 지속된다는, 즉 과거의 형태가 장래에도 똑같은 형태를 반복할 것이라는 그럴듯한 논거를 제시해야 한다.

셋째, 시계열 모양이 주기적 파동이나 급격한 불연속 등이 없이 규칙적이어야 한다. 이러한 조건들이 충족되지 않으면 추세연장에 선형회귀를 사용할 수 없다.

선형회귀를 이용할 때에는 시계열상의 관측치들이 곡선형태가 아닌 것이 긴요하다. 이는 미래의 경향 추정은 시계열상의 관측치들이 곡선형태가 아닌 선형에 의해 추정해야 한다는 것을 의미한다. 왜냐하면 선형성으로부터 크게 벗어나면 예측에 큰 오류를 가져올 수 있기 때문이다. 그러나 특정사항이 시간의 흐름에 따라 선형으로 증가하거나 감소하는 것은 현실적으로 기대하기 어렵기 때문에 어느 정도의 오류(error)는 감수해야 한다.

2. 이론적 예측방법

이론적 예측방법은 이론적인 가정과 함께 현재와 역사적 자료를 바탕으로 미래 상태를 예견(prediction)하는 방법이다. 역사적 반복성의 가정을 투사(projection)하는 데 이용한 추세 연장적 예측방법과는 달리 원인과 결과에 관한 명제와 법칙들에 기초하고 있다. 추세 연장적 예측의 논리는 기본적으로 귀납적이지만 이론적 예측의 논리는 연역적이다.

연역적인 논리 전개에 의한 정책분석은 한 사건(X)이 일어나면 다른 사건(Y)가 일어날 것이라는 인과적 논증과 관련되어 사용되는 경우가 가장 흔하다. 이론적 예측의 특성이 "예견은 명제와 법칙으로부터 도출된다"는 사실이지만, 연역과 귀납은 상호 관련되어 있기 때문에 이론적으로 도출된 예견이 경험적 연구를 통하여 몇 번이고 확인되면 연역적인 논증의 설득력은 상당히 증가하게 될 것이다(Dunn, 1981: 170). 이론적 가정에 기초한 미래 예측 기법으로는 대표적으로 회귀분석과 상관분석이 있다.

1) 회귀분석

회귀분석(regression analysis)은 경향추정에서 조금 변형된 형태로 변수들간의 관계를 추정하는 기법이다. 이 기법은 종속변수와 독립변수들간 관계의 형태와 크기를 정확히 추정하는 일반적인 통계절차이다(William N. Dunn, 남궁 근 외 공역, 2013; 213).

두 변수 사이의 관계를 Y=f(X)라는 함수관계로 설명 할 경우, "Y는 X의 함수"로, Y의 값들이 X값의 변이에 의해 설명될 수 있음을 뜻한다. X와 Y 사이의 함수관계를 다른 말로 표현하면 "X가 Y의 원인이다" 또는 "X의 값이 Y의 값을 결정한다"고도 할 수 있다. 그러므로 회귀분석은 바로 X와 Y 사이의 함수관계를 결정하는 방법이다. 회귀분석은 규명하려고 하는 함수관계가 얼마나 복잡한가에 따라 여러 형태로 구분할 수 있다. 두 변수간 완벽한 선형 연관성이 있는 ① "선형회귀분석"(linear regression analysis), 종속변수가 여러 독립변수들에 의해 동시적인 영향을 받는 경우의 ② "다중회귀분석(multiple regression analysis)", 변수들간의 관계가 직선이 아닌 곡선인 경우의 ③ "곡선회귀분석"(curvilinear regression analysis) 등으로 구분된다. 그 중 대표적인 "선형회귀분석"을 보면 [그림 2-3]과 같이 두 변수간 완벽한 선형 연관성을 보여 주고 있다. 이 그림은 X와 Y 사이의 관계에 대한 가상적 자료에 대한 산포도(scattergram)이다.

[그림 2-3] X와 Y값이 이루는 단순한 산포도

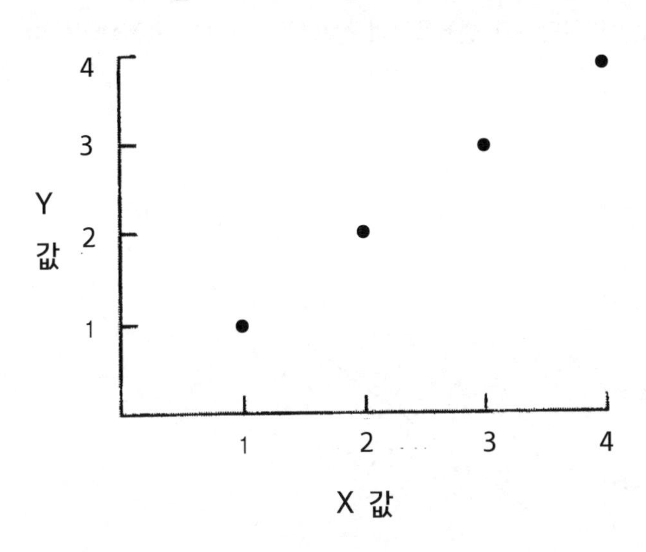

이 산포도에는 모두 4개의 사례가 있는데, 각 사례들마다 X 값과 Y 값이 만나는 지점은 일직선상에 놓여 있다. 다시 말해 X 값이 1이면 Y 값도 1이고, X 값이 2이면 Y 값도 2이며, X 값이 3이면 Y 값도 3이며, X 값이 4이면 Y 값도 4이다. 이 경우 X 와 Y 사이의 관계는 회귀 등식이라는 Y=X에 의해 설명된다. 4개의 사례들이 정확히 일직선상에 놓여 있는 이와 같은 경우, 이 사례들에 선을 그을 수 있는데 이 선이 바로 회귀선(regression line)이다.

물론 [그림 2-3]은 가상적인 경우로 실제 4개의 사례로 이루어진 연구는 찾아보기 힘들 뿐 아니라 두 변수간의 관계 또한 완벽한 선형인 경우는 거의 없다. 따라서 실제 상황에 보다 가까운 예로서는 [그림

2-4]이다. 이 그림은 인구수(X)와 인구당 범죄율(Y) 사이의 관계에 관한 가상적 산포도이다. 이 산포도에서 각 점은 도시를 나타내며, 이 점의 위치는 그 도시의 인구수와 범죄율을 나타낸다. 그림을 보면 Y의 값(범죄율)은 X의 값(인구수)과 대체로 일치하고 있어, X의 값이 증가함에 따라 Y의 값도 증가하는 경향이 있다. 그러나 X 와 Y 사이의 관계는 [그림2-3]에 비해서는 명확하지가 않다(Earl Babbie, 고성호 외 공역, 2002: 548-549).

[그림 2-4] 도시인구와 범죄율간의 산포도에 그어진 회귀선(가상적)

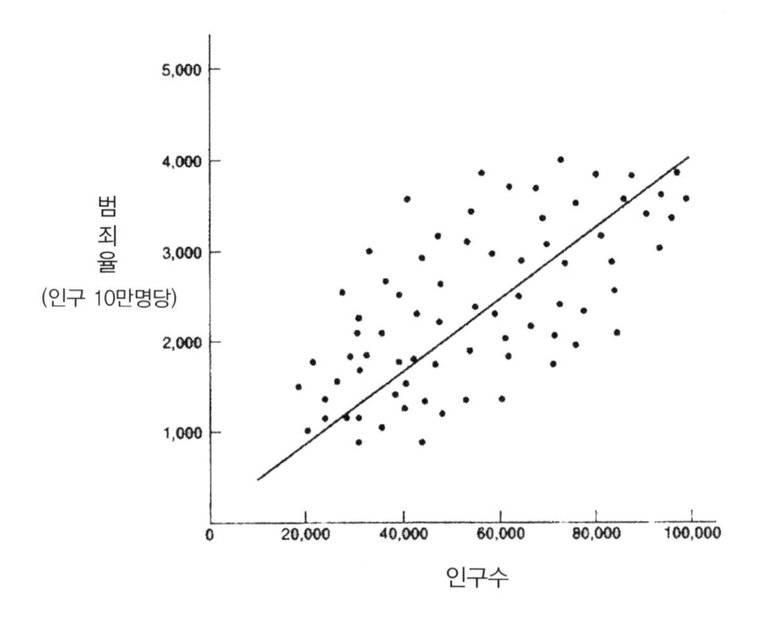

회귀분석을 함에 있어서는 독립(원인, X)변수와 종속(결과, Y)변수를 구체화해야 하고 무엇이 독립변수이고 무엇이 종속변수인지 그 근거를 제시해야 한다. 시계열 분석에서는 이러한 근거를 요구할 필요가 없다는 점에서 회귀분석과 다르다. 또한 인과관계에 관한 근거는 객관성을 가져야 하기 때문에 선행 연구들에서 변수들간의 관계가 밝혀져 있거나 이론 법칙 등으로 확립되어 있어야 한다. 회귀분석이 할 수 있는 것은 하나의 이론에 의해 이미 예견된 관계에 관해 단지 이들 관계의 추정치를 제공할 뿐이다.

회귀분석을 이용하여 정책결과를 예측하는 과정을 요약하면 ① 종속(결과)변수와 이에 영향을 주는 독립(정책)변수를 확인→ ② 두 변수에 관해 신뢰성과 타당성 있는 자료수집→ ③ 자료에 대한 분석을 통해 회귀방정식을 구함→ ④ 회귀방정식에 특정한 독립변수의 값을 대입하여 종속변수에 관한 예측치를 얻는 과정으로 진행된다.

2) 상관분석

두 변수간의 인과관계를 설명할 수 있는 회선함수를 산출하여 독립변수에 의한 종속변수의 변화를 설명하는 회귀분석과는 달리 상관분석(correlation analysis)은 독립변수와 종속변수간에 있어 관계의 강도와 방향에 대해 추정이 가능하도록 해 준다. 상관분석은 회귀분석의 자료를 그대로 사용해서 산출할 수 있으며, 상관분석의 결과는 결정계수(coefficient of determination, r2)와 상관계수(coefficient of correlation, r)로 나타난다.

상관계수는 -1에서 +1까지의 범위에서 측정되며, ±1에 가까운 값이면 두 변수간에 상관관계가 매우 높다는 것을 의미한다. 반면에 상관계수의 값이 0에 가까워지면 두 변수간에 상관관계가 거의 없음을 뜻한다. 또한 두 변수간의 상관계수가 +이면 "양"의 상관관계로, -이면 "음"의 상관 관계가 있음을 나타낸다. 결정계수는 상관계수의 제곱 값(r2)으로 구할 수 있으며 0에서 1까지의 값을 가진다. 결정계수가 1에 가까워질수록 두 변수간의 관계는 크며, 만약 결정계수(r2)가 0.8이라고 가정한다면 독립변수가 종속변수의 변화를 80% 설명할 수 있음을 의미한다(류지성, 2012: 276-277).

경찰의 질서정책과 관련하여 집회 및 시위의 폭력화 요인을 연구하기 위해 상관관계를 분석한 예를 보면 1993년부터 2004년까지 경찰청에서 주요집회로 분류한 12,511건 중에서 폭력적 집회 및 시위로 분류한 3,018건(24.1%)을 중심으로 집회의 ① 발생시간 ② 참가주체 ③ 참가인원 ④ 국내·외 문제 ⑤ 대 정부 입장 ⑥ 대응 경찰력 등 6개 변수 상호간의 관계를 분석한 상관계수를 보면 [표 2-4]와 같다. 집회 시간과 주체간의 상관계수는 0.032로 유의확률이 0.01인 수준에서 유의미한 것으로 나타났고, 시간과 이슈의 국내·외 문제간의 상관계수도 0.064로 유의확률이 0.01인 수준에서 유의미한 것으로 나타났다. 시간과 대 정부 입장과의 관계는 -0.063으로 유의미하지만 부(負)의 상관관계로 나타났으며, 이는 집회가 진행되어 시간이 지나면서 정부정책에 대한 분명한 입장이 정립되어 적극 지지 또는 반대를 강하게 주장하게 되는 과정에서 보다 과격해지는 것으로 분석된다. 그리고 시간과 대응 경찰력간의 상관계수는 0.086으로 유의확률 0.01 수준에서 유의미한 것으로 나타났으며 정(正)의 상관관계로 오후시간대로 갈수록 대응 경찰력이 증가하는 것으로 나타났다. 시간과 다른 변수들간의 관계를 종합하면 참가인원을 제외하고는 상관관계의 정도는 상당히 약하지만 유의미한 관계를 가지는 것으로 분석(윤시영, 2007: 136-137)되었다.

[표 2-5] 상관관계 행렬표

구 분	시 간	주 체	참가인원	국내·외 문제	대정부 입장	대응 경찰력
시간	1					
주체	.032**	1				
참가 인원	.000	−.016	1			
국내외 문제	.064**	.113**	−.238**	1		
대정부 입장	−.063**	−.124**	.165**	−.249**	1	
대응 경찰력	.086**	−.022*	.592**	−.132**	.037**	1

* $p<0.05$, ** $p<0.01$

3. 판단적 예측방법

추세연장적 예측과 이론적 예측에서는 경험적 자료나 이론이 핵심적 역할을 하는 데 비해 판단적 예측기법은 식견있는 판단을 이끌어 내고 이를 종합하는 것이다. 다시 말하면 미래 예측을 위한 추세연장적 정책분석 기법은 시계열 자료 등에 대한 계량적 분석을 토대로 하고, 이론적 예측 기법은 원인과 결과에 관한 명제와 법칙들에 기초하고 있다.

그러나 판단적 기법은 관계자와 전문가의 주관적 판단에 의존하여 미래 예측을 하는 방법을 말한다.

주관적 판단에 의한 예측은 대부분 직관(intuitive)에 의존한다. 직관에 의한 미래 예측은 특정 정책현상이나 대상을 직관에 의해 미래를 예측한 후 이 미래 예측을 뒷받침해 줄 수 있는 자료나 가정들을 찾아내는 방법이다. 이 기법은 예측에 필요한 이론이나 경험적 자료 등이 없을 때 유용한 기법이며, 일반적인 판단적 예측 기법에는 브레인스토밍, 델파이, 정책델파이 등이 있다.

1) 브레인스토밍

브레인스토밍(brainstorming)은 집단적 토의를 통해 정책대안의 개발과 창출 그리고 정책목표 및 정책대안의 결과에 대한 미래를 예측하는 방법을 말한다. 브레인스토밍은 처음 문제해결 방안을 찾는 과정에서 창의성을 향상시키기 위한 수단으로 고안(考案)되었다. 브레인스토밍의 일반적인 절차를 보면 다음과 같다.

첫째, "브레인스토밍 집단의 구성" 단계로 정책분석과 관련된 상황에 대해 특별한 지식이 있는 사람들을 선발하여 집단을 구성하여야 한다. 관련 분야의 전문가뿐 아니라 독창성 있는 사람과 함께 정책으로부터 영향을 받는 관련자를 포함시키는 것이 바람직하다.

둘째, "아이디어의 개발" 단계로 이 단계에서는 미래에 발생할 가능성이 있는 사건들의 목록을 작성하고 이에 대한 집단 토의시 최대한 개방적인 분위기를 유지하여 창의적인 아이디어가 많이 나올 수 있도록 해야 한다.

셋째, "아이디어 평가" 단계로 아이디어 개발 단계에서 작성된 미래에 일어날 사건의 목록 중에 중요한 사건은 무엇인지, 또 그 사건이 발생할 확률은 어느 정도인지 등에 대한 판단을 하는 절차로 진행된다.

2) 델파이 기법

델파이 기법(Delphi technique)은 여러 전문가를 대상으로 반복적인 설문을 통해 의견을 수집하고 교환함으로써 제시된 의견을 발전시켜 나가는 예측 기법이다. 그리스의 현인들이 미래를 예견하던 아폴로 신전이 있던 델파이라는 도시 이름을 따서 붙인 델파이 기법은 1984년 미국 랜드 연구소의 연구진에 의해 개발되었다. 미래 예측에 필요한 과거의 자료나 관련 이론이 없을 때, 설문을 반복하는 등의 방법을 통해 전문가 집단의 주관과 통찰력에 의존하여 미래를 예측하는 분석 방법이다.

이 기법은 위원회나 전문가 토론 또는 다른 형태의 집단토론에서 나타나는 비효율성과 여러 왜곡된 의사전달의 원천을 제거하기 위해 고안된 것이다. 토론에서 한 사람 혹은 몇몇 사람에 의한 지배, 동료집단의 견해에 따라야 하는 압력, 개성의 차이와 참여자들간의 갈등, 그리고 권위 있는 지위에 있는 사람들의 의견을 공공연하게 반대하는 데 따르는 어려움 등을 피하기 위해 설계되었다. 이러한 문제점들을 해결하기 위해 델파이 기법의 초기적용은 다음 다섯 가지 기본 원칙을 강조한다(William N. Dunn, 남궁 근 외 공역, 2013: 225-226).

(1) **익명**(anonymity)

익명은 델파이에 참여하는 모든 전문가와 참여자들은 익명이 엄격히 보장되고, 실제로 분리된 개인으로서 답변 한다.

(2) **반복**(iteration)

개개인의 판단은 집계하여, 여러 차례에 걸쳐 참가한 모든 전문가들에게 다시 알려줌으로써, 사회학습의 기회를 제공하고 이전의 판단을 수정하도록 해 준다.

(3) **통제된 환류**(controlled feedback)

설문지에 대한 응답을 요약 수치의 형태로 나타낸 종합된 판단을 전문가와 참여자들에게 전달 한다.

(4) **통계처리**(statistical group response)

개인들의 응답을 요약한 것은 중앙경향값(주로 중앙값), 분산도(사분 편차), 도수분포(막대 그림표, 도수다각형) 등의 형태로 제시된다.

(5) **전문가 합의**(expert consensus)

예외는 있지만 이 기법의 중요한 목표는 전문가들 사이에 합의가 도출될 수 있는 조건을 마련하여 합의된 의견을 찾아내는 것이다.

이러한 기본 원칙들은 전통적인 델파이(conventional Delphi)의 특징을 나타내고 있는 것으로, 정책 델파이(policy Delphi)와는 구별되어야 한다. 정책 델파이는 전통적인 델파이의 한계점을 건설적으로 극복하여 정책문제의 복잡성에 맞는 새로운 절차를 만들어 내려는 시도에서 나온 기법이다.

3) 정책 델파이

정책 델파이(policy Delphi)는 전통적인 델파이의 기본 원칙들을 적용하면서 정책 관련자들로 하여금 서로 상반되는 의견을 표출시켜, 정책대안을 개발하고 정책대안의 결과를 예측하는 기법을 말한다. 정책 델파이를 창안한 사람 중의 한 사람인 터로프(M. Turoff, 1970)는 "델파이가 처음 소개되고 적용될 때는 기술적인 문제를 다루었고 동질적인 전문가 집단의 합의를 도출하려 했다. 반면에 정책 델파이는 주요 정책 이슈의 잠정적인 해결책에 대하여 있을 수 있는 강력한 반대 의견을 창출하고자 하는 것"이라고 했다. 정책 델파이는 반복과 통제된 환류라는 전통적 델파이의 두 가지 원칙에 기초를 두면서 다음과 같은 몇가지 발전된 원칙을 추가하고 있다(Dunn, 남궁 근 외 공역, 2013: 227-228).

(1) 선택적 익명(selective anonymity)

정책 델파이의 참가자들은 예측의 초기단계에만 익명으로 응답 한다. 정책대안들에 대한 주장들이 표면화된 후에는 참가자들로 하여금 공개적으로 토론을 벌이게 한다.

(2) 식견 있는 다수의 창도(informed multiple advocacy)

참가자들을 선발하는 과정은 "전문성" 자체보다 "흥미와 식견"의 기준에 바탕을 둔다. 따라서 델파이 집단을 구성할 때 연구자들은 특정 상황에서 가능한 한 식견 있는 창도자 집단을 대표할 수 있도록 노력해야 한다.

(3) 양극화된 통계처리(polarized statistical response)

개인의 판단을 집약할 때, 불일치와 갈등을 의도적으로 부각시키는 수치가 사용된다. 중앙값이나 평균 등도 사용될 수 있지만, 정책델파이에서는 여기에 개인 혹은 집단간 차이를 나타내는 여러가지 수치(예; 범위, 사분편차)를 보충한다.

(4) **구성된 갈등**(structured conflict)

갈등은 정책 이슈의 정상적인 모습이라는 가정에 입각하여, 대안과 결과를 창조적으로 탐색하는 데 있어서 의견상의 차이를 이용하려는 모든 시도가 이루어진다. 또한 대립되는 입장에 내재된 가정과 논증을 표면화시키고 명백하게 하려고 노력한다. 따라서 정책 델파이의 결과는 완전히 제한이 없다. 합의가 이루어질 수도 있고 갈등이 계속될 수도 있다는 뜻이다.

(5) **컴퓨터 회의 방식**(computer conferencing)

가능하다면 멀리 떨어져 있는 개개인들간의 의견교환을 익명상태로 계속 진행시키는 데 컴퓨터가 이용될 수 있다. 컴퓨터 회의 방식에서는 여러 번에 걸친 델파이 과정이 필요 없게 된다.

정책 델파이는 사안의 내용과 이 기법을 사용하는 사람의 솜씨나 재주에 따라 여러가지 다양한 방식으로 수행될 수 있다. 정책 델파이는 하나의 주요한 연구 활동이므로 표본추출, 질문지 설계, 신뢰성과 타당성, 자료의 분석과 해석 등 수많은 기술적 문제들을 안고 있다. 따라서 정책 델파이의 수행과정을 전반적으로 이해하는 것이 중요하다. 터로프(M. Turoff, 1970: 88-94)에 의하면 정책 델파이는 다양한 방법으로 활용되고 있어 일률적으로 진행과정을 설명하기는 어려우나 일반적으로 다음과 같은 상호 관련된 단계를 거치게 된다.

① 이슈의 구체화(Issue specification)단계로, 분석가(델파이 운영자)는 식견 있는 창도자(참여자)들이 검토할 구체적인 이슈를 결정하고, 그들에게 질문할 질문지를 개발해야 한다.

② 창도자 선정(selection of advocates) 단계로, 이슈 영역의 주요 정책 관련자들이 선정되어야 하며, 여러 입장을 대변하는 창도자 집단을 선발하기 위해서는 명확한 표본추출 절차를 이용해야 한다. 눈덩이(snowball) 표본추출이 한 가지 방법이다.

③ 질문지 설계(questionanaire design) 단계로, 정책 델파이는 몇차례에 걸쳐 진행되기 때문에, 분석가는 첫번째 질문지에는 어떤 항목들이 포함되어야 하고 그 다음 설문지에는 어떤 항목들을 포함시킬 것인지를 결정해야 한다. 두 번째 질문지는 첫번째 질문지의 결과가 분석된 후에야 개발될 수 있다.

④ 1차 질문지 결과분석(analysis of first-round results) 단계로, 1차 질문지가 회수되면 분석가는 예측, 이슈, 목표, 대안 등에 대한 최초의 입장들을 판단한다. 대개 바람직하고 중요하다고 믿어지는 항목들은 거꾸로 실현 가능성이 없다고 여겨지는 경우도 있고 또 그 반대의 경우도 있다.

⑤ 후속질문지 개발(development of subsequent questionnaires) 단계로, 대부분의 정책 델파이는 3~5회에 걸쳐 진행되고, 직전 회의 결과는 다음 질문지의 기초가 된다. 정책 델파이의 가장 중요한 면이 바로 이러한 반복과정에 있으며, 이는 반복과정을 통해 창도자들이 내린 각각의 판단에 대해 분명한 이유, 가정, 논증을 제시할 수 있는 기회를 제공하기 때문이다.

⑥ 회의 소집(organization of group meeting) 단계로 창도자들을 한데 모아 대면 토론을 하도록 하는 마지막 과정이다. 대면 토론을 통해 창도자들이 자기 주장을 열렬히 주장할 수 있고, 즉각적인 환류를 받을 수 있는 조건을 마련할 수 있다.

⑦ 최종 보고서 작성(preparation of final report)은 합의점에 도달할 것이라는 보장은 없지만 이슈, 목표, 대안, 결과에 대한 창의적인 아이디어가 가장 중요한 산물이 될 것이라는 기대는 할 수 있다. 이 보고서는 정책결정자들에게 전달되어 정책결정의 중요한 원천으로 활용 된다(William N. Dunn, 남궁 근 외 공역, 2013: 228-233).

4. 실험적 예측방법

실험적 방법은 본격적인 정책시행을 하기에 앞서 부분적인 대상이나 지역에 대해 시험적으로 시행해 보아서 그 결과를 관찰하는 방법이다. 즉 실험(experiments)을 통해 정책이 어떤 결과를 가져올지를 알아내는 방법을 말한다. 정책효과를 알기 위한 정책실험의 기본논리는 정책을 시행하기 전과 후의 상태(결과, 종속변수)를 비교하는 것이다.

실험적 연구 방법에는 진실험설계, 준실험설계, 비실험설계가 있다. 이 실험적 연구 방법은 정책분석뿐 아니라 정책평가에서도 맥을 같이하기 때문에 이 장에서는 실험적 연구방법 세 가지에 대한 소개만 하고 구체적인 내용은 정책평가 부분에서 다루기로 한다.

첫째, 진실험설계(true-experimental design)는 정책집행의 대상이 되는 실험집단과 그렇지 않은 비교집단으로 구분하여 이들 두 집단의 종속변수(정책시행 후의 상태) 값의 차이를 정책의 효과로 보는 것이다. 따라서 이 설계에서는 두 집단이 정책집행을 받는지의 여부를 제외하고는 나머지 모든 조건이 같아야 한다는 것이 중요하다. 실험집단과 비교집단의 동등성을 확보하기 위해서는 연구자의 인위적 조작이 개입하지 않는 "무작위 배정"(random assignment)과 연구자의 인위적 조작이 극대화 된 "매칭(matching) 일명 짝짓기" 방법을 사용한다. 진실험 방법은 다른 방법에 비해 상대적으로 내적 타당성이 우수한 실험설계로 볼 수 있다. 내적 타당성(internal validity)이 높다는 것은 정책집행 후에 나타난 실험집단과 비교집단의 차이가 정책의 순수한 효과와 거의 일치한다는 것을 의미한다.

둘째, 준실험설계(quasi-experimental design)는 진실험 설계의 조건을 충족하기 어려운 상황에서 적용하는 설계다. 진실험의 경우 실험집단 또는 비교집단을 구성할 때 실험 대상자들이 경제적 또는 윤리적 이유 등으로 참가를 거부하는 경우가 있다. 예를 들면 상당한 경제적 이익을 주는 정책의 경우 실험 대상자들이 정책의 혜택을 받지 못하는 비교집단에 포함되는 것을 거부할 수 있다. 또한 어느 집단에 소속되든 실험기간 동안 동등성을 확보하기 위해 집단의 이탈이나 집단간 접촉을 통제해야 되는데 이는 일상적 삶을 제약하는 인권 침해적 요소가 있어 현실적으로 시행하기가 어렵다. 이런 경우 무작위 배정에 의한 방법 대신에 다른 방법을 통하여 실험집단과 유사한 비교집단을 구성하는 준실험설계가 그 대안이 될 수 있다. 준실험설계는 진실험설계에 비해 일반적으로 외적 타당성(external validity)에서는 비교 우위에 있다고 볼 수 있다. 외적 타당성이란 실험연구의 결과를 실험대상이 된 모집단이 아닌 다른 모집단에까지 적용할 수 있다는 "연구 결과의 일반화" 개념이다.

셋째, 비실험설계(non-experimental design)는 통계분석 방법을 사용하여 정책의 결과를 추정하는 것으로, 진실험설계 또는 준실험설계를 제외한 인과 관계의 추론 방법을 말한다. 비실험설계는 어떠한 이유에서든 연구대상을 무작위 배정이나 매칭(짝짓기) 방법에 의해 실험집단과 비교집단으로 구분하기 어렵고, 시계열 자료를 구하기도 어려워 진실험설계 또는 준실험설계를 채택하기 어려운 경우에 원인과 결과간의 관계를 추론하기 위해서 사용된다. 비실험적 설계는 실험변수의 조작이나 외재적 변수의 인과적 영향을 배제시킬 수 있는 통제의 장점을 기대할 수 없는 상태에서, 자연적인 상황에서 발생하는 공동변화(concomitances)와 그 순서(sequences)의 관찰에 기초를 두고 인과적 과정을 추론하는 것이다(남궁 근, 2004: 256).

제4절 정책분석의 단계

학자들간에 합의된 정책분석의 절차나 단계는 없지만 일반적으로 보면 합리적 정책결정 단계가 정책분석의 단계와 크게 다르지 않다는 것을 알 수 있다. 에드워드3세와 샤칸스키.(Edward Ⅲ & Sharkansky, 1978, 6-7)는 합리적 정책결정 단계를 문제의 정의, 목표들간의 우선순위 결정, 대안의 탐색과 자료수집, 정책대안의 비교·평가, 최적대안의 추천 등 다섯 가지로 나누어 제시하고 있다. 의제형성 단계에서 수행하는 "문제의 정의" 단계를 제외하고 "대안의 탐색과 자료수집" 단계부터는 정책분석의 단계로 이해할 수 있다. 이를 요약하면 다음과 같다.

첫째, "문제의 정의" 단계로, 문제를 구성하고 있는 원인들을 밝혀 설명하고, 구성하는 단계다. 문제의 정의는 객관적이기보다는 인위적이고 주관적인 관점에서 다양한 쟁점들이 부각될 수 있다는 사실을 감안하여, 문제화된 상황을 인지하고 문제를 구성하고 있는 요인들을 밝혀내는 단계다.

둘째, "목표들간의 우선순위를 결정"하는 단계로, 다양하고 복잡하며 서로 상충되는 속성을 가진 정책목표들에 대해 실현시키고자 하는 가치들의 중요한 순서에 따라 순위를 매기는 단계다.

셋째, "대안의 탐색과 자료수집" 단계로, 정책목표에 대한 우선순위가 결정되면 목표를 실현시킬 수 있는 여러 대안들을 탐색하게 된다. 각 대안들에 대한 자료수집과 필요한 자원 등에 대한 정보를 수집하는 단계다.

넷째, "정책대안의 비교·평가" 단계로, 각 대안들이 선택되어 집행되었을 때 초래할 수 있는 미래 상태를 예측하고, 각 대안의 예측 결과를 비교해 목표를 성취시킬 수 있는 최선의 대안을 모색하는 단계다.

다섯째, "최적대안의 추천" 단계로, 각 정책대안들을 비교·평가 후 선택된 최선의 대안을 최종적으로 정책결정자에게 추천하는 다섯 단계로 나누고 있다.

또한 호그우드와 건(Hogwood & Gunn, 1984, 171-194)은 정책분석의 기본 과정을 다음과 같이 네 단계로 분류하고 있다.

첫째, "탐색"(identifying)과 "모색"(generating)의 단계로, 정책분석은 대안을 찾는것으로부터 시작하며, 정책대안을 찾는 일은 탐색과 모색을 통하게 된다. 정책대안의 탐색은 모든 대안들 가운데 최선의 대안을 찾아내는 것이 아니라 특정대안을 선호하는 후견자 집단에게 반응적(reactive) 또는 수동적(passive)으로, 제한된 범위의 대안을 선택적으로 비교·평가하는 것이다. 반면에 모색은 정책 전문가들에 의해 모든 가능성을 열어둔 가운데 최선의 대안을 찾아가는 적극적(active)인 방법이다.

둘째, "정책대안의 정의" 단계로, 탐색과 모색을 통해 찾아낸 각 대안들을 비교·평가하기 위해 자료를 수집하는 단계이다. 각 정책대안들이 필요로 하는 자원의 종류와 양, 정치·경제·사회적 실현 가능성, 추구하는 가치 등과 관련된 다양한 정보가 수집된다.

셋째, "정책대안의 비교·평가" 단계로, 대안의 비교·평가는 정책 전문가 집단에 의해 이루어지며, 수집된 자료와 정보를 바탕으로 각 대안들의 특성과 장·단점 등을 다양하게 분석해 최선의 정책 대안을 찾아내는 단계이다.

넷째, "정책대안의 추천" 단계로, 대안의 비교·평가를 한 정책 전문가 집단은 정책결정에 고려할 수 있는 소수의 실현 가능한 정책대안들을 정책결정자에게 추천하는 단계다(류지성, 2012: 251-253).

앞에서 언급한 바와 같이 정책분석과 관련된 절차나 단계에 대해서는 학자들간에 합의된 것은 없다. 여기서는 여러 학자들의 견해를 종합하여 정책분석의 단계(과정)를 ① 정책대안의 개발과 탐색, ② 정책대안의 결과 예측, ③ 정책대안의 비교·평가, ④ 정책대안의 추천, 네 단계로 나누어 정리하고자 한다.

1. 정책대안의 개발과 탐색

정책대안의 개발과 탐색은 정책분석의 첫 단계로 정책목표가 설정되고 나면 목표달성을 위한 구체적 대안들에 대한 탐색과 모색을 해야 한다. 정책분석의 시작은 여러 정책대안들을 찾아내는 것에서부터 출발한다. 최선의 정책대안을 선택하기 위해서는 먼저 있을 수 있는 정책대안들을 광범위하게 개발하고 탐색해야 한다. 그러나 광범위한 정책대안의 개발과 탐색은 지적으로나 시간적, 능력의 한계 등으로 대단히 어려운 일이다. 특히 정책대안의 탐색 범위는 정치적 영향력이 큰 집단에 의해 대부분 지지 또는 옹호되는 것들이기 때문에 실제로는 매우 제한적이라 할 수 있다. 또한 최고 정책결정자들은 기존의 문제해결 방법을 선호하고, 익숙한 대안 이외 다른 대안을 찾으려고 하지 않는 경향들이 있다.

사이먼(Simon, 1976)은 정책대안을 모색한다는 것은 "창의력"이 요구되는 행위라고 하였고, 드로(Dror, 1989)는 "주어진 상황을 고려하고 합리성을 추구하면서 대안을 탐색하는 것은, 문제해결을 위해 발휘할 수 있는 창의력의 정도에 달려 있다"고 하였다. 따라서 정책대안의 탐색과 모색에서 가장 필요한 것은 문제해결을 위한 창의력이다. 호그우드와 건 (Hogwood & Gunn, 1984: 172-173) 은 사회혁신을 위한 창의적인 정책대안의 탐색 방법으로 ① 브레인스토밍(brainstorming)에 의한 탐색, ② 과거 경험과 통찰력에 의한 탐색, ③ 정책문제와 관련된 과학적·기술적 발전은 사회혁신을 위한 대안 창출에 도움이 될 수 있다는 등의 세 가지를 들고 있다.

와이머와 바이닝(Weimer & Vining, 1992: 225-228)은 창의적 정책대안의 탐색을 위한 대안의 원천(sources)을 다음 네 가지로 분류하여 설명하고 있다. ① 기존의 "정책제안"(policy propsals)은 현상 유지를 위한 정책을 포함해 새로운 정책대안을 탐색하기 위한 원천으로 활용될 수 있다. ② 문제해결의 기준과 방향을 제시해 주는 "보편적 정책해결 방법"(generic policy solutions)은 정책대안의 원천이 된다. ③ 보편적 정책해결 방법에 특수한 상황 등을 고려한 "수정된 보편적 정책해결 방법"도 정책대안의 창의적 원천으로 활용 된다. ④ 대안의 탐색 과정에서 기존의 정책대안과 차별화된 "맞춤형 문제해결 방법" 또는 기존정책과는 다른 "유일한(unique) 문제해결 방법"을 창안해 내는 것은 창의적인 정책대안을 탐색하는 원천이 된다.

2. 정책대안의 결과 예측

최선의 정책대안을 최종적으로 선택하기 위해서는 광범위하게 개발·탐색된 각각의 정책대안들이 집행되었을 경우 어떤 결과가 나타날 것인가를 미리 예상해 보아야 한다. 이와 같이 정책대안들이 집행될 경우에 나타날 결과들을 정책대안의 실행 이전에 미리 예상하는 것을 정책대안의 결과 예측(prediction)이라고 한다. 정책대안의 결과를 미리 예측하는 것은 정책결정자들에게 정책결정에 있어 판단의 토대가 되는 정보를 제공하는 것이므로, 시간과 능력이 부족한 정책결정자들에게는 가장 중요한 단계가 된다.

경찰정책의 경우 정책대안의 결과를 예측하기 위해 최근 범죄예방 등에 대한 분석기법이 많이 개발되고 있다. 예를 들면 과거 또는 외국 정책의 결과분석이나 교통 또는 환경 영향 평가, 범죄 발생 지도 개발,

모형·실험 등의 다양한 기법들이 개발되고 있다. 결과 예측을 제대로 하지 않은 정책이 결정되어 추진될 경우 새로운 사회문제가 발생할 수 있다.

경찰청의 운전면허시험 간소화 정책을 예로 들면 운전면허 취득 과정이 복잡하고 시간적·경제적 부담이 많다는 이유 등으로 운전면허 취득 절차를 2010년 2월에 운전학원 교육시간 단축(60→25시간) 등 1차 간소화 조치를 한 바 있다. 이러한 간소화 조치에도 국민이 체감하기에 부족한 면이 있다고 2011년 6월에 2차로 면허시험장 내 기능시험 항목(11→2개) 축소와 함께 운전학원 교육시간을 추가로 축소(25→13시간) 하는 등 2차 간소화 조치를 하였다.

그 결과 경찰청 자료(2014)에 의하면 면허시험 간소화 대상인 제1·2종 보통면허의 신규 취득자 수는 간소화 조치 전 1년간 84만명에서 134만명으로, 2년차에는 98만명, 3년차에는 131만명으로 대폭 증가하는 성과는 있었다. 그러나 교통사고 사망자 현황을 보면 간소화 전에는 제1·2종 신규 운전면허 취득자 1만명당 0.88명에서 1년차에 0.77명으로 다소 감소하다가 2년차에는 1.65명으로 크게 증가함으로써 안전문제가 새롭게 부각되고, 전문가와 언론의 비판이 이어졌다. 전문가들은 국민불편과 부담을 덜어주기 위한 운전 면허시험 간소화 정책이 운전 미숙자를 양산하여 도로상의 위험사항에 제대로 대처하지 못함으로써 교통사고가 증가하고 있다며 안전교육을 강화하는 방향으로의 제도개선을 지적하고 있다. 간소화 조치 당시 다른 정치적 상황 등 외부요인도 있었겠지만. 정책대안의 결과 예측을 제대로 하지 못한 경찰청에서는 운전면허시험 개선을 검토하고 있으나 간소화에 대한 찬반이 엇갈려 결론을 쉽게 내지 못하고 있다. 그러나 편의주의에만 익숙하고 안전에 둔감한 우리사회의 현실을 감안할 때 국민불편과 비용이 들더라도 안전문제만큼은 강화되어야 함이 마땅하다.

정책대안의 결과 예측 방법으로는 ① Bush 대통령의 이라크전쟁 결정과 같은 정책결정자 본인의 직관적 판단, ② Delphi기법 등을 활용한 비분석적인 주관적 예측방법, ③ 비교적 합리적인 분석적 예측방법 등이 있다. 분석적 예측방법에는 비용·편익 분석방법을 비롯하여 시계열 또는 빈도 분석 등의 기법을 이용한 "추세 연장에 의한 미래 예측" 방법과 경로분석이나 상관관계분석 등을 이용한 "이론적 가정에 의한 미래 예측 방법" 등이 있으며 이는 앞에서 이미 소개한 바 있다.

3. 정책대안의 비교·평가

여러 정책대안들이 개발·탐색되어 결과 예측이 끝나면 정책분석가들은 최선의 정책대안을 선택하기 위해 각 대안들을 비교·평가하는 작업을 해야 한다. 정책대안의 비교·평가를 하는 이유는 ① 정책대안이 초래할 결과를 예측하고, ② 각 대안들의 효과를 가치로 환산하여 비교·평가를 한 후, ③ 최선의 대안을 선택하고 추천하기 위한 것이다.

정책대안들의 비교·평가를 하기 위해서는 먼저 그 기준을 마련해야 한다. 정책대안의 비교·평가 기준은 최선의 대안을 선별해 내는 척도인 만큼 명확성과 함께 일관성과 보편성의 조건을 만족시켜야 한다(류지성, 2012: 263-264). 이와 더불어 소망성(desirability)과 실현 가능성(feasibility)도 충족시켜야만 최선의 정책대안이라 할 수 있다. 정책대안의 평가 기준을 살펴보면 다음과 같다.

1) 일 관 성

정책의 일관성이란 사회적으로 통용되는 이념이나 가치 등을 반영한 기존의 정책과 일정한 맥락을 유지해야 한다는 것이다. 새로운 정책은 기존의 사회질서에 어느정도의 변화를 초래하는 것은 분명한 사실이다. 그러나 근본적인 변화를 초래하는 정책에 대해서는 사회적 수용문제가 발생한다. 사회적 수용문제를 고려할 때 효과적인 정책실행을 위해서는 사회적으로 통용되는 이념, 가치, 관습 등이 잘 반영되어야 한다. 아울러 새로운 정책의 변화폭도 기존의 정책과 완전히 배치되지 않는 일정한 맥락을 유지하고, 사회에서 수용될 수 있는 수준에서 이루어져야만 사회적 반발을 최소화할 수 있다.

2) 보 편 성

보편성은 정책문제를 해결할 수 있는 포괄적인 범주를 말하며, 정책은 대부분 일반 국민 다수를 위한 것이므로 이러한 보편성을 만족시켜야 한다. 이를 위해서는 정의·공정·평등 등 본질적 가치와 민주성·합법성·능률성 등 수단적 가치가 정책에 잘 반영되어야 한다. 보편성이 담보될 때 많은 국민들이 그 정책에 공감하게 되고 이를 바탕으로 효과적인 정책실현이 가능하다. 정책대안을 비교·평가하는 데 이러한 보편성은 포괄적으로 정책문제를 해결할 수 있는 방향을 제공함으로써 보다 구체적이고 실현 가능한 정책대안의 탐색을 가능하게 한다.

3) 소 망 성

정책대안의 평가기준으로 일관성, 보편성과 더불어 중요하게 논의되는 개념 중에 하나가 소망성(desirability)이다. 소망성은 정책이 "얼마나 바람직스러운가"를 나타내는 것으로 "적합성(appropriateness)과 적절성(adequacy)"으로 구체화할 수 있다. "적합성"은 정책문제를 해결해 성취하고자 하는 가치들 가운데 바람직한 가치 또는 실현 가능한 가치가 정책목표를 구성하고 있는 정도를 말한다. 예를 들면 비행청소년 정책과 관련하여 체벌이 적합한가 아니면 부적합한가에서, 목표는 비행청소년을 선도하는 것이고, 채택된 대안은 체벌이며, 적합성은 목표와 채택된 대안과의 관계에서 찾아볼 수 있다(류지성, 2012: 223). "적절성"은 사회구성원의 정책에 대한 평균적 기대치에 의해 산출된다. 즉 정책산출이 대상집단들의 기대에 미치지 못했다는 것은 바로 그 정책이 적절치 못했다고 할 수 있는 것이다.

소망성을 판단하는 또 다른 기준으로는 능률성, 효과성, 공평성 등의 행정 이념이 있다. 능률성은 투입 대비 산출의 정도를 말하고, 효과성은 전체 편익과 전체 비용을 통하여 파악할 수 있으며, 공평성은 여러 대안 중 어떤 대안이 많은 사람에게 고른 혜택을 주는 것인가의 문제로 이미 앞에서 설명한 바 있다.

4) 실현 가능성

정책대안의 실현 가능성은 정책목표를 실현시키는 데 방해가 되는 제약요인들이 얼마나 그리고 어떤 상태에 있는지에 따라 좌우된다. 예를 들면 집회 및 시위에 관한 법률 개정에 있어 정치권의 반대나 대립은 정책형성의 정치적 제약요인이 될 뿐 아니라 집행의 실현 가능성에도 문제를 초래한다. 이와 같이 정책대안의 실현 가능성은 어떤 정책대안이 채택되었을 때 가장 실현 가능성이 높은가를 파악하는 것이다.

실현 가능성에는 ① 기술적 실현 가능성, ② 정치적 실현 가능성, ③ 경제적 실현 가능성, ④ 사회적 실현 가능성 등이 있다. 학자들에 따라서는 명확성, 일관성, 보편성을 정책대안의 평가기준의 조건으로, 소망성과 실현 가능성을 정책대안의 평가기준으로 구분하는 경우도 있다. 그러나 정책대안의 최종 결정에 영향을 미치는 중요한 기준이 된다는 점에서 앞의 개념들을 서로 밀접하게 연계된 개념으로 보고 정책분석을 하는 것이 바람직하다.

4. 정책대안의 추천

정책문제를 궁극적으로 해결하기 위해서는 모색된 여러 정책대안들 가운데 특정 대안을 최종적으로 결정하여 이를 실행에 옮겨야 한다. 특정 대안을 최종적으로 결정하는 것은 정책결정자들이 해야 할 일이지만 정책결정자들이 최선의 결정을 할 수 있도록 정보를 제공하는 일은 정책분석가들이 해야 한다. 그러므로 정책대안의 추천은 정책결정자들이 최종적으로 정책을 결정할 때 필요한 정보 즉 정책대안들 가운데 어떤 대안이 가장 좋은 대안인지에 대한 정보를 제공하는 것이다.

일반적으로 특정 대안을 추천한다는 것은 특정 대안에 대한 지지나 옹호로 나타난다. 대부분의 경우 정당, 사회단체 등 영향력이 큰 집단의 지지나 옹호를 받는 정책대안이 선택될 가능성이 높다. 정책대안의 추천 기준과 추천시 고려사항을 살펴보면 다음과 같다.

1) 정책대안의 추천 기준

정책대안을 추천하기 위한 기준으로는 앞에서 살펴본 바 있는 정책목표의 설정기준과 정책대안의 비교·평가기준이 맥락을 같이하고 있기 때문에 여기서는 효과성, 능률성, 형평성, 대응성 등에 대해서만 요약하기로 한다.

① 효과성(effectiveness)에 대해 드러커(Peter F. Drucker)는 "의도한 일의 완성된 정도"라고 정의하고 있다. 공공정책이나 프로그램의 공식목표에 대한 접근 정도를 의미한다. 그러므로 정책대안이 정책이 추구하는 공식목표에 잘 접근하고 있는지를 판단해야 한다.

② 능률성(efficiency)은 정부가 업무를 수행할 때 사용하는 인·물적 자원과 시간 등의 투입에 대한 산출의 비율을 말하는 것이므로, 정책대안의 능률적인 집행이 가능한지에 대해 세심히 살펴야 한다.

③ 형평성(equity)은 롤스(John Rawls)의 형평과 평등이라는 정의관에 입각하여 "어떤 대안이 가장 많은 사람들에게 고른 혜택을 주는가"의 문제로 정책대안이 여기에 부합하는지를 잘 따져야 한다.

④ 대응성(responsiveness)이란 정부의 정책이 사회의 욕구·선호·가치 등에 반응하는 정도 즉 만족도를 말한다. 정부 정책에 대한 국민의 요구와 만족 수준은 정책대안을 추천하는 중요한 기준이 된다.

2) 정책대안 추천시 고려사항

일관성, 보편성, 소망성, 실현 가능성을 비롯하여 능률성, 대응성 등 정책대안의 추천 기준에 부합한 특정 대안이 일반적으로 정책결정자들에게 추천된다. 그러나 정책의 성공을 위해서는 추가적으로 고려해야 할 사항도 살펴야 한다. 던(Dunn, 1981, 239)은 정책대안을 추천할 때 구체적으로 고려해야 할 사항으로 목적, 비용, 제약요인, 외부효과, 시간, 위험 부담, 불확실성 등을 들고 있다.

① 정책대안의 추천은 정책의 구체적인 목적(objectives)에 따라 이루어져야 하며, 추천할 정책대안이 어느 정도 정책목적과 부합되는지는 반드시 고려해야 한다.

② 추천될 정책대안의 비용(costs)은 어느 정도이며, 그 비용으로 어떤 목적을 성취할 수 있는지를 검토해야 한다. 정책추진으로 야기될 사회 전체 구성원들이 부담해야 할 비용 검토는 매우 중요하다.

③ 정치·경제·사회·법·기술적 제약요인(constraints)을 극복할 수 있는지 검토해야 하며, 제약요인을 극복할 수 없는 대안은 실현 가능성이

없다.

④ 정책대안이 초래할 수 있는 외부효과(externalities)를 고려해야 한다. 외부효과는 긍정적 외부효과와 부정적 외부효과로 나누어 볼 수 있다.

⑤ 정책효과가 나타나는 시간(time)에 대한 검토가 있어야 한다. 즉시 효과가 나타나는 정책이 있는 반면 장기간에 걸쳐 효과를 기대하는 정책이 있으며, 시간이 흐름에 따라 정책대안이 필요로 하는 비용과 효과가 다른것도 있기 때문이다.

⑥ 예측한 정책대안이 의도한 결과를 얻는 데 부담해야 할 위험(risk)은 어느 정도 인지, 그리고 불확실성(uncertainty)은 어느 정도인지를 검토하는 것은 정책 추천에 반드시 고려해야 할 사항이다.

이와 더불어 정책대안 추천시에는 이용 집단과 비용부담 집단간의 갈등과 저항을 최소화 시키는데도 역점을 두고 정책대안을 분석하여 추천해야 한다. 비용부담과 관련된 효과적인 분석기법으로는 비용·편익 분석과 비용·효과 분석기법이 있다. 비용·편익 분석(cost-benefit analysis)의 주된 목적은 수행하는 사업의 경제적 능률성을 판단하는 데 있다. 정부 사업의 경우 비용보다 효과가 커야 하므로 비용·편익 분석은 여러 정책대안들 가운데 가장 능률적인 대안을 선택하는데 도움을 주는 분석기법이다.

"비용·효과 분석"(cost-effectiveness analysis)은 비용·편익분석의 대안적 방법으로, 비용·편익분석은 정책과 관련된 비용과 편익을 모두 화폐단위로 환산하여 계산하는 것이 원칙이다. 그러나 많은 정책의 경우 편익을 화폐로 계산하는 것은 현실적으로 어렵다. 이 경우 비용은 화폐로 측정하고 편익은 실물과 같은 비화폐적 단위로 측정하는 것이 "비용·효과 분석"이다. 편익(정책산출)을 화폐가치로 환산할 수 없는 대표적인 공공사업을 보면 국방, 치안, 교통, 보건 등의 분야가 있다.

비용·편익 분석의 일반적인 절차(한석태, 2013: 197)를 보면 첫째, 분석대상인 프로젝트(사업)의 내용을 확인하고, 둘째, 분석대상인 프로젝트와 상호 배타적인 실현 가능한 비교 대안들을 식별한다. 셋째, 사업의 수명에 대한 판단이 이루어져야 하며, 경제적 수명은 물리적 수명보다 짧을 수 있다. 넷째, 비용과 편익을 추정하여, 우호적 영향은 편익으로 비우호적 영향은 비용으로 분류하며, 지금 발생하든 미래에 발생하든 모두 포함되어야 한다. 양자 모두 금전적 가치로 계산되어야 한다. 다섯째, 총편익에서 총비용을 뺀 순편익(net benefit)을 계산한다. 비용·편익 분석의 근본 규칙은 순편익이 가장 큰 대안을 선택하는 것이다.

비용·편익분석의 장점으로는 비용과 편익이 모두 금전 단위로 표시되기 때문에 편익에서 비용을 빼면 순편익이 계산될 수 있다는 점과 그리고 같은 단위로 측정되기 때문에 전혀 다른 분야의 정책대안들까지도 비교가 가능하다는 점을 들 수 있다. 다만 경제적 능률만을 강조하기 때문에 형평성과 같은 분배문제를 고려하지 않는다는 점과 다양한 사회 구성원들이 받는 무형적 가치를 금전적으로 계량화하기가 곤란하고, 더욱이 장기적으로 발생하는 가치를 현재화하는 데 필요한 이자율 등에 대한 사회적 합의도 도출하기가 쉽지 않은 단점이 있다.

제5절 경찰정책의 대안탐색

정책대안을 탐색하고 개발하는 데는 창의력이 요구된다는 것은 앞에서 설명한 바 있다. 경찰정책도 마찬가지로 정책대안을 탐색하고 개발하는 데는 창의력이 요구되지만 지적 능력과 시간적 한계 때문에 불가피하게 과거 경험이나 기존 정책 등의 대안 탐색을 위한 원천(Sources)에서 찾지 않을 수 없다.

경찰정책의 대안을 탐색하고 개발하기 위한 원천으로 ① 과거의 범죄대응과 질서유지 정책, ② 외국의 관련 정책(주로 선진국의 범죄예방 및 질서통제 정책), ③ 과학·기술의 이론(Theory)과 모형(Model) 활용, ④ 주관적·직관적 방법 등이 있다(이상안, 2005: 144-148).

1. 과거의 범죄대응 정책

과거 또는 현재의 정책은 정책결정자들이 현실적으로 고려하는 가장 중요한 정책대안의 원천 중 하나다. 과거 또는 현재의 정책 속에는 정부가 적극적으로 문제를 해결하려는 경우도 있지만, 경제문제에 있어 민간부문을 시장기구에 맡기는 것과 같이 자체 회복력에 따라 해결되도록 방치하는 경우도 있다. 그러나 유사한 정책문제가 과거부터 반복적으로 나타나서 정부가 여기에 대한 정책을 마련하려고 할 경우, 현재의 정책이나 과거에 채택했던 정책 또는 채택하려고 했던 정책이 가장 먼저 생각할 수 있는 정책대안의 원천이 된다.

경찰정책의 가장 중요한 목표는 범죄예방 등 안전문제와 공공의 질서유지다. 나라마다 사정은 다르겠지만 과거 또는 현재의 범죄대응 및 질서유지 정책은 경찰정책 결정자들이 현실적으로 가장 먼저 고려하는 중요한 원천이다. 정부의 조직이나 개인들은 문제해결을 위하여 이전에 사용했던 정책들 중 비교적 만족할 만한 결과를 가져온 정책들을 기억하고 보관하게 되는데 이렇게 보관된 것이 정책목록(Program repertory)이다. 다시 말하면 정책목록은 동일한 문제 또는 유사한 문제에 대해 과거에 채택하여 보았던 정책들의 집합이다. 특히 정책목록 중에서 비교적 성공한 정책들을 정책대안으로 참고하는 것은 즉각적인 정책대응에 있어 매우 효과적이다.

현존의 정책이나 과거 정책목록 속에 포함된 정책들을 정책대안으로 사용할 때에는 다음과 같은 장점들이 있다. ① 과거의 정책추진에서 나타난 결과 등 정보를 통하여 비교적 쉽게 정책대안의 추진 결과를 예측할 수 있고, ② 정책대안의 채택과 집행과정에서 정치세력의 영향력을 예측할 수 있으며, ③ 집행과정에서 필요한 활동과 자원 등을 미리 예측하여 계획을 수립할 수 있으며, ④ 과거의 정책에서 문제가 되었던 점들을 개선할 수 있고, 한번 채택해 본 경험이 있기 때문에 다시 채택하기 쉬운 장점들이 있다. 그러나 정책결정자들이 추진과정, 추진결과, 환경변수 등에 있어 과거에 매몰되어 현재의 상황변화를 인식하지 못하고 과거의 경험을 과신하는 잘못을 범하기 쉬운 단점도 있다.

경찰정책의 기본 목표 중 하나는 범죄발생을 사전에 봉쇄·차단하여 "범죄 없는 마을 공동체" 나아가 "범죄 없는 사회"를 만드는 것이다. 그렇게 함으로써 범죄 때문에 상호불신이나 두려움, 공포심을 갖지 않는 가운데 가족간·공동체간 통합을 하여 안락한 삶을 향유할 수 있게 된다. 이는 앞에서 설명한 바와 같이 경찰이 "사회 통합"의 역할을 함께 하고 있다는 것을 의미한다. 따라서 경찰정책은 사회통합의 의미가 잘 반영된 "범죄 없는 사회"를 어떻게 정책적으로 구현해 내는가에 그 성공 여부가 달려 있다. 이상안(2005: 249)은 경찰정책 대안의 원천으로 참고할 범죄 예방의 기본전략을 외국의 예방 기법과 연계시켜 [표 2-6]와 같이 정리하고 있다.

[표 2-6] 범죄예방의 전략과 프로그램

전 략	프로그램	여러가지 기법
1. 체포확률 우선전략	범인체포 확률을 범인처벌의 가혹성보다 정책 우선순위에 둔다.	환경설계기법(CPTED·미국·영국 등)
2. 공동체 민간참여와 자원봉사 전략	'Communitcy policing'을 공동체 주의의 자원봉사 프로그램화	• 지역사회 자율방범(미국·일본·한국) • 민간경비 강화(미국·일본·한국)
3. 경찰대응력 강화 전략	검거력 향상을 위한 기술개발·장비 개선·사기양양·수사권독립	경찰 수사권 독립(미국·일본 등)
4. 법 준수율 제고 전략	법준수의 이익과 법 위반 비용을 B/C화.	교통법규의 B/C 구조화
5. 문화의 적응성과 통합 전략	동질적 가치와 이질적 문제해결 능력 공존	문화 개선
6. 사회 계층·계급 간 갈등의 협상 전략	기능론적입장외 갈등론적(분열·대립 사회를 전제)접합.	협상 전략
7. 사회적 약자의 '회피' 전략	적극적 보호로 사회적 약자를 범행 대상에서 회피시킴.	회피(avoidance) 기법
8. 범죄 원인 제거의 사회체제적 통합 전략	교육·가정·빈부·소득·문화·일자리 등 부문을 통합적으로 관리	• Police-School Laison Program • Head Start Program

2. 외국의 범죄예방 정책

외국의 범죄대응 정책이나 동일한 국가 내에서의 다른 지방정부의 범죄대응 경험도 정책대안의 중요한 원천이 된다. 외국의 범죄예방이나 질서유지 정책 중 정책대안의 원천이 될 사례들을 보면, 미국의 뉴욕시가 질서유지를 함에 있어 “Broken Window Theory”를 원용하여 깨진 유리창, 버려진 자동차를 치우는 등 작은 일에 큰 관심을 가지면서 공격적인 구걸행위를 적극적으로 단속한 결과, 범죄 발생률을 60%나 줄였다는 사례가 있다. 이 사례는 우리나라의 치안 정책에도 적극적으로 활용해야 할 정책 원천으로 시사하는 바가 크다. 또한 호주의 치안정책 사례를 보면 아동안전을 위한 “Safety House” 정책과 경비업무 일부를 민간 경비업체에 외부하청(outsourcing)을 주어 경찰과 경쟁을 유도하는 등의 정책 사례들을 찾아볼 수 있다. 최근 우리 경찰의 “아동안전지킴이 집” 정책은 호주의 “Safety House” 정책을 원용한 것이다.

최근에는 범죄학, 건축학, 도시공학등의 응용분야로 “범죄예방 환경설계”(CPTED: Crime Prevention Through Environmental Design) 기법이 개발되어 활용되고 있다. 이 기법은 이미 영국(방범환경설계제도, 1992)과 네덜란드(경찰안전주택인증재도, 1994), 미국(플로리다州 마이애미 북부 주거지역으로 연결되는 78개 도로 통제, 1996) 등 선진국에서 활용하고 있고 상당한 효과를 거두고 있다. 우리나라에서도 2005년부터 본격적으로 반영하기 시작해 국토교통부에서 “건축물의 범죄예방설계 가이드라인”이 2013년 제정되어 판교 신도시와 서울시의 뉴타운 사업에 적용된 바 있다.

외국의 정책대안들을 고려하는 경우에도 과거 정책목록을 이용하는 경우와 비슷한 장·단점을 지닌다. 동일한 국가 내에 있는 하나의 지방정부가 채택한 정책의 추진결과 나타난 여러가지 현상들은 다른 지방정부에서 추진할 때도 그대로 나타날 가능성이 비교적 크다고 할 수 있다. 그러나 외국의 정책추진에서 나타난 현상들은 다른 국가에서 그대로 나타날 가능성이 훨씬 낮다고 할 수 있다. 특히 외국의 범죄대응 정책은 시간적·공간적·문화적 차이 등으로 외국의 정책 추진에서 나타난 현상들이 우리의 현실에 그대로 나타난다고는 볼 수 없다. 나라마다 정치·경제·사회·문화적 상황이 다르기 때문에 외국의 정책을 정책대안의 원천으로 이용할 경우 이러한 점들을 고려한 신중한 접근이 요구된다.

[표 2-7] CPTED의 기본 원리

구 분	내 용	종 류
자연적 감시	건축물이나 시설물의 설계시 가시권을 최대한 확보하여 범죄행위의 발견 가능성을 증가시켜 범죄 기회를 감소	가시권 고려한 건물의 배치
접근 통제	정해진 공간으로 유도하거나, 외부인의 출입을 통제하도록 설계하여 심리적 부담 가중	차단기, 방범창, 통행로 설치
영역성 강화	사적공간에 대한 경계를 표시하여 주민들의 책임과 소유의식을 높이고 외부침입에 대한 불법사실을 인식토록 함	울타리, 펜스 설치 사적·공적공간 구분
감시 활성화	주민 유대감을 증대시키는 공공장소 설치와 "거리의 눈" 을 활용한 자연적 감시 및 접근 통제기능의 확대	놀이터, 공원 체육시설 설치
유지관리	처음 설계한 의도대로 기능이 유지되도록 관리하여 장기적이고 지속적인 CPTED 효과 유지	조경·조명관리, 파손 즉시 보수

3. 과학·기술 이론과 모형(Model) 활용

과학·기술의 발전은 사회혁신의 또 다른 원동력이 되고 있다. 이에 따른 과학적 지식이나 이론 또한 중요한 정책대안의 원천이 된다. 드로(Dror, 1968: 179)는 "최근 컴퓨터 기술의 발달은 비교적 단순한 문제를 해결하는 데 창의적이고 새로운 정책대안의 탐색을 가능하게 한다"고 했다. 특히 범죄통계나 추세분석 등에서 볼 수 있듯이 과학·기술의 발전은 문제의 분석, 목표와 수단 간의 인과관계이론 정립 및 모형설정(model building) 등을 가능하게 한다.

정책대안의 원천으로 앞에서 다룬 과거정책과 현재정책 그리고 외국의 정책도 결국 이들을 바탕으로 일종의 모형을 만드는 데 필요한 지식을 제공하는 것으로 볼 수 있다. 그리고 과거의 범죄통계 작업은 사람이 일일이 수기로 자료를 수집하다 보니 정확도나 적시성에 있어 많은 문제를 안고 있었다. 컴퓨터 기술의 발달은 이러한 문제를 해결하는데 새로운 지식을 제공함으로써 빠르고 정확한 통계분석이나 추세분석 등을 가능하게 해준다.

과학적 지식이나 이론으로부터 우리가 정책대안을 도출하는데 얻게 되는 중요한 내용은 정책목표와 그 실현을 위한 정책수단, 그리고 이들 간의 인과관계에 관한 것이다. 이와 같이 과학·기술의 발전을 바탕으로 정립된 이론이나 모형 등은 정책목표를 설정하고 이의 구체적 실현에 적합한 정책수단이 무엇인지를 찾아내는 데 유용하기 때문에 과학·기술의 발전은 정책대안의 중요한 원천이 된다.

4. 주관적·직관적 방법

상황에 대한 정보가 부족하고 전문 지식이나 이론이 없는 경우 그리고 기존 또는 외국의 정책 사례도 없는 경우에는 정책 대안의 탐색에 큰 어려움을 겪게 된다. 이러한 상황을 극복하기 위해서는 불가피하게 여러 전문가의 의견을 듣는 등 주관적·직관적 판단을 이용하여 정책대안을 탐색하는 것이 최선의 방법이다.

주관적·직관적 판단을 이용하는 방법으로는 흔히 논의되는 문제와 관련된 사람들의 집단토론 형식의 "브레인 스토밍"(Brainstorming)과, 대부분 전문가 집단의 의견조사 방식인 "델파이(Delphi) 기법" 등이 있다. 2004년 경찰청에서 파출소 체제를 지구대 체제로 개편하기 위한 경찰관의 집단토론과 전문가의 의견조사 등은 좋은 예라 할 수 있다. 이러한 방법들은 정책대안의 탐색, 개발뿐만 아니라 정책대안의 결과를 예측하는 데도 사용된다.

제4장

정책결정론

제1절 정책결정과 합리성

1. 정책결정의 의미

정책결정이란 특정대안이 정책형성 과정을 거치면서 선택의 폭을 좁혀 최종적으로 선택하고 결정하는 것을 말한다. 앤더슨(Anderson, 1978, 71)은 정책의 결정과정은 형성과정을 통해 탐색된 정책대안들 가운데 "특정 정책대안이 정부의 공식기관이나 정책결정자들에 의해 최종적으로 승인(approve), 가감(modify), 거부(reject)되는 것과 관련되는 일련의 행위"라고 정의하고 있다.

일반적으로 정책결정 과정은 정책문제를 명확히 파악하는 즉 정책문제의 정의를 내리는 것으로부터 시작한다. 문제의 정의가 내려지면 소망하는 바람직한 사회상태인 정책목표를 설정하고 이 목표를 효과적으로 달성할 수단이나 해결책인 정책대안을 탐색한다. 그리고 탐색된 정책대안들 중에서 가장 효과적인 대안을 선택함으로써 정책을 결정하는 순서로 진행된다. 이를 그림으로 보면 [그림 2-5]와 같다.

[그림 2-5] 일반적인 정책결정 과정

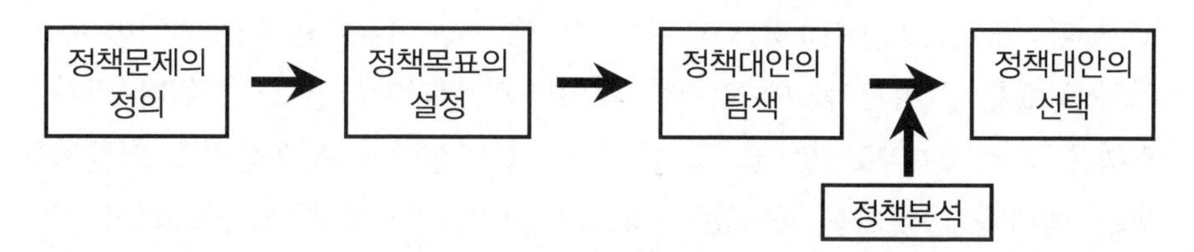

정책결정은 일반적으로 법률·행정명령이나 예산과 같은 형태를 취하게 된다. 최종적인 결정은 대부분의 경우 입법기관이나 정부기관의 각종 위원회 등에서 투표 등 다수결의 원칙에 의해 결정되며, 결정된 정책은 공포되는 것으로 종료된다. 국민의 대표기관인 국회와 정부기관에 의해 결정된 정책은 정통성이 부여된 합법적 권위를 가지게 되고, 이는 일반국민과 사회의 다양한 집단들이 결정된 정책을 수용하는 근거가 된다.

민주주의 사회에서 정책을 결정한다는 것은 일반국민으로부터 지지를 받는 즉 정통성을 확보한 공식적인 정부가, 제도적으로 마련된 승인절차에 의해, 정책문제 해결을 위한 최선의 대안을 선택하는 것이다. 정통성 없는 정치체제의 권위적인 정책결정은 합리성이 결여되어 국민의 지지를 받을 수 없다. 합리적인 정책결정을 위해서는 일정한 기준을 충족시켜야 하며, 그 기준으로는 합리성, 적합성, 적절성, 실현 가능성, 예산, 여론 등이 있다. 적합성, 적절성 등에 대해서는 앞에서 이미 설명한 바 있으므로 여기서는 정책결정에 대한 논의에서 중요하게 취급되는 정책결정과 합리성, 그리고 정책결정의 영향요인과 제약요인에 대해서만 살펴보기로 한다.

2. 합리성의 개념

합리성(rationality)은 수단과 목표를 연결하는 행동의 최적성에 관한 개념으로, 목표달성에 적합한 최적의 수단을 강구하고 이에 따라 행동하는 것을 의미 한다. 사이먼(Simon, 1993, 393)은 합리성에 대해 “목표달성을 극대화시키기 위해 고안된 의사결정의 원리에 부합하는 행위”라고 했다. 또한 그는 “우리는 행위나 그 행위를 이끌어낸 의사결정이 우리의 목표를 성취시키기에 적합한 것이라고 생각한다면 그 행위나 의사결정은 합리적이라고 할 수 있다”면서, “합리성이란 목표성취를 이끌어내는 행위에서 찾아볼 수 있는 일련의 기술(skills)이나 성향(aptitudes)”이라고 정의하고 있다(류지성, 2012: 308).

왈도(Waldo, 1987, 232-233)는 행정을 “고도의 합리성을 수반한 협동적 인간 노력의 행태"라고 설명하면서, 합리적 행위란 "주어진 목표를 성취하기 위해 최적의 수단을 선택하는 계산된 행위"를 의미하며, 행정 관료들은 관료조직 내에서 자신의 직급에 준한 정형화된 합리적 결정을 반복적으로 한다고 했다.

따라서 합리성이란 최적의 선택을 위해 목적과 수단 그리고 원인과 결과간의 관계에서 논리적이고 이성적인 행동을 하는 것이라 할 수 있다. 이는 능률성과도 밀접한 관련이 있는 개념이다. 그러나 논리적·이성적 행동이 반드시 합리적인 것만은 아니며 상황이나 보는 사람의 입장에 따라 다르기 때문에 합리성의 개념은 다양하게 정의되고 있다. 현실적으로는 인간의 인지 능력의 한계로 말미암아 제한적 합리성을 가질 수밖에 없다는 점을 부인할 수 없다.

3. 합리성과 정책결정

정책결정에 있어서 중요한 기준이 되는 합리성과 정책결정의 관계에 대한 논의는 의사결정의 합리모형과 점증모형이 그 중심이 되고 있다. 합리모형은 의사결정의 처방적 목적(prescriptive purpose)으로 사용되고, 점증모형은 대부분의 경우 기술적 목적(descriptive purpose)으로 사용되고 있다.

합리모형에서 추구하는 합리성이란 사이먼(Simon)의 정의 즉 목표성취를 이끌어 내는 행위에서 찾아볼 수 있는 일련의 기술이나 성향과 관련이 있다. 목표를 성취하기 위해 수립된 계획에 따라 성취된 정도가 바로 합리적인 정도를 가늠한다. 따라서 의사결정에 대한 합리모형은 정책목표를 성취시키기 위해 필요한 모든 정보와 자료를 수집하여 대안을 모색하고, 각각의 대안들이 초래할 결과를 예측해서 최적의 대안을 최종적으로 결정하는 일련의 과정을 계획하는 것이다. 그러므로 합리모형은 정책문제 해결에 앞서 정책결정을 처방적으로 접근한다고 할 수 있다.

반면에 점증모형은 이상형인 합리모형의 비현실성을 비판하면서 실질적인 정책결정 과정에서 합리성 추구는 불완전할 수밖에 없다고 주장한다. 이 모형은 현실적인 정책결정 과정을 설명하는 의사결정 모형으로, 주로 의사결정에 대한 기술적 목적으로 사용된다. 점증모형도 합리성을 추구하지 않는 것이 아니라 현실적으로 어렵다는 가정하에 출발하므로 주로 정책결정에 있어 의사결정 과정을 설명하는 기술적 방법을 사용한다(류지성, 2012, 309).

합리성 측면에서 보면 합리모형은 비현실적인 측면이 있고 점증모형은 불완전하다는 비판이 있으므로, 이러한 한계를 극복하기 위해 정책결정을 위한 다른 의사결정 모형들이 논의되고, 그 예로 최적모형과 혼합주사모형 등 다양한 연구들이 있다. 정책과정을 이해하는 데 도움이 되는 이러한 의사결정의 모형들은 정책결정의 이론 모형에서 살펴보기로 한다.

제2절 정책결정의 영향요인과 제약요인

1. 정책결정의 영향요인

어떤 사회문제가 정책문제로 채택되는데는 많은 요인들이 영향을 주고 있다. 그 중에서 가장 영향력이 큰 것을 들면 정치적 분위기와 이데올로기라 할 수 있다. 이 외에도 정책결정 과정에는 언론을 비롯하여 삼권분립 등 정치체제 내부의 복잡한 권력구조, 수많은 지방정부의 존재 그리고 정당·이익집단의 정부기관과의 관계 등 다양한 경로에서 다양한 영향을 받게 된다.

이러한 논의는 정책결정의 제약요인에서 다루기로 하고, 여기에서는 정치체제 바깥에서 특정한 사회문제 때문에 피해를 보는 일단의 국민들이 그 사회문제를 정책문제화시키려고 할 경우 영향을 주는 요인들에 대해서만 살펴보기로 한다. 피해를 입고도 적극적으로 움직이지 않는 사람들도 있으므로 피해집단을 규정하는 데는 어려움이 따른다. 그러나 적극적으로 움직이는 집단의 크기와 결속력이 어느 정도인지에 따라 정책결정에 미치는 영향의 크기도 달라진다. 콥과 엘더(R. Cobb & C. Elder, 1972, 104-108)가 분류한 네 가지 대중을 중심으로 살펴보기로 한다.

1) 認知集團(identification group)

인지집단은 조직화된 이익집단과 동일한 개념으로, 집단 구성원 중의 일부가 어떤 문제로 인하여 피해를 입는다면 다른 구성원들이 여기에 아주 민감하게 움직이는 집단을 말한다. 예를 들면 의사가 치료를 잘못해서 과실치사 혐의로 구속되면 의사회의 다른 회원들이 이를 자신들의 문제로 받아들여 민감한 반응을 보이게 된다. 이러한 경우 의사회는 인지집단이 되며 조직의 결속력 등 힘이 클수록 정책결정에 대한 영향력은 더 커진다.

2) 注意集團(attentive group)

주의집단은 특정한 문제가 자기들의 이해와 관련되어 있기 때문에 그 문제에 관심을 기울이는 사람들의 집단을 말한다. 인지집단이 자기들의 지지자를 확대해 나갈 때 처음 설득해야 되는 대상이 바로 이 주의집단이다. 주의집단은 특정한 문제가 자신들과 관련이 있기 때문에 개입된 사람들이지만, 인지집단은 집단에 대한 애착심과 충성심 때문에 개입된 사람들이라고 할 수 있다.

3) 注意大衆(attentive public)

주의대중은 일반시민 중에서 일반적으로 어떤 문제에 대해서 비교적 잘 알고 있고 그에 관심이 있는 계층의 사람들을 주의대중이라고 부른다. 이 부류의 사람들은 자신들과 이해관계가 없는 문제에 대해서도 잘 알고 관심을 갖고 있기 때문에 여론주도자(opinion leader)를 배출하는 계층으로, 대부분 식자층이 여기에 해당한다. 이들은 문제에 대해 잘 알고 있기 때문에 인지집단이 일반대중의 지지를 얻으려면 주의집단과 함께 이 주의대중을 자기편으로 동원해야 하며, 그 동원능력에 따라 정책결정에 큰 영향을 미친다.

4) 一般大衆(general public)

일반대중은 문제에 대해 비활동적이며 관심도 적고 잘 알지도 못하는 사람들을 지칭한다. 보통 어떤 문제가 자신들과는 직접적으로 이해관계가 없는 사람들 중에서 주의대중을 제외한 나머지를 말한다. 이들을 동원하기 위해서는 문제가 보다 일반적이고 자신들과 이해관계가 있는 것처럼 상징화되어야 한다. 어떤 사회문제가 일반대중에게 까지 확산되면 쉽게 정책결정을 할 수 있다.

2. 정책결정의 제약요인

정책대안에 대한 체계적인 분석이 이루어져도 정책선택에 있어 합리적 결정을 하는 데는 여러 제약요인들이 있다. 정책결정자의 능력부족 등 인간적 요인과 함께 조직구조의 집권화·분권화 등 구조적 요인, 그리고 정치적 분위기, 사회관습, 매몰비용 등의 환경적 요인들이 정책결정을 곤란하게 하고 있는 요인들이다.

1) 인간적 요인

권위적 정책결정자는 대부분 부하들의 참여를 잘 수용하지 않기 때문에 다양한 정보가 차단되어 합리적인 정책결정의 가장 핵심적인 요소인 지식과 정보의 부족 현상을 초래하게 된다. 특히 인식 능력에 결함을 지닌 정책결정자는 합리적인 정책결정을 더욱 곤란하게 한다. 이와 더불어 가족주의·연고주의·권위주의 등 전 근대적인 가치관과 함께 관료의 무사안일·선례답습 등 병리적 행태 또한 합리적인 정책결정을 제약하고 있다.

2) 구조적 요인

정책결정 기구의 지나친 집권화는 다양한 참여를 방해하고 정보의 흐름을 왜곡시킨다. 표준운영절차(SOP)도 정책결정자로 하여금 쇄신적인 정책보다는 관례적이고 선례 답습적인 결정을 선호하게 만들어 합리적인 결정을 제약하는 요인이 되고 있다. 그리고 정책결정 기구의 지나친

분권화·전문화는 부처간 입장 차이로 인한 할거주의를 유발시켜 합리적이고 신속한 결정을 저해할 우려가 있다. 복잡한 절차도 계층제로 인한 형식화와 과다 문서주의를 초래하여 신속한 정책결정을 방해하고 있다.

3) 환경적 요인

정책문제의 정의와 목표가 명확하더라도 행정기관이 설정한 목표에 대하여 외부의 반대가 있을 수 있다. 목표는 시간의 흐름에 따라 그리고 상황이 달라지면 변할 수 있는 것이다. 현실적으로 가장 영향력이 큰 환경적 요인으로는 정치적 분위기와 이데올로기를 들 수 있다. 정책결정에 영향을 미칠 수 있는 정치세력이나 압력집단이 자기들의 기득권이 침해된다고 생각하는 경우 심한 반발을 하게 된다.

국민의 다양한 요구나 기대를 제대로 충족시키지 못할 경우에도 합리적 정책결정이 곤란해질 수 있다. 또한 사회관습 등 문화적·생태적 요인과 더불어 이미 시간·노력·경비를 들인 매몰비용(sunk cost)이 있는 경우에도 실질적으로 새로운 합리적 정책결정을 곤란하게 한다.

제3절 정책결정의 이론모형

사이먼(H. A. Simon, 1945, 5)에 의하면 “행정이론은 의사결정 과정과 집행 과정에 초점을 맞추어, 정부의 의사결정 과정에서 어떤 일들이 일어나고 있는지를 체계적으로 다루어야 한다”고 했다. 그는 “결정(decision)이란 다수의 대안들 가운데 하나의 대안을 선택하는 것이며, 합리적 선택(rational choice)이란 이미 설정된 목표를 성취시키는 데 이바지할 수 있는 정책대안을 취하는 것”이라고 했다.

같은 맥락에서 볼 때 정책결정은 여러 정책대안들 중에 최선의 대안을 합리적으로 선택하는 하나의 의사결정이다. 그러므로 의사결정의 모형들은 바로 정책결정의 이론모형으로 적용하여 파악할 수 있다. 정책결정자들이 어떠한 상황과 조건 그리고 수준에서 최적의 합리적 정책대안의 선택을 결정하는지 그 결정 모형들을 살펴보면 다음과 같다.

1. 합리모형

합리모형은 인간을 합리적 사고 방식을 따르는 경제인으로 전제하면서, 정책결정자는 결정할 대상문제를 완전히 파악하고 대안을 포괄적으로 탐색·평가하여 그 중 최적의 합리적인 대안을 선택할 수 있다고 보는 이론으로, 대표적인 학자는 사이먼((H. A. Simon)이다.

경제적 합리성에 입각하여 대안을 탐색하고자 하는 이론이나 기법은 모두 합리모형에 속하며 이는 규범적이고 이상적인 접근 방법 중의 하나이다. 합리모형에서는 정책결정자가 문제를 총체적으로 인식하고 완벽하게 정보를 수집한다는 가정을 하고 있으며, 다음과 같은 전제조건에 의해 의사결정을 하게 된다. ① 대안 선택의 기준은 의사결정자가 인위적으로 만드는 것이 아니라 주어진 것으로 간주한다. ② 의사결정자들은 모든 정책대안의 결과를 정확하게 예측할 수 있는 능력이 있다. ③ 따라서 모든 비용·편익을 산출해 낼 수 있다. ④ 정책결정을 합리적으로 하는 정책결정 체제가 있다. ⑤ 적정한 대안을 선택하는 데 비합리적인 요인이 개입하지 않아야 한다. 이해 당사자들간의 타협이나 협상을 통한 조정이 아닌 과학적·합리적 분석에 의하여 최적의 대안을 선택한다. ⑥ 목표와 수단 그리고 가치와 사실을 엄격히 구분하여 접근한다. 이상의 조건을 모두 만족시키며, 동시에 모든 정책대안들에 대한 포괄적이고 총체적인 분석을 통해 의사결정을 한다(류지성. 2012: 313).

이와 같이 인간에 대한 지나친 낙관주의와 이상주의에 입각한 합리모형은 인간 지식의 불완전성과 질적·비계량적 측면의 설명이 곤란하고, 주관적 가치판단이나 사회의 동태적 요소가 경시되는 한계를 안고 있다. 또한 일반적으로 합의를 본 가치와 목표는 없으며 가치는 항상 유동적이므로 대립적인 사회 가치의 가중치를 정확히 밝힌다는 것도 사실상 불가능한 일이다.

2. 만족모형

마치와 사이먼(March & Simon, 1958), 사이어트와 마치(Cyert & March, 1963) 등이 이상적인 합리모형을 현실성 있게 발전시킨 것이 만족모형이다. 만족모형은 개인적·행태적 의사결정 모형으로, 순수한 합리모형의 비현실적인 문제점들을 극복하기 위해 제시된 모형이다. 따라서 정책결정은 정책결정자가 주관적으로 만족할 만한 수준에서 이루어진다는 가정에 입각하여 정책결정을 설명하고 있다. 만족모형은 정책결정자의 사회심리적 측면을 중요시하는 현실적·실증적 이론 모형이며, 기본적인 가정과 내용은 다음 세 가지로 요약된다.

첫째, 인간은 완전한 합리성을 가진 존재가 아니므로 제한적 합리성(bounded rationality)에 기초하여, 정책결정자는 정책대안을 선택할 때 그가 추구하는 가치를 최대화시킬수 있는 대안보다는 "만족할 만한 수준"에서 대안 탐색과 선택을 한다는 것을 가정하고 있다.

둘째, 정책결정자의 개인적·심리적 차원(만족)에 치중하여 정책결정을 설명하고 있다. 이는 인간을 완전한 합리성을 가진 경제인이 아닌 행정인으로 보는 것이다.

셋째, 모든 대안을 동시에 평가할 필요가 없으며, 결정은 단순화되어 일반적인 정책결정자의 능력으로도 결정이 가능하다고 본다.

그러나 만족모형도 현실적으로 정책결정자의 만족 수준을 측정할 객관적 기준이 모호하고 정책결정자마다 만족 수준이 다르므로 모형을 일반화하기가 곤란하다는 점에서 지나치게 주관적이라는 비판을 받고 있다. 또한 결정이 주관적으로 만족할 만한 수준에서 이루어진다는 개인적 의사결정에 초점을 두고 있어, 조직이나 집단의 의사결정에 적용하는 데는 많은 제약이 있다. 표준운용절차(SOP)를 강조하는 회사모형 등은 이러한 만족모형의 결함을 극복하기 위한 이론 모형이다. 특히 이 모형은 현실에 만족할 만한 수준에서 대안의 탐색이 그치므로 쇄신적이고 창조적인 정책을 기대하기 어렵고 보수주의에 빠지기 쉽다.

3. 점증모형

점증모형은 인간의 지적 능력의 한계와 정책결정 수단의 기술적 제약을 인정하고, 정책결정 과정에서 대안의 선택이 항상 합리적이고 규범적으로 이루어지는 것이 아니라, 현실을 긍정하고 현재보다 약간 개선되었다고 생각하는 "제한적 합리성" 수준에서 이루어진다는 가정에 입각하여 정책결정을 설명하는 이론모형이다. 다원주의자인 린드블롬(C. E. Lindblom), 윌다브스키(A. Wildavsky), 브레이브루크(D. Braybrooke) 등이 대표적인 학자들이다.

특히 린드블롬(C. E. Lindblom, 1959)은 사이먼(H. A. Simon)의 합리모형과 실질적인 의사결정이 이루어지는 방법을 비교해 자신의 점증주의적 결정 방법을 제시하고 있다. 그는 포괄적 합리모형을 대체할 의사결정 모형으로 "연속적·제한적 비교"(successive limited comparisons)에 의한 의사결정 모형을 제시하고, 이를 합리적 포괄적 접근방법으로부터 파생된 접근 방법(branch approach)이라고 하였다. 점증모형의 주요 특징들을 살펴보면

① 정책결정에서 이해관계자간의 타협·조정을 강조하므로, 시민과 정치인의 지지를 얻을 수 있는 정치적 합리성이 중시된다. 즉 현재 정책에 소폭적인 변화만을 중시하므로 정치적 조정을 하자는 입장이다.

② 비교적 한정된 수의 정책대안과 각 대안에 대한 한정된 수의 중요한 결과만 평가한다. 완전무결한 정책보다는 현실 개선적인 정책을 강조하며, 특정 정책을 계속적으로 수정·보완해 나간다.

③ 다원주의적인 정치·사회 구조를 전제로 하며, 다수에게 혜택이 갈 수 있도록 하는 정책의 사회적 파급효과를 중시한다.

이러한 점증모형은 정치적 다원주의, 원활한 시민 참여, 정부의 조정자 역할 등이 잘 이루어지는 안정된 선진국 이론 모형이다. 앞의 전제 조건이 충족되지 못하는 제3세계에는 적용하기 곤란한 문제점이 있다. 그리고 현재에 유사한 정책이 없는 전혀 새로운 정책은 시도될 수 없으므로, 변동과 쇄신을 설명하기 곤란한 보수주의 성향을 띠고 있을 뿐 아니라, 정치적 합리성의 계량화가 곤란하여 정책평가의 기준 자체

도 모호해진다. 또한 점진적 변화를 중시하므로 매몰비용에 지나치게 집착하여 타성에 젖은 정책결정을 조장할 수 있는 등의 여러 문제점이 있다.

4. 혼합주사모형

혼합주사모형(mix-scanning model)은 에치오니(A. Etzioni)가 합리모형과 점증모형에 대한 비판을 하면서 제시한 제3의 정책결정 모형이다. 에치오니(Etzioni, 1986, 8)는 정책결정의 규범적·이상적 접근방법으로서의 합리모형과 현실적·실증적 접근방법으로서의 점증모형을 절충하여 사용함으로써 현실적이면서도 합리적인 결정을 내리고자 하였다. 그리고 혼합주사모형은 의사결정의 계층적 특성으로, "기본적인 결정을 하는 상층부와 기본적인 결정에 의해 설정된 정책방향에 따라 점증적 의사결정을 하게 되는 하층부"로 나누어 설명하고 있다.

또한 주사(scanning)를 인공위성의 렌즈에 비유해 "확대하기도 하고 축소하기도 하여 필요한 정보를 수집하는 것"으로 설명하면서, 높은 수준의 주사는 정책의 전반적인 측면이고 낮은 수준의 주사는 정책의 특정 측면을 상세히 검토하는 것이라고 하였다. 여기에서 높은 수준의 주사는 기본적인 결정을 말하며, 낮은 수준의 주사는 지엽(枝葉)적인 결정을 말한다. 이는 정책결정을 기본적·장기적·중대한 그리고 위기시의 결정과 지엽적·단기적·세부적 결정 및 안정된 상황에서의 결정으로 이원화 하여 기본적 결정은 합리모형을, 지엽적인 결정에서는 점증모형을 적용 한다는 것이다.

이 모형은 합리모형의 한계인 비현실성과 점증모형의 한계인 보수성을 동시에 극복할 수 있고, 정책결정자의 능력에 따라 두 모형의 상황 구분을 융통성 있게 조절할 수 있는 장점이 있다. 그러나 두 모형의 상황 구분이 불명확할 경우 어디에서 합리모형과 점증모형을 적용해야 할지 모호한 측면이 있다. 결국 합리모형과 점증모형을 혼합한 것에 불과할 뿐 전혀 새로운 것이 아니라는 비판도 받고 있다.

5. 최적모형

최적모형(optimum model)이란 정책결정을 설명할 때 경제적·정치적 합리성뿐만 아니라 직관·통찰력·영감·직감 등의 초합리성을 동시에 고려해야 한다는 이론 모형이다. 드로(Y. Dror)는 점증모형에 비판을 가하며 특히 과거에 선례가 없는 문제이거나 매우 중요한 문제의 해결을 위한 비정형적인 결정에서는 경제적 합리성 외에 이러한 초합리성을 중요시해야 한다는 입장이다. 그는 최적의 의사결정을 하기 위한 기본전제가 되는 최적모형의 특성으로 ① 계량분석보다는 질적 분석, ② 합리성과 초합리성을 동시에 고려, ③ 이론적 근거는 경제적 합리성, ④ 상위 정책결정 단계 중시, ⑤ 제도화된 환류기능 등을 들고 있다(Dror, 1989, 154-162).

이 모형은 경제적 합리성인 양적인 측면과 질적인 측면인 초합리성이 동시에 고려되지만 일반적으로 질적 모형으로 이해되고 있으며, 정책결정 능력의 향상을 위하여 정책집행의 평가와 환류 작용에 보다 중점을 두고 있다. 특히 이 모형은 사회변동 상황 속에서 혁신적 정책결정이 거시적으로 정당화 될 수 있는 이론적 근거를 제시해 주고 있으며, 위기에 처했을 때 카리스마적 결정이 요구되는 상황이나 국가 발전을 주도해야 하는 개도국에 적용될 가능성이 높은 모형이다. 그러나 정책결정자의 직관·영감 등 초합리성의 개념이 모호하고 기본적으로 경제적 합리성을 지향하고 있기 때문에 정책결정의 사회적 과정에 대한 고찰이 불충분하다. 그러므로 엘리트 집단에 의한 비민주적인 결정을 초래할 우려가 있다.

6. 쓰레기통 모형

코헨, 마치와 올슨(M. Cohen, J. March, & J. Olsen, 1972) 등이 제시한 쓰레기통 모형(garbage can model)은 조직의 의사결정은 합리모형처럼 최적의 대안을 최종적으로 선택할 수 있거나, 일반화된 절차에 따라 계획대로 이루어지는 것이 아니라 불명확, 불확실, 복잡, 혼란한 상황 속에서 이루어진다고 주장한다. 극히 복잡하고 혼란된 상황, 이를테면 "조직화된 무정부 상태"(organized anarchies)에서 응집성이 매우 약한 조직이 어떤 의사결정 형태를 나타내는가에 초점을 둔 모형이다. 느슨한 연계, 불명확성, 분권화, 위임 등의 특성을 가진 대학이 좋은 예이지만 정부에도 충분히 적용 가능한 모형이다.

이 모형은 의사결정이 혼란상태 속에서 마치 쓰레기통에 던져 넣은 쓰레기처럼 뒤죽박죽 엉켜 있다가 어떤 계기가 주어지면 일시에 쓰레기통 비우듯이 결정되는 지극히 불합리하게 이루어진다는 것이다. 쓰레기통 모형의 전제 조건인 "조직화된 무질서 상태"의 특성들을 요약하면

① 문제성 있는 선호(problematic preferences)로, 의사결정에 참여하는 사람들이 어떤 선택이 바람직한가에 대한 합의가 없고, 또 참여자 자신이 무엇을 좋아하는지 모르면서 의사결정에 참여한다.

② 불명확한 기술(unclear technology)로, 목표와 수단간의 인과관계를 의미하는 기술에 관한 명확한 인식이 없다.

③ 유동적 참여(fluid participation)로, 참여가 시간이나 노력에 매우 유동적이며 결정자나 대상자의 변동이 변덕스럽다(Cohen, March,& Olsen, 1972, 119)는 것이다.

쓰레기통 모형의 핵심요소는 "해결해야 할 문제"(problems), "문제해결책"(solutions), "결정 참여자"(participants), "선택 기회"(opportunity)의 4가지 요소다. "조직화된 무질서 상태"에서의 의사결정 과정을 보면 이러한 4가지 요소들이 아무런 관계없이 독자적인 흐름을 보이다가 드물지만 서로 연결되는 경우 중요한 결정이 이루어진다는 것이다. 즉 상호작용의 결과라는 것이다(March, 1994, 198).

이와 같이 쓰레기통 모형은 다른 의사결정 모형처럼 의사결정 과정을 단계별로 설명하려는 것이 아니라 조직이 처한 의사결정 상황을 이해하여 "조직화된 무질서 상태"를 관리할 수 있는 방법을 인지하기 위한 것이다. 이 모형의 결정 예를 보면 해결해야 할 주된 문제에 다른 문제들이 관련된 경우 다른 문제들이 다른 의사결정의 기회를 찾아 떠날 때까지 기다려 결정하는 "진빼기 결정"(choice by flight)과 주된 문제에 다른 관련 문제들이 제기되기 전에 재빨리 주된 문제에 대한 의사결정이 이루어지는 "날치기 통과"(choice by oversight) 등이 있다(정우일 외,

2010. 170-171).

7. 앨리슨 모형

엘리슨(G. T. Allison)은 구 소련이 쿠바에 공격용 전략 미사일을 배치하려 하자 미국이 해상봉쇄 결정을 하는 등 미국과 구소련간의 미사일 위기(1962.10)와 관련하여 "구 소련은 왜 쿠바에 미사일을 설치하려 했는가", "미국은 왜 쿠바의 해상 봉쇄를 결정하게 되었는가", "구소련 지도자 흐루시초프는 왜 쿠바에 미사일 설치를 포기 했는가", "미·소간에 고조된 미사일 위기의 교훈은 무엇인가"에 대해 궁극적으로 답하기 위해 몇 가지 가정을 설정하여 정부의 정책결정과 정책결정 상황을 설명하고 있다.

그는 이와 같은 외교문제가 발생하면 대부분의 외교전문가들은 "문제가 무엇이며, 왜 발생하였으며 어떤 결과를 초래할 것인가"와 같은 문제들에 대해 자신이 가지고 있는 외교·군사정책에 대한 사고의 범주 내에서 문제를 구성하고 설명하려 한다는 것이다. 이러한 외교전문가들의 문제에 대한 "개념적 구성"(conceptual model)은 문제의 특성을 구체적으로 파악하여 해결하기 위함이라고 가정할 수 있다(Allison, 1971: 3-4). 앨리슨은 이러한 논리에 기초하여 미사일 위기를 설명할 수 있는 모형으로 합리적 행위자 모형, 조직과정 모형, 정부 정치 모형 등 세 가지로 분류하여 제시하고 있다. 엘리슨이 설명하고 있는 틀 중에서 분석의 기본단위, 구성개념, 지배적인 추론 양태, 일반적인 명제에 따라 각 모형을 살펴보면 다음과 같다.

1) **합리적 행위자 모형**(rational actor model or Model Ⅰ)

합리적 행위자 모형은 개인적 차원의 합리적 결정을 설명하는 합리모형의 논리를 집단적으로 결정되는 국가정책의 경우에 유추시킨 모형으로, 정부를 잘 조정된 유기체로 보고 어떤 문제의 발생 원인과 결과를 "단일한 정부의 목표지향적 행위"로 이해해 접근하는 모형이다. 미사일 위기 사례를 통해 설명하면, 먼저 정책분석가들은 문제를 구성하는 것, 즉 구소련은 왜 쿠바에 미사일을 설치하려 했는가라는 문제를 제기하고 이 문제에 답하기 위해 ① 분석의 단위를 결정하고, ② 결정된 분석의 단위를 측정하기 위한 구체적인 개념들을 모색하며, ③ 구체화된 개념들로부터 수집된 자료를 종합해 주어진 문제를 설명하기 위한 추론(inference)을 하게 된다.

여기에서 분석의 단위는 정부의 선택(governmental choice)이 되며, 분석의 단위를 구체적으로 측정하기 위한 개념으로는 문제해결을 위해 정부가 수립한 "목표와 목적"이다. 마지막으로 문제와 목표간의 인과관계 추론을 하게 되는데 예를 들면 정책목표에 의해 "쿠바의 해상 봉쇄"라는 정책수단을 연계해 설명하는 것이다(류지성, 2012: 366). 결국 정책결정은 단일한 의사결정체에 의해 명확한 목표를 가지고 엄밀한 통계적 분석 등을 통해 합리적 선택행위를 한다는 것이다.

2) 조직 과정 모형(organizational process model or Model Ⅱ)

이 모형은 정부를 단일의 결정 주체가 아닌 느슨하게 연결된 준 독립적인 하위 조직의 집합(연합)으로 보고 이 하위조직들은 자체의 생명력과 고정된 일련의 운영절차와 프로그램을 가지고 있다고 본다. 이에 따라 정부의 정책결정 행위는 이들 조직의 정형화된 표준운영절차(SOP)에 따라 결정되는 반 자동적인 것으로 간주하고 있다. 이는 정책결정과정에서 정부지도자의 대안선택 여지가 다양한 조직이나 기관의 행위에 의해 제한된다는 점을 지적하고 있다. 동시에 중요한 정책과정에서 조직에 의한 정책결정과 지도자의 선택 사이에 커다란 차이가 날 경우 문제해결이 쉽지 않다는 것을 의미하기도 한다(정우일외, 2010: 172).

이와 같이 조직과정 모형을 통해 미사일 위기를 설명하려는 정책분석가들은 정부를 일련의 표준운영절차나 프로그램에 의해 고정된 것으로 간주하고, "어떤 조직의 맥락이나 압력 아래서 이와 같은 결정이 이루어졌는가"라는 질문에 답하기 위해 표준운영절차 등의 연구에 초점을 맞추게 된다는 것이다.

3) 정부 정치 모형(governmental politics model or Model Ⅲ)

이 모형은 단일한 합리적 의사결정체에 의해 이루어진다는 합리적 행위자 모형이나, 다양한 하위조직 집합체의 표준운영절차에 의해 진행된다는 조직과정 모형과 같이 정책이 결정되는 것이 아니라, 정책 참여자들간의 정치적 협상과 타협 및 권력 게임과 밀고 당기는 이해관계에 의한 정치적 산물이라는 것이다. 정치과정의 산물로서 의사결정이란 문제와 관련한 "갈등과 합의의 형성과정"이며, 특정 정치집단에 의해 선호되는 정책대안이 최종적으로 선택되는 것을 말한다.

이때 가장 중요한 역할을 하는 것은 정책결정자의 능력이며 그 능력은 자신의 권력과 조직에서의 위치에 따라 결정된다. 이는 다원론자들의 주장과 관련되며 정부를 단일주체로서의 연합체가 아니라 서로 독립적인 개개의 참여자인 관료들간의 흥정·타협·연합·대결 등의 정치적 산물로 이루어진다고 보는 모형이다. 위 세 가지 모형을 종합하면 [표 2-8]과 같다(정우일 외, 2010: 172-173).

[표 2-8] 앨리슨의 세 가지 모형의 종합

	합리적 행위자모형	조직 과정 모형	정부 정치 모형
조직관	조정과 통제가 잘된 유기체 조직	느슨하게 연결된 조직들의 연합체	독립적, 개인적 행위자들의 집합체
권력의 소재	최고지도자가 보유	하위조직들이 분산 소유	개인적 행위자들의 정치적 자원에 의존
목표의 공유도	매우 강함	약함	매우 약함
정책결정양태	최고지도자가 명령하고 지시	표준운영절차(SOP)에 의존	타협·흥정·연합·대결에 의해 결정
의사결정 일관성	항상 일관성 유지	자주 바뀜	거의 일치하지 않음

8. 회사 모형

기업활동과 관련된 고전적 경제 이론의 가정인 "이윤 극대화", "완전한 정보능력", "완전 경쟁시장" 등에 대해서는 그간 다양한 비판이 있어 왔다. 사이먼(H. A. Simon)은 이윤 극대화라는 개념을 "만족할 만한 수준"으로 대체해야 할 필요가 있다고 지적하고 있고, 일부 학자들은 기업은 이윤 극대화를 위해 활동하기보다는 기업이 처한 다양한 제약요인들을 극복하기 위해 활동한다고 하고 있다.

같은 맥락에서 합리적 기업활동과 실질적 기업활동의 차이에 대한 논란은 기업을 경제적 논리보다는 조직의 논리에 의해 설명해야 한다는 발상의 전환을 가져오게 되었다. 기업이 완전한 정보를 가지고 문제해결을 위한 대안들을 모두 탐색하여 최선의 대안을 선택한다는 것은 실질적으로 가능하지도 않고 기대할 수도 없다. 기업은 다양한 개인들로 구성된 연합체(coalition)로 이들이 조직의 기대를 형성하고 목표를 설정하며 의사결정에 영향을 미친다. 사이어트와 마치(Cyert & March, 1963)는 회사(firms) 조직의 의사결정은 "조직의 기대"에 의해 설정된 조직의 목표에 따라 탐색된 대안이 최종적으로 선택됨으로써 이루어진다고 하였다.

회사모형은 "조직의 기대", "목표", "선택"이 차례로 순환하는 과정에 따라 의사결정에 도달하게 되며, 이러한 과정을 특징짓는 중요한 요인으로 "갈등의 준 해결", "불확실성의 회피", "문제 중심의 탐색", "조직의 학습" 등 네 가지를 들고 있다(Cyert & March, 1963, 117-125). 이를 정리하면

① 갈등의 준 해결(quasi-resolution of conflict) 상태는 조직의 문제를 총체적으로 해결하기보다는 한 번에 하나씩 순차적으로 하게 된다는 즉 해결할 수 있는 것부터 시작해서 그것이 어느 정도 이루어지면 다음 문제로 넘어가는 식으로 잠재된 갈등을 해소하게 된다는 것이다.

② 불확실성의 회피(uncertainty avoidance)는 모든 조직은 조직에 큰 위협이 되고 있는 불확실성을 회피하려 하며, 이는 조직의 의사결정 특성이기도 하다. 불확실성의 회피방법으로 먼저 장기전략의 모색보다는 시급한 단기전략을 모색해 환류시킴으로써 회피하고, 다음으로 불확실성

을 흡수할 수 있는 계약체결, 표준운영 절차의 확립, 기업의 관행 등을 통해 불확실성을 회피한다.

③ 문제 중심의 탐색(problemistic search)은 회사모형에서 중요한 의미를 지니는 조직의 탐색(organizational search)은 문제 중심적으로 이루어진다는 것을 말한다. 조직이 해결해야 할 구체적 문제에 대해 탐색이 시작되고 대안의 탐색은 그 문제를 해결할 수 있는 것에 한정된다. 대안의 탐색은 단순한 규칙 즉 이웃 조직을 관찰해서 그 문제의 진상을 규명하고, 그 이웃 조직이 문제해결을 위해 탐색한 대안이 무엇인지를 검토하는 것이다.

④ 조직의 학습(organizational learning)은 회사모형의 핵심인 조직의 기대, 목표, 선택과 관련해 조직의 행태가 안정적인 이유는 조직의 학습 때문이라는 것이다. 조직은 경험을 받아들여 변화하며, 학습된 경험은 조직의 목표, 표준운영절차, 탐색과정 등을 변화시키고 적응하게 된다.

제5장

정책집행론

제1절 정책집행의 개념과 유형

1. 정책집행의 개념

정책집행이란 정책의 내용을 구체적으로 실현하는 과정을 말한다. 프레스만과 윌다브스키((J. Pressman & A. Wildavsky)는 정책집행을 “의도한 결과를 달성하기 위해 순차적으로 진행하는 능력”으로 정의하고 있고, 존스(C.O. Jones)는 정책집행을 “사업계획에 효과가 발생하도록 하는 의도적 활동”으로 정의하고 있다. 정책이 주어진 문제를 성공적으로 해결하기 위해서는 정책도 잘 만들어져야 하지만 정책집행도 잘 되어야 한다.

일반적으로 정책집행 과정에는 다양한 정부의 행위(Edwards III, 1980, 4)가 수반되며 그 행위로는 행정명령, 예산의 지출, 재원의 조달, 자료의 수집, 정보의 보급, 전문인력의 확보, 집행 담당조직 단위 구성, 이익집단과 외국과의 협상, 계약 등이 있다. 1960년대 후반까지는 정부의 정책은 결정되기만 하면 저절로 집행되는 것으로 이해되었다. 그러나 실제로 정부가 공식적으로 발표한 정책과 그 정책의 성과간에는 상당한 차이가 발생한다는 점에 주목하게 되었고, 이러한 의문에서 정책집행의 연구가 본격적으로 시작되었다.

정책집행의 본격적인 학술 연구는 1970년대 초반 프레스만과 윌다브스키(J. Pressman & A. Wildavsky, 1973)가 공동으로 저술한 집행론(Implementation)에서 그 계기를 찾고 있다. 정책집행을 하기 위해서는 행정명령, 예산의 지출, 전문인력과 기구의 확보, 자료의 수집, 정보의 보급 등 정부의 다양한 행위가 수반되어야 한다. 정부의 다양한 행위가 있어도 불확실한 상황에서의 정책결정을 비롯하여, 정책집행에서 나타나는 이익집단의 압력, 정치세력의 개입, 행정과정의 복잡한 관료적 측면, 모호한 법률 형태에 따른 집행의 곤란 등 다양한 요인들로 인해 결정된 정책과 실제 성과와는 많은 차이가 나게 된다.

이와 관련하여 프레스만과 윌다브스키(J. Pressman & A. Wildavsky, 1984)는 정책집행이란 “단순히 정책과정의 하위과정(subprocess)”으로 생각하기에는 너무나 복잡하며, 정책은 집행과정에서 종종 잘못되는 수가 있다. 정책집행 과정의 사슬(chain)이 길면 길수록 그 과정에 영향을 미칠 수 있는 변수들의 상호 연계가 복잡하게 되어 집행은 더 어려워지며, 그리고 집행과정의 사슬은 늘 길게 마련이라고 했다. 이는 정책집행의 복잡성과 중요성을 말해 주고 있는 것이다. 정책집행의 중요성을 요약하면 다음과 같다(정우일 외, 2010: 175).

① 정책의도의 실현 측면으로, 정책집행이 제대로 이루어져 정책 성과가 있을 때 비로소 정책을 결정한 보람을 갖게 된다. 정책의 존재 이유가 되는 정책목표가 성공적인 집행이 있어야만 결실을 얻게 되기 때문이다.

② 정책집행은 정책내용을 구체화하는 과정으로, 정부의 정책은 결정과정의 정치적 성격으로 인해 결정된 내용이 불명확한 경우가 많다. 의원들은 난처한 문제는 우회적으로 접근하는 경향이 있고, 이해 당사자들의 반대를 피하기 위해서 모호한 내용의 정책을 결정하는 상징적 정치를 구사할 뿐 아니라, 극히 복잡한 상황인 경우에는 책임문제를 의식하여 실질적인 정책결정을 회피하는 경우도 적지 않다. 이러한 정책이 효과를 거두기 위해서는 집행과정에서 그 내용이 구체화되어야 하며, 이를 위해서는 정보수집을 통한 불명확성의 축소, 정책목표들간의 우선순위의 고려 등이 있어야 한다.,

③ 집행단계는 행정의 고객인 국민생활과 직결되는 정부의 활동이라는 점에서 정책집행은 국민들에게 긍정적 또는 부정적 정부관을 심어주는 직접적 계기로 작용한다는 중요성이 있다. 그러므로 아무리 잘 만들어진 정책이라도 잘못 집행된다면 의도한 정책산출을 기대하기는 어렵다.

2. 정책집행의 유형

반 미터와 반 혼(Van Meter & Van Horn, 1975: 447)은 정책집행을 "사전에 정책결정에서 정해 놓은 목적을 달성하기 위해, 정부나 민간부문의 개인 또는 집단이 하는 활동"으로 정의하고, 정책과 그것의 성과를 연계하는 여섯 가지 변수로 구성되는 집행과정 모형을 제시하고 있다. 여섯 가지 변수로는 ① 정책의 기준과 목표, ② 자원, ③ 조직간 의사전달과 추진활동, ④ 집행기관의 성격, ⑤ 정치, 경제, 사회적 상황, ⑥ 집행자의 성향 등이다. 이들의 정책집행 연구 공헌은 집행변수에 "집행자의 성향"(disposition of implementers)을 포함했다는 점으로, 집행이 일어나는 무대에서 집행자들의 인적 및 심리적 요소가 집행 행태에 큰 영향을 미칠 수 있다고 본 것이다.

또한 정책집행의 유형을 제시한 나카무라와 스몰우드(Nakamura & Smallwood, 1980)는 하나의 정책이 집행될 때 무엇이 일어나고 있는가를 이해하기 위해서는 정책집행만 따로 분리해서 보아서는 안 되며, 정책과정의 다른 단계를 함께 고찰해야 한다(Nakamura & Smallwood, 1980: 21-28)고 했다. 그러면서 정책집행의 개념적 모형의 전제로 정책과정을 하나의 체제로 볼 것을 주장하면서, 체제적 관점에서 정책과정을 정책형성 기능과 관련된 환경Ⅰ, 정책집행 기능과 관련된 환경Ⅱ, 정책평가 기능과 관련된 환경Ⅲ의 세 가지 환경으로 나누고 있다.

이 세 가지 환경은 각각의 환경 내부에서 활동하는 행위자들간에 일어나는 "의사전달과 순응"이라는 연계(linkage) 작용을 통해 하나의 정책체제로 묶어진다고 하였으며, 정책체제와 정책환경간의 연계가 미흡하다면 정책은 의도한 결과를 만들어 내기 어렵다고 했다. 대부분의 정책은 정책체제내에서 만들어지지만, 정책집행은 정책환경을 대상으로 하며, 효과적인 정책집행을 위해서는 정책체제와 정책환경이 연계되어 정책에 대한 이해와 요구 등을 충분히 반영시켜야 한다. 정책체제와 정책환경과의 연계((Nakamura & Smallwood, 1980: 27)를 그림으로 구성하면 [그림 2-6]과 같다

[그림 2-6] 나카무라와 스몰우드의 정책환경과 연계

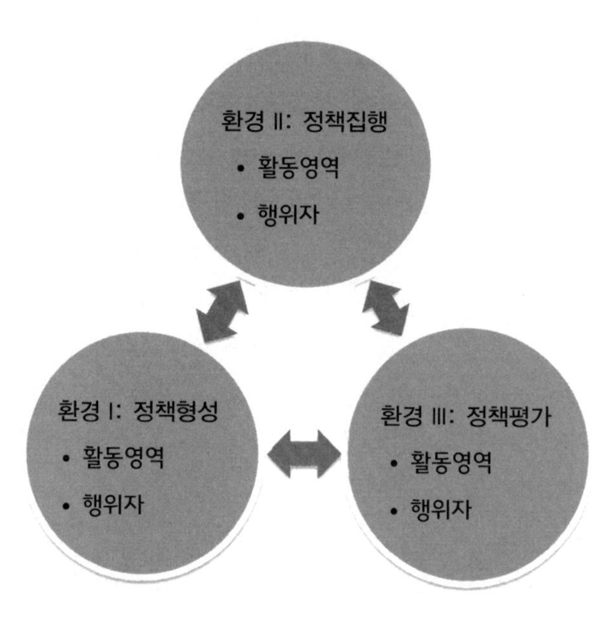

특히 나카무라와 스몰우드(Nakamura & Smallwood, 1980: 111-144)는 정책집행의 연계에 관한 장에서 정책결정자와 정책집행자 사이의 권한의 위임 정도 등 관계를 중심으로 정책집행의 유형을 제시하고 있다. 그들은 고전적 기술관료형, 지시적 위임형, 협상형, 재량적 실험형, 관료적 기업가형 등 다섯 가지로 분류하여 그 특징들을 설명하고 있다. 고전적 기술관료형에서 관료적 기업가형으로 갈수록 정책결정자에서 정책집행자로 더 많은 권한이 위임되는 형태를 띠고 있다. 다섯가지 유형을 요약하면 다음과 같다.

① 고전적 기술관료형은 정책결정자가 제시한 명확한 목표를 정책집행자가 충실히 집행하는 유형으로, 정책결정자가 집행에 강력한 통제력을 행사하고 있다. 정책집행자에게는 목표를 달성할 수 있는 기술적 문제에 관해 다소간의 재량권만 허용된다.

② 지시적 위임형은 정책결정자는 고전적 기술관료형과 같이 집행 통제권을 보유하지만, 정책집행자는 정책결정자가 수립한 목표 달성에 사용될 수단을 결정할 권한을 가진다. 이 유형의 경우 정책집행자가 집행에 필요한 전문성이나 기술을 보유하지 못한다면 기술적인 붕괴가 일어

날 수 있고, 또한 여러 집행자가 있을 경우 수단 선택에 있어 분쟁이 있게 되면 집행에 차질이 생긴다.

③ 협상형은 앞의 두 가지 유형과 달리 정책결정자와 집행자가 정책목표나 수단의 선택에 관해 합의가 없는 경우다. 정책목표나 수단의 결정은 정책결정자와 집행자 상호간의 협상과 흥정에 의해 이루어지며, 주로 힘의 논리가 작용한다. 따라서 이러한 협상과 흥정이 원활히 이루어지지 않으면 정책집행은 실패하고 만다.

④ 재량적 실험가형은 정책결정자는 추상적인 목표만을 결정하고 정책집행자에게 광범위한 재량권을 위임하여 구체적인 목표와 수단을 결정하게 한다. 이 유형은 정책결정자가 상세한 결정을 할 능력과 지식이 부족하거나 아니면 정책결정자가 불확실한 미래상태에 대해 책임을 회피하고자 하는 경우에 발생한다. 재량적 실험가형의 정책집행자들은 고도의 전문성이 전제된다.

⑤ 관료적 기업가형은 정책집행자가 주도권을 갖고 정책을 집행해 나가는 유형을 말한다. 이는 정책집행자인 행정관료는 상대적으로 지속성을 갖는 데 반해 정치과정에 의해 선출되는 정책결정자들은 상대적으로 지속성을 갖지 못하기 때문이다. 따라서 정책집행자 자신이 정책목표를 세우고 이를 받아들이도록 정책결정자를 설득하게 된다. 이럴 경우 정책집행자는 정책목표를 수행할 능력뿐 아니라 강한 의지도 갖고 있다(정우일외, 2010: 176).

제2절 정책유형별 집행상 특징

리플리와 프랭클린(Ripley & Franklin)은 로위(Theodore J. Lowi)의 정책유형 분류와는 달리 분배정책, 경쟁적 규제정책, 보호적 규제정책, 재분배정책으로 분류하면서, 이들 정책유형은 각기 정책형성 과정에서 독특한 정치적 양상을 띤다고 설명하고 있다. 또한 이들은 1982년 연구에서 정책유형에 따라 정책형성 과정뿐만 아니라 정책집행 과정에서도 각기 다른 특징이 나타난다고 주장했다. 이들의 견해를 중심으로 정책유형별 집행상의 특징을 정리해 보면 다음과 같다.

1. 분배정책

분배정책(distributive policy)은 공공시설의 제공이나 보조금 지급 등과 같이 민간 분야의 활동을 증진시키기 위한 정책이다. 분배정책은 얻는 자(the winners)만 있고 잃는 자(the losers)는 없는 것처럼 보여 정책결정 과정에서는 대립보다는 서로 협조하여 법안 통과에 공동보조를 취하는 것이 일반적이다.

정책집행 과정에서의 특징도 다른 유형에 비해 상대적으로 안정성이 높다. 다만 도로, 항만 등과 같은 사회 간접자본을 공급하는 경우에는 혐오성은 대체로 적으면서 지역발전에 도움이 되는 경우가 많아 조직적인 반대기류가 형성되는 경우가 거의 없어 원활하게 집행이 이루어질 수 있다.

그러나 화장장이나 쓰레기 매립장 또는 핵 폐기물 처리장 등 사회적으로는 필요하지만 대상지역 주민들이 혐오하는 비선호시설을 설치하는 경우에는 님비(NIMBY) 현상으로 원천적인 정책집행 반대의 특징이 있다. 보조금 지급에도 이권 때문에 수혜자 선정과정에서 경쟁 관계가 형성되는 특징이 있다.

2. 경쟁적 규제정책

경쟁적 규제정책(competitive regulatory policy)은 방송사의 특정 주파수 사용 허가나 버스 또는 항공사의 특정노선 운행 허가와 같은 특정재화의 이용권이나 공급권을 지명된 소수의 업자에게만 허가하는 정책이다. 허가받은 소수 업자는 정부로부터 보조금을 받지만 버스 운행노선 등 재화의 공급 방식에 대해서는 정부의 규제를 받는다는 점에서 분배적 성격과 규제적 성격이 혼합된 형태라 할 수 있다.

따라서 집행 과정상의 특징도 분배정책과 보호적 규제정책의 중간 정도의 혼합적 성격을 지닌다. 정상적 상황에서는 집행이 비교적 순조로운 편이지만 정치 등 외부세력의 개입, 피규제자들 사이의 이익 대립 등의 상황이 발생하면 갈등이 빚어져 집행에 어려움을 겪을 수 있다.

3. 보호적 규제정책

보호적 규제정책(protective regulatory policy)은 일반 대중을 보호하기 위해 민간분야의 활동에 일정한 조건을 설정하는 정책을 말한다. 예를 들면 교통관련 법규나 노동 관련법 그리고 공정거래에 관한 법 등이 있다. 이 정책의 수혜집단은 일반 대중이고 피해집단은 규제받는 개인이나 기업, 산업 등이다.

이 정책은 불특정 다수의 국민들이 간접적 혜택을 느끼는 데 반해 피규제 집단은 상대적으로 경계가 뚜렷하고 규제로 인한 손해도 직접적으로 느낀다. 따라서 정책결정은 일반적으로 정부와 피규제자들간의 협상과 타협으로 결정되나, 집행과정은 규제를 바라보는 관점이나 이해관계에 따라 정부와 피규제자, 환경단체, 소비자 단체간에 논란과 갈등의 지속으로 집행과정이 순탄치 않은 특징이 있다.

4. 재분배 정책

재분배 정책(redistributive policy)은 재산, 권리 등의 가치를 집단이나 계층간에 재배분하려는 정책으로, 규제정책과 마찬가지로 얻는자와 잃는자가 있다. 재배분 과정에서 집단이나 계층간에 이해관계가 첨예하게 대립되므로 다른 정책유형에 비해 가장 많은 갈등을 표출한다. 일반적으로 정책결정 과정에서 보수와 진보 진영간에 대립 양상을 보이므로 이데올로기나 계급 갈등으로 나타난다.

정책을 둘러싼 이해관계가 첨예하게 대립되므로 집행과정에서도 기득권층의 정치적 저항이 강하고 조직적이다. 예를 들면 종합부동산세와 기초노령연금 등을 둘러싼 기득권층과 보수·진보 진영간의 갈등을 보면 잘 알 수 있다. 정책 반대세력은 정책의 본질적 취지를 직접적으로 부정하기보다는 정책형성과 집행과정에 있어 불공정, 비능률, 이념적 가치 등을 내세워 우회적인 방법으로 정책을 무산시키려고 하고 있다.

리플리와 프랭클린(Ripley & Franklin, 1982: 193)은 이상의 네 가지 정책 유형의 집행과정상의 특징을 [표 2-9]와 같이 요약하고 있다.

[표 2-9] 리플리와 프랭클린의 정책 유형별 집행 특성

집행 특성 / 정책 유형	안정된 집행 루틴의 가능성	주요 행위자의 동일성과 그들 관계의 안정성	집행에 대한 갈등과 논란의 정도	관료적 집행 결정에 대한 반대의 정도	집행에 관한 논쟁에서 이데올로기의 수준	작은 정부에 대한 압력의 정도
분배정책	높다	높다	낮다	낮다	낮다	낮다
경쟁적 규제정책	보통	낮다	보통	보통	다소 높다	다소 높다
보호적 규제정책	낮다	낮다	높다	높다	높다	높다
재분배정책	낮다	높다	높다	높다	매우 높다	높다

일반적으로 분배정책→경쟁적 규제정책→보호적 규제정책→재분배정책의 순으로 집행과정의 불안정성이 높아진다고 할 수 있으며 그 이유는 다음과 같이 설명할 수 있다(한석태, 2013: 301-302).

첫째, 보호적 규제정책이나 재분배 정책의 경우, 공권력이 직접적으로 작용하지만 분배정책은 공권력이 간접적으로 작용하는 정책 영역이다. 분배정책은 정책 순응을 권력의 힘으로 강제하는 측면은 거의 없다.

둘째, 규제정책이나 재분배 정책의 경우 얻는 자와 잃는 자가 뚜렷이 부각되는 반면 분배정책의 경우는 혜택 보는 사람은 외형상 있는데 손해 보는 사람은 마치 없는 것처럼 인식된다. 즉 분배정책의 경우 수혜집단에서 배제되었다고 해서 현재 자신이 가지고 있는 것을 빼앗기는 직접적 손실은 없기 때문이다.

셋째, 규제 및 재분배 정책 쪽으로 갈수록 정책결정 및 집행과정에서 이해관계를 달리하는 집단간 갈등이 크고 직접적 대결 형태를 띤다. 분배정책의 경우 정부를 매개로 한 간접적 경쟁관계를 띠기 때문에 집행이 안정적이다.

제3절 정책집행 연구의 접근방법

정책집행 연구의 대표적 접근방법은 크게 세 가지로 나누어 불 수 있다. 하향식 접근방법 또는 정책중심적 접근방법(policy-centered approach)과 상향식 접근방법 또는 행위중심적 접근방법(action- centered approach)이 있다(Barret & Fudge, 1981: 12). 그리고 앞의 두 접근방법들의 장점들을 포함한 모든 요인을 고려하는 통합적 접근방법이 있다.

정책중심의 하향식 접근론자들은 집행과정에 대한 정책결정자들의 영향력을 지나치게 과신하는 경향이 있으며, 이는 정책결정자가 집행에 영향을 미치는 조직적·정치적·기술적 과정들을 통제할 수 있다고 보기 때문이다. 그러나 상향식 접근론자들은 집행과정이 너무 복잡하고 동태적이어서 인간의 제한된 합리성만으로는 완벽한 파악이 불가능하며, 어느 정도의 불확실성은 존재할 수밖에 없다고 주장한다. 집행상의 문제 발생은 일선 집행관료들의 영향력을 무시하고, 이들에게 복잡한 집행환경의 변화에 능동적으로 대응할 수 있는 재량권을 충분히 부여하지 않았기 때문이라고 한다(한석태, 2013: 307).

사바티어(Sabtier, 1986: 34)는 두 접근방법에 의한 집행연구의 특성은 정책집행을 바라보는 관점의 차이에서 비롯되며, 어떤 방법에 의한 접근이 일률적으로 우월하다고 말하기는 어렵다고 했다. 따라서 집행현상을 설명하는 이 두 접근방법은 상호 배타적이라기보다는 상호 보완적이라 할 수 있다. 그리고 통합적 접근방법은 앞의 두 접근방법들도 각기 문제점을 안고 있기 때문에, 이들의 장점들을 포함하여 중요하게 취급하는 모든 요인들을 고려하면 더욱 성공적인 집행성과를 거둘 수 있다는 시각에서 접근하는 방법이다. 정책집행 과정을 설명하는 세 가지의 접근방법에 대해 살펴보기로 한다.

1. 하향식 접근방법

하향식 접근방법(top-down approach)은 정책이 처음 결정되어 결과로 이어지는 과정을 시간의 흐름에 따라 기술하는 것으로, 정책중심적 접근방법이라고도 한다. 정책결정자의 관점에서 정책집행 현상을 설명하는 접근 방법으로 정책이 결과로 이어지는 과정에서 정책결정자들이 무엇을 또는 어떤 역할을 했는지를 분석한다. 이 접근방법은 정책형성과 집행과정을 분리해서 접근하고, 주어진 정책목표의 달성을 위한 수단적 행위로 정책집행을 이해한다.

하향식 접근방법의 대표적 연구로는 마즈매니언과 사바티어(Mazmanian & Sabatier, 1981, 1983)의 집행연구를 들 수 있으며 중앙집중식으로 결정된 정책이 집행도 중앙집중식으로, 상부의 결정에 따라 이루어진다고 보고 정책집행의 일반적 분석틀을 [그림 2-7]과 같이 제시하고 있다.

이들은 집행과정은 다양한 변수들의 상호작용의 결과로서 매우 동태적인 성향을 띤다고 하면서 독립변수와 종속변수로 나누어 설명하고 있다. 독립변수로 ① 문제 취급의 용이성, ② 법령의 집행 구조화 능력, ③ 정책집행에 영향을 미치는 비법령적 변수 등 세 가지를 들고 있다(한석태, 2013: 291,293). 종속변수로는 세 가지 범주의 독립변수에 의해 영향을 받게 되는 집행과정이라고 하면서, 집행과정을 다섯 단계로 세분화하고, 효과적인 정책집행을 위한 여섯 가지 조건을 제시하고 있다. 먼저 다섯 단계의 정책집행 과정을 보면

첫째, 집행기관의 정책산출 단계로, 관료들이 공식적인 정책목표를 실현시키기 위해 실질적인 규제(regulations)나 표준운영절차(SOP) 등 집행에 필요한 일반적인 규칙을 만들어 나가는 단계다.

둘째, 앞 단계에서 만들어진 정책산출에 대한 정책 대상집단의 순응(compliance) 혹은 불응(noncompliance)단계로, 정책 대상집단의 순응 확보는 효과적인 정책집행에 반드시 필요하다.

셋째, 정책집행의 실질적인 효과 산출단계로, 정책 대상집단의 순응도 등을 기준으로 정책목표의 성취 정도를 가늠한다.

넷째, 정책의 집행결과인 정책산출의 인지된 영향을 파악한다.

다섯째, 기본정책에 대한 주요변화 단계로, 입법화된 정책이 집행과정을 거치면서 처음의 정책이 재구성되거나 관련 법규의 개정 등으로 수정·보완이 이루어지도록 하는 다섯 단계로 집행과정을 세분화하고 있다.

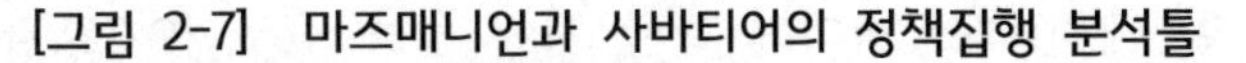
[그림 2-7] 마즈매니언과 사바티어의 정책집행 분석틀

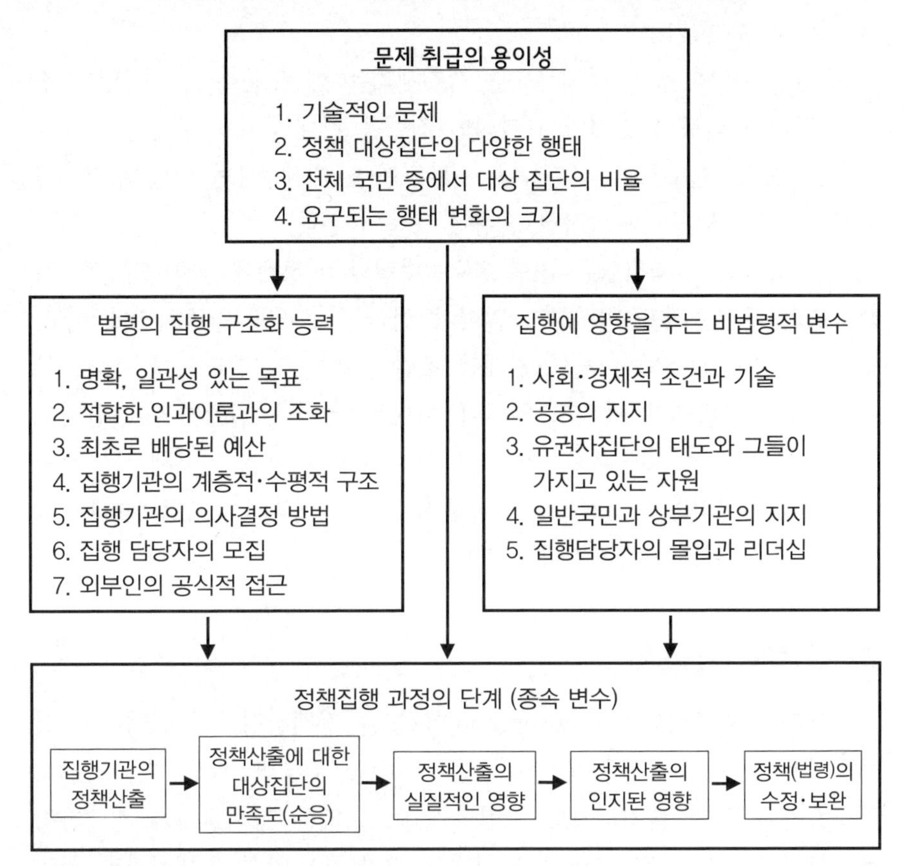

자료: Mazmanian & Sabatier(1983, 23).

그리고 효과적인 정책집행을 위한 여섯 가지 조건을 보면

① 정책집행이 효과적이기 위해서는 정책목표가 명확하고 일관성을 가져야 한다. 정책목표의 일관성과 명확성은 최소한 정책목표로 인해 야기되는 갈등을 해결할 수 있는 실질적인 기준을 제공할 수 있어야 한다.

② 정책집행 수단은 정책목표를 성취시킬 수 있는 인과성을 가지고 있어야 한다. 집행과 목표간의 인과적 연계가 정책 대상집단은 물론 집행관료, 입법부, 사법부 등과 같은 정책 관련집단에게도 충분히 이해되어야 한다.

③ 집행기관간의 조화, 집행기관과 대상집단의 정책에 대한 공감대

형성, 충분한 재원확보, 정책에 대한 지지 등을 갖추어야 효과적인 집행을 기대할 수 있다.

④ 집행기관의 장은 정책목표를 성취시키는 데 도움이 될 수 있는 정치적·관리적 역량이 있어야 효과적인 집행을 기대할 수 있다.

⑤ 정책집행을 위해 세분화된 프로그램에 대해 사법·입법·행정부의 지지가 확보 되어야 효과적인 집행에 도움이 된다.

⑥ 효과적인 정책집행은 경합 또는 대립되는 정책에 의해 집행될 정책목표의 우선순위가 변화하지 않아야 한다는 조건을 만족시켜야 하고, 또 그 정책이 집행되는 사회·경제적 조건의 변화에 의해 집행수단과 목표 간의 인과관계가 변하지 않아야 한다는 조건을 만족시켜야 한다고 했다(류지성, 2012: 408-411). 이들 연구의 특징은 이전 연구에서는 주의를 기울이지 않았던 정책집행의 영향요인들을 세밀하게 고찰했다는 점과 이론적 분석틀을 제시했다는 점이다.

2. 상향식 접근방법

상향식 접근방법(bottom-up approach)은 정책결정자의 관점에서 집행과정을 설명하는 하향식 접근방법의 비판으로부터 시작된다. 하향식 접근방법은 실제 분리하기도 어렵고 실익도 없는 정책형성과 집행과정을 분리하고 있는 점 그리고 정책대상 집단이나 일선 집행기관과 관료 및 정책과 연계되어 있는 다른 집행기관 등의 영향력을 간과함으로써 총체적인 집행현상을 설명하지 못한다는 등의 비판을 받아 왔다(Sabatier, 1986: 30).

바렛과 퍼지(Barrett & Fudge, 1981: 4-20)는 하향식 접근방법에 의한 집행연구의 한계를 지적하면서, 전통적으로 계층적 구조를 가진 정부는 경쟁이 결여되어 정책집행을 효과적으로 할 수 없도록 구조화되어 있다고 주장하고 있다. 하향식 접근방법의 일반적 연구경향은 조직구조 개편과 동기부여 등 조직 차원에서 업무수행 능력을 극대화하는 전략을 모색하고 있다.

그들은 하향식 접근방법이 가지고 있는 고유한 문제들을 극복할 수 있는 대안적 접근방법으로 첫째, 정책집행 과정은 합의(consensus)를 이루는 과정이라는 “협상과정으로서 정책집행”(implementation as a negotiation process)과 둘째, 정책집행을 정책과 그 정책에 의해 영향을 받게 되는 다양한 요인들간의 상호작용이라는 “행위와 반응으로써 정책집행”(implementation as action and response) 에 초점을 맞추어 집행과정을 개념화하고 있다. 그리고 정책집행은 “조직의 내·외적 권력관계”와 “집행기관과 일선관료들의 이해관계” 등에서 설명되어야 하며, 궁극적으로 정책형성을 위한 정치과정에서 무엇을, 누가, 어떻게 영향을 미쳤는지를 고려해야 한다는 것이다. 이와 같이 상향식 접근방법은 정책형성과 집행과정을 분리해서 설명하기 어렵기 때문에, 정책과정의 모든 행위(action)와 행위에 대한 반응(reaction)에 초점을 맞추어 집행연구를 해야 한다는 관점이다(Barrett & Fudge, 1981: 20).

사바티어(Sabatier, 1986: 34)는 상향식 접근방법에 의한 집행연구의 관심은 결정된 정책의 집행과정보다는 특정분야의 정책에 참여하게 되는 “행위자”들의 상호작용을 이해하고 설명하는 것이라고 하였다. 그는 “정책과정이 어떻게 결정되고, 결정된 정책의 목표가 시간이 지남에 따라 어떻게 변화하게 되었는지”에 초점을 맞추어, 정책집행에 관여하게 되는 모든 “행위자”를 찾아내어 그들이 추구하는 “목표”와 사용하는 “전략”과 “활동” 및 “계약” 등을 설문을 통해 자료를 수집하여 집행과정을 설명하고 있다.

일반적으로 정책은 집행과정에서 일선 집행관료들이나 대상집단의 성향과 선호 등에 의해 변화가 있을 수 있다. 립스키(Lipsky, 1980)는 해당분야에서 전문성을 갖춘 일선 관료(street-level bureaucrats)들이 집행과정에 가장 큰 영향력을 미치며, 정책집행을 정확히 이해하기 위해서는 정책결정자들에게 초점을 맞추기 보다는 일선 관료들의 행태를 고찰하는 것이 중요하다고 보았다. 또한 그는 일선 관료에 의한 의사결정(decisions of street-level bureaucracts), 집행을 위한 표준운영절차의 개발, 불확실성에 대처하는 방법, 업무수행 중 야기되는 압력 등이 일선 집행관료들이 정책집행을 할 때 참고해야 하는 요인들이라고 주장하고 있다. 이와 같이 상향식 접근방법은 정책목표가 집행을 통해 어느 정도 성취되었는가를 연구하기보다는 정책문제와 관련이 있는 다수 행위자들의 상호작용을 이해하고 설명하는 것으로 정리할 수 있다.

하향식 접근방법과 상향식 접근방법의 장단점을 보면 하향식 접근방법의 장점은 정책결정시에 집행과정의 문제점을 미리 예측하여 정책에 반영하거나 집행자에게 지침을 내려 줌으로써 정책의 성공을 도울 수 있다는 점이다. 그리고 이 하향식 접근방법은 정책결정자가 정책의 모든 과정을 통제한다는 전제를 하고 있기 때문에 정책이 실패했을 때 책임소재가 분명하다는 점에서 민주적 책임 행정에 더 부합된다고 할 수 있다. 상향식 접근법의 장점은 집행현장의 생생한 현실 즉 집행에 영향을 주는 관료와 이해집단 등 다양한 행위자들의 생각과 상호작용을 현장감 있게 분석할 수 있다는 점이다. 그러므로 이 접근법은 연구결과의 일반화보다는 실제 집행된 정책의 사례분석에 유리하다. 류지성(2012: 420)이 사바티어(Sabatier, 1986: 32)에서 재구성한 하향식 접근방법과 상향식 접근방법의 특성 비교를 보면 [표 2-10]과 같다.

[표 2-10] 하향식 접근방법과 상향식 접근방법의 특성 비교

	하향식 접근방법	상향식 접근방법
연구대상	(중앙)정부의 정책결정과 정책집행	정책 영역내의 일선 집행 네트워크 구조
집행과정의 중요 행위자	정책결정을 하는 정부의 상층부로부터 일선 집행담당 기관과 정책 대상집단을 대상으로 하향적 조명	정책집행기관과 정책 대상집단으로부터 정부의 정책결정 집단으로 상향적 조명
평가 기준	공식 목표를 성취시킨 정도 정치적 기준 의도하지 않은 결과 정책 효과	일반적으로 불분명하지만 기본적으로 평가자가 선택한 정책쟁점과 정책문제를 다룸 공식적인 정책 목표에 대한 분석은 요구되지 않음
전반적인 연구 초점	정책결정자들이 의도한 정책목표를 집행기관이 어느 정도 취시켰는가?	정책 네트워크를 구성하고 있는 다수 행위자들간의 전략적 상호작용

정치체제와 관련해서 보면 일반적으로 비민주적 정치체제에서는 하향식 접근방법의 특징을 띨 수 있고, 민주정치 체제에서는 상향식 특징이 더 나타날 수 있다. 양 접근 방법의 장단점을 요약하면 하향식 접근방법은 "숲은 보되 나무를 보지 못하는" 한계가 있는 반면 상향식 접근방법은 "나무는 보되 숲을 보지 못하는" 문제점이 있다(Sabatier, 1986). 이 두 가지 접근 방법을 종합하여 조화시키려는 것이 통합적 접근방법이다.

3. 통합적 접근방법

정책집행 연구를 위한 "통합적 접근방법"(synthesizing the approaches)이란 하향식 접근방법과 상향식 접근방법의 요소들을 종합하여 집행과정을 연구하는 방법을 의미 한다(Hill & Hupe, 2002: 56). 이 접근방법은 단순히 혼합한 접근방법이 아니라 두 개의 접근방법 중에서 중요하게 취급한 요인들을 모두 사용하여 총체적으로 집행과정을 설명하려고 한다. 통합적 정책집행 연구의 대표적 학자인 엘모어(Elmore, 1978, 1980, 1985)는 정책집행은 매우 복잡한 현상이기 때문에 집행과정에서 무슨 일이 일어났는가를 설명하기 위해서는 다양한 이론적 모형을 사용할 필요가 있다고 전제하면서, 정책집행을 ① 체제관리로서 정책집행, ② 관료적 과정으로서 정책집행, ③ 조직 발전으로서 정책집행, ④ 갈등과 타협으로서 정책집행 4가지로 분류하고 있다.

이는 정책목표가 결과로 이어지는 일방적인 과정으로 보기보다는 매우 복잡하고 다양한 요인들이 상호 연계되어 영향을 주고받는 과정으로 보기 때문이다. 다시 말하면 결정된 정책목표가 집행과정에서 어느 정도 성취되었는가를 설명하고, 집행과정에서 야기되는 문제들을 해결하여 효과적인 목표달성을 하기 위해서는 집행과정에 대한 "체제 관리"(systems management)와 "관료적 과정"(bureaucratic process)에 대한 연구와 함께 집행과정에 영향을 미칠 수 있는 일선기관과 정책 대상집단의 행위에 초점을 맞추어, 정책집행의 "조직발전"(organization development)적 측면과 "갈등·타협"(conflict and bargaining) 등에 대한 연구가 필요하다는 것이다. 이러한 맥락에서 엘모어의 집행연구는 통합적 접근방법을 처음 사용한 연구로 인식된다(류지성, 2012: 429-430).

샤프(Scharpf, 1978: 346-347)는 정책형성과 집행에 대한 연구는 다양한 목표와 전략을 가진 행위자들과 요인들의 상호작용의 결과이기 때문에 그들간의 관계에 초점을 맞추어 연구되어야 한다고 주장하고 있다. 그는 하향식 접근방법 즉 처방적 관점은 정책결정 또는 집행을 "목적지향적 활동"(purposive activity)이라고 부르면서, 이러한 관점에서는 정책목표에 따라 정책결과를 평가할 것이 요구된다고 했다. 그리고 상향식 접근 즉 실증적인 관점에서는 정책결정 또는 집행을 다양한 행위자들과 요인들간의 인과관계에 의해 설명되는 경험적 과정이라고 했다.

한편 그린들(Merilee Grindle, 1980: 4-8)은 제3세계 국가들의 정책과정은 다양성이 미흡하거나 권위적인 정권에 의한 일방적인 정책목표의 수립과 집행을 특징으로 하기 때문에 서구 선진국과 비교할 때 특별한 의미를 지닌다고 주장하면서, 정책집행의 정치적 맥락에 대해 설명하고 있다. 그는 정책집행을 "정책내용"(policy content: 정책이 구조화된 특성)과 "정책맥락"(policy context: 정책이 형성되고 집행되는 정치, 경제, 사회적 환경)에 초점을 두고 정책과정을 분석하고 있다. 그린들(grindle)은 정책집행을 "다양한 행위자들에 의한 지속적인 의사결정 과정"이라고 정의하면서, 정책집행 과정은 추구하는 정책내용에 의해 영향을 받게 될 뿐만 아니라 주어진 정치·행정의 맥락(politico-administrative context)에서 의사결정자들에 의한 상호작용의 결과가 집행된다고 하고 있다. 특히 그는 "결정된 정책은 정책형성 과정의 정치활동에 의해 크게 영향을 받게 된다"는 가정하에 정책집행 또한 그 정책이 어떻게 결정되었는지에 의해 성패가 좌우될 수 있다고 주장한다. 즉 집행력(implementability)은 정책내용적 변수에 의해 결정되므로, 집행될 정책이 어떻게 구조화되어 있는지를 분석한다면 그 정책이 집행되기 전이라도 집행의 성패를 가늠할 수 있다고 하였다.

경찰정책의 집행은 대부분 하향식 접근방법을 통해 집행되고 있다고 볼 수 있으며, 정책결정자들은 단순히 일방적으로 목표가 결과로 이어지기를 기대하는 경향이 강하다. 그러나 앞에서 살펴본 바와 같이 정책집행은 정책결정자들이 기대하는 것처럼 그렇게 단순하고 평면적으로 쉽게 이루어지는 것이 아니다. 따라서 경찰정책의 집행은 일선 경찰관들의 행위 등 내부요인과 정책 대상집단의 반응 등 외부적 요인들을 종합적으로 고려하는 통합적 접근방법에 대한 집행연구가 있어야 정책목표를 보다 효과적으로 달성할 수 있을 것이다.

제4절 정책집행의 성패요인

정책집행에 대한 연구는 공식적으로 1973년 프레스만과 윌다브스키(Pressman & Wildavsky)에 의해 시작된 이래 많은 학자들의 다양한 연구가 있었지만 아직은 다른 정책분야보다 일천한 측면이 있다. 성공적인 정책집행을 위해서는 정책 내부요인에서 부터 외부 환경에 이르기까지 여러 요인들이 함께 고려되어야 한다.

반 미터와 반 혼(Van Meter & Van Horn, 1975: 445-487)은 정책집행의 주요 변수로 정책의 기준과 목표, 자원, 조직간의 의사전달과 추진활동, 집행기관의 성격, 정치·경제·사회적 상황 그리고 집행자의 성향 등을 들고 있다. 스미스(T. B. Smith, 1973)는 정책집행과정에 영향을 미치는 요인으로 이상화 된 정책(idealized policy), 정책 대상집단, 집행조직, 환경적 요인을 들고 있다.

안해균(1997: 424-438)은 성공적인 정책집행의 고려 요인으로 정책목표, 자원, 집행담당자, 집행절차 등의 집행체제 내부요인과 사회·경제적 여건과 정책관련 문제 및 집단의 특성, 대중매체의 관심과 여론의 지지 등의 집행체제 외부요인을 들고 있다. 정정길(1997, 10장)은 정책집행을 좌우하는 요인으로 정책목표의 타당성, 수단의 합리성, 정책의 명확성과 일관성, 집행요원의 능력과 의지, 정책결정 주체의 지원, 이해집단이나 언론 및 국민의 태도, 대상집단의 순응, 자원 등을 들고 있다.

한편 한석태(2013: 314-316)는 무수히 많은 정책집행의 영향요인을 열거하는 식으로 논술하면 혼란만 초래하고 집행현상을 체계적으로 설명하는 데 도움이 되지 않는다며 정책요인, 정책공급자 요인, 정책대상자 요인, 환경요인 등 네 가지를 제시하면서 이들 상호간의 관계를 [그림 2-8]과 같이 제시하고 있다.

여기서는 정책집행에 관한 여러 학자들의 다양한 관점들을 기초로 하여, 정책집행의 성패를 좌우하는 요인으로 정책 자체요인, 유형적 특성관련 요인, 집행관료 및 조직요인, 정책 대상요인, 정책 환경요인 등 다섯 가지로 구분하여 정리한다.

[그림 2-8] 정책집행 영향요인과 상호작용

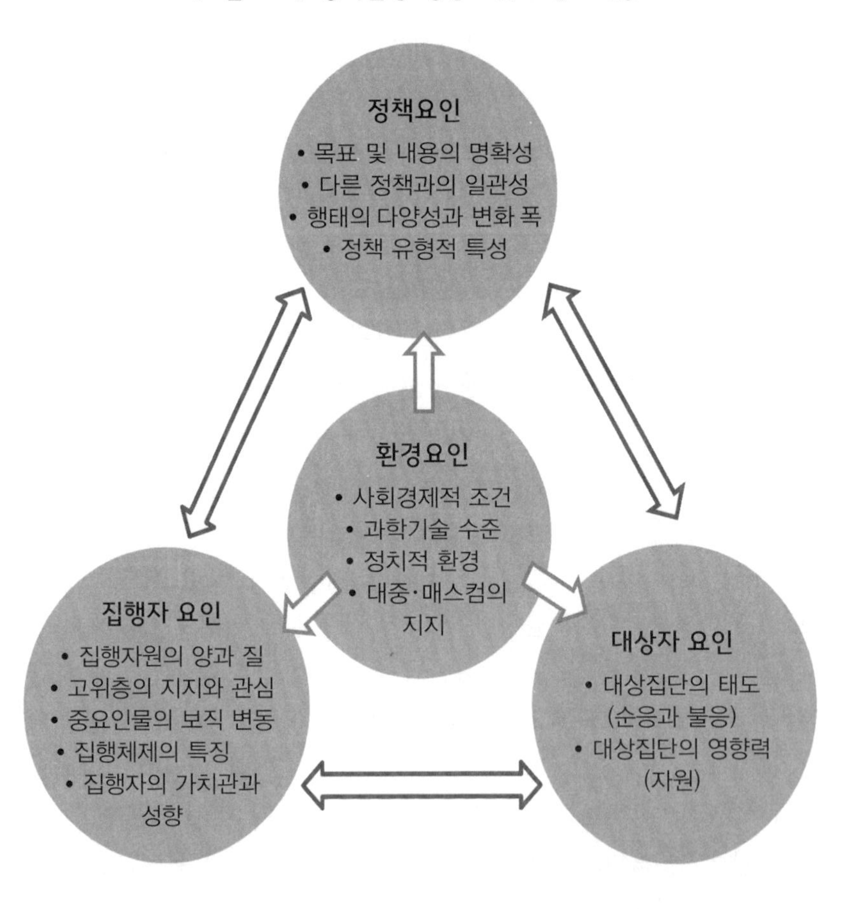

1. 정책 자체요인

1) 정책목표의 명확성

정책목표는 집행을 담당하는 일선기관이나 관료들에게는 무엇을 해야 하는지를 알려주는 중요한 기능을 한다. 고긴과 그의 동료들(Goggin et al, 1990, 174-175)은 정책목표와 관련해 “목표가 분명하고, 지속적이며, 반복되고, 일선 집행기관과 의사소통이 잘 이루어진다면 정책은 가감없이 효과적으로 집행될 수 있다”고 주장하고 있다. 여러 학자들이 지적하고 있는 정책집행의 성패에 영향을 미치는 명확성, 지속성 그리고 정책목표에 대한 합의 등 정책목표와 관련된 요인들을 정리해 보면

① 정책목표의 명확성은, 집행될 정책목표가 명확하지 않다면 정책집행을 담당하는 일선기관이나 관료들은 집행과정에서 큰 혼란과 어려움에 직면하게 된다. 왜냐하면 목표가 명확하다면 일선기관이나 관료들은 그것을 성취시키기 위해 무엇을 해야 할지가 분명하지만, 목표에 대해 명확히 알지 못하거나 정책수단들에 대해 명확한 지침을 부여받지 못한다면 집행과정은 혼란에 빠질 수 있기 때문이다(Mazmanian & Sabatier, 1983: 18-48, Goggin et al, 1990, 176-177).

② 정책목표에 대한 합의로, 정책관련 집단간에 정책목표와 목표들간의 우선순위에 대한 합의의 정도는 정책집행을 좌우하는 요인이 된다. 성공적인 정책집행은 정책관련 집단들의 정책에 대한 합의와 순응을 전제로 한다. 이는 정책에 대한 합의와 순응을 확보하지 못한 가운데 정책집행을 한다는 것은 집행과정이 의도한 대로 진행되기 어렵다는 것을 뜻한다(Hogwood & Gun, 1984: 204, Goggin et al, 1990, 174-175).

③ 정책목표의 지속성 문제로, 새로운 정책은 기존의 사회질서에 큰 변화를 야기 시킨다. 정책목표가 기존의 정책목표와 크게 다르다면 그 정책은 집행에 어려움이 따를 수 있다. 그 정책에 대한 합의와 순응이 전제되지 않았기 때문이다. 새로운 정책이 기존정책으로부터 점진적인 변화만을 추구한다면 그 정책은 비교적 쉽게 집행될 수 있다(Goggin et al, 1990, 174-175).

④ 장기적인 목표와 단기적인 목표의 경우, 단기적인 목표의 정책은

정책집행 결과가 가시적이고 단기적으로 나타나기 때문에 집행은 비교적 쉽게 이루어진다. 그러나 범죄예방 프로그램과 같은 장기적인 목표의 경우 실질적인 집행효과가 단기적으로 나타나지 않을 뿐만 아니라 그 실효성도 가시적이지 못해 대상집단의 호응을 얻어내기 어려워 당초 의도한 대로 집행되기가 어렵다(Grindle, 1980: 8-10).

2) 다른 정책과의 일관성

정책내용이나 집행수단에서 다른 정책과 상충되는 부분이 있다면 순조로운 정책집행은 기대하기 어려워진다. 다른 정책분야의 정책목표나 집행수단과의 모순 관계는 하위 집행기관으로 내려 갈수록 집행에 심각한 문제를 야기할 수 있기 때문이다. 예를 들면 공식적인 남북정상회담이 이루어졌고, 이미 북한에 대한 무상지원이나 각종 경제적 교류가 진행되고 있는 상황에서 학생단체가 통일 관련 행사를 하면서 캠퍼스 내에 태극기와 인공기를 나란히 게양한 사실을 국가보안법으로 처벌한다면 대북정책의 집행에 상당한 혼란을 가져올 것이다. 또 다른 예로 수질오염 방지와 산림보호 등의 환경정책을 추진하면서 한쪽에서는 골프 대중화를 위해 골프장 인가 기준을 대폭 완화함으로써 산림을 훼손하는 행위는 결국 환경정책의 집행과 갈등 관계에 놓이게 되는 것이다(한석태, 2013: 318).

2. 정책 유형적 특성요인

정책 유형에 따른 집행상의 특징은 앞 절에서 논의한 바 있으므로 여기서는 정책집행상의 어려움만 간단히 정리하고자 한다. 분배정책의 경우에는 정책시행으로 얻는 자는 있지만 잃는 자는 없기 때문에 다른 정책 유형에 비해 상대적으로 집행이 용이하다. 경쟁적 규제정책도 분배정책과 보호적 규제정책의 혼합적 성격을 갖고 있기 때문에, 정상적 상황에서는 집행이 비교적 쉬운 편이지만 정치세력 개입 등 외부 영향을 받으면 집행이 어려워진다.

그러나 보호적 규제정책은 규제와 관련된 이익을 둘러싸고 집단간 갈등이 발생하기 때문에 집행이 상대적으로 어렵다. 특히 재분배 정책은 규제정책과 마찬가지로 얻는 자와 잃는 자가 있고, 일반적으로 보수와 진보로 나누어져 이념적 갈등이 첨예하게 대립함으로써 집행에 상당한 어려움을 겪게 된다.

3. 집행관료 및 조직요인

1) 집행 자원과 수단

정책집행에서 가장 중요한 변수는 집행에 필요한 자원의 확보이다. 자원의 예로는 돈, 시간, 인력, 권력 등을 들 수 있다(Nakamura & Smallwood, 1980: 55). 정책집행에 필요한 돈·인력·권력 등 자원의 동원은 제한적이기 때문에 자원이 충분하게 확보된 정책은 그렇지 못한 정책보다 집행은 의도한 대로 쉽게 이루어진다. 시간도 중요한 자원으로, 시간이 촉박할 때 정책집행자가 신속하고 적극적으로 집행에 임한다면 긍정적인 효과로 작용하지만, 시간부족을 이유로 집행을 해태하거나 자신의 태만을 인정하지 않고 변명할 경우 부정적인 효과로 나타난다.

이와 더불어 정책집행을 강요할 수 있는 권한 즉 법적 권한과 함께 정책 순응을 위한 설득, 유인 등의 보조적인 수단을 확보할 수 있는 정책은 집행을 성공적으로 이끌어 낼 수 있다. 그리고 민주적 참여 과정을 거친 정책일수록 갈등과 저항이 최소화 되기 때문에 집행은 쉽게 이루어진다. 또한 정책에 대한 고위공직자의 지지 및 긍정적인 인지는 집행의 장애물을 제거하는 데 도움이 되어 집행을 비교적 쉽게 할 수 있다.

2) 집행 조직의 구조

호그우드와 건.(Hogwood & Gunn, 1984, 202-203)은 "완전한 집행"의 조건 가운데 하나로 "다양한 집행기관에 의하지 않고 단일한 집행기관에 의해 정책이 수행되었을 때 완전한 집행이 될 수 있다"고 하면서, 만약 다른 집행기관이 관여하게 되더라도 그 집행기관과 최소한 종속관계가 유지되었을 때 가장 완전한 집행을 기대할 수 있다고 했다.

그린들(Grindle, 1980: 9-10)은 교육기관과 같이 의사결정에 참여하는 범위가 넓은 "정책 네트워크"를 통해 정책이 형성되고 집행되는 정책은 가장 복잡한 양상을 띠게 되어 가감없이 집행되기 어렵고, "집행장소"(site of implementation)가 지역적으로 넓게 분산되어 있고, 많은 정부조직이 관여하게 되면 될수록 정책은 의도한대로 집행되기 어렵다고 하였다. 이는 정책 참여 범위가 넓고 지역적으로 분산되어 있는 정책보다는 지역이나 참여 범위가 제한적인 정책이 집행에 효과적임을 말해 주고 있다. 이와 더불어 정책집행 조직이 전문화·분권화된 조직보다는 계층적 구조를 가진 조직이 보다 능률적인 집행을 할 수 있다.

3) 집행기관과 관료의 능력·책임·반응

집행기관과 관료들의 능력 그리고 책임과 반응에 의해 정책집행은 크게 좌우될 수 있다. 정책집행 과정에서 집행 담당기관의 정책에 대한 전문성, 적극성, 정치적 지원유발 능력, 재량권 등은 정책집행을 좌우하는 요인이 된다(Mazmanian & Sabatier, 1983: 18-48, Grindle, 1980: 10). 이는 중앙정부의 정책 의도가 일선까지 훼손되지 않고 그대로 집행되기 위해서는 집행관료들의 이와 같은 능력이 매우 중요하다는 것을 의미 한다.

정책집행을 담당하는 정부기관과 일선관료들은 주어진 정책환경 내에서 목표를 달성해야 할 책임이 있으며, 일선 관료들에게 주어진 집행책임으로는 계층적, 법적, 정치적, 전문적 책임이 있다. 따라서 집행을 담당하는 기관과 관료들의 정책에 대한 책임감과 반응의 정도는 동일한 정책이라도 집행결과를 크게 좌우할 수 있는 중요한 요인이 된다.

많은 학자들의 책임과 관련된 논의를 보면 일반적으로 행정책임은 행정관료 스스로 통제할 수 있다고 보는 견해와 외부로부터 강력한 관리 감독을 통해 실현해야 한다고 보는 입장이 있다. 그리고 반응과 관련해서는 집행을 담당한 기관과 관료들은 정책집행시 대상집단의 기대에 부응해야 하므로 누구의 기대에 부응하고 누구의 기대를 저버릴 것인가와 관련해 어려운 결정을 해야 한다. 관료들은 목표를 성취시키기 위해 다양한 정책관련 집단들의 기대와 요구에 적절히 반응하여 지지를 받으면서, 그들의 요구를 환류시켜 다음 정책에 반영함으로써 궁극적으로 정책목표를 달성할 수 있다. 이를 위해서 일선관료들은 자신들이 처한 환경을 이해하고 다양한 기대와 요구에 반응하여 집행될 정책과 관련해 정치적 균형 감각을 유지할 수 있는 정치적 기술을 습득해야 한다 (Grindle, 1980, 13).

4. 정책 대상 요인

1) 대상집단의 태도(합의와 순응)

성공적인 정책집행은 정책관련 집단들의 정책에 대한 합의와 순응을 전제로 하기 때문에, 정책관련 집단들간의 목표에 대한 합의의 정도는 정책집행을 좌우하는 요인이 된다는 것은 앞에서 언급한 바 있다. 모호한 정책, 정책에 대한 불만, 정통성 없는 정책결정, 정책문제의 복잡성과 무관심, 자원의 부족 등으로 정책을 수용하지 않는 불응(noncompliance)이 발생하면, 그 정책은 집행에 큰 어려움을 겪게 된다.

많은 학자들은 집행될 정책에 대한 합의와 순응을 성공적인 정책집행의 필수적인 조건으로 보고 있다. 정책과 관련된 다양한 행위자들로부터 긍정적인 반응과 협조 즉 순응(compliance)을 확보한다는 것은 집행과정이 어떻게 전개될 것인지를 미리 짐작할 수 있는 중요한 요인이 된다. 그러나 정책에 대한 순응을 확보한다는 것은 그리 쉬운 일이 아니다. 이는 정책에 의해 피해를 입게 되는 집단들의 반발을 완화시키는 것은 물론, 정책 수혜집단으로는 배제되었지만 정책을 변화시켜 정책으로부터 수혜를 받고 싶어하는 집단들의 끊임없는 정치적 간여를 고려해야 하기 때문이다(류지성, 2012: 456).

정책집행에 필요한 통제와 순응에 대한 연구의 대표적인 학자로는 다운스(Downs, 1967)와 카우프만(Kaufmam, 1973)이 있다. 이들은 정책집행을 관료적 행정업무 수행의 연장선상에서 보고, 순응을 확보하기 위한 구체적인 통제수단으로 설득(persuasion), 유인(incentives), 보상(rewards), 처벌(penalty), 강제(coercion) 등을 들고 있다.

정책집행을 상향식 관점에서 보면, 정책결정자와 집행자를 상하간의 수동적 관계로 인식하기보다는 정책집행을 통해서 무엇을 성취하려는 상호 교류를 통한 협력자로 본다. 같은 맥락에서 대상집단에 대한 순응확보도 처벌이나 강제보다는 거버넌스(Governance)적 접근방법으로 타협(negotiation)과 협상(bargaining) 그리고 조화(compromise)를 통한 정책순응을 확보하는 것이 보다 효과적이라 할 수 있다.

2) 대상집단의 영향력

정책집행의 실질적 효과를 좌우하는 것은 대상집단의 영향력의 크기에 달려 있다고 해도 과언이 아니다. 집행과정에서 영향력의 크기를 결정하는 요소로는 재정력과 조직력이 강한 조직, 정치권의 유력인사 등 권력에 접근할 수 있는 자원, 물리적 집단행동 등이 있다.

사회적 혼란이나 충격을 가져오는 대규모 물리적 집단행동은 정책을 지지 또는 반대하는 각종 행동 중에서 가장 적극적인 방법이다. 물리적 집단행동은 평화적이고 합법적인 경우도 있지만, 불법적이고 폭력적인 형태로 변질되는 경우도 자주 발생한다. 후자의 경우에는 1996년 12월 노동법 개정에 대한 노동계의 총파업, 2003년 11월 전국노동자대회, 2004년 6월 세계경제포럼 반대집회 등이 있다.

특히 폭력적인 대규모 집단행동은 정치·사회적으로 큰 충격을 주어서 정책집행의 변화를 넘어 아예 정책 자체를 중단시키는 위력도 가진다. 그러나 정책변화가 있다고 해도 언제나 집단행동을 일으킨 측에 유리한 방향으로 정책변화가 이루어진다는 보장은 없다. 정책집행상의 변화가 저항집단의 분노를 완화시키려는 일시적인 기만에 불과할 가능성도 있기 때문이다(한석태, 2013: 333).

5. 정책 환경 요인

1) 정치·경제·사회·기술적 상황

정치·경제·사회·기술적 상황에 따라 새로운 정책수요의 창출, 정책우선순위의 변동, 집행중단 또는 축소·변경 등이 이루어질 수 있으므로, 이러한 상황변화는 정책집행에 직·간접적인 영향을 준다. 또한 전통문화·이념·가치 등 정치·문화적 요인과 함께 정권교체, 국회 다수당의 변동, 국민적 저항운동 등 정치적 상황변화도 정책집행에 큰 영향을 주고 있다. 민주사회와 다원주의 사회에서의 갈등에 대한 합의 과정은 매우 어렵다. 우리 사회의 집회·시위와 관련된 정책집행에 있어서 질서유지와 자유권이 충돌하여 정책결정은 물론 그 집행을 대단히 어렵게 하고 있는 것을 보면 잘 알 수 있다.

특히 정치체제의 특성 즉 어떤 정치체제를 갖고 있는지에 따라서도 정책집행은 크게 영향을 받는다. 또한 권위주의·민주주의·진보성향·보수성향 등 정권의 특성과 함께 국민의 정책에 대한 지지와 태도에 따라 정책집행이 쉬워질 수도 있고 어려워질 수도 있다. CCTV나 스마트폰 기술의 발달 등 과학 기술의 발달도 정책집행에 영향을 주고 있으며, 범죄예방이나 단속과 관련된 경찰정책의 집행에 있어 과거 인력에 의존하던 것을 CCTV[6] 등 장비를 이용함으로써 인력 절감과 증거 확보에 큰 성과를 거두고 있다

2) 일반국민과 SNS 등 대중매체의 관심과 지지

오늘날 대중매체는 사회문제나 이슈를 일반국민 및 정책엘리트가 인식하도록 연결시켜 주는 매개변수 역할을 한다. 매스컴이 정책관련 사건을 보도하지 않거나 보도하더라도 어떤 논조에서 하는가, 그것을 얼마나 오랫동안 지속하는가의 문제는 사건과 이슈에 대한 일반국민과 정책엘리트의 관심과 생각에 큰 영향을 미친다. 다른 조건이 동일하다면 특정정책에 대한 국민과 매스컴의 지지가 높고 지속 시간이 길수록 성공적인 정책집행에 도움이 된다고 할 수 있다(한석태, 2013: 337). 그리고 특정정책에 대한 국민들의 높은 관심과 지지는 그 정책과 관련된 예산의 증액이나 정책 우선순위를 앞 당기는 등 정책의 집행에 긍정적인 효과를 가져 온다.

---

6) 경찰은 범죄예방과 범인검거 수단으로 방범용 CCTV를 지방자치단체와 협의하여 매년 확대 설치하고 있다. 2002년 서울 강남경찰서와 강남구청이 협의하여 논현동에 처음으로 설치(5대)한 바 있는 방범용 CCTV는 2014년 291,438대에서 2019년 510,245대가 전국에 설치(2019, 행정안전부 통계연보)되어 있다. 인권침해 논란도 있지만 공공장소 설치로 인한 개인정보 침해를 방지하기 위해 개인정보보호법(2017)과 개인정보보호법 시행령(대통령령)이 재정되어 있고, 행정안전부의 "공공기관·민간분야 영상정보처리기기 설치·운영 가이드라인"에 그 세부사항을 규정하여 개인정보를 보호하고 있다.

최근 신문 등 전통적인 매스컴의 위력이 다소 약화되어 가는 측면은 있지만, 이를 포함하여 쌍방향 통신이 가능한 인터넷, 스마트폰 등과 함께 최근 폭발적으로 성장하고 있는 SNS(Social Network Service) 등은 정책집행에 대한 국민들의 관심이나 지지·반대 등 정책순응 문제를 크게 좌우하고 있다.

일반적으로, 특정정책에 대해 국민과 대중 매스컴의 관심과 지지가 높으면 높을수록 그리고 오래 지속되면 될수록 정책집행에 도움이 된다. 특히 관심이 호의적인 경우 집행은 비교적 쉬워지나 대중적 반감이 큰 경우에는 정책을 대폭 수정하지 않으면 집행이 어려워진다.

제6장

정책평가론

제1절 정책평가의 대상과 기준

1. 정책평가의 개념

정책평가는 특정 사회문제의 해결이라는 정책목표가 어느 정도 달성되었는지를 따져보는 가치판단의 활동이다. 정책평가에 대한 개념적 정의를 보면 폴란드(Poland, 1974: 333)는 정책평가를 "정책이 집행되어 초래한 영향을 회상(retrospective)하여 검토하는 것"이라고 정의하고 있고, 앤더슨(Anderson, 1979: 152)은 정책평가는 정책이나 프로그램이 사회에 미친 영향이나 공식적인 목표를 성취시킨 정도를 대상으로 "정책은 목표를 성취했는가", "비용과 편익은 어느 정도 되는가", "누가 수혜자이며 그 정책이 집행되지 않았다면 어떤 결과가 초래되었을까"와 같은 의문에 답하는 것이라고 했다.

해결해야 할 사회문제에 대한 정책이 완전한 정보에 의해 결정되고 집행된다는 것은 현실적으로 기대할 수 없다. 정책평가가 필요한 것은 바로 이러한 현실적인 문제가 있기 때문이다. 집행된 정책이 목표를 달성했다면 목표달성에 기여한 정책변수는 어떤 것이 있는지 그리고 실패했다면 실패의 원인은 무엇인지를 알기 위해 평가를 하는 것이다. 그리고 정책평가에서 얻은 정보는 다음 정책과정이나 다른 정책분야에 중요한 자료로 활용된다.

1950년대 정책학 발달 초기에는 어떻게 하면 좋은 정책을 만들 것인가의 정책형성 분야에 많은 관심을 가졌다. 그러다가 1960년대 들어 막대한 연방 예산을 들여 시행한 미국 존슨 행정부의 사회정책이 성과를 거두지 못하자, 당시 시행된 정책의 잘잘못을 따지면서 정책평가에 대한 관심이 높아진 것이다. 정책평가에는 정책집행이 이루어진 후에 하는 사후평가와 정책결정 단계에서 하는 사전평가가 있다. 사전평가는 검토된 여러 정책대안들이 가져올 결과들을 예측하는 작업으로 좁은 의미의 정책분석을 의미한다(한석태, 2013: 340).

따라서 정책평가에 대한 개념적 정의를 내리면 정책평가는 정책이 결정되어 집행된 결과 또는 그 결과에 대한 사후평가와 분석을 의미 한다. 그러므로 정책평가는 정책이 집행되어 초래한 영향을 대상으로 하며, 정책이 집행되어 가져온 실질적인 사회적 영향이 무엇인가를 밝히는 것이다.

2. 정책평가의 대상

정책평가의 개념적 정의에 대한 논의를 종합해 보면 정책평가는 정책이 집행되어 가져온 실질적인 사회적 영향이 무엇인가를 밝히는 것이다. 이는 정책이 집행되어 초래한 "정책영향"을 정책평가 대상으로 한다는 것을 의미한다. 따라서 정책이나 프로그램 평가와 관련하여, 평가의 대상은 기본적으로 정책이 초래한 "정책산출"과 "정책영향"이다. 그리고 정책영향과 유사한 개념인 "정책결과", "정책성과" 등이 있다. 구체적인 평가대상은 맥락을 같이 하는 정책평가 유형 부분에서 살펴보기로 한다.

1) 정책산출

정책산출이란 "정책의 가시적이고 상징적인 표현"(Nachmias, 1979: 3)이다. 이는 "정부가 정책을 통해 무엇을 했는가"를 나타내는 지표(indicators)를 의미한다. 예를 들면 범죄예방 정책과 관련하여 경찰관의 증원과 장비의 확충 등에 대해 국회가 승인한 예산은 바로 "정책산출"이다. 그러므로 정책산출은 "문제를 해결하기 위해 정부가 애초에 결정한 사항"(Weiss, 1972: 2-3)이라 할 수 있다.

정책산출을 측정한다는 것은 정책이 초래한 영향을 측정한다는 것과는 다르다. 정책산출은 정책집행을 위해 지출된 예산, 투입된 인력, 관련 법규제정, 수혜자에 대한 서비스 제공 등과 같은 문제에 답하는 것이므로 "정책이 어떻게 구성되는가"와 관련된 것이다. 이와 관련하여 와이스.(Weiss, 1972, 3)는 정책산출을 측정해 정책목표가 실현된 정도나 성과를 가늠하기는 적절치 못하다고 지적하고 있다.

2) 정책 영향(결과, 성과)

일반적으로 정책결과(policy outcomes)와 정책영향(policy impacts)은 유사한 개념으로 혼용되고 있으며, 의도된 정책목표를 성취한 정도와 의도되지 않은 모든 효과를 포함 한다. 앤더슨(Anderson, 1979: 153)은 "정책결과 혹은 정책영향을 정책이 집행되어 실질적으로 일상생활에 미친 영향 정도를 가늠하는 것"이라고 정의하고 있고, 던(Dunn, 1981: 333)은 정책결과, 정책성과, 정책영향을 구분하여 다음과 같이 설명하고 있다.

"정책결과"는 정책행위의 관찰된 결과(consequence)로, 그리고 "정책성과"(policy performance)는 정책산출이 추구하는 가치를 성취하는 데 기여한 정도라고 정의하고, "정책영향"은 정책산출에 의해 초래된 정책대상집단의 행태와 태도의 실질적인 변화라고 하면서, 예를 들어 대상집단의 건강 증진 프로그램의 정책영향은 대상 집단의 향상된 건강 상태라고 설명하고 있다(류지성. 2012: 482-483). 이를 경찰정책에 비추어 보면 범죄예방 정책을 추진한 결과, 치안상태가 호전된 경우를 말하는 것이다.

이상의 논의를 요약하면 정책산출과 정책영향은 엄격히 구분하여 논의되지만 정책결과, 정책영향, 정책성과, 정책효과는 구분해 사용하기보다는 상호 교환해 사용할 수 있는 유사한 개념으로 이해할 수 있다.

3. 정책평가의 기준

정책이 초래한 결과를 평가하기 위해서는 먼저 평가 기준이 마련되어야 한다. 정책평가 기준으로는 효과성, 능률성, 적정성, 적절성, 형평성, 반응성 등이 있으며 이에 대해서는 정책목표 설정기준 등에서 이미 살펴본 바 있다. 여기서는 류지성이 던(Dunn,1981: 343)에서 재구성한 구체적인 평가기준을 요약한 [표 2-11]로 대체한다.

[표 2-11] 정책평가의 기준

기준의 유형	평가를 위한 질문	평가 기준의 예
효과성	의도한 가치는 성취되었는가?	서비스의 단위
능률성	의도한 가치 창출을 위한 비용은?	비용의 단위, 순 편익 비용·편익 비율
적정성	정책 결과가 문제를 해결한 정도는?	고정비용 고정효과
형평성	정책 대상집단에게 비용과 편익은 공정하게 분배되었는가?	파레토 최적 기준 칼도 힉스 기준 라울의 기준
반응성	정책 결과는 정책 대상집단의 요구, 기호, 가치를 만족시키고 있는가?	시민의 만족도 조사와 일치 정도
적절성	정책 결과의 실질적인 가치는 어느 정도인가?	적합성과 효율성

제2절 정책평가의 필요성과 목적

1. 정책평가의 필요성

우리가 해결해야 할 문제에 대해 완전한 정보를 가지고 정책을 결정하고 집행할 수만 있다면 정책결과에 대한 평가는 필요하지 않다. 그러나 대부분의 경우 사회적 쟁점에 대해 완전한 지식을 가지고 있지 못하며, 더욱이 정부는 사회적 간여가 어떤 결과를 초래할 것인가에 대해 매우 제한적인 지식만을 가지고 있다. 따라서 사회문제 해결을 위해 구성된 정부정책과 그 정책의 집행결과는 항상 의도한 대로 나타나지 않는다.

왜냐하면 집행관료의 인지능력과 사회문제의 복잡성·다양성·상호연계성 등 정책과정에서 사전에 인지하지 못했던 변수들의 영향 때문이다. 그러므로 정책현상의 총체적인 측면을 이해하면서 정책이 의도한 결과를 어느 정도 성취시켰는가를 면밀히 검토한다는 것은 매우 어려우면서도 중요하고 의미 있는 일이다. 또한 정책평가는 정책과 관련된 사회문제를 해결하는 데 필요한 정보를 제공해 줌으로써 향후 새로운 정책의 형성과 집행에 실질적인 도움을 줄 수 있기 때문에 더욱 중요하고 필요하다(류지성, 2012: 477).

2. 정책평가의 목적

정책평가는 평가대상이 되는 정책이나 프로그램이 의도한 목표를 성취시킨 정도, 그리고 의도했거나 의도하지 않은 영향을 과학적인 방법으로 밝혀내어 향후 사회문제 해결에 도움이 될 수 있는 정보를 제공하는 것을 목적으로 한다. 정책평가 목적과 관련하여 러트만(Rutman, 1984)은 정책평가 목적을 공개적 목적과 비공개적 목적으로 구분하면서, 공개적 목적으로 책임·관리·지식의 세 가지 관점에서 정책평가의 목적을 설명하고 있다. 이에 대해서는 정책평가 절차 부분에서 설명하기로 한다.

여기서는 경찰정책 평가의 목적과 관련하여 이상안(2005: 478)이 러트만의 세 가지 관점을 기초로 하여 요약정리한 것만 살펴본다.

① "지식의 관점"에서, 안전과 질서문제를 해결하기 위한 정부 전략 등에 관한 새로운 지식을 얻는 데 필요한 것이다.

② "관리의 관점"에서, 경찰정책의 효과성과 능률성을 평가하고 대안의 선택과 운영상의 개선을 증진시키는 것이다.

③ "책임의 관점"에서, 정책평가의 목적은 정책집행자로 하여금 "효과성과 운영상의 질"이라는 두 가지 측면에서 정부자원의 관리에 최선을 다해 책임을 지도록 하는 데 있다.

제3절 정책평가의 논리

1. 인과관계의 추론

인과관계(causation)란 원인과 결과간의 관계를 말하며, 인과관계의 추론은 원인이 되는 현상이나 사건과 그 결과 사이에 구체적으로 어떤 조건이 갖추어졌을 때 인과관계가 존재한다고 판단할 수 있느냐에 관한 문제다. 오늘날까지 과학자들 사이에 널리 받아들여지고 있는 인과관계 추론의 조건은 밀(J. S. Mill)이 제시한 다음 세 가지 원칙이다.

첫째, 시간적 선행성(temporal precedence)으로, 원인은 결과보다 시간적으로 앞서야 한다는 원칙이다. 단순히 한 변수가 변할 때 다른 변수도 변했다고 해서 두 변수간에 인과관계가 있다고는 말할 수 없다. 인과관계가 있으려면 특정 독립변수의 변화가 종속변수의 변화보다 시간적으로 앞서야 한다는 것이다. 시간적 선후를 결정하는 것이 어려운 경우도 많이 있지만, 일반적으로 정치에 관한 관심이 정치 참여에 우선하며, 심리적 좌절이 자살에 선행한다. 논리적으로는 "비가 계속 오면(독립변수) 우산이 잘 팔린다(종속변수)는 맞지만, 우산이 잘 팔리니 비가 계속 온다는 것은 맞지 않다.

둘째, 공동변화의 원칙으로, 원인과 결과는 공동으로 변화하여야 한다. 원인변수와 결과변수는 항상 같이 변화해야 한다는 상시 연결성(constant conjunction)의 원칙이라고도 한다. 공동변화 또는 연관성은 둘 또는 그 이상의 변수가 상호 관련되어 있지 않다면 한 변수가 다른 변수의 원인이 될 수 없다는 것이다. 예를 들면 지능이 낮으면 범죄를 저지른다는 논의에서 지능이 낮은 사람과 높은 사람이 똑같이 범죄를 저지른다면 지능은 범죄의 원인이 될 수 없다는 것이다.

셋째, 경쟁가설(rival hypothesis) 배제의 원칙으로, 결과는 원인변수에 의해서만 설명되어져야 하며, 다른 변수에 의한 설명 가능성은 배제되어야 한다. 결과변수의 변화가 추정된 원인이 아닌 제3의 변수(허위변수와 혼란변수) 또는 외재적 변수(extraneous variables)에 의해 설명될 가능성이 없어야 한다는 것이다(남궁 근, 2004: 170-171).

2. 허위변수와 혼란변수

허위변수(spurious variable)란 원인변수와 결과변수 사이에 전혀 관계가 없는데도, 두 변수간에 인과관계가 있는 것처럼 나타나도록 만드는 즉 두 변수 뒤에 숨어 있는 제3의 변수를 말한다. 예를 들면 영어특별교육이 전혀 영어실력 향상에 도움을 주지 못하고, 성적이 좋아진 이유가 특별반 학생들의 높은 성취 의욕 때문이라면 이 경우 높은 의욕이 허위변수가 된다.

그리고 혼란변수(confounding variable)는 독립변수가 종속변수에 부분적으로 영향을 미치고, 또 뒤에 숨어있는 변수가 독립변수와 종속변수에 영향을 미칠 때 이런 제3의 변수를 혼란변수라 한다. 예를 들면 영어성적 10점이 향상된 것은 특별교육 때문에 2점이 향상되었고 의욕이 커서 평소 공부를 많이 했기 때문에 8점이 향상되었다면 10점 모두 특별교육 때문이라고 하는 것은 정책효과를 과대평가하는 것이다(백승기, 2010: 175-176).

3. 타 당 성

타당성(validity)이란 "경험적 조사연구를 통하여 인과관계를 얼마나 진실에 가깝게 추론해 내느냐"의 정도를 나타내는 개념(Cook & Campbell, 1979: 37)이며 "측정하고자 하는 것을 측정해 낸 정도"(Rutman, 1984: 22)를 말한다. 검증하고자 하는 인과관계를 진실에 가깝게 추론해 낸 경우 그 조사연구의 타당성은 높고, 그 반대의 경우는 타당성이 낮다는 것이다.

일반적으로 조사연구의 타당성은 크게 내적 타당성(internal validity)과 외적 타당성(external validity)으로 구분한다. 내적 타당성이란 조사연구의 설계 및 분석과정에서 추정된 원인과 결과의 관계에 대한 인과적 추론이 어느 정도 정확했는지에 관한 것이고, 외적 타당성은 그 조사연구의 결론을 다른 형태의 측정수단을 사용했을 때, 또는 다른 모집단이나 상황·시점에 어느 정도까지 일반화시킬 수 있는지의 범위에 관한 것이다.

쿡과 캠벨(Cook & Campbell)은 1979년의 저서에서 내적 타당성을 세분하여 추정된 원인(정책이나 프로그램)과 추정된 결과(정책환경적 상황 및 조건의 변화) 사이에 관련이 있는지에 관한 통계적 의사결정의 타당성을 말하는 "통계적 결론의 타당성"을 추가하고, 외적 타당성을 세분하여 연구에 사용된 이론적 구성개념과 이를 측정하는 측정도구(측정수단)가 얼마나 일치하는지의 정도를 나타내는 구성개념 타당성을 추가하였다(남궁근, 2004: 179).

바비에(E. Babbie, 1986: 112-114)는 적절한 측정을 하는 데 있어 성공을 판단해 주는 기준으로 다음 4가지 타당성을 들고 있으며 그 내용을 요약하면 다음과 같다. ① 공통된 지각 즉 일상적인 논리로서 설득이 가능한 정도를 뜻하는 액면 타당성(face validity), ② 측정도구가 측정대상이 가지고 있는 속성들을 대표성 있게 포괄적으로 포함하고 있는가의 내용 타당성(content validity), ③ 측정하고자 하는 추상적인 개념이 실제로 측정도구에 의해 제대로 측정되었는지의 정도를 나타내는 구성 타당성(construct validity), ④ 측정대상을 직접관찰을 통해 측정하기보다는 외부의 기준을 사용하여 측정할 때 그 정확도를 말하는 예측 타당성(predictive validity)을 들고 있다.

1) 내적 타당성 저해요인

내적 타당성이란 조사연구의 설계 및 분석과정에서 추정된 원인과 결과간에 인과적 추론이 어느 정도 정확했는지에 관한 것이다. 정책의 정당성을 제대로 평가받기 위해서는 정책수단과 발생한 효과간에 타당성이 인정되어야 한다. 그래야만 그 정책을 계속 집행할지 아니면 중단해야 할지를 결정하게 되고, 그 정책에 대한 자원 투입에 대한 정당성도 인정받게 되는 것이다.

연구의 타당성을 확보하기 위해서는 타당성을 저해하는 요인이 무엇인지를 먼저 파악하는 것이 중요하다. 저해요인을 파악하는 것은 타당성을 쉽게 이해하는 데 도움이 될 뿐 아니라, 파악된 저해요인을 최소화할 수 있는 방안을 찾음으로써 타당성을 높일 수 있기 때문이다. 여기서는 캠벨과 스탠리(Campbell & Stanley, 1963: 5-6), 쿡과 캠벨(Cook & Campbell, 1979: 51-55) 등이 지적한 평가연구의 내적 타당성을 저해하는 여러 요인들 중에서 중요한 것을 살펴보기로 한다.

(1) **역사요인**(history)

역사요인이란 조사기간(정책 또는 프로그램의 집행기간)중에 연구자의 의도와는 관계없이 일어난 사건으로 결과변수에 영향을 미칠 수 있는 사건을 말한다. 이는 정책집행 기간중에 새로운 사건이 발생할 수 있으며, 이러한 사건이 정책효과에 영향을 주어 그 평가결과를 왜곡시킬 수 있는 것을 의미한다.

정책집행 기간이 길어지면 길어질수록 역사적 사건이 개입될 가능성은 커진다. 예를 들면 흑인에 대한 편견을 줄이기 위한 실험이 진행되는 동안 흑인지도자의 암살이 발생하는 경우 또는 경찰의 교통단속으로 인한 사고발생 감소효과를 추정하는 데 그 기간중에 일어난 사건들 즉 유류가격 인상으로 차량운행 감소, 명절로 인한 도심 교통량 감소, 고속도로 공사로 인한 감속운행 등의 영향은 그 정책의 효과를 크게 만들었을 수도 있는 것이다.

(2) **성숙요인**(maturation)

성숙요인은 순전히 시간의 경과 때문에 발생하는 조사대상 집단의 특성 변화를 말한다. 조사대상 집단의 심리적·생리적·인구통계학적·경제적인 특성은 단순히 시간이 지남에 따라 변화할 수도 있기 때문이다. 만약 조사연구에서 시간적 경과만으로도 변화가 있을 것으로 기대되는 결과변수를 사용할 때 성숙요인이 사전검사(집행 전)와 사후검사(집행 후)에서 대상집단의 특성의 차이를 설명할 수 있는 유력한 경쟁가설이 될 수 있다(남궁 근, 2004: 182).

이는 장기간에 걸쳐 평가 실험이 진행될 경우 그 기간중에 사람도 성숙되기 때문에 변화를 일으킬 수 있는 가능성을 말한다. 예컨대 경찰의 청소년 선도 정책에 있어 비행이 줄어드는 정책 효과는 그 정책추진에 의한 효과도 있지만, 나이에 따른 성숙이 결과에 영향을 미침으로써 타당성을 훼손한다는 것이다.

(3) **조사요인**(testing)

검사요인이라고도 하며, 정책이나 프로그램의 실시 전과 실시 후에 유사한 조사를 반복하는 경우에, 참여자들이 그 조사 항목과 측정방법에 익숙하게 되어 측정값에 영향을 미치는 현상을 말한다. 즉 유사한 조사를 반복함으로써 실험집단의 정책이나 프로그램에 대한 반응을 왜곡시키는 결과를 초래한다는 것이다.

예를 들면 인지적 기술을 향상시키려는 훈련프로그램에서 만일 동일한 시험문제가 프로그램 집행 전과 후에 사용된다면, 참여자들은 이 문제를 기억하거나 또는 프로그램 집행 후의 시험에 앞서 토의를 함으로써 테스트 점수가 높아지게 될 수 있다는 것이다. 조사요인의 효과를 통제하려면 연구자는 사전조사의 효과에 문제가 있는지 신중하게 검토하여야 한다. 만약 사전조사의 효과에 문제가 있을 경우 사전조사를 포함하지 않는 새로운 조사설계를 선택해야 한다.

(4) **측정수단**(instrumentation)

측정수단 요인은 정책 또는 프로그램 집행 전과 집행 후에 측정자의 측정기준이 달라지거나, 측정도구(measuring instrument)가 변화함에 따라 정책효과가 왜곡되는 현상을 말한다. 예를 들면 주관식 시험문제의 채점에 있어서 측정 전과 후에 측정자의 채점기준이 달라질 수 있고, 측정수단이 직접 면접에서 간접적인 관찰로 바뀌어질 수 있다. 측정수단 요인을 통제하려면 측정도구를 표준화하여 사전측정과 사후측정 시에 측정도구의 동등성을 확보하여야 한다.

(5) **추출요인**(selection)

정책이나 프로그램 집행 후에 실험집단과 비교(통제)집단간의 결과변수에 대한 측정값의 차이가 나는 것은 정책집행의 효과라기보다는 두 집단의 구성원들이 다르기 때문에 나타나는 것을 말한다. 실험집단과 비교집단은 모집단으로부터 동일한 특성을 가진 참여자들을 선발해야 하나 그렇지 못한 경우에 나타난다.

예를 들면 직업훈련 프로그램에 참여한 집단이 참여하지 않은 집단

보다 사후측정에서 소득이 높았으나, 실제로는 프로그램에 참여한 집단이 이전부터 성취 동기가 높았기 때문에 프로그램의 효과와는 무관하게 소득이 증가했다는 것으로, 성취 동기라는 특성 차이가 결과에 영향을 미쳤다는 것이다

(6) **통계적 회귀**(statistical regression)

통계적 회귀란 "실험집단의 특성은 그 집단이 속하는 모집단 특성의 평균(mean)으로 회귀하게 된다"는 것이다, 예를 들면 한 집단에서 극단적으로 키가 큰 사람들은 그들보다 키 작은 자녀를 가질 확률이 크며, 반대로 극단적으로 키가 작은 사람들의 자녀는 그들보다 키가 큰 자녀를 가질 확률이 크다는 것이다. 이와 같이 실험집단의 연구와 관련된 특성은 모집단의 평균으로 실험적 자극이 없어도 회귀하게 된다는 것이다(E. Babbie, 1986: 191). 그러므로 극단적인 점수로 시작한 피실험자들에게 일어나는 변화를 마치 실험자극의 효과로 오인할 위험이 있다

(7) **상실요소**(mortality)

상실요소는 실험연구 대상이 되는 표본들이 실험연구가 끝나기 전에 사망, 이사, 전보 등으로 연구대상에서 탈락됨으로써 야기되는 오류를 말한다. 예를 들면 연구대상이 사전측정에는 참여했으나 사후측정은 포기함으로써 통계적 비교와 결론에 영향을 미쳐 연구의 내적 타당성을 저해 한다는 것이다. 상실요소는 실험집단과 통제집단의 비교는 물론 연구결과를 유추해 내는 데도 큰 영향을 미친다.

(8) **보상경쟁**(compensatory rivalry)

보상 경쟁이란 평가실험에서 통제집단에 속하는 구성원들이 자신들이 어떤 목적의 연구에 실험적 대상이 되고 있다는 것을 알고, 실험집단과 차별화되지 않으려는 보상적 경쟁심리가 작용해 본인의 속내와는 달리 부가적인 효과를 초래하게 되는 경우를 말한다. 이와 같이 통제집단이 연구의 목적을 인지하고 보상적 경쟁심리가 작용해 부가적인 노력을 하게 된다면, 진정한 통제집단이 될 수 없으므로 평가연구의 내적 타당성을 저해하게 된다는 것이다.

2) 외적 타당성 저해요인

쿡과 캠벨(Cook & Campbell, 1979)에 의하면 외적 타당성(external invalidity)은 특정변수에 관하여 특정 집단을 대상으로, 특정시기, 특정 상황에서 연구한 결과를 다른 대상집단이나 시기, 환경 또는 상황에 일반화시킬 수 있는 범위에 관한 것이라고 정의하고 있다.

외적 타당성은 연구의 결론을 다른 형태의 측정수단을 사용했을 때, 또는 다른 모집단·상황·시점 등에 어느 정도까지 "일반화"시킬 수 있는지의 범위에 관한 것이라 할 수 있다. 캠벨과 스텐리는 외적 타당성 저해요인을 4가지로 분류하고 있으나 여기서는 "표본의 대표성(representativeness of sample)"과 "실험연구의 인위적 설정"등 크게 두 개의 범주로 나누어 살펴보고자 한다(류지성, 2012: 529-531).

(1) 표본의 대표성 관련 저해요인

외적 타당성 문제는 평가연구 결과의 일반화 정도와 관련이 있다는 것은 앞에서 언급한 바 있다. 이는 모집단에서 추출한 특정한 표본을 대상으로 실시한 연구의 결과를 그 모집단 전체에 어느 정도 일반화시킬 수 있느냐의 문제다. 연구대상이 되는 표본이 모집단을 대표할 수 있는가의 문제는 일반화의 이슈에서 가장 중요한 문제로 다루어진다.

그러나 모집단을 대표하는 표본을 대상으로 실험을 진행하는 것은 현실적으로 어렵다. 특히 대상집단이 자원자로 이루어지거나, 연구자가 쉽게 접근할 수 있는 사람들로 구성될 경우에는 표본의 대표성에 큰 문제가 생긴다. 연구에서 추출되는 표본의 대표성 문제는 이론적으로 구성된 모집단과 실질적으로 표본이 추출되는 모집단과는 차이가 있기 때문에, 실질적으로 추출된 표본을 대상으로 연구한 결과를 이론적으로 구성된 모집단에 일반화시키는 데는 문제가 있다는 것이다.

쿡과 캠벨(Cook & Campbell, 1979: 74-80)은 표본의 대표성을 강화하는 방법으로 다음 세 가지를 들고 있다.

첫째, 대상집단 추출은 무작위 표본추출방법(random sampling for representativeness model)을 활용한다. 이는 대표성을 높이기 위해 연구결과를 일반화시키고자 하는 대상 모집단을 결정한 후에 무작위 표본추출방법에 의해 조사대상 집단을 선정 한다는 것이다.

둘째, 표본추출에서 계획적으로 이질적인 요소들을 포함시키는 방법(deliberate sampling for heterogeneity model)을 사용한다. 연구를 일반화시키고자 하는 집단, 상황, 시기를 규정한 다음 여기에 포함되는 여러가지 이질적인 사례들이 포함될 수 있도록 표본을 설계하는 것이다.

셋째, 대표적 사례만을 선정하여 조사하는 방법으로, 연구자가 연구결과를 적용시키고자 하는 집단, 상황, 시기의 유형을 미리 세밀하게 규정한 다음에 그와 같은 집단, 상황 및 시기의 계층(class) 중에서 최소한 하나의 대표적 사례가 포함될 수 있도록 표본을 선정함으로써 표본의 대표성을 강화할 수 있다는 것이다(남궁 근, 2004: 206).

(2) 실험연구의 인위적 설정 관련 저해요인

실험연구의 인위적 설정에 의한 외적 타당성 저해요인은 연구결과를 일반화시킬 수 있는 범위와 관련된 문제이다. 즉 표본이 추출된 모집단 이외의 다른 모집단에게까지 일반화시킬 수 있느냐에 관한 문제를 말한다. 실험연구 결과를 다양한 사람, 다양한 설정, 다양한 시간대로 일반화의 범주를 확대시켜 의미를 부여하는 것은 때때로, “통계적 상호작용 효과”(statistical interaction effects)에 의한 연구의 외적 타당성을 저해하는 요인으로 작용할 수 있다.

쿡과 캠벨(Cook & Campbell, 1979: 73-74)은 외적 타당성 저해요인으로 다음 세 가지를 제시하고 있다.

① 특정 부류의 사람들을 추출해 연구한 결과를 다른 부류의 사람들에게까지 일반화시킬 때 야기될 수 있다. 특정집단에 대한 연구로 찾아낸 인과관계를 인종, 지역, 성별, 연령 등이 다른 집단에 적용하려는 시도에서 비롯되는 오류는 연구의 외적 타당성을 저해한다는 것이다.

② 특정연구에서 설정한 상황으로부터 찾아낸 인과관계를 다른 상황에 적용하려는 시도는 연구의 외적 타당성을 저해하게 되며, 이러한 외적 타당성 저해요인을 ”설정과 시도의 상호작용“(interaction of setting and treatment)이라고 한다.

③ 특정 시간대에 연구된 결과를 다른 시간대에 적용해 설명하려는

시도는 연구의 외적 타당성을 의심케 할 수 있다. 이러한 오류를 "역사와 시도의 상호작용"(interaction of history and treatment)에 의한 외적 타당성 저해요인이라고 한다(류지성, 2012: 530-531).

4. 측정의 신뢰성과 타당성

신뢰성(reliability)은 "같은 대상을 같은 측정도구로 반복해서 측정했을 때 매번 같은 결과를 초래하는 정도"를 말한다. 예를 들면 어떤 측정기구가 온도 변화에 민감해서 아침에 철판 두께를 재면 0.05mm이고 한낮에 재면 0.08mm이면 이 측정기구의 신뢰성은 낮다고 할 수 있다(한승준, 2000: 148). 이는 안정성과 지속성에 관련된 문제로 측정결과가 불안정하거나 지속적이지 못하다는 것은 측정도구가 잘못되었거나 제대로 측정하지 못했다는 것을 뜻한다.

신뢰성을 평가하는 방법으로는 재검사법, 복수양식법, 반분법, 내적 일관성 분석 등이 있다(Nachmias, 1979: 104-106). 재검사법(test-retest)은 1차 측정한 다음 일정기간 지난 후 다시 측정하여 결과를 비교하는 것이고, 복수양식법(parallel forms techniques)은 동일한 측정대상에게 동일한 내용을 측정하는 유사한 형태의 두 가지 측정수단을 동시에 실시하여 그 측정값이 동일하다면 측정수단은 신뢰성이 있다고 평가하는 방법이다. 그리고 반분법(split-half method)은 하나의 측정수단에 동일한 내용을 측정할 수 있도록 문항을 두 개로 구성하는 방법으로 조사항목의 반을 가지고 조사하고, 항목의 다른 반을 동일한 대상에 적용하여 결과를 비교하는 것이고, 내적 일관성 분석은 동일한 개념을 여러 문항으로 질문하여 이 항목들이 유사한 값을 갖는지를 측정하는 방법이다(백승기,2010: 178).

타당성은 정확성의 문제이고 신뢰성은 일관성과 안정성의 문제이다. 타당성이 높은 평가는 신뢰성 또한 높다고 할 수 있으나, 신뢰성이 높은 평가는 반드시 타당성이 높다고는 할 수 없다. 높을 수도 있고 낮을 수도 있다는 것이다. 따라서 타당성이 높은 평가는 신뢰도 역시 높기 때문에 평가에서 주로 문제가 되는 것은 타당성의 문제로 결국 평가를 하는 데는 신뢰성도 중요하지만 타당성에 더 우선순위를 두어야 한다는 것이다. 이래 [그림 2-9]를 보면 타당도와 신뢰도를 보다 쉽게 이해할 수 있다(Earl R. Babbie, 고성호 외 공역, 2002: 197).

[그림 2-9] 타당도와 신뢰도에 대한 비유

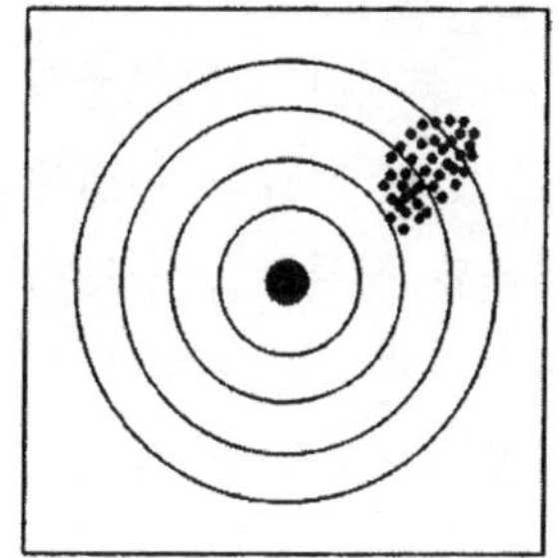
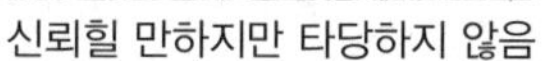
신뢰할 만하지만 타당하지 않음

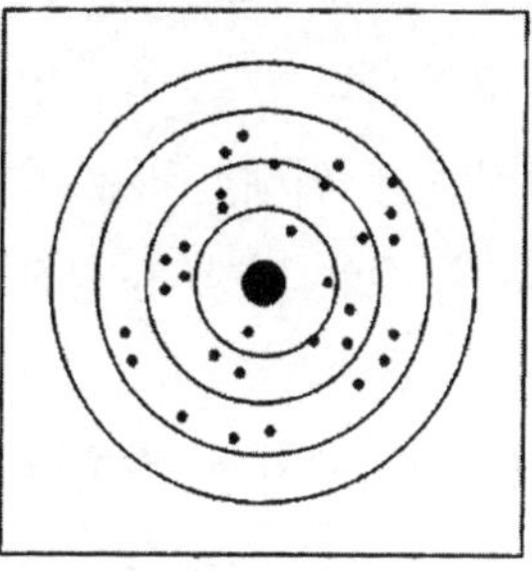
타당하지만 신뢰할 수 없음

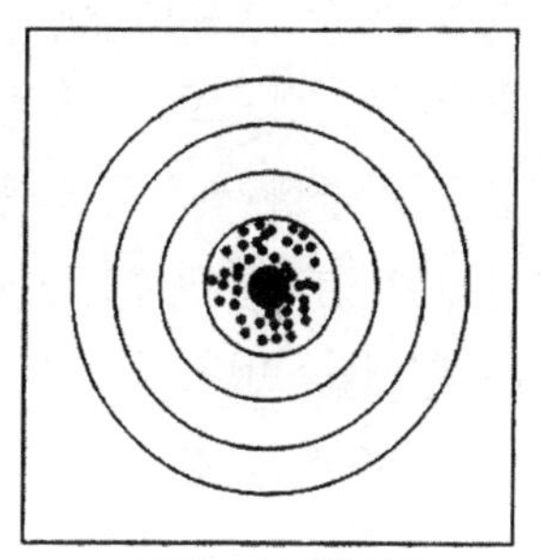
타당하고 신뢰할 만함

제4절 정책평가의 유형과 절차

1. 정책평가 유형

정책평가의 유형은 일반적으로 과정평가(process evaluation), 영향평가(impact evaluation), 종합평가(comprehensive evaluation)로 크게 나눌 수 있으나, 평가의 관점, 목적, 시기, 대상 등에 따라 다양하게 논의되고 있다. 스크리븐(Scriven, 1991: 20)은 정책평가를 크게 형성적 평가(formative evaluation)와 총괄적 평가(summative evaluation)로 나누고 있으며, 나크미아스(Nachmias, 1979: 5-6)는 과정평가, 영향평가, 그리고 이 둘을 종합한 종합평가로 구분하고 있다.

1982년 미국의 "평가연구학회"(Evaluation Research Society)에서는 평가연구의 접근방법으로 ① 착수직전분석, ② 평가성 사정, ③ 형성적 평가, ④ 효과성 또는 영향평가, ⑤ 프로그램과 문제에 대한 모니터링, ⑥ 메타평가 혹은 종합평가 등 여섯 개의 유형으로 구분하여 제시하고 있다(류지성, 2012: 488). 여기서는 관점, 시기, 대상 등에 따른 학자들의 다양한 평가 유형들 중에서 중요한 것을 선택하여 소개하기로 한다.

1) 착수직전 분석

"착수직전분석"(front-end analysis)은 미국의 "평가연구학회"에서 분류한 평가 종류로 새로운 프로그램을 도입할 것인지를 결정하기 전에 수행되는 것으로, 기획과 유사하다고 볼 수 있다. 이 분석은 프로그램의 실현 가능성과 효과를 추정하기 위해, 현재 가지고 있는 자료와 이전에 발견된 평가결과들을 이용해 주로 정책 형성과 관련된 질문들을 검토하는 형태를 띤다.

착수직전 분석은 어떤 의미에서는 정책의 기획(planning)이 제대로 이루어졌는가에 대한 평가작업으로 볼 수 있으며, 이때 살펴보아야 하는 중요한 항목으로는 ① 정책수요는 제대로 판단했는지, ② 정책수요에 대한 정책목표는 적절한지, ③ 정책목표 달성을 위한 수단과 활동들은 잘 선택되었는지 등이 있다.

로시, 프리먼과 립시(Rossi, Freeman & Lipsey, 1999: 119-152) 등은 정책평가의 첫번째 유형으로 수요평가의 중요성을 말하고 있다. 수요에 대한 평가는 정책이나 프로그램의 어떤 측면이나 활동이 어느 집단에 가장 필요한 것인가를 판단하는 데 반드시 필요한 작업이다. 문제의 진단에서 정책수요가 정확히 파악되고, 이를 통해 그에 알맞은 정책수단과 활동들이 선택될 수 있기 때문이다. 문제를 잘못 이해함으로써 생기는 이른바 3종 오류를 예방하기 위해서도 이러한 작업은 반드시 필요하다.

"착수직전 분석"에서 평가자가 가져야 하는 중요한 질문의 예를 들면 ① 정책문제의 본질은 무엇인가? 구체적으로 정책대상 집단이 요구하는 것이 무엇인가에 관한 질문이다. ② 문제의 크기, 분포, 추세는 어떠한가? 문제의 심각성 정도와 문제의 시간적·공간적 분포상태에 대한 판단과 관련된다. ③ 정책수요를 고려할 때 설정된 목표들의 내용과 수준은 적절한지, 실현 가능성은 어떤지, 그리고 복수의 목표들간에 우선순위는 잘 정리되어 있는지 등을 살펴야 한다. ④ 정책수요에 관련된 서비스를 공급하는 효율적인 방법이 선택되었는지? 이는 문제해결을 위해 선택된 정책수단이나 도구들이 적절한가의 문제다. ⑤ 집행과정에서 필요한 자원들이 적시에 적절히 동원되거나 충원될 수 있는가 등이다(한석태, 2013: 348-349).

2) 평가성 사정

평가성 사정(evaluability assessment)이란 정책에 대한 본격적인 평가가 가능한지, 그리고 평가결과가 정책이나 프로그램 개선에 유용한지 등을 진단하기 위해서 하는 일종의 예비평가라고 할 수 있다. 러트만(Rutman, 1984: 27-28)은 실질적인 평가연구에 앞서 그 평가연구의 목적, 연구방법, 비용, 연구방법의 장애요인 등이 무엇인가를 구체적으로 검토하는것 이라고 했다.

정책(또는 프로그램)의 평가가 제대로 이루어지기 위해서는 먼저 평가목적, 실현 가능성, 평가정보의 활용방안 등이 잘 정의되어 있어야 한다. 평가성 사정은 이러한 조건들이 제대로 충족될 수 있는지를 본격적인 평가 전에 검토해 보는 것이다(한석태, 2013: 349). 평가성 사정은 대체로 세 가지 용도로 사용될 수 있다(Chelimsky, 1985: 10-11). ① "착수직전 분석"과 마찬가지로 기본적으로는 정책형성(policy formulation)에 대한 질문에 답하는 것이고, ② 정책실행(policy execution)에 관한 질문에 답하기 위해서도 사용되며, ③ 평가성 사정 이후에 이루어지는 본격적인 평가에 대한 예비평가의 형태로 이용될 수도 있다. 평가성 사정을 통해 평가의 수행 가능성과 평가의 유용성 등을 미리 가늠해 보는 것이다.

3) 총괄 평가

총괄 평가(summative evaluation)는 과정평가나 영향평가 등 분야별 평가가 아니라 정책이 집행된 이후에 의도하였던 효과가 발생하였는지를 전반적으로 평가하는 것이다. 이 총괄평가에는 효과성, 공평성, 대응성, 적합성, 적절성 등이 중요한 평가 기준이 된다.

효과성(effectiveness) 또는 영향 평가(impact evaluation)는 정책목표의 달성 정도를 평가하는 것으로, 정책이 의도했던 정책효과의 타당성을 검증하는 것이 핵심이며, 이를 위해서는 정책효과에 영향을 미치는 허위변수와 혼란변수를 통제하는 것이 중요하다. 능률성(effiviency) 평가는 정책비용과 편익에 대한 평가로 정책결과를 금전가치로 환산하여 측정·분석하는 평가다. 영향 평가와 능률성 평가는 별도로 설명키로 한다. 형평성(equity) 평가는 정책집행 후에 정책효과와 정책비용에 대해 사회 집단 간의 배분 등이 형평에 맞는지를 평가하는 것이다. 대응성(responsiveness) 평가는 정책환경의 선호와 요구, 가치의 만족화 정도, 그리고 특정정책이 어느 정도 정책 수혜집단의 요구와 선호 및 가치를 반영하고 있는가를 판단하는 평가를 말한다. 적합성(appropriateness) 평가는 특정정책이 지니고 있는 가치나 비전이 현실적으로 어느 정도 바람직한 규범성을 지니고 있는가에 대해 판단하는 평가다. 적정성(adequacy) 평가는 특정정책의 실시 결과 정책목표의 실현 정도가 당초의 정책문제를 어느 정도 해결하였는가를 판단하는 것이다(정우일외, 2010: 180).

4) 과정 평가

과정평가(process evaluation)는 형성적 평가(formative evaluation)라고도 하며, 이는 정책이 공식화된 지침에 따라 집행된 정도를 평가대상으로 한다. 일반적으로 정책은 집행과정에서 처음 만들어진 정책내용과 다르게 수정(modify)되거나 확대(elaborated) 또는 무효(negated)가 되기도 한다(Nachmias, 1979: 5).

정책집행 과정은 매우 복잡하고 중요한 과정이며, 집행과정에 직면하게 되는 다양한 문제들은 예측 불가능하여, 잘 만들어진 정책도 실패할 수 있다(Bardach, 1977: 5). 따라서 과정평가는 정책이 의도한 결과로 이어지기까지 진행된 단계가 공식화된 지침과 얼마나 상응하는가 하는 정도를 대상으로 한다(류지성, 2012: 490).

과정평가는 대체로 정책(또는 프로그램)의 집행이 완료된 후나 집행도중에 행하여진다. 정책결과에 대한 성패요인을 규명하기 위해 실시되는 과정평가는 주로 집행 종료 후에 이루어진다. 그러나 정책이 본래 의도한 대로 실시되고 있는지의 여부와 만약 그렇지 못할 경우 정책집행 절차나 설계 등을 수정·보완 하는 데 필요한 정보를 제공할 목적으로 이루어질 때는 정책집행 도중에 실시된다.

과정평가는 정책집행 상태나 집행과정에 관한 지적분석을 의미하는 것으로서 개발지향적·기술적·계속적·신축적·귀납적 성격을 띠고 있을 뿐 아니라, 정책결과에 대한 인과관계를 규명하는 것까지 포함하는 포괄적인 평가개념이다. 과정평가를 통해 정책의 "집행과 결과"간에 나타나는 인과관계나 상관관계를 밝혀서 정책의 부족한 부분을 보완·개선하는 데 도움을 주는 것이 과정평가의 필요성이고 목적이다.

5) 영향평가

영향평가(impact evaluation)는 정책집행이 종료된 후 정책이 의도했던 목표를 달성했는가를 알아보려는 평가로 효과성 평가(effective evaluation)라고도 한다. 나크미아스(Nachmias, 1979, 5)는 영향평가는 먼저 정책목표에 대한 조작적 정의로부터 시작해, 성패를 측정할 수 있는 기준을 마련한 다음, 정책이 집행되어 목표에 접근한 정도를 측정하는 것이라고 정의하고 있다. 그러므로 영향평가란 정책이 초래한 변화가 의도한 방향으로 어느 정도 전개되었는지를 검토하는 것이라 할 수 있다.

그러나 정책이 초래한 영향이나 결과를 추정해 내는 것은 쉬운 일이 아니다. 왜냐하면 그 정책에 참여한 사람들의 행태 변화를 야기 시킨 요인들의 인과관계를 정확히 설명하기 어렵기 때문이다. 따라서 정책이나 프로그램이 초래한 영향 혹은 결과를 유추해 내기 위한 체계적이고 과학적인 평가방법이 요구되는 것이다(류지성, 2012, 492).

6) 능률성 평가

능률성 평가(efficiency evaluation)는 프로그램의 비용과 편익간의 상대적 관계를 탐색하는 것이다. 이는 정책의 결과를 금전적 가치로 측정하는 것이므로, 그 정책이나 프로그램의 당위성을 검증하는 기준이 될 수 있다. 일반적으로 정책 성공에 든 비용은 적당한가, 정책결과를 금전적으로 환산하면 어느 정도인지, 유사한 다른 정책과의 비용을 비교하면 어떤지 등에 대한 측정을 말한다.

능률성 평가를 위한 평가기법으로는 비용과 편익을 모두 화폐적 가치로 산출하여 판단하는 "비용·편익 분석"이 있다. 그러나 정책결과를 금전적 가치로 측정하기 어려운 경우에는 편익을 실물 형태로 산정해서 계산하는 "비용·효과 분석"의 방법에 의해 정책이 초래한 효과를 분석·평가하게 된다(Posavac & Carey, 1989, 13-14).

2. 정책평가 절차

정책평가에서 가장 중요한 것은 평가할 대상이 무엇인지, 그리고 평가를 필요로 하는 주요 고객이 누구인지를 먼저 정의해야 한다. 그리고 평가를 의뢰한 사람들의 평가목적과 함께 평가대상이 되는 정책(프로그램) 담당자들의 특성 그리고 정책평가에 저항하는 집단의 성격 등을 파악해야 한다. 이와 관련된 정보를 수집한 후 평가 담당자는 평가업무가 의도한대로 수행될 수 있는지 여부를 결정해야 하며, 정책(프로그램)과 관련된 모든 것이 평가에 적합하다고 판단되면 평가가 시작된다(Posavac & Carey, 1989, 26). 평가절차에 대해서는 정책의 특성 등에 따라 다양하게 구성될 수 있으며, 일률적으로 설명하는 데는 한계가 있다. 여기서는 여러 학자들의 견해를 기초로 일반적인 평가절차를 살펴보기로 한다.

1) 정책관련 집단에 대한 탐색 단계

정책평가를 위해서는 먼저 평가될 정책과 가장 밀접한 이해관계가 있는 사람들이 누구이며, 정책평가에 의해 어느 집단이 가장 많은 영향을 받는지를 파악해야 한다. 그리고 정책담당자 등 "정책관련 집단"(policy stakeholders)에 대해서도 탐색을 해야 한다.

러트만(Rutman, 1984: 16)은 평가계획의 첫 번째 단계를 "평가의 고객을 정의하는 것"이라고 했다. 여기에서 고객이란 정책과 관련된 정책대상집단, 국회의원, 이익집단, 일반국민 등을 포괄 한다. 따라서 정책평가는 평가를 필요로 하는 "주요 고객"(primary client)을 결정하는 것으로부터 시작된다.

2) 평가목적 결정 단계

정책평가를 위한 제안서(proposal)를 작성하기 전에 평가를 어떻게 수행할 것인가에 대해 세부적인 사항들을 결정해야 한다. 즉 평가목적, 평가유형, 평가시점 등을 구체화해야 한다는 것이다. 러트만(Rutman)은 평가계획의 두 번째 단계로는 “평가의 목적을 결정”하는 것이며, 평가의 목적으로 공개적 목적과 비공개적 목적으로 구분하였다. 공개적 목적을 명확히 하는 일은 다음 세 가지 관점에서 살펴볼 수 있다.

첫째, 책임(accountability)의 관점에서, 정책(또는 프로그램)을 평가한다는 것은 정책의 가치를 추정해 내는 것을 목적으로 하며, 정책의 가치가 입증됨으로써 정책에 대한 입법적, 재정적 지원에 대한 책임을 유관기관에 지속적으로 요구할 수 있게 된다.

둘째, 관리(management)의 관점에서, 정책을 평가한다는 것은 정책의 질적 향상을 도모하기 위한 것으로, 정책 관리자들에게 정책의 효과적, 능률적 관리에 대한 정보제공을 목적으로 한다. 따라서 어떻게 정책이 집행되고 있는가, 계획대로 집행은 되고 있는가, 정책이 초래할 궁극적인 결과는 무엇인가, 집행에 걸림돌이 되는 요인은 무엇인가, 목표는 성취되었는가 등에 초점을 두고 있다. 관리의 관점에서 평가한다는 것은 어떻게 정책을 좀 더 나은 것으로 만들 것인가와 관련이 있다.

셋째 지식(knowledge)의 관점에서, 평가를 한다는 것은 의사결정자들이 이용할 수 있는 지식을 제공하는 것을 목적으로 한다(Rutman, 1984: 18). 평가연구 결과 축적된 지식은 유사한 정책의 의사결정에 반영되어 정책의 구성에 도움을 주며, 장기적인 안목에서 정책에 대한 혁신의 기본을 제공하는데 기여를 할 수 있다. 책임, 관리, 지식과 같은 목적에 의한 평가는 서로 배타적이라기보다 상호 보완적이라고 할 수 있다.

이와는 달리 비공개적 목적의 평가는 정책의 장점만 부각시키려는 목적을 가지고 있거나, 아니면 정책파괴를 위해 이루어지는 것이 대부분이며, 의도적으로 정책을 지연시키거나 정책에 의해 취해질 특정행위를 피하기 위해서 하는 경우도 있다(Suchman, 1967).

3) 평가 가능성 사정 단계

정책평가는 정책관련 집단에 대한 탐색과 평가목적이 결정되고 나면 적절하고 신뢰성을 확보할 수 있는 평가계획이 설계되어야 한다. 평가 가능성 사정(evaluability assessment)은 본격적인 평가가 가능한지, 그리고 평가결과가 정책이나 프로그램 개선에 유용한지 등을 진단하기 위해 하는 일종의 예비평가로, 정책을 평가할 수 있는 방법과 기준을 제공하는 것을 목적으로 한다(Posavac & Carey, 1989).

이는 정책의 구조에 초점을 맞춰 "정책의 목적과 그것이 초래할 영향은 잘 정의 되었는지" 그리고 "평가 목적에 가장 적합한 수단은 어떤 것인지"를 찾아내는 것이다. 적절한 방법론이 선택되면 그 다음으로는 평가를 위한 재정확보 방법, 수행기간의 설정, 자료수집 방법, 평가의 장애요인 등을 고려해야 한다.

만약 평가 가능성 사정에 의해 평가 할 정책(프로그램)이 평가에 부적절하거나 효과성을 입증할 자료를 수집할 수 없을 때 평가는 시작할 수 없다. 정책(프로그램) 평가가 제대로 이루어지기 위해서는 ① 정책(프로그램)의 목적이 잘 정의되어야 하고, ② 정책(프로그램)의 가정들과 목적들은 실현 가능해야 하며, ③ 평가정보를 어떻게 활용하겠다고 하는 것이 정의되어 있어야 한다(노화준, 2003: 65). 본격적인 평가를 하기 전에 이러한 조건들이 제대로 충족되어 있는지를 검토해 보는 것이 평가 가능성 사정이다.

4) 평가관련 행정적 합의 도출 단계

평가 가능성 사정이 완료되면 평가 담당자와 정책이나 프로그램 관리자간에 평가 관련 여러 쟁점에 대한 합의를 도출해야 한다. 중요한 합의 내용으로는 ① 정책(프로그램) 지출 내역 공개 ② 평가 범위의 확정 ③ 평가 수행과정에서 정책 관리자의 책임 ④ 평가 수행방법에 대한 관리 자문 ⑤ 평가를 계획대로 진행하기 위한 통제 방법 ⑥ 평가 후 결과에 대한 자문 과정 ⑦ 보고서 공개 여부 등이다(Rutman, 1984, 20). 이와 같은 행정적 합의는 평가과정이나 평가결과 활용 등에 있어 야기될 수 있는 갈등을 최소화하고 평가를 원활히 진행시키는 데 도움이 된다.

5) 정책·프로그램 평가 단계

정책이나 프로그램 평가 단계는 실질적인 평가에서 요구하는 측정(measurement)의 대상과 방법, 구체적인 전략을 설계하는 연구설계, 그리고 신뢰·타당성있는 자료의 수집과 분석 등을 어떻게 할 것인가를 구체화하는 작업을 말한다. 정책이나 프로그램 평가의 구성요소들을 살펴보면 다음과 같다.

(1) 측정 대상

측정(measurement)은 평가를 위해 필요한 정보의 양과 유형을 결정하는 것이며, 측정의 대상은 자료수집의 대상을 말한다. 러트만(Rutman, 1984, 21-22)은 자료수집의 대상으로 ① 정책(프로그램) 측정, ② 목표와 효과, ③ 전제 조건, ④ 간여 조건 등 네 가지로 나누어 설명하고 있다.

첫째, 정책(프로그램) 측정은 정책 과정에 대한 자료를 수집하는 것을 말하며, 수집될 구체적인 정도는 정책에 의해 제공될 서비스의 양과 유형에 따라 달라진다. 정책에 대한 자료는 정책은 어떻게 집행되었는가, 집행은 계획대로 진행되었는가, 집행된 방법은 결과에 어떤 영향을 미쳤는가, 비용·효과 측면에서 정책을 운영하는 가장 바람직한 방법은 무엇인가 등이 있다.

둘째, 목표와 효과에 대한 측정으로, 정책평가는 정책의 효과를 측정하기 위한 것이며, 이러한 효과는 정책의 궁극적인 목표를 얼마나 성취시켰는지를 가늠하는 것이다. 정책의 목표와 효과에 대한 측정은 정책평가의 핵심이다.

셋째, 전제 조건(antecedent conditions)이란. 정책이 운영되는 맥락을 의미하며, 정책의 대상인 고객의 특성과 정책 담당자(practitioners)들의 업무수행 능력을 포함한 그들의 특성을 말한다. 정책의 전제 조건에 대한 자료는 정책집행결과 “어떤 부류의 고객이 정책으로부터 가장 혜택을 많이 받았는지”, “어떤 부류의 정책 담당자가 최상의 결과를 산출했는지”, “정책의 목적을 성취시키는데 이바지한 가장 좋은 정책의 맥락은 무엇인가”와 관련된 자료를 말한다. 이들 자료는 평가결과에 의미를 부여하는데 도움을 준다.

넷째, 간여 조건(intervenient conditions)이란 정책(프로그램)이 집행되는 과정에 야기된 사건이나 사회정치적 요인 등 환경적 요소로서 정책 운영에 중요한 영향을 미친 요인을 말한다. 정책과 관련있는 사회·경제·정치적 요인의 변화는 정책 결과에 영향을 미치게 된다. 정책(프로그램)의 간여 조건을 측정하는 것은 정책과 정책의 결과를 연계시키는 좋은 방법 가운데 하나이다. 그러므로 정책의 운영과 관련된 간여 조건들을 파악하고 그 영향을 측정하는 일은 대단히 중요하다(Rutman, 1984: 21-22).

(2) 측정 방법

정책이나 프로그램의 측정대상이 구체화된 다음에는 측정방법에 대한 논의가 있어야 한다. 측정방법은 연구의 목적에 따라 평가방법, 평가비용, 자료의 접근성, 자료에 대한 신뢰성과 타당성 등의 기술적인 문제들을 결정하고 자료수집 방법도 구체화시켜야 한다. 자료수집 방법으로는 설문조사, 직접 경험에 의한 관찰, 조직 내부 기록과 문서, 정부의 각종 통계를 활용하는 방법 등이 있다. 자료수집에 있어서 가장 중요한 일은 타당성(validity)과 신뢰성(reliability)을 어떻게 기술적으로 확보하는가의 일이다. 타당성과 신뢰성에 대해서는 제3절 정책평가 분야에서 설명한 바 있다.

정책(프로그램)에 대한 평가는 정책이 초래한 결과, 효과, 영향을 측정해 그것이 목표를 어느 정도 성취했는가를 추정해 내는 일이다. 따라서 정책이나 프로그램이 초래한 효과를 정확히 측정해 내는 것은 평가연구의 핵심이며, 이와 관련해 논의되어야 할 가장 중요한 것은 측정의 질(measurement quality)이다. 측정의 질은 측정의 타당성과 신뢰성에 대한 논의로 완성될 수 있다(류지성, 2012: 503).

(3) 연구 설계

연구설계란 평가대상에 대한 탐구를 어떻게 과학적으로 수행할 것인지를 기획하는 것으로, 평가대상의 실체를 밝히기 위한 구체적인 전략을 설계하는 것을 말한다. 이를 위해서는 먼저 평가대상이 무엇인지를 정확히 구체화하는 일과 그 일을 어떻게 수행할 것인가에 대해 최선의 전략을 모색해야 한다.

러트만(Rutman, 1984: 23)은 평가연구 설계는, 첫째 궁극적으로 정책(프로그램)이 측정된 결과를 산출해 낸 정도를 밝히는 일, 즉 정책(프로그램)의 속성(attribution)에 대한 자료를 수집해 분석하는 일이며, 둘째 평가결과가 평가대상 이외의 다른 상황에 어느 정도 적합한지를 밝히는 일, 즉 일반화 정도(generalizability)와 관련이 있다고 했다. 정책의 속성을 밝히는 것은 정책이 초래한 결과를 설명할 때 외적요인에 의해 발생하는 결과를 제외한 순수한 정책 결과만을 취급해야 한다는 것을 말한다.

평가연구 설계의 일반적인 단계를 보면 ① 목표 성취의 정도를 추출해 내기 위한 목표의 구체화 단계, ② 효과적인 모형의 구성 단계, ③ 자료 수집·분석 등의 연구설계 단계, ④ 측정과 표준화 단계, ⑤ 자료의 수집 단계, ⑥ 자료 분석과 해석의 단계를 거친다. 결론적으로 평가연구 설계는 평가결과가 외적요인에 의해 발생하는 결과를 제외한 순수한 정책(프로그램)의 결과만을 산출하는 것으로, 정책의 속성과 일반화 정도를 확보하기 위한 전략적 모색이라 할 수 있다.

(4) 자료 분석

자료 분석이란 수집된 자료를 각종 통계기법 등을 활용해 정책(프로그램) 성과를 유추해 내는 일련의 작업 과정을 말한다. 구체적인 자료 분석방법은 평가연구의 목적, 수집된 자료의 특성, 연구설계 등에 의해 결정 된다.

정책(프로그램) 평가를 위해 수집된 자료를 어떤 방법으로 분석할 것인가는 매우 중요하며, 부적절한 자료분석 방법의 채택은 정책 성과에 대해 잘못된 결론에 도달케 하거나 오류를 범하게 만들어 평가연구의 적절성을 의심하게 만들 수 있다.

6) 평가결과의 활용 단계

정책이나 프로그램의 평가는 성과에 대한 신뢰할 수 있는 정보를 산출하여 향후 정책과 관련된 의사결정에 도움을 줄 수 있는 지침을 제공하는 것을 목적으로 한다. 다시 말하면 평가연구 결과는 정책대안의 검토, 자원 배분에 관한 의사결정, 서비스 전달체계에 대한 설계와 전달 방법 등에 활용되어 향후 정책이나 프로그램의 질적 향상을 도모하게 된다.

이와 관련하여 와이스(Weiss, 1984: 176-186)는 "평가 연구는 사회정책(프로그램)의 질적 수준을 향상시키기 위한 수단으로서 그 결과는 빠르고 직접적으로 활용되어야 한다"면서 평가결과의 이용 가능성을 높이기 위해 평가연구 단계에서 고려할 사항들을 다음과 같이 제시하고 있다.

첫째, 평가연구 결과를 이용할 사람 등 정책(프로그램) 관련 집단(program stakeholder)들에게 평가의 목적, 방법, 시기, 기여, 활용 등을 미리 인지시키고 가능한 그들을 평가에 참여시켜 평가결과에 대한 관심과 이해도를 높여야 한다.

둘째, 평가 담당자들은 평가 대상인 정책(프로그램)이 전개되는 상황과 관련 집단의 움직임에 주의를 기울여 평가할 정책과 관련해 야기되는 모든 일들에 대해 이해하고 있어야 한다.

셋째, 평가 연구의 초점은 정책의 변화를 야기시키는 조건들에 주어져야 하며 정책의 내용, 관련집단, 시기와 같은 정책의 조건 변화를 반영한 실질적인 평가연구가 될 수 있도록 해야 한다.

넷째, 평가결과에 대한 보고서는 단순하고 명료하고 논리적이고 시의적절(時宜適切)해야 할 뿐만 아니라 읽는 사람들이 평가결과를 쉽게 이해할 수 있도록 구성되어야 하며, 작성 시점도 정책의 질적 수준을 향상시킬 수 있는 시점에 작성되어야 한다.

다섯째, 평가담당자는 평가결과에 의해 의사결정자들에게 정책과 관련하여 명확한 추천(recommendation)을 해야 한다. 정책평가 결과가 단순히 관련 문제의 나열이나 정책의 상황을 기술하는데 그치지 않고 지적된 문제의 대안을 제시한다면 평가연구 결과의 활용을 높일 수 있다.

여섯째, 평가결과 보고서를 정책이나 프로그램 관련 집단에게 배포함으로써 이에 대한 이해를 한층 더 높일 수 있을 뿐만 아니라 정책에 대한 정보를 향후 정책형성 과정에 반영할 수 있다.

이상과 같은 정책이나 프로그램의 평가 절차는 모든 평가에 일률적으로 적용되는 것이라기보다는 평가 연구에 참고해야 할 중요한 요인들을 단계별로 제시한 것이다. 그러므로 정책(프로그램) 평가 절차는 정책의 특성과 평가 연구의 목적 등에 따라 다소 다른 과정을 거칠 수도 있다(류지성, 2012: 507-509)

제5절 정책평가 연구의 접근방법

정책집행은 정책수단을 실현한다는 것을 의미한다. 따라서 정책평가는 정책수단이 실현되었을 때 정책목표가 어느 정도 달성되었는가를 판단하는 것으로, 정책수단과 목표 사이의 인과관계를 검증하여 신뢰성과 타당성을 확보하는 것이다. 타당성은 "내적 타당성"과 "외적 타당성"이 있으며 먼저 내적 타당성은 정책집행 후 일어난 변화가 정책 때문인지 아니면 다른 요인에 의한 영향인지를 확실하게 밝히는 것이다. 그리고 외적 타당성은 평가 결과를 다른 사례에 적용할 수 있는 정도 즉 "일반화"시킬 수 있는 정도를 말하는 것으로, 이미 설명한 바 있다.

가장 객관적인 정책평가 방법은 과학적 접근 방법이며 이는 주관성을 최소화한 가운데 과학적 방법에 의해 정책 진행과정과 결과를 수집된 자료에 의해 분석하는 것이다. 과학적 접근방법에는 계량적(quantitative)인 특성과 인과관계의 추론을 내포하게 된다. 특히 정책결과를 야기시킨 원인들을 규명하는 인과관계의 추론(inference)은 평가연구의 핵심이라 할 수 있다. 정책평가 연구의 접근방법으로는 비실험적 방법으로 "단일사례 연구"와 "단일집단 사전·사후 측정설계" 등이 있고, 실험적 방법으로는 "진 실험 설계"와 "준 실험 설계"가 있다.

1. 비실험적 평가 연구

비실험적 평가는 실험 외적인 요인을 통제하지 않거나 아니면 통제하지 못한 상태에서 평가를 수행하는 것을 말한다. 이는 정책효과를 판단하기 위해 정책대상 집단과 다른 집단을 사전·사후적으로 비교하는 방법이다. 분석방법은 인과 분석이나 시간이 지남에 따라 변화를 측정하는 시계열 분석 등 통계적 방법을 사용한다.

일반적으로 많이 이용되는 비실험적 평가연구는 크게 ① 단일 사례연구, ② 단일집단 사전·사후 측정 설계, ③ 정적집단 비교 설계 등과 같은 세 가지 유형으로 구분할 수 있다(Babbie, 1986, 188-189) 여기서는 그 개요만 간략히 소개한다.

1) 단일사례 연구(One-shot case study)

단일사례 연구는 단일집단을 대상으로 정책에 의해 변화하게 된 종속변수(결과)의 양을 측정하여 그 효과를 추정하는 방법을 말한다. 이는 정책집행 이전의 상태를 측정하지 않고 사후측정만을 하기 때문에 정책에 의해 야기된 순수한 효과를 측정해 내는 데는 한계가 있다.

2) 단일집단 사전·사후 측정설계(One-group pretest-posttest design)

이 방법은 통제집단(비교집단)을 사용하지 않고 단일집단을 대상으로 정책에 의해 영향을 받기 전과 후를 측정해 정책에 의해 변화된 정도를 추정해 내는 평가방법이다. 단일사례 연구와 달리 정책 대상집단을 그 정책에 영향을 받기 전과 후를 비교해 정책의 영향 정도를 가늠하는 것으로, 통제집단을 사용하지 않은 이 방법 역시 정책의 순수한 영향을 측정해 내기에는 불충분 하다.

3) 정적(靜寂)집단 비교 설계(Static-group comparison)

캠벨과 스탠리(Campbell & Stanley, 1963)는 정적집단 비교 설계는 실험집단과 통제집단을 사용하되, 두 집단에 대한 사전측정은 하지 않고, 사후측정의 결과만을 비교해 정책이나 프로그램의 효과를 평가하는 방법이라고 하였다. 이 평가방법 역시 실험집단과 통제집단을 사용하기는 하지만 두 집단간의 동질성을 확보하지 못할 경우 야기될 수 있는 오류를 간과한 데 따른 내적 타당성 결여로 신뢰성을 떨어뜨릴 소지가 있다.

이상에서 설명한 비실험적 평가 연구의 세 가지 유형의 공통적인 단점은 "내적 타당성 결여"에 따른 신뢰성에 문제가 있다. 따라서 내적 타당성을 확보하는 방안과 더불어 외적 타당성을 저해하는 요인들을 탐색하여 이를 최소화할 수 있는 평가 방법을 찾아내야 하는데 이는 앞에서 이미 논의 한 바 있다. 비실험적 연구설계의 세 가지 유형은 [그림 2-10]과 같이 요약(유지성, 2012: 524) 된다.

[그림 2-10] 비실험 연구설계의 유형

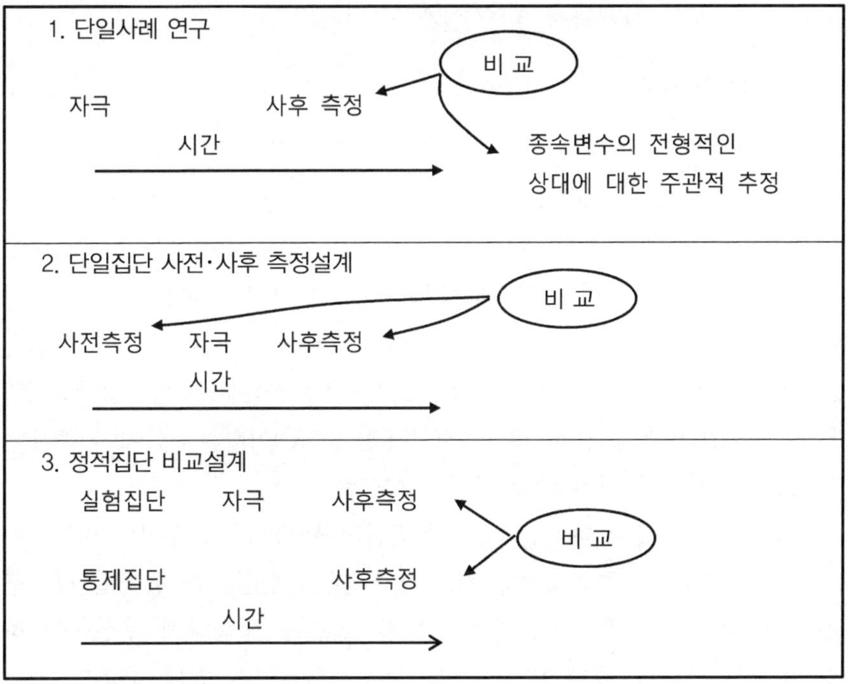

1. 단일사례 연구

비 교

자극 사후 측정

시간

종속변수의 전형적인
상대에 대한 주관적 추정

2. 단일집단 사전·사후 측정설계

비 교

사전측정 자극 사후측정

시간

3. 정적집단 비교설계

실험집단 자극 사후측정

비 교

통제집단 사후측정

시간

자료: Babbie(1986: 190).

2. 실험적 평가 연구

실험적 평가 연구는 비실험적 방법이 지닌 약점을 보완하기 위한 것이다. 실험은 실험집단(experimental group)과 이에 비교되는 통제집단(비교집단, control group)을 미리 확보한 후 처음부터 실험집단에게는 일정한 조작 즉 자극(정책)을 가하고 통제집단에게는 자극을 가하지 않은 가운데 일정한 시간이 지난 후 양 집단에 나타나는 결과변수 상에서의 차이를 자극(정책)효과라고 판단하는 것이 실험적 평가 연구의 기본 논리이다.

예를 들면 인구, 범죄발생률 등 조건이 동일한 두 개의 지역을 대상으로, 일년 동안 통제집단으로 선정된 A지역은 범죄예방을 위한 기동순찰만 실시하고 실험 집단인 B지역은 기동순찰 이외에 도보순찰을 추가한 결과 B지역의 강력범죄 발생률이 A지역보다 10% 줄었다면 이는 바로 도보순찰이라는 자극 효과라고 판단하는 논리다. 이 실험적 평가 연구에는 진실험 설계와 준실험 설계가 있다.

1) 진실험 설계

(1) 설계의 기본원리

진실험 설계(true experimental design)는 실험집단과 통제(비교)집단의 동질성을 전제로 실험집단에 자극을 가한 후 실험집단과 통제집단을 비교해 그 차이를 실험적 자극의 영향으로 간주하는 것이다. 진실험 설계는 ① 독립변수(실험적 자극)와 종속변수(영향을 받는 대상집단), ② 사전측정(실험적 자극전에 측정)과 사후측정(실험적 자극후 측정), ③ 실험집단(조작이 가해지는 집단)과 통제집단(조작이 가해지지 않는 집단)이라는 세 가지 중요한 요소로 구성되어 있다(Babbie, 1986: 182-184).

진실험 설계를 위해서는 ① 실험집단(정책영향을 받는 집단) 외에 통제집단(정책영향을 받지 않는 집단)을 도입하고, ② 실험집단과 통제집단을 구성할 때 무작위 배정 등의 방법으로 두 집단을 동등하게 구성해야 하며, ③ 실험집단과 통제집단의 동등성은 정책실험이 끝날 때까지 계속 유지되어야 한다. 여기에서 동등성은 세 가지 조건 즉 동일한 구성(실험집단과 통제집단은 유사한 대상이나 단위들로 구성), 동일한 경험(관찰 기간동안 동일한 과정·성숙, 역사적 사건을 경험), 동일한 성향(프로그램에 대한 태도가 동일)을 충족시켜야 하며(노화준,1991: 23), 실험기간 동안 동등성을 유지한다는 것은 양 집단의 구성원 변동이 없어야 하고, 같은 환경에 놓여져야 하며, 두 집단은 상호 영향을 주어서는 안 된다는 것이다. 이상의 조건들을 확보한 후 실험집단에만 정책을 집행하고 그 결과를 통제집단과 비교하는 것이 진실험 설계다.

실험집단과 통제집단을 구성할 때 동등성을 확보하기 위한 방법으로는 무작위 배정(random assignment)과 짝짓기(matching) 방법이 있다(남궁 근, 2004: 216-217). 무작위 배정은 어떤 한 대상이 실험집단이나 통제집단에 배정될 기회가 동일한 조건에서 이들 두 집단 가운데 어느 하나에 배정한다는 것을 의미한다.

예를 들면 주사위를 던져서 짝수가 나오면 실험집단에, 홀수가 나오면 통제집단에 배정하는 것이다. 이때 주사위를 던져서 짝수와 홀수가 나올 확률은 동일하기 때문에, 어떤 한 대상이 실험집단이나 통제집단에 배정될 확률은 동일하게 된다. 짝짓기는 유사한 것끼리 둘씩 짝을 지은 다음, 하나는 실험집단에, 다른 하나는 통제집단에 배정하는 방법을 말한다. 고전적 진실험 설계의 기본원리를 보면 [그림 2-11]과 같다(남궁 근, 2004: 213).

[그림 2-11] 고전적 실험설계의 기본 원리

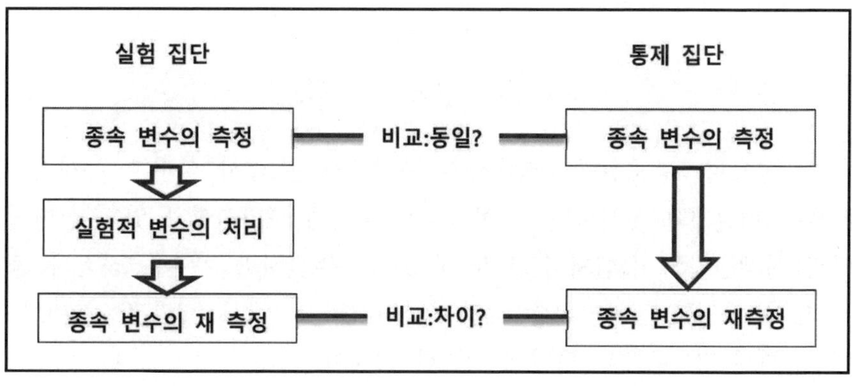

자료 : Allen Rubin & Earl Babbie(1989: 250).

(2) 기본적인 설계

진실험 설계에는 여러 가지 형태가 있으나 현실적으로 많이 사용하는 가장 기본적인 설계유형을 보면 "통제집단 사후측정 설계"와 "통제집단 사전·사후 측정설계"가 있다. 여기서는 이 두 유형에 대해서만 살펴보기로 한다.

먼저 "통제집단 사후측정 설계"는 무작위 배정에 의해서 동질적인 실험집단과 통제집단을 구성(두 집단의 사전측정값이 동일하다는 가정을 기초)

한 다음, 실험집단에 대해서는 실험변수를 처리하고 통제집단에 대해서는 실험변수를 처리하지 않는다. 그리고 두 집단 모두에 대해 사후 측정을 실시한다. 이 경우에 실험변수의 효과는 실험집단의 관찰값과 통제집단의 관찰값의 차이로 표현된다. 통계분석의 관점에서 보면 실험집단(EG)과 통제집단(CG)의 관찰값의 차이를 t-test를 통하여 검증하면 되므로 가장 간편한 방법을 사용하는 것이다.

이러한 설계는 역사요인, 성숙요인, 회귀요인 등의 내적 타당성의 위협요인은 제거되나 실험변수의 처리 전에 양 집단에 대한 관찰값이 동일한지의 여부를 점검할 수 없다는 약점을 가지고 있다. 이 설계를 기호로 표시하면 아래와 같으며 기호의 의미는 [표2-12]와 같다(남궁 근, 2004: 227-229).

$$(EG) : (R) \quad X \quad O_1$$
$$(CG) : (R) \qquad\quad O_2$$
$$(E) = (O_1 \; - \; O_2)$$

다음으로 "통제집단 사전·사후 측정설계"는 앞서 살펴본 통제집단 사후측정 설계와 유사하나, 사전측정을 설계에 포함시키고 있어 실험집단과 통제집단의 실험처리 전의 상태가 동일한지의 여부를 점검해 볼 수 있는 장점이 있다. 이를 고전적 설계(classical design)라고도 부르는데, 변화의 정도를 분석하기에 적합한 설계이다.

실험변수의 효과는 실험처리 후의 실험집단과 통제집단의 측정값의 차이(O_2-O_4)에서 실험처리전의 측정값의 차이(O_1-O_3: 실험집단과 통제집단의 측정값의 차이)를 뺀 값 즉 E=(O_2-O_4)-(O_1-O_3)로 나타난다. 통계적으로는 분산분석(ANOVA)을 통하여 측정값의 집단간 차이에 관한 통계적 유의성을 검증한다. 이 설계는 역사요인, 성숙요인, 회귀요인 등의 영향은 배제할 수 있으나 사전측정으로 인해 양 집단에 속한 대상들의 민감한 반응 즉 검사요인의 효과와 검사와 처리의 상호작용 효과 등으로 내적 타당성을 저해할 수 있다는 단점이 있다. 기호로 표시하면 아래와 같다.

$$(EG) : (R) \quad O_1 \quad X \quad O_2$$

$$(CG) : (R) \quad O_3 \qquad O_4$$

$$(E) = (O_2 - O_4) - (O_1 - O_3)$$

[표 2-12] 조사설계의 특징을 나타내기 위한 기호의 의미

기회 및 용어	의 미
EG : 실험집단 (Experimental Group)	실험적 처리가 이루어지는 집단
CG : 통제집단 (Control Group)	실험적 처리가 이루어지지 않고 실험집단과 비교되는 집단
R : 무작위배정 (Random Assignment)	실험집단과 통제집단에 연구대상이 무작위적으로 배정되었다는 의미
M : 짝짓기 (Matching)	실험집단과 통제집단에 연구대상이 짝짓기 방법에 의해 배정 되었다는 의미
X : 실험처리 (Treatment)	실험적으로 조작되는 처리를 나타내는 변수, 처리의 종류가 많은 경우에는 아래 첨자를 써서 구분 (예를 들면 X1, X2, X3로 표현) 하나의 처리변수의 수준이 몇가지로 구분될 경우, 소문자의 첨자로 구분 (예컨대 변수 X1의 처리수준이 세 가지인 경우 x1, x2, x3로 표현함)
O : 관찰 또는 측정값 (Observation)	종족변수에 대한 측정값, 측정이 여러 차례 이루어지는 경우 아래 첨자를 서서 구분 (예컨대 O1, O2, O3으로 표현)
E : 실험효과 (Effect)	실험변수 처리 효과의 크기

2) 준실험 설계

인과적 설명을 하기 위한 조사설계는 ① 공동변화(covariation: 원인과 결과는 공동으로 변화)의 입증을 위한 비교(comparison), ② 시간적 선후관계(time order: 원인이 결과에 앞서는 시간적 선행성) 입증을 위한 실험변수의 조작(manipulation), ③ 경쟁가설(허위변수: spurious relation)에 의한

설명 가능성을 배제(결과는 원인에 의해서만 설명되어야 하며, 제3의 원인에 의해 설명될 가능성을 배제)하기 위한 통제(control)가 이루어질 수 있도록 설계되어야 한다. 진실험 설계는 이와 같은 조건들이 비교적 충실하게 갖추고 있는 설계로 실험집단과 통제집단을 무작위로 배정하여 동등한 집단으로 구성함으로써 내적 타당성을 저해하는 요인들을 통제할 수 있었다.

준실험 설계(quasi-experimental design)는 이러한 무작위 배정에 의해 실험집단과 통제집단의 동질화를 꾀할 수 없을 때 사용하는 설계방법이다. 다시 말하면 무작위 배정에 의한 방법 대신에 다른 방법을 사용하여 실험집단과 유사한 비교 집단을 구성하려고 노력하는 설계방법을 의미한다. 협의로 실험이라면 진실험을 의미한다(남궁 근, 2004: 227, 240).

진실험의 장점에도 불구하고 통제 불가능한 정치·사회·윤리적인 요인들이 늘 정책과정에 산재하고 있을 뿐 아니라 동질성의 확보에도 문제가 있기 때문에 준실험 방법이 현실적으로 많이 이용되고 있다. 동질성 확보 문제에 있어 진실험과 달리 두 집단의 구성원을 무작위로 배정하지 않으면 두 집단은 이질적 또는 비동질적(non-equivalent)이 되고 이 경우의 실험은 준실험이 된다(이상안, 2005, 492).

이와 같이 연구대상을 무작위로 배정하지 못하는 경우와 통제집단을 운영할 수 없을 경우에 발생하는 내재적·외재적 변수를 통제할 수 없을 때 대안적 방법으로 준실험이 사용된다. 그리고 통제집단을 운영할 수 없을 때는 실험집단과 유사한 집단으로 구성하여 실험을 하게 된다. 준실험 설계의 경우에도 마찬가지로 평가의 타당성을 높이는 것은 매우 중요하다. 이를 위해서는 측정회수를 늘리거나 프로그램에 영향을 받지 않는 사람을 추가적으로 관찰하는 등의 방법을 사용하면 어느 정도 내적 타당성을 높일 수 있다.

준실험 설계에는 인과적 추론이 비교적 가능한 준실험 설계와 인과적 추론이 어려운 준실험 설계 두 가지가 있으나 여기서는 인과적 추론이 비교적 가능하고, 가장 많이 사용되는 대표적 유형인 "비동질적 통제집단 설계"와 "단절적 시계열 설계"의 두 가지 유형에 대해서만 살펴보기로 한다(남궁 근, 2004: 241-249).

(1) 비동질적 통제집단 설계

비동질적 통제집단 설계 (non-equivalent control group design)는 집단을 두 개로 나누어 한 집단에는 실험변수를 처리하고, 한 집단에는 실험변수를 처리하지 않고 사전측정과 사후측정을 하는 설계방법을 말한다. 이 방식은 실험집단과 통제집단을 구성할 때 진실험 설계의 기본원리인 실험집단과 통제집단간에 무작위 배정을 하지 못하여 동질화가 이루어지지 않았다는 점에서, 내적 타당성을 저해하는 외재적 변수의 영향을 통제·배제하기가 어렵다.

따라서 차선의 방법인 짝짓기(matching) 방법을 통하여 가능한 범위 내에서 실험집단과 유사한 통제 집단을 구성하려고 노력하는 설계 방법이다. 짝짓기는 개별차원과 집단차원에서 이루어질 수 있다. 개별차원의 경우를 보면 실험결과에 영향을 줄 수 있다고 보는 성별, 나이 등 여러 기준에서 볼 때 똑같은 두 사람을 골라 한 사람은 실험집단에 넣고 나머지 한 사람은 통제집단에 집어 넣는 방법을 말한다. 비동질적 통제집단 설계의 대표적인 방식을 기호로 표시하면 다음과 같다.

$$\text{(EG)}: \quad O_1 \quad X \quad O_3$$
$$\text{(CG)}: \quad \text{(M)} \quad O_2 \quad O_4$$
$$\text{(E)} = (O_3 - O_1) - (O_4 - O_2)$$

이러한 설계방법을 이용하여 연구한 사례를 보면 "한국고위공무원의 해외연수 효과평가"(장현식, 1992, 정책분석평가학회 발표논문)가 있다. 해외연수에 참여한 고위공무원의 가치지향, 연수국에 대한 태도, 직무만족도, 승진 등에 미친 효과를 분석하기 위해 고위공무원을 연수 참가집단과 비참가집단으로 구분하여, 각 집단별로 200명을 선정한 후 설문조사를 실시하였다. 표본 선정시 비참여 공무원 선정은 연수참여 공무원과 동질성을 유지하기 위하여 직급, 연령, 성별 등 변수들을 고려하여 선정하였다. 이 연구는 짝짓기에 의한 실험집단과 통제집단의 동질화를 꾀한 비동질적 통제집단 설계에 해당한다.

(2) **단절적 시계열 설계**

단절적 시계열 설계(interrupted time-series design)는 여러 시점에서 관찰되는 자료를 토대로 실험변수의 효과를 추정하기 위한 방법이다. 이 설계는 각 시점에서 관찰된 단위가 정의될 수 있고, 계량적인 관찰이 가능하며, 이러한 관찰이 실험변수를 처리하기 전과 후의 여러 시점에 걸쳐서 가능할 때에 적용하는 방법이다.

이 설계에서 특히 유의해야 할 점은 실험처리(X) 이후의 기간과 처리 이전의 기간에 있어서 관찰값에 영향을 미치는 사건들이 발생하였는지를 확인하여야 한다는 점이다. 그렇지 않은 경우에는 관찰값의 변화가 X라는 처리결과 인지를 알기 어렵기 때문이다. 단절적 시계열 설계의 기본논리는 다음과 같이 표현할 수 있다(남궁 근, 2004: 246).

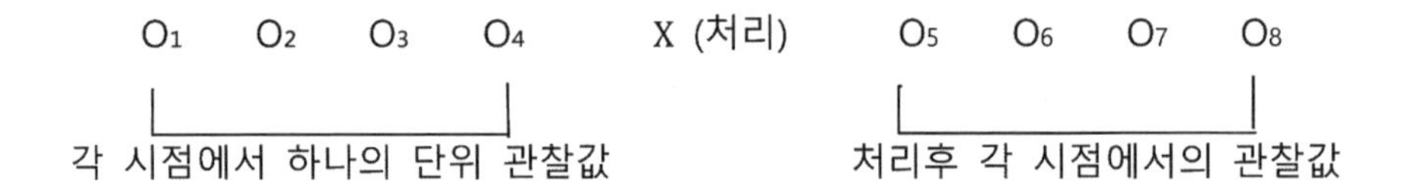

단절적 시계열분석에 대한 구체적 연구 사례를 보면 1956년 미국 코네티컷 주지사는 1955년도 교통사고 사망자의 수가 너무 많음을 알고 주(州) 의 속도 제한법 위반자에 대해 강력한 단속을 실시하였다. 그 결과 단속 실시 전인 1955년도의 사망자 수는 324명 이었는데 단속 실시 후인 1956년 말에는 284명이었다.

정책이 집행된 연도인 1956년 초에 시계열을 중단시키는 수직선(단절적 시계열)을 그린 후(그림 2-12 참고) 1955년도와 비교해 보면 사망자 수가 12.3%(40명) 줄어든 것을 확인 할 수 있다. 이를 주지사는 차량 속도위반에 대한 단속 효과로 보고 이 정책(프로그램)은 분명 가치있는 프로그램이라고 주장했다. 그러나 이 분석은 정책행위와는 별도로 운전자들의 교육 프로그램이나 공공안전 캠페인 등 정책결과에 영향을 주는 다른 변수가 있었는지의 성숙요인과 정책집행 후에 도로구조의 개선이나 기상조건의 변화 그리고 유류비 인상 등의 역사요인이 있는지의 몇

가지 요인들을 검토해야 내적 타당성을 확보할 수 있다.

[그림 2-12] 1956년 차량속도 단속 전·후의 코네티컷 주 교통사고 사망자 수

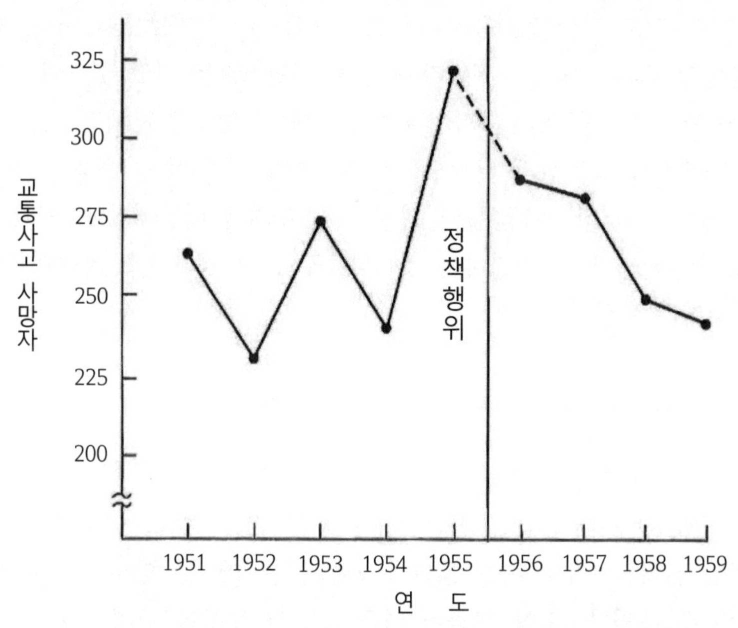

출처: Donald T. Campbell, "Reforms as Experiments," in Handbook of Evaluation Research, Vol. 41 ed. Elmer L. Struening & Marcia Guttentag, Beverly Hills, CA : Sage Publications, 1975, p. 76.

제6절 경찰의 정책평가 제도

경찰청은 "정부업무평가기본법"(2006년)에 의거하여, 2007년부터 "치안종합성과평가" 제도와 "경찰청 자체평가" 제도를 운영하고 있다. "치안종합성과평가"는 개별정책에 대한 평가보다는 조직과 개인평가에 중심을 두고 이를 뒷받침하기 위해 분야별 종합적인 성격의 평가를 하고 있다. 사회안전, 공공질서, 갈등관리, 공공봉사 등에 관한 개별정책에 대한 평가는 그 정책에 대한 책임성과 능률적인 관리 측면에서 대단히 중요하다. 또한 개별정책에 대한 평가결과 축적된 지식은 기존의 정책이나 유

사한 경찰정책의 의사결정에 반영될 수 있다. 특히 예산이 책정된 개별 정책에 대해서는 반드시 평가가 있어야 한다.

여기서는 2017년 경찰청에서 시행한 "치안종합성과평가"와 "경찰청 자체평가" 그리고 "특정평가" 세 가지를 중심으로 살펴보고자 한다. 먼저 "치안종합성과평가"는 조직평가와 함께 개인평가를 하고 있으며, "경찰청 자체평가"는 정부업무평가기본법에 의해 경찰청이 자체적으로, 주요정책과 재정사업의 성과 달성도 및 행정관리 역량 등에 대해 평가를 하고 있다. "특정평가"는 국무조정실에서 전 부처를 대상(경찰청도 포함)으로 주요 국정과제 등을 평가하는 것이다. 앞의 세 가지 평가에 대해 개요만 정리하기로 한다.

1. 치안종합성과평가

치안종합성과평가는 최근 범정부적인 성과평가의 환류 확대 추세(성과연봉제 도입 등)에 부응하고, 일선현장에서 불필요한 실적경쟁에서 벗어나 안전과 질서유지라는 경찰 본연의 임무에 충실할 수 있도록 하는 데 주안점을 두고 있다. 또한 성과에 따른 정당한 보상을 통해 조직 구성원에게 성과 동기를 부여함으로써, 일선현장에 활력을 불어 넣고 치안역량을 강화하여 "국민과 함께하는 믿음직한 경찰"을 구현한다는 기본 방향하에 조직평가와 개인평가를 하고 있다.

1) 조직평가

조직평가는 관서(廳, 署), 부서(국, 과, 계, 팀), 지구대·파출소로 구분하여, 경찰청(廳)과 경찰서(署)는 성과과제(80%)와 치안만족도(20%: 치안고객만족도와 체감안전도)를 평가하고, 성과과제에는 민생치안(50%), 사회안정(31%), 현장지원(19%) 등의 성과를 반영하고 있다.

부서(국·과·계·팀)평가는 성과과제(50%)와 부서에서 추진하고 있는 기본업무(50%)에 대해 평가를 하고 있으며, 지구대와 파출소는 중요범죄 현장검거 등 정량지표(15%)와 정성지표인 112신고 F.T.X(25%), 공동체 치안활동(35%), 지역경찰 내부역량 제고(25%) 등을 평가하고 있다.

2) 개인평가

관서장(지방청장, 경찰서장)에 대해서는 관서평가 점수(90%)에 직무만족도(10%)를 반영하여 평가하고, 관서의 국·과장은 부서의 책임성 강화를 위해 소속부서 최종평가 점수를 100% 반영하고 있다. 다만 경찰서 과장은 부서점수(70%)에 상위자·동료·하위자의 평가를 통한 기여도 평가(30%)를 반영하고, 여타 직원들에 대해서는 직급에 따라 부서점수(50-70%)와 기여도(30-50%) 점수를 합해 개인평가를 하고 있다.

3) 평가 시기 및 대상

연간 2회(중간평가, 최종평가) 실시하고 있으며, 중간평가는 통상 5월(대상기간: 전년11월~익년4월)에 하고, 최종평가는 11월(대상기간: 5~10월)에 실시하고 있다. 중간평가 항목으로는 성과과제(반기평가, 27개 성과지표)와 부서 기본업무 및 개인 기여도 등을 평가하고, 최종평가 항목으로는 성과과제, 치안만족도, 개인기여도, 경찰청 정책과제, 부서의 기본업무 등 전 항목이 평가 대상이다.

4) 평가결과의 활용

치안종합성과평가의 결과는 해당부서에 환류되어 활용되고 있으며 각 부서에서 활용되고 있는 사례를 보면 기획조정 및 인사부서에서는 성과 상여금 지급, 우수관서 포상, 심사승진과 가점평정 등에 활용하고 있다. 이 외에도 국비 유학생 및 국내 대학원생 선발, 해외주재관 선발 등에 반영하고 있다.

2. 경찰청 자체평가

정부업무평가 기본법에 의해 중앙행정기관인 경찰청이 자체적으로 발굴한 소관 주요정책과 재정사업의 성과 달성도 및 행정관리 역량에 대해 자체평가를 실시하고 있다. 자체평가는 주로 7월에 주요정책의 추진상황 점검을 통해 보완점 마련과 함께 정책추진을 독려하기 위한 중간점검을 하고, 11월에 본평가 후 익년 1월에 추가평가를 하고 있다.

본평가에서는 계획수립, 추진과정, 목표달성도 등 전반적인 추진사항과 성과를 평가하고 있으며, 경찰청 자체평가 대상으로는 경찰청의 주요정책과 제정사업, 그리고 조직·인사·정보화 등 행정관리 효율화 역량 등이다.

3. 특정 평가

특정평가는 국무총리(국무조정실)가 全부처(2017년 43개 중앙행정기관)를 대상으로 국정의 통합적 관리를 위해 기관별 정책과제의 추진성과와 정책관리 역량, 만족도 등을 종합적으로 평가하는 중앙행정기관 평가를 말한다.

경찰청도 특정평가의 대상 기관이며, 평가 시기는 통상 12월중에 1차 평가를 하고 익년 1월중에 2차 평가를 하며, 평가대상으로는 2017년도의 경우 중앙행정기관별 핵심업무를 비롯하여 일자라 창출, 규제개혁, 정책소통, 국민만족도 등을 평가하고 있다.

제7장

정책변동론

제1절 정책변동과 정책종결

1. 정책변동

정책변동에 관한 연구는 정책학 발달과정에서 별다른 관심을 받지 못하다가 1970년대 중반에 나타난 일부 학자들의 관심이 계기가 되어, 정책종결을 포함한 다양한 형태의 정책변화에 대한 연구로 확장됨으로써 오늘날 정책변동을 하나의 연구분야로 인정할 정도까지 발전하기에 이르렀다.

정책변동에 관한 연구는 정책의 승계 또는 수정에 관한 연구보다 정책종결에 관한 연구에서 먼저 시작되었다. 정책과정을 보면 정책형성→정책집행→정책평가 과정을 거치면서 사회문제 해결에 접근하게 된다. 정책평가 과정이 끝나면 평가결과의 환류 등으로 기존정책을 보완·유지하거나 아니면 종결하는 정책변동이 일어난다. 정책변동이 일어나는 중요한 원인들을 보면

첫째, 정책 피드백 요인으로, 정책이 추구하는 가치판단을 잘못했거나 아니면 기존의 정책으로는 사회문제 해결이 불가능한 경우 또는 사회문제가 완전히 해결되었을 때 정책변동이 일어난다.

둘째, 조직요인으로, 정책을 담당하는 조직이나 기관의 내부적 요인 즉 조직규모의 축소·확대, 정책 주도 인물의 교체, 예산상의 문제 등은 정책의 변화를 가져올 수 있다.

셋째, 환경요인으로 정치, 경제, 사회적 상황 변화로 인해 현재의 정책에 비우호적이거나 현실 적합성을 띠지 못할 때 정책변동이 일어난다.

정책변동의 유형에 대해서는 대표적으로 호그우드와 피터스(Hogwood

& Peters, 1983: 25-59)의 정책변동 유형을 들 수 있다. 그들은 정책변동의 유형을 쇄신, 승계, 유지, 종결로 나누면서 현실의 정책변동에는 순수한 유형이 한 개 이상 포함되는 형태로 나타난다고 하였다. 네 가지 정책변동 유형을 요약하면

① 정책쇄신(innovation)은 완전히 새로운 분야에 정부가 최초로 개입하는 형태를 말하며, 따라서 이 분야에 대한 기존의 조직, 법률, 예산 등은 당연히 존재하지 않는다. 현대 정부에서 이러한 정책쇄신을 찾아보기는 대단히 어렵다.

② 정책승계(succession)는 정책쇄신과 같이 완전히 새로운 정책분야에 개입하는 것이 아니라 기존의 정책분야에 대한 활동들을 의도적으로 다른 정책활동으로 대체하는 정책변동을 말한다. 정책승계의 기본형태는 기존의 정책목표는 유지하지만 정책수단이 변하는 것으로 볼 수 있다.

③ 정책유지(maintenance)는 동일한 정책분야에서 기존의 정책을 크게 바꾸지 않고 계속성을 유지하는 정책변동을 말한다. 기본적으로 정책목표나 정책수단이 변하지 않고 주로 정책산출 부분이 달라지는 형태다.

④ 정책종결(termination)은 정책형성→정책집행→정책평가 과정을 거치는 정책과정의 마지막 단계(Brewer, 1978, 338-344)로 기존의 정책을 완전히 중단하는 형태를 말한다. 이 경우 기존정책과 관련되는 법령 삭제를 포함하여 관련 예산의 지출까지 완전히 중지하는 형태다. 순수한 형태의 정책쇄신 사례를 현대정부에서 찾기가 쉽지 않듯이 순수한 형태의 정책종결 사례도 흔하지 않다(한석태, 2013: 424-427, 429-433).

정책종결은 정책과정에서 정책이나 프로그램을 재조정하거나 해결해야 할 문제를 재정의, 재구성하는 새로운 정책과정이 시작되는 단계로 인식되기도 한다(Brewer & DeLeon, 1983, 7). 한석태(2013: 435)는 호그우드와 피터스(1983: 27)의 정책변동 유형의 특성들을 [표 2-13]과 같이 정리하고 있다. 여기서는 정책변동의 유형중 정책종결에 대해서만 살펴보기로 한다.

[표 2-13] 정책변동 유형의 특성

	정책쇄신	정책승계	정책유지	정책종결
대응 성격	의도적	의도적	적응적	의도적
조직 측면	기존 조직 없음. (새로 만들어야 함)	최소 한 개 이상의 조직개편이 필요함	직접적이고 의도적인 조직 변화는 없지만, 업무량 변화와 같은 관리적 이유로 일부 조직 개편이 필요할 수 있음	대체로 기존 담당조직이 폐지됨
법률 측면	기존 법률 없음. (새로 제정함)	일부 법률이 대체되어야 함	보통은 법률 개정이 불필요함	모든 관련 법률 폐지됨
예산 측면	기존 예산 없음. (새로 확보·배정함)	일부 기존 예산을 활용함	기존의 예산 항목을 계속 사용함	관련된 모든 예산 지출 중단

2. 정책종결

정책종결은 기존의 정책을 완전히 중단하는 형태로, 정책종결을 바라보는 관점에 따라 세 가지 접근방법으로 나누어 볼 수 있다.

첫째, 정책종결을 자원난으로 수반되는 예산상의 감축관리(cutback management)에 초점을 두고 연구하는 관리기법적 접근방법으로, 이는 가외적(redundant)이고 잘못 형성된 그리고 불필요하게 된 정책들을 조정하는 것으로 보는 입장이다.

둘째, 정책종결의 정책적 측면을 강조하는 관점으로, 정책종결을 정책과정의 한 단계로 파악하여 형성적·순환적 성격으로 보는 입장이다. 목표를 달성한 정책은 마지막일 수 있지만 잘못된 정책을 수정할 경우는 시작일 수 있다는 점에서 순환적 성격을 지닌다.

셋째, 정책종결은 어떤 집단 또는 개인이 정치·경제적 목적을 가지고 의도적으로 전환하거나 소멸시킨다는 정치·경제학적 관점에서 바라보는 입장이다(박성복·이종렬, 2000: 436-443).

브레워와 드레온(Brewer & DeLeon, 1983, 4)은 공공부문의 종결(termination)을 정부의 특정 기능, 프로그램, 정책, 조직 등에 대한 계획적인 중단(cessation)을 말한다고 정의하고 있다. 정책종결(Policy termination)은 기존의 정책을 완전히 중단하는 형태로 기존의 정책과 관련되는 조직의 폐지나 법령의 삭제, 예산의 완전한 중지 등을 의미한다. 따라서 정부의 기능이나 역할을 재조정하거나 조직 규모의 축소 또는 정책대상 범위를 재고하는 등의 감량경영(cutback management)에 해당하는 것은 종결에 포함되지 않는다. 또한 정부예산의 삭감과 같은 이유 등으로 변화하게 되는 정책이나 조직의 재조정 그리고 정부가 제공하던 공공서비스를 민간부문에서 일부 제공하게 되는 전환 등도 당연히 포함되지 않는다. 종결은 말 그대로 결론이며 정부의 기능, 조직, 예산, 정책, 프로그램 등의 완전한 중단을 의미한다.

제2절 정책종결의 이유와 유형

1. 정책종결의 이유

정책종결은 정치·경제적 상황, 자원부족, 정부 능률성, 조직내부 요인 등 여러 이유로 종결되고 있다. 드레온(DeLeon, 1983, 631-647)은 다양한 정책종결 사례를 검토한 후 정책종결의 이유를 다음 세 가지로 나누어 제시하고 있다.

첫째, 예산의 부족 또는 결핍(financial imperatives)으로 정책이나 프로그램이 감당하기 어려울 정도로 적자가 누적되거나, 정부의 예산이 삭감되어 정책이나 프로그램을 감당할 수 없을 때 정책이나 프로그램은 종결 된다

둘째, 정책이나 프로그램에 소요되는 비용과 공급되는 서비스의 양과 질을 대비해 과다한 비용이 드는 정책이나 프로그램 즉 정부 능률성(governmental efficiency)에 문제를 초래하는 정책이나 프로그램은 종결될 수 있다.

셋째, 진보적인 정권이 추구하던 정책은 보수적인 정권이 집권하게

되면 그만 두는 것과 같이 정치적 이념(political ideology) 때문에 정책이 종결되는 경우가 있다.

드레온(Deleon)의 정책종결 이유 세 가지 외에도 많은 학자들은 정책종결 이유를 추가하여 설명하고 있다. 대니얼스(Daniels, 1995, 301-316)와 벤(Behn, 1976: 151-171) 등은 공공서비스의 제공 방법이 변화하게 되면 기존의 정책이나 프로그램은 종결된다고 주장하고 있다. 이들은 정책종결 이유로 "공공 서비스의 전달 방법에 대한 관점의 변화"를 부가적으로 들고 있는 것으로, 예를 들면 기존 관료제에 의한 일률적인 서비스 제공 방식에서 민영화 등의 새로운 방식에 의해 공공 서비스가 제공되면 기존방식의 서비스는 종결된다고 주장하고 있다.

정책종결의 또 다른 이유를 보면 정책결정자들은 정책적 시행착오를 거치면서 정책문제에 대한 학습을 하게 된다. 과거 또는 현재의 실패 경험을 통해 실패한 정책이라고 판단되면 정책결정자들은 그 정책을 종결시키게 된다. 이와 같이 정책은 예산의 결핍, 능률성 저하, 정치적 이념, 공공 서비스 제공 방식의 변화, 시행착오에 따른 학습 등 다양한 이유로 종결 된다. 그러나 정책종결은 정책결정과 집행 등 정책과정에서 이미 충분한 검토와 합리적 의사결정의 과정을 거쳤기 때문에, 쉽게 종결하기 어려운 여러가지 이유도 있다.

바르다크(Bardach, 1976: 123-131)는 정책종결이 어려운 이유를 다음 다섯 가지로 분류하여 설명하고 있다. ① 정책은 처음 만들어질 때부터 그 정책에 필요한 자원을 장기적으로 확보하고 있기 때문에 종결이 어렵다. ② 정책은 나름대로 그 정책의 지지층이 있고, 그 정책을 종결시킨다는 것은 그 지지자들과 정치·경제·사회적 마찰을 야기하기 때문에 종결은 어렵다. ③ 정치인들은 자신들이 결정한 정책이 실수였다는 사실을 받아들이지 않는 경향이 있기 때문에 정책은 종결되기 어렵다. ④ 정책이나 프로그램을 종결시킨다는 것은 단순히 기존 정책을 중단시키는 것에 그치지 않고, 그 정책과 관련된 사람들의 일자리를 잃게 되기 때문에 종결이 쉽지 않다. ⑤ 특정정책이나 프로그램을 종결시켜야 한다는 정치적 동기가 충분치 않으면 종결시키기 어렵다 는 다섯가지 이유를 들고 있다.

2. 정책종결의 유형

정책종결은 정부의 기능이나 조직의 폐지 또는 법령의 삭제 등을 의미하는 것으로, 정책종결의 유형도 이러한 점들에 기초하여 파악할 수 있다. 드레온(Deleon, 1978)은 정책종결의 유형과 대상을 정부의 기능, 조직, 정책, 프로그램 순으로 나누어 설명하고 있으며, 그 내용을 요약하면 다음과 같다.

첫째, 정부 기능(government functions)의 종결로, 정부의 역할과 책임 가운데 하나는 공공 서비스의 제공이며, 이러한 정부의 특정기능을 종결시킨다는 것은 정부에 의해 제공되던 서비스를 중단하는 것을 의미한다. 드레온은 정부의 특정기능 종결은 정책대상자들로부터 가장 큰 저항을 초래한다고 하고 있다.

둘째, 정부 조직(organization)의 종결로, 조직이란 정부기관을 구성하고 있는 고용자 집단이며 공공 서비스를 제공하기 위한 정부의 기능과도 밀접한 관계가 있다. 정부 조직은 종결되더라도 그 기능은 다른 조직에 의해 수행될 수 있기 때문에 정부 기능의 종결보다는 쉽게 종결시킬 수 있다.

셋째, 정책(policy)의 종결로, 정책이란 정부 기능을 수행하는 전략이며, 일반적으로 저항이 심한 조직 자체를 희생시키기 보다는 실패한 정책을 종결시키고 새로운 정책을 추진하려는 경향이 있다. 대부분의 경우 정부의 기능이나 조직 같은 근본적인 문제보다는 정책을 종결하는 것이 비교적 쉽다.

넷째, 프로그램(program)의 종결로, 프로그램은 정부가 결정한 정책을 집행하기 위해 구체적으로 고안된 세부계획이므로, 능률적이지 못하면 다른 프로그램으로 대체하거나 종결시키면 된다. 프로그램은 가장 쉽게 종결시킬 수 있는 대상이다.

정부의 조직이나 기능을 종결한다는 것은 정책지지자 등 정책대상자들의 저항으로 결코 쉬운 일은 아니다. 종결의 수월성은 저항의 강도와 관련이 있다는 대니얼스(Daniels, 1997: 8-9)는 가장 저항이 강한 것은 정부의 기능이고 그 다음으로 조직, 정책, 프로그램순으로 종결이 어렵다고 하였다.

제 3 편

경찰정책의 원천연구

제1장

범죄발생의 원인 연구

범죄는 개인의 책임과 사회적 책임 그리고 국가의 책임이 단독 또는 혼합되어 발생하는 것이 대부분이다. 이 점에 주목하여 가족·이웃간 사랑과 함께 사회적 약자를 보호하고 정책과 제도를 통해 갈등을 해소하면 범죄발생을 크게 줄일 수 있다는 것이 일반적인 믿음이다.

경찰정책의 기본적인 목표는 범죄통제와 질서유지 즉 범죄의 예방과 단속 및 공공의 안녕질서를 유지하는 것이다. 이러한 정책목표를 성공적으로 실현하기 위해서는 광범위한 정책대안의 개발·탐색을 통해 최적의 정책대안을 찾아내는 것이 가장 중요하다. "목표(ends)와 수단(means)은 동시에 선택된다"는 마치(March, 1994: 179-219)의 지적과 같이 정책과정에서 최적의 정책대안을 찾는다는 것은 정책수단의 선택을 포함하고 있기 때문이다.

경찰정책도 다른 정책과 마찬가지로 어떤 정책수단을 선택하느냐에 따라 그 결과가 달라진다. 정책수단은 정책비용을 수반하게 되며, 정책비용이 과다한 경우 정책의 능률성에 문제를 초래할 뿐 아니라 비용부담에 따른 정치·사회적 갈등이 발생한다. 따라서 정책목표 달성을 위한 정책수단의 선택은 정치적 실현 가능성을 포함하여 적절성, 적합성, 형평성, 예산 등 여러 요인들이 복합적으로 고려되어야 한다.

경찰정책의 바람직한 목표와 수단선택을 위한 정책대안 탐색의 원천으로는 기존의 정책과 과거의 경찰정책 목록, 외국의 경험등 유사한 사례, 범죄 이론과 기술의 활용, 직관적인 통찰력 등의 여러 방법이 있다. 제3편에서는 경찰정책의 대안탐색 원천으로 활용될 수 있는 범죄발생의 원인 등 범죄이론, 미국과 일본의 범죄 예방정책, 선진국의 범죄피해자 보호정책, 경찰의 주요정책과 각종통계의 변화추이 등에 대해 경찰백서와 경찰청 자료 등을 중심으로 살펴보기로 한다.

제1절 범죄의 개념과 범죄이론

1. 범죄의 개념

범죄는 형식적 의미의 범죄와 실질적 의미의 범죄로 나눌 수 있다. 형식적 의미의 범죄는 형법상의 범죄 개념이며, 범죄가 성립되려면 구성요건 해당성, 위법성, 책임성 등 세 가지 구성요소를 구체적으로 갖추어야 한다. 반면에 실질적 의미의 범죄는 형식적 의미의 범죄뿐만 아니라, 국가가 보호하는 사회질서를 본질적으로 침해하고, 사회생활상의 이익·가치를 위협하는 반사회적 행위를 포괄하는 개념이다.

형법상의 범죄는 인간의 반인륜적, 반사회적, 반국가적 행위로써 형법에 범죄로 규정되고, 위법·유책한 행위를 말한다. 이는 범죄개념의 실질적 의미에서 범죄의 대상과 범위를 정하고, 형식적 의미에서 구체적인 범죄성립 여부를 판단하는 것이다. 따라서 실질적으로 사회적 위험성이 없더라도 국가가 가벌적으로 규정하면 범죄가 되는 것이고, 반면에 도덕적으로 충분히 비난받을 만한 행위를 해도 법규정이 없으면 범죄에 포함되지 않는다.

그러므로 어떤 행위를 범죄로 규정할 것인가의 문제는 범죄의 원인과 발생 추세, 사회의 윤리와 도덕, 범죄연구의 흐름 등을 토대로 한 입법정책에 관한 문제다. 그러나 오늘날 첨단기술을 이용한 신종범죄가 늘어나고, 과거 일탈(deviance) 행동 정도로 여겨지던 행위들이 시대변화에 따라 큰 사회문제가 되고 있음에도 규제할 입법적인 뒷받침은 이를 따라가지 못하고 있다.

범죄이론과 연구의 흐름을 살펴보는 것은 범죄의 원인과 추세, 당시 사회상과 범죄연구의 흐름 등을 반영하여 어떤 행위를 범죄로 규정할 것인지에 대한 규범적 기준을 제시하고, 범죄통제를 위한 법률 제정 등 정책대안을 모색하기 위한 것이다. 이러한 차원에서 경찰의 선제적인 법제정 노력 등 정책대안을 마련하기 위한 적극적인 역할은 대단히 중요한 일이다. 중요한 범죄이론들을 개략적으로 살펴보면 다음과 같다.

2. 원인중심 범죄이론

1) 고전학파와 실증주의 학파

18C 베카리아(Beccaria, 1764), 벤담(Bentham, 1823) 등에 의해 대표되는 고전학파의 연구 초점은 당시의 인본주의, 공리주의, 합리주의 사상을 기반으로, 형집행의 불공평과 처벌의 잔인성을 극복하여 형사사법 정의를 실현하려고 했다. 이는 범죄자 개인보다는 범죄 통제를 중심으로 한 형사사법 규제정책에 연구의 초점을 둔 것이다. 이들은 범죄의 원인과 관련해서는 인간 본성은 자유 의지에 따라 합리적으로 계산할 수 있지만, 인간의 쾌락주의적인 성격 때문에 범죄가 생긴다고 전제하고 있다. 고전학파의 이런 전제 때문에 범죄 원인으로 사회구조나 인구적 변수 등은 크게 연구되지 않았다.

그러나 19C 롬브로조(Lombroso, 1911), 페리(Ferri, 1917) 등의 실증주의 학파는 연구대상을 범죄자 개인에 두고 분석방법을 과학적·실증적 검증에 의한 인과 법칙 발견에 중점을 두었다. 특히 롬브로조는 "생래적 범죄인설"을 주장하면서 타고난 범죄자는 치유가 불가능하므로 사회로부터 제거하고 치유 가능한 사람만 사회에서 보호해야 한다고 하였다. 범죄의 원인을 인간의 쾌락주의와 타고난 범죄 기질 등에 두고 있어, 범죄 예방정책도 개별적인 치료에 그 비중을 두고 있다.

2) 아노미(Anomie) 이론

아노미 현상이란 전통사회에서 근대 산업사회로 넘어가는 과도기에서 생기는 가치와 규범의식의 혼란상태를 말한다. 아노미 이론의 대표적인 연구는 뒤르켕(E. Durkheim)의 무규범·탈규제적 아노미 현상과 머어턴(Robert K. Merton)의 사회구조적 긴장 아노미 현상을 들 수 있다. 프랑스의 사회학자 뒤르켕은 그의 저서 "자살론"에서 아노미 현상은 "사회구성원의 행위를 규제하는 공통된 가치나 도덕적 규범이 살상된 혼돈상태"를 말한다고 그 개념을 정의하고 있다.

뒤르켕은 전통적인 농업사회에서 분업의 산업사회로 변하는 과정에서 사회적 연대가 집단의식이 비교적 강한 귀속적·기계적 연대에서 집단의식이 약한 기능적·유기적 연대로 변한다고 보면서, 사회 통합의 매체를 "법과 제도"에서 찾았다. 그는 전통사회에서의 법은 주로 신체적인 고통과 박탈을 수반한 억압적·보복적 형태로 나타나지만, 산업사회에서는 보복·억압이 아닌 보상·유인적인 법이 주류를 이룬다고 하였다. 또한 인간을 "통제되지 않으면 자기 파멸에 이르는 만족 극대 추구자"로 봄으로써, 생물학적 인간관과 사회학적 인간관이라는 이중성을 전제하고, 인간의 선천적인 고칠 수 없는 사악함(incorrigible wickedness of men) 때문에 인간사회는 범죄로부터 벗어날 수 없다고 했다(이상안, 2005: 172).

이와는 달리 머어턴은 인간의 욕구나 욕망은 선천적인 생물학적인 것이 아니라 후천적인 사회·문화적 환경에 의해서 직접적인 영향을 받는다는 주장을 하고 있다. 그는 병리적인 사회구조가 긴장을 유발시켜 개인을 범죄와 비행으로 몰아 넣게 되며, 특히 경쟁적인 자본주의 사회에서 제도적 수단에 의한 목표 성취가 사실상 차단되어 있는 사람들이 불법의 유혹에 못이겨 범죄를 저지른다고 했다.

3) 사회 해체론과 차별적 접촉이론

"사회 해체론"은 기존 사회조직이 해체되면서 일탈행동이 발생한다는 입장으로 산업혁명, 도시화, 과학의 발달 등이 기존의 사회조직을 해체하면서 갈등을 야기하고 이로 인해 일탈행동이 나타난다는 것이다. 사회 해체론의 대표적 학자인 쇼와 멕케이(C. Show and H. Mckay, 1955)는 시카고 학파의 인간 생태학에 토대를 둔 연구에서 인구의 지리적 분포 특히 하류계급의 이웃에 초점을 둔 미시적 관점을 취하고 있다. 그에 의하면 인구의 지리적 분포는 지역간, 지역내의 민족·직업 집단간의 격리와 지배라는 현상이 일어나며, 거주와 상업활동이 교차하는 지역에 비행·이혼·범죄 등 일탈이 집중되고 있다고 하였다. 이런 지역은 전통사회의 통제력을 약화시키는 환경요인이 강하게 나타나 일탈행위가 나타난다고 보고, 통제가 약화·와해되었다는 측면에서 이 지역은 해체(disorganized)되었다고 보는 입장을 취하고 있다. 오늘날의 범죄나 일탈행위들을 보면 많은 부분에서 전통사회의 통제력이 상실되어 발생하는 측면이 강하게 나타나고 있다.

반면에 같은 시카고 학파인 서들랜드(Sutherland, 1931)는 "차별적 접촉이론"을 체계화하면서, 사람이 범죄자가 되는 것은 학습을 통해 배운다는 것이다. 이 이론은 학습에 의한 범인성 인격형성의 과정을 사회심리적 측면에서 분석한 것으로, 범죄행동은 타인과의 의사소통 과정을 통해 학습되고, 학습내용은 다양한 범죄기술뿐만 아니라 동기 및 충동 그리고 합리화와 태도 등을 포함하며, 접촉 빈도·기간·강도 등 개인의 차별적 접촉에 의해 범죄학습이 이루어진다는 이론이다.

차별적 접촉이론은 인간의 학습측면만 지나치게 강조되고, 인간본성의 차이를 무시한다는 비판도 있지만 비행청소년 예방 정책에는 충분히 고려되어야 할 이론이다.

3. 통제중심의 범죄이론

1) 낙인 이론

사회구성원이 "범죄자로 낙인(labeling)이 찍히면 범죄행위를 계속한다"는 낙인 이론은 범죄행위를 위반행위 자체보다 법규를 위반한 개인에 대한 낙인에 초점을 두고 있다. 이는 범죄행위가 행위자의 심리적 성향이나 환경적 조건 때문에 객관적으로 발생된다기 보다는 범죄행위에 대한 사회·문화적 평가와 소외의 결과라고 보는 이론이다. 즉 범죄행위로 공식적인 낙인이 되면 그 행위자를 사회와 기회로부터 격리·소외시키고, 그러한 합법적인 기회의 제한은 반대로 불법적인 기회를 증대시켜 지속적으로 범죄를 저지르게 된다는 것이다. 이는 범죄행위를 위반행위 자체보다 규제법규와 법규를 위반한 개인에 대한 낙인에 초점을 둠으로써, 범죄를 행위의 속성으로 보지 않고 사회법규 자체의 규정을 문제시한다.

대표적인 학자로는 레머트(E. Lemert), 베커(H. S. Becker), 메차(D. Matza) 등이 있다. 레머트는 다원주의 사회의 법이라는 것이 이익집단들간의 권력투쟁과 경쟁간에 생성된 산출물이므로 이런 법에 의한 통제가 일탈과 범죄를 만들어 낸다고 보면서, "일차적 일탈→사회적 처벌→또

다른 일탈→강한 처벌→지역사회의 낙인→처벌과 낙인에 대한 반발 강화”로 나타난다는 것이다. 또한 베커(Becker, 1963)는 일탈은 사람이 저지르는 행위의 특성이 아니라 다른 사람이 범인에게 적용한 법과 제제의 결과라고 보았으며, 결국 일탈은 사회집단들이 규범을 만듦으로써 생성된다고 보았다. 그러나 베커는 법제정 과정에서 권력의 구조적 불평등 문제는 다루지 않았고 미시적 상호작용 관계에서의 반응효과만을 주로 다루었다.

2) 신갈등 이론

신갈등 이론은 상호 갈등의 과정에서 사회의 지배집단(권력자)이 종속집단의 문화적 행동 중에서 일부를 문제시하면서 나타난다는 관점으로, 즉 지배집단에 의해 일탈이나 범죄행위가 낙인된다는 이론이다. 이는 낙인 이론을 보다 집단적 수준으로 확대한 것으로 터크(Turk)와 초기의 퀴니(Quinney)가 대표적인 학자들이다.

터크는 제도 속에서 행동 통제력을 행사할 수 있는 권력자와 이를 갖지 못한 종속자간의 갈등에 초점을 두고 있다. 그는 어떤 조건하에서 권력자와 종속자간의 문화 차이가 법적 갈등으로 변화되는가? 어떤 조건하에서 권력자의 법을 위반하여 범죄자로 되는가를 두고, 법 규범에 대한 투쟁의 결과 이 양자간에 문화 및 행동차이가 존재할 때, 그리고 법이 권력자의 행동이나 문화규범과 일치하고 위반자들이 무력할 때 갈등이 높아진다고 하고 있다. 낙인이론과 신갈등 이론은 청소년의 비행 및 범죄 관련 정책 수립시 특별히 검토해야 할 이론이다.

3) 비판 범죄론

비판 범죄론은 1970년대 범죄 통제에 연구 초점을 두고, 생산양식, 계급구조, 권력관계 등을 고려한 법체계의 근원 그리고 법과 지배계급과의 관계 등을 연구대상으로 삼고 있다. 이 이론의 대표적 학자로는 지배계급 모델을 제시한 퀴니(Quinney)와 인간주의적 개념모델을 제시한 쉬벤딘져 부부(Schwendigers)를 들 수 있다.

퀴니에 의하면 형법은 국가와 지배계급이 기존의 사회·경제적 질서를 유지하고 영구화시키기 위한 도구이며, 자본주의 사회의 범죄통제는 법 이외에도 이데올로기(교육, 종교, 매스컴 등) 기관에 의해 수행되며 그 결과 피지배 계층은 계속 억압된다는 것이다. 이는 범죄의 정치적 성격을 강조함으로써 범죄학의 초점을 바꾸는 데 성공했다고 볼 수 있다.

한편 쉬벤딘져 부부는 인권의 기준에 입각한 인간주의적 범죄개념을 모델화하였다. 범죄의 개념을 형법 위반이라는 전통적·법적 입장에 대해 이들 부부는 반사회적 행위를 어떤 기준에 의해 구체화하느냐를 두고 이들은 "역사적으로 규정된 개인의 권리"에 의해 규정되어야 한다고 보았다. 이렇게 볼 때 역사를 통해 확장되어온 개인의 인권은 건강·생명권을 비롯하여 인종·성별·경제적 평등의 권리등이 이에 포함된다. 이 논리에 따르면 인종차별·성차별·빈곤 등 기본적 인권을 침해하는 행위는 범죄라고 볼 수 있다는 것이다(이상안, 2005: 174-175). 범죄에 대한 쉬벤딘져 부부의 이러한 관점은 범죄예방이나 갈등관리의 측면에서 경찰이 선재적으로 다루어야 할 분야다.

4) 범죄경제학적 범죄이론

베커(Becker, 1976)는 인간의 범죄행동 선택을 경제학적 이론으로 설명하면서, 인간은 범죄행위로부터 얻게 될 불확실한 대가인 구속 등 형벌의 가능성을, 합법적인 경제활동을 통해 얻게 되는 대가와 비교하게 된다고 하였다. 그에 의하면 개인은 범죄를 저질러서 얻게 될 기대효용이 합법적 활동을 통해 얻게 될 효용보다 클 때 범죄를 저지른다는 것이다. 즉 범죄를 행함으로써 기대되는 재산가치 등 효용(EU)이 실제로 범죄행동으로 받게 될 구속, 벌금, 몰수 등 처벌보다 클 때 합법적 정상행동보다 비합법적 범죄행동을 선택하게 된다는 것이다.

그의 범죄행위 공식을 보면 $EU=PU(Y-f)+(1-P)U(Y)$로 기호 EU는 기대효용, P는 체포되어 처벌될 주관적 확률, U는 개인의 효용지표, Y는 불법행위로 얻는 이익, f 는 처벌의 금전가치다. 이때 개인의 기대효용(EU)이 零(zero)보다 크면 개인은 범죄를 저지르고, 零보다 작은 것으로 판단되면 범죄를 저지르지 않는다는 것이다. 베커는 이를 토대로 인간행동을 B/C적 계산으로 설명함과 동시에 B/C(이익과 비용) 계산을 좌우하는 데 초점을 둔 형벌정책을 도출하고자 하였다.

범죄경제학적 범죄이론은 범죄행동과 정상행동간의 기대이익과 기대비용의 크기 비교에서 출발한다. 이 이론은 사회구성원의 행위를 통제하는 방법으로 하나는 그 행위에 가격과 비용을 책정하여 그 가격과 비용을 지불해야만 그 행위를 할 수 있도록 하는 방법과, 다른 하나는 범죄나 환경오염 등과 같이 특정행위 자체를 완전히 금지하거나 일정수준 이상을 규제하고 지키지 않을 경우 제제를 가하는 방법이 있다.

이와 같이 가격을 통한 통제가 있게 되면 개인의 활동수준과 종류를 정할 때 자기 자신의 사적 비용과 편익만을 고려하는 것이 아니라 자기활동에 부과되는 가격의 크기, 즉 자기행위의 사회적 외부효과까지 감안하여 활동수준이나 활동의 종류를 결정하게 된다는 것이다. 범죄를 저지를 경우 정책수단(구속 또는 벌금 등 제제)의 조절을 통하여 범죄행위의 가격과 비용을 높임으로써 범죄수요를 억제할 수 있다는 논리다(이상안, 2005: 176, 237, 320). 이러한 범죄경제학적 패러다임은 급속한 도시화·산업화에 따른 새로운 규제를 요하는 행위가 계속 증가하고 있는 오늘날 어떤 규제방식을 선택하는 것이 가장 바람직한가에 대한 입법기준과 정책대안을 찾는데 논리적 수단을 제공한다는 점에서 유용한 이론이다.

제2절 범죄원인론에 대한 연구의 흐름

1. 연구의 흐름

범죄를 저지르는 원인에 대한 연구는 먼저 계몽주의 철학에 바탕을 둔 고전적 자유의사 행동론에서 출발한다. 고전주의 범죄학파는 종교적 억압, 절대군주의 폭압 통치를 벗어나기 위해 인간의 자유 의사를 주장하게 되었다. 당시 베까리아(C. Beccaaria, 1764)는 그의 저서 "범죄와 형벌"에서 봉건사회에서 횡행하던 잔인한 형벌(사형)을 폐지해야 된다고 주장하였으며, 이 주장은 자유의사 행동론에 영향을 미쳤다. 이는 인간은 자유롭게 자기 행동을 선택하게 되며 범죄도 쾌락과 고통간의 합리적 선택의 일환이라고 본 것이다.

그러나 이 고전적 범죄론은 19C초 프랑스의 사회학자 콩트(A. Comte)의 실증주의 등에 영향을 받은 "인간 행동은 개인의 통제력이 아닌 외부의 힘에 의한 작용으로 일어난다"고 보는 행태적 실증주의 범죄론으로 발전한다. 즉 인간의 행위는 자유의사보다는 생물적, 심리적, 사회적 성질(계급, 재산, 전쟁, 두뇌, 정신능력) 등에 의해 결정된다고 보았다.

이후 뒤르켕(E. Durkeim)은 사회규범이 붕괴되어 규범상실, 통제력상실 상태에서 범죄가 발생한다는 범죄사회학적 원인론으로 발전시켰다. 그간의 이론에서는 범죄에 미치는 영향요인 중 경제적 요인을 상대적으로 적게 보는 입장을 취하고 있었다. 1960년대 들어 경제학자들은 경제적 측면에서 범죄의 원인을 다시 논의하기 시작했다.

플레이셔(B. Fleisher, 1963)는 범죄원인에 대한 검증은 부족했지만 실업과 수입과 비행간의 상관관계 분석을 통하여 비행률과 실업 및 수입간에는 강한 상관관계가 있음을 밝혔다. 또한 베까리아-보네사나(Beccaria-Bonesana, 1967)는 금전적 처벌은 가난한 사람의 수를 증가시킴으로써 오히려 강도의 숫자를 증가시킬 수 있다고 주장하였다. 그 후 베커(G. Becker, 1968)가 효용극대화 등 경제이론에 기초를 두고 처음으로 경제학적 분석을 시도하였다.

1970년대 들어서는 미국과 유럽의 범죄사회학계에서 실증주의적 범죄론을 비판하면서 범죄규제에 더 초점을 둠으로써, 범죄의 원인보다 범죄규제의 문제로 생산양식, 계급구조, 권력관계 등에서 파악하고, 범죄의 연구대상을 개인적 요인이 아닌 범죄규제 및 자본주의 발달에 따른 계급적 차별 및 이해관계의 연속선상에서 찾아 연구영역을 확립시켰다.

앞에서 살펴본 시대별 이론들을 종합해 보면 범죄를 하나의 사회현상으로 보고, 범죄의 원인과 과정 그리고 규제에 초점을 맞춘 세 가지 패러다임(paradigm)으로 발전해 왔다. 그 흐름을 보면. ① 관찰 등 자연과학적 방법을 통한 실증주의적 패러다임, ② 1960년대 이후 실증주의의 문제점과 한계를 극복하기 위해 관찰이 아닌 "의미의 이해"로 사실에 접근하는 해석학적 패러다임, ③ 1970년대 초부터 실증주의 이론들이 범죄문제에 있어서 국가문제를 도외시했던 것에 대한 반발로 범죄규제를 중심으로 등장한 비판적 패러다임으로 발전해 왔다. 세 가지 패러다임에는 사회과학에서 일반적으로 사용하고 있는 경험적·실증적 접근과 규범적·처방적 접근 모두를 수용하고 있다.

경험적·실증적 방법은 경험한 사실을 연구대상으로 하기 때문에 존재(sein)에 대한 연구가 중심이 되어 범죄문제의 내용과 범인의 구체적 행동 결정요인이 무엇이며, 범죄로 인해 발생하는 사회적 피해가 어느 정도이며, 이 문제를 해결하기 위해 무슨 대안을 제시했으며, 어떤 과정을 통해 대안이 선택되고 집행되었으며, 어떤 정책수단이 사용되었는가 등을 사실 그대로 접근하는 방법이다.

반면에 규범적·처방적 접근은 가치 판단적 접근이며 당위(sollen)에 관한 것으로, "무엇이 옳고 그른지"의 규범을 연구 대상으로 하고 있다. 즉 "사회문제들 중에서 어떤 것이 정책문제로 채택되어야 옳은지", "정책문제들 중에서도 어느 것을 먼저 해결해야 옳은지"(범죄문제냐, 복지문제냐), "무엇을 구체적으로 정책목표로 해야 하는지"(처벌 우선, 교정 우선)를 판단하는 것이다(이상안, 2005: 186-188).

2. 원인과 통제중심 범죄이론의 통합(범죄경제학적 접근)

범죄를 저지르는 데는 "개인의 행동결정 자체"와 그 개인을 둘러싼 "환경요인"으로 초점이 대체로 모아진다. 일반적으로 원인중심의 범죄이론들은 환경요인(사회구조, 생물학적 존재성, 사회변동, 접촉 등)을 중심으로 발전되어 온 것이 대부분이다. 그러나 범죄자의 범죄행동 결정에는 이러한 환경요인에 의해서만 좌우되는 것이 아니다.

이는 영향요인에 지나지 않을 뿐 범죄행위의 1차적 요인은 개인의 의사결정이라고 보아야 하며, 범죄 의사결정에는 계획적이고 계산적인 합리성이 개입된다고 보아야 한다. 이를 나타내는 것이 B/C 인지구조이며 범죄경제학의 기본논리이다. 다시 말하면 범죄행동으로 얻을 기대이익과 잃게 될 기대비용간에 어느 것이 큰지를 판단하여 그에 따라 행동결정이 정상적으로 나타나기도 하고 범죄행동으로 나타나기도 한다는 것이다.

여기에서 기대비용으로 계산되는 것이 정부의 범죄통제 작용이고 규제정책이다. 이는 범인이 자기행위(환경요인등)와 기대비용(범죄통제)을 서로 비교하여 행동 결정을 한다는 측면에서 원인과 통제의 통합적 의미를 가진다고 할 수 있다. 이러한 범죄경제학적 논의가 오늘날 범죄연구의 큰 흐름이다. 따라서 정부의 범죄통제(규제정책) 정책대안 마련시 이러한 양면적 측면들이 충분히 고려되어야만 정책효과를 볼 수 있다.

이상에서 살펴본 범죄의 원인과 과정 그리고 통제에 초점을 맞춘 범죄이론의 패러다임과 연구의 흐름 등을 통해 범인의 행동결정 요인을 비롯하여 범죄로 인한 사회적 피해 등에 대한 사실과 가치 등을 종합적으로 파악함으로써, 범죄통제라는 규제정책의 중요한 근거를 마련할 수 있을 것이다.

제2장
美·日의 범죄예방 정책

정책대안의 탐색과 선택에 있어 중요한 원천중의 하나는 다른 나라의 정책이나 제도를 살펴보는 것이다. 다른 나라의 정책이나 기법을 벤치마킹할 경우 정책결과에 대한 예측과 집행에 필요한 자원 그리고 정치세력의 개입 등을 쉽게 예측할 수 있는 장점이 있다는 것은 앞에서 설명한 바 있다.

범죄예방 정책도 마찬가지로 선진국의 앞선 제도나 정책은 여러 나라에서 정책대안의 원천으로 활용되고 있다. 여기서는 우리나라 범죄예방 정책에 가장 많은 영향을 미치고 있는 미국의 범죄예방 정책과 순찰제도 그리고 일본의 지역경찰제 등에 대해서 간단히 살펴보기로 한다.

제1절 미국의 범죄예방 정책과 순찰제도

1. 미국의 범죄예방 정책

다른 나라에 비해 범죄발생 건수가 비교적 많다는 특징을 가지고 있는 미국(L. Shelly, 1991: 83)은 이 특징에 주목하여 범죄예방의 중요성을 확인하고, 연방과 주정부를 비롯한 전국적 조직망을 구축하여 범죄예방 활동을 전개하고 있다. 국립 범죄예방연구소, 전국 범죄예방위원회, 국제범죄예방 실천가협회 등이 여기에 속한다.

이 조직들은 범죄예방 프로그램의 교육적·기술적 자료를 제공하고, 일반국민에 대해서는 언론 매체나 교육 등을 통해 범죄예방 인식을 높여 나가고 있다. 미국의 구체적인 범죄예방 프로그램 중 우리 경찰이 참고하여 발전시켜야 할 중요한 것들을 살펴보면 다음과 같다(이상안, 2005: 253-258).

1) 지역사회 경찰활동(Community Policing)

지역사회 경찰활동이란 경찰과 지역사회의 상호 협력관계를 강화하여 범죄를 포함한 지역의 모든 문제를 해결하고자 하는 것이다. 이는 공동체주의의 기본 사상인 "자원봉사"와 "시민주의" 입장에서, 지역사회 스스로 자원봉사 활동을 통한 범죄예방 활동등을 펴는 것이다. 이를 문제해결 지향의 Community Policing으로 부르며 미국 범죄예방 활동의 중심에 서게 되었다.

지역사회 경찰활동의 주요 요소로는 ① 경찰과 지역사회의 상호성(reciprocity), ② 지역 분권화된 경찰활동, ③ 도보순찰과 문제해결 지향의 순찰활동, ④ 순찰기능 위주의 경찰활동, ⑤ 자원봉사적 치안협력체계 등이다. 이와 더불어 의인(義人)적 시민정신을 공동체 삶의 자랑스런 덕목으로 삼아 자율방범 활동을 더욱 활성화시켰다. 이와 같이 범죄 예방을 위해 주민들에게 동기를 부여하고 함께 활동하는 것은 지역사회 통합을 위해서도 매우 중요한 역할을 한다.

2) 이웃 공동 감시(neighborhood watch)

이웃 공동감시 체제는 가까운 이웃끼리 공동경계 및 감시체계를 결성하여 주민들 스스로 범죄를 예방하는 것이다. 이러한 유형은 우리나라에도 1984년 발족한 서울 강남구 압구정동 어머니 방범대를 비롯하여 노인 방범대 등이 있다.

이들은 아파트 단지 및 주택가의 강·절도와 소매치기 예방 그리고 비행청소년들이 발을 붙이지 못하도록 유흥업소와 오락실 등 청소년 유해업소에 대해 경고문을 발송하고 범죄 예방을 위한 정당한 요구에 응하지 않을 경우 관계기관에 문제를 제기하여 해결책을 찾고 있다.

3) 시민 경보체제(citizen alert)

시민 경보체제는 지역주민들이 자기집이나 이웃집에서 범죄가 발생하거나 또는 범죄를 목격했을 때 전화나 비상벨 등으로 가까운 이웃·순찰지구대·경찰서에 신속하게 신고하는 체제를 말한다. 신고할 때 수상한 사람의 출현, 범죄상황과 범인의 도주 경로, 기타 수사의 단서가 될 수 있는 정보를 제보할 수 있도록 민간 신고망을 조직하는 것이다.

지능화된 범죄, 흉폭한 범죄와 신종범죄등에 대해 효과적인 예방과 수사를 위해서는 시민 경보체제등 지역사회의 다양한 인적·물적 네트워크를 구축하는 것이 반드시 필요하고 우리나라 경찰이 특히 발전시켜야 할 분야이다.

4) 환경설계를 통한 범죄 예방(CPTED)

"환경설계를 통한 범죄예방"(Crime Prevention Through Environmental Design: CPTED)이란 물리적·사회적 환경변화를 통해 범죄를 예방하는 기법으로, 범죄발생의 원인이 되는 조건을 개선시키는 데 초점을 두고 있다. 이는 범죄학, 건축학, 도시공학등의 응용분야로, 건축 환경을 반범죄적 즉 방어적인 디자인(Defensive Design)을 통해 범죄에 대한 억제 심리를 유발하고 범죄실행 심리도 줄이게 된다는 것이다.

CPTED는 물리적 설계, 주민 참여, 경찰활동과 접근의 용이성 등을 통합적으로 결합시킴으로써 자연적 감시와 함께 접근통제 등을 통해 범죄 기회를 줄이고 주민에게는 안정감을 주는 종합적인 범죄예방 전략이다. 이는 미국 이외에도 영국(방범환경설계제도,1992), 네덜란드(경찰안전주택인증제도,1994) 등 여러 나라에서 활용하고 있다.

5) 민간경비의 활성화

1850년 시카고 경찰을 중심으로 철도경비를 담당하기 위해 시작된 미국의 민간경비 산업은 1990년을 전후해 약 100만명에 이르게 되었으며, 1991년 LA폭동이 발생했을 때는 공공경찰보다 먼저 현장에 출동하여 진압과 경비활동을 펴는 등 큰 역할을 한 바 있다. 폭동현장에 경찰이 먼저 출동하면 폭도들과 감정적인 충돌이 있을 수 있으나 민간경비대는 이를 조금이나마 완화시킬 수 있다는 정서적 장점이 있다.

우리나라에서도 범죄와 무질서를 효과적으로 통제하기 위해서는 시설경비, 호송경비. 행사장 경비, 신변보호 등에서 민간경비를 활성화시키고 협력체제를 강화할 필요가 있다. 특히 경찰의 부족한 인력을 고려할 때 앞으로 민간경비와 방범산업의 육성·발전에 더욱 다양한 노력들이 있어야 하며, 나아가 민간의 경비·방범활동과 경찰의 활동이 상호 경쟁관계로 까지 발전할 때 보다 큰 시너지 효과를 기대할 수 있다.

6) 경찰·학교간 친선 프로그램(Police-School Liaison Program)

일반 시민들의 경찰관에 대한 불신 등 부정적인 인식을 개선하는 일은 대부분 규제행정을 하는 경찰로서는 정책순응 문제와 직접 관련되기 때문에 매우 중요한 일이다. 장래 주인이 될 젊은 사람과의 관계 개선은 결국 일반시민들의 경찰관에 대한 인식 개선으로 자연스럽게 이어지게 될 것이다. 이를 위한 프로그램이 "경찰과 학교간 친선 프로그램"(Police-School Liaison Program)이다.

이는 청소년 범죄 예방이나 교통법규 이해 등을 통한 어린이 교통사고 방지는 물론 청소년들과의 유대를 강화함으로써 학생, 학부모, 나아가 전체 국민들의 경찰에 대한 이미지를 개선하게 된다. 또한 이 프로그램은 민주 시민교육의 역할도 함으로써, 적극적이고 협동적인 사회로 발전하는 데 기여할 수 있다. 경찰에 대한 이미지 개선은 곧 신뢰로 이어지고 신뢰는 경찰업무 수행의 든든한 뒷받침이 되는 것이다.

2. 미국의 순찰 제도

순찰활동은 범죄기회를 차단·봉쇄하는 전통적인 범죄예방 기법이다. 미국의 경찰조직은 지방자치적 성격을 띠고 있기 때문에 각 州마다 순찰활동 체계가 다양하다. 따라서 일률적으로 파악하기는 어렵지만 1960년대 초까지 전개된 미국의 전통적 순찰활동 체계는 대체로 순찰활동을 강화하면 그 효과를 극대화할 수 있다는 전제하에 가능한 모든 지역을 담당하면서 그 지역에 자주 나타나기 위해 도보순찰보다는 차량순찰 위주로 실시하였다. 또한 순찰목적과 주민요구 등에 따라 합리적으로 배치하고, 대응시간(response time)을 빠르게 함으로써 범인체포 기회를 높이고 주민들이 경찰에 대해 긍정적인 태도를 갖도록 하는 데 주력했다.

그러나 1960년대 말에 범죄 발생률이 증가하고 경찰에 대한 불신 등으로 주민과의 관계가 멀어지면서 전통적인 순찰활동에 대한 회의가 일어나기 시작하였다. 이에 전통적인 순찰활동의 문제점을 보완하기 위해 지역사회 경찰활동을 포함하여 표적·지향·적극적 순찰, 도보순찰, 등의 새로운 순찰활동 체계에 관심을 가지게 되었다.

1) 표적·지향·적극적 순찰

가능한 모든 지역을 담당하려는 전통적인 차량 위주의 순찰방법이 범죄통제와 주민의 경찰에 대한 태도에 긍정적인 영향을 주지 못함에 따라, 순찰의 특정목적과 방향에 따라 순찰 자원을 전략적으로 배치하여 순찰효과를 높이고, 적극적으로 문제를 해결하려는 방법을 모색하게 되었다. 그 결과 새로운 순찰방법의 일환으로 모색된 것이 범죄발생지 등에 대한 표적(targeted)순찰, 문제해결 지향(directed)순찰, 공세적·적극적(proactive)순찰 방법이며, 최근 이러한 방법으로 전환하는 추세다.

2) 도보순찰

전통적으로 미국의 순찰방법은 광활한 지역을 효과적으로 관리하는 차원에서 순찰범위를 넓히고, 신속한 대응을 위해 도보순찰보다는 차량순찰을 선호하였다. 이러한 차량 순찰은 기동성은 뛰어나지만 주민과의 접촉을 통한 심리적 안정감을 주거나 유대를 형성하는 데는 한계가 있었다.

1960년대 말 경찰과 주민과의 관계가 나빠지고 범죄발생률이 증가하자 도보순찰에 대한 관심이 새롭게 일어나기 시작했으며, 실험결과도 도보순찰이 주민들에게 보다 심리적 안정감을 주는 것으로 나타났다. 결국 지역사정에 맞는 도보순찰로 차량순찰의 단점을 보완하는 방향으로 발전하고 있으며, 이는 우리 경찰의 경우에 있어서도 차량순찰과 도보순찰의 적절한 배합전략이 필요하다는 점을 시사하고 있다.

제2절 일본의 고오방시스템과 지역경찰제

1. 고오방(Koban)시스템

일본의 전통적인 외근경찰 제도인 고오방(Koban) 시스템은 우리나라 파출소보다 작은 초소형태의 고오방을 각 지역 내 평면으로 배치하고, 해당지역의 치안상황 전반을 책임지도록 하는 일본형 파출소 체제를 말한다. 고오방은 관할 인구와 면적, 치안중점 대상지역의 수, 범죄 발생건수 등을 기준으로 배치되며, 고오방 내에 다시 책임구역제를 설정하여 경찰관 1인이 1구역을 책임지는 세부구역(Koban Sub-Area)으로 구성되어 있다.

그간 일본경찰은 고오방 활동의 중요성을 강조하면서 고오방 본연의 역할과 임무를 최대한 원활히 수행할 수 있도록 지원하고, 상급관서의 경찰활동 계획도 고오방에서 건의한 내용이나 지원요청 사항 등을 토대로 수립하는 하의 상달 체제를 갖추고 있었다. 그러나 고오방의 교대제로 인해 책임소재가 불명확하고, 지역실정에 정통하지 않아 사건처리가 제대로 되지 않고 있을 뿐 아니라, 1인 근무형태로 인한 고독감, 경쟁심리 저하 등으로 근무의욕과 사기가 떨어지는 등 부정적인 여러 문제들이 노출된 바 있다.

2. 지역 경찰제

일본의 지역경찰제는 1970년 오사카에서 고오방을 폐지하고 대고오방제를 실시한 경험을 바탕으로 2~3개의 고오방을 통합하여 하나의 블록으로 만들고, 블록 내의 활동을 유기적으로 연계시켜 치안수요에 따라 근무시간을 상호보완적으로 책정, 합동순찰등을 하는 "블록운영체제"와 함께 특정한 사건이 발생하거나 특별한 치안수요가 있는 시간대에는 여러 고오방의 근무자들을 한곳에 모아 운영하는 "집중운영체제"로 구성되어 있다.

종래 획일적인 근무시간과 근무형태를 치안수요에 맞게 인력과 장비를 탄력적으로 운용하면서, 교대근무도 3교대에서 변형 3교대제 또는 4교대제 등으로 개편하였다. 또한 범죄가 많은 지역에 경험이 많은 경찰관을 배치하고, 세밀한 지역사정 파악은 물론 주민과의 유대강화를 위해 동일지역에 2년 이상 근무케 하는 한편 불심검문과 순회연락 등의 전담자를 지정하여 전문화를 꾀하기도 했다.

우리나라도 21C 치안행정 패러다임의 변화(통제·지시→ 보호·봉사)에 선제적으로 대응하고, 인력운용의 선택과 집중으로 지역사회 경찰활동을 강화하기 위해 그간의 획일적인 파출소 체제를 치안센터, 순찰지구대, 특수파출소 등의 체제로 2003. 9월 개편한 바 있다. 체제 개편 후 발생하는 부작용 등에 대해서는 지속적인 피드백으로 보완·발전이 있어야 할 것이다.

제3장
선진국의 범죄피해자 보호정책

그간 형사사법제도에서 특별한 주목을 받지 못하던 범죄피해자에 대한 관심과 중요성이 최근 크게 부각되고 있다. 형사사법절차에서 범죄피해자에 대해 관심을 갖는 것은 피해회복(원상복구)과 형사절차 참여 등 피해자 권리보호 뿐만 아니라 2차 피해자가 되는 것을 방지하고, 특히 형사절차 참여를 통해 사건의 실체에 용이하게 접근할 수 있는 장점이 있기 때문이다. 사건의 실체에 쉽게 접근할 수 있다는 것은 실체적 진실을 발견하는 데 도움이 되어 궁극적으로는 인권보호와 형사사법에 대한 국민의 신뢰로 이어질 수 있다.

미국에서는 1970년대부터 범죄피해자에 대한 사회·정치적 관심이 고조되기 시작하여 형사사법절차에서 피해자의 지위를 회복하고 보호·원조를 통해 피해자의 권리를 보장·강화하려는 입법적 운동이 활발하게 전개되었다. 우리나라도 대구 지하철 참사(192명 사망, 2003.2.18)를 계기로, 피해자에 대한 지원과 인권보호의 필요성이 대두되면서, 범죄로 인한 생명·신체 피해자를 보호하기 위해 범죄피해자 보호법(2005.12.23 제정, 2010년 전부개정)을 제정하여 상담, 의료지원, 구조금 지급 등 초보적인 대응을 하고 있다.

범죄피해자 보호법은 기본이념으로 ① 범죄 피해자는 피해상황에서 빨리 벗어나 인간의 존엄성을 보장받을 권리(제2조 제1항), ② 명예와 사생활의 평온 보호(제2조 제2항), ③ 해당사건과 관련하여 각종 법적 절차에 참여할 권리(제2조 제3항)를 제시하고 있다. 그리고 기본정책으로 손실복구 지원, 형사절차 참여보장 및 정보제공, 사생활의 평온과 신변보호 등을 규정하고 있으나, 아직 구체적이지 못하고 선언적 성격이 강하다. 이러한 점들을 감안할 때 현재 범죄자 중심의 형사사법 체제에서 과감히 벗어나 피해자 중심의 권리보호등을 강화할 필요가 있는 시점이다.

따라서 경찰, 검찰, 법원 등 형사사법기관을 포함한 모든 국가기관은 범죄피해자 보호에 대한 인식 전환과 함께 피해자의 실질적인 권리를 확인하고, 피해회복에 대한 구체적이고 적극적인 정책추진을 해야 한다. 특히 경찰은 독자적인 수사권을 확보한 만큼 범죄현장에 가장 근접해 있고 피해자의 사정 또한 세심히 살필 수 있는 위치에 있는 점을 충분히 활용, 선제적으로 범죄피해자 보호를 위한 정책수립과 집행에 앞장서야 할 것이다. 미국, 일본, 프랑스 등 선진국의 범죄피해자 보호정책에 대해 해외 경찰주재관 보고서(경찰청 외사관리관실, 2004. 11월)를 중심으로 살펴보기로 한다.

제1절 미국의 범죄피해자 보호정책

미국에서는 1965년 캘리포니아주의 범죄피해자 보상제도, 1972년 민간차원의 피해자 지원조직이 생기는 등 범죄피해자에 대한 관심이 사회·정치적으로 꾸준히 이어져 왔다. 1970년대 후반 들어서는 연방과 州정부 주도로 범죄피해자의 권리를 보장·강화하려는 "피해자의 권리운동"(The Victims Rights Movement)이 적극적으로 전개됨으로써, 1980년대 피해자 보호·원조제도의 확대·발전에 큰 기여를 했다.

특히 1982년에는 레이건 대통령의 강력한 지지하에 피해자의 고통을 조사하여 사법제도에 의한 범죄피해자 처우를 새롭게 평가하고, 피해자의 권리를 보장하기 위한 입법적 개선안을 권고할 목적으로 "범죄피해자에 관한 특별조사위원회"가 설립되었다. 이 위원회가 제출한 최종보고서(연방, 州정부, 의회, 형사사법기관, 민간단체에 대해 피해자 권리와 관련된 68개 권고안 제시)는 연방과 州정부의 피해자 보호법 제정에 결정적 영향을 미쳤다.

1982년 연방정부 주도하에 "피해자 및 증인 보호법"(VWPA : The Victim & Witness Protection Act)을 제정하여, 연방정부는 이용 가능한 재정 범위 내에서 피고인의 권리 침해없이 피해자 및 증인에 대해 실행 가능한 모든 원조를 제공하고, 피해자의 형사절차 참여를 인정하기 위해 판결 전 조사보고서에 "피해자 영향조사"(VIS: Victim Impact Statement)에 관한 항목을 새로 도입하였다.

또한 1984년에는 연방정부 주도로 "범죄피해자 법"(VOCA: The Victims of Crime Act of 1984)이 제정되었으며, 이 법은 각주의 피해자 보상프로그램과 피해자 원조프로그램에 대해 연방의 보조금을 교부하는 것을 주된 내용으로 하고 있다. 이법의 가장 큰 특징은 연방정부가 보조금 조성을 위해 "범죄피해자 기금"을 만든 것이며, 특히 범죄피해자 기금의 재원이 연방범죄와 관련된 벌금, 몰수금 등으로 충당하고 일반 세금을 전혀 사용하지 않았다는 점에서 큰 특색이 있다.

1. 피해자 지원 기관과 활동

대표적인 범죄피해자 지원 기관으로 연방 법무부 산하 "범죄피해자국"(OVC: Office for Victims of Crime)을 들 수 있다. 범죄피해자국은 1984년 제정된 범죄피해자법(VOCA)에 의해 1988년 설립되어, 전국의 범죄피해자 및 목격자 지원 프로그램에 대한 제정 지원을 하고 있다.

범죄피해자국은 경찰 등 법집행 업무 종사자와 관련직종 종사자들을 대상으로, 피해자·목격자의 권리 및 이들이 필요로 하는 것들에 대한 교육훈련, 출판물 제작·배포, 서비스제공 프로그램 개발 등의 지원을 하고 있으며, 범죄 피해자와 목격자에 대한 국가보상 업무도 총괄하고 있다

또 다른 범죄피해자 지원기관으로는 "국제경찰장협회"(IACP: The International Association of Chiefs of Police)의 "피해자지원위원회"(Victims Services Committee)가 있다. "피해자지원위원회"는 범죄피해자에 대한 지원과 대우의 향상을 목적으로, 법집행 종사자들에 대한 전반적인 피해자 지원과 대우 훈련프로그램을 개발하고, 범죄피해자의 권리신장에 대한 인식제고 캠페인 등을 전개하고 있다. 그리고 경찰 내 피해자 지원기능 창설 유도 및 피해자의 권리를 보장하는 법률의 재·개정 필요성 등을 검토하고 있다.

특히 국제경찰장협회에서는 범죄피해자 지원과 관련하여 "Police-Based

Victim Services for Survey"라는 설문지를 각 경찰기관에 배포하여 "피해자지원위원회"의 지원활동 상황에 대해 조사를 하고 이를 통해 현재 진행되고 있는 지원활동 상황의 개선을 위한 시사점들을 찾고 있다.

Police-Based Victim Services for Survey의 주요 설문내용

☆ 해당 경찰기관의 현재 상황(총인원, 사법경찰관 수, 관할내 인구 등)

☆ 피해자 지원을 위해 담당자 및 피해자 지원부서의 세부적인 지원사항에 대한 실천 여부 확인(피해자에게 팜플렛이나 전단을 제공하는지, 다른기관과 연계는 어떻게 하고 있는지 등)

☆ 특히 더 우선순위를 두고 처리하고 있는 범죄가 있는지, 기관내 정책결정에 있어 피해자를 어느정도 고려하는지, 언어소통이 안되는 외국인에게 어떤 방법으로 소통하는지 등 28개 항목

구체적 사례로 로스앤젤레스경찰국(LAPD)의 범죄피해자에 대한 보호활동을 보면 검찰과 긴밀한 협조 체제를 유지하면서 "피해자 지원제도"(Victim Assistance)를 운영하고 있다. 경찰은 지방검사실(Distric Attorney's Office)에 설치된 "피해자-목격자 지원계획"(VWAPs: Victim-Witness Assistance Projects)과 유기적으로 연계하여 범죄피해자에 대해 피해보상금 지급절차 안내, 손해배상 청구 민사소송 법률지원을 비롯하여 사회복지기관과의 연결, 피해자의 수사절차 지원 및 법정에 동행, 증거로 사용한 재산의 신속한 환부, 그리고 위협을 받는 피해자·목격자의 신변보호 등을 하고 있다. 이와 더불어 지방검사실·경찰서·보안관 사무실 등에 상주하는 피해자지원 상담요원을 통해 전문적인 상담서비스도 제공하고 있다.

또한 뉴욕州의 범죄피해자에 대한 서비스 사례를 보면 ① 범죄피해자가 일정한 양식을 통해 신청할 경우, 관련사건의 재판진행에 대한 정보를 제공하고 있으며, ② 범죄피해자는 사법절차에 대한 자세한 설명을 요구할 수 있고 관련사건에 대해 자신의 의견을 담당 검사에게 표현할 수 있다. ③ 관련사건과 연관된 법정의 위치·날짜·시간 등의 정보와 법원까지의 동행 및 교통수단을 요구할 수 있고, ④ 사건담당 판사에게

선고 전 자신의 의견을 서면으로 제출하거나 진술할 수 있으며, ⑤ 신변 위협을 느끼는 경우 보호서비스 제공 및 가능한 빨리 피해관련 재산을 반환해야 하며, ⑥ 성폭력 피해자에 대해서는 무기명 그리고 비밀이 보장되는 에이즈 및 성병에 대한 검사 서비스 제공 등을 하고 있다.

한편 민간기구로는 1972년 3개의 범죄피해자 지원프로그램이 독립적으로 탄생하여 입법부·행정부에 피해자 보호를 위한 로비활동과 계몽활동을 벌이는 등 처음에는 소수의 민간단체가 범죄피해자 보호활동에 기여를 하고 있었다. 그러나 1984년 "범죄피해자법"(VOCA)의 제정을 계기로 연방정부에서 일정한 요건을 갖춘 조직에 대해 州정부를 경유한 보조금 교부로 재정적 형편이 나아지자 1980년 200개 정도이던 민간조직이 폭발적으로 증가하여 현재 1만 여개에 가까운 크고 작은 민간단체가 활동하고 있다. 이들 단체들은 범죄피해자에 대한 다양한 서비스를 제공하고 있으며, 이들 단체 중에는 성범죄·가정폭력·아동학대 등의 특정범죄 피해자를 위한 조직도 있고, 교통사고와 재물피해를 당한 피해자를 위해 서비스를 제공하는 조직도 있다.

2. 형사절차상 범죄피해자 보호

형사절차상 범죄피해자 보호제도 중에서 중요한 것을 보면 피해자 의견진술, 원상회복, 피해자와 가해자간 조정제도, 양 당사자간 화해제도 등이 있다. 그 구체적 내용을 살펴보면 다음과 같다.

① 피해자 의견진술은 양형절차에서 피고인에게 어떤 형벌을 내릴 것인가에 관한 피해자의 의견진술을 허용하는 제도로, 미국의 형사절차에서 일반적으로 통용되고 있다. 피해자 진술은 대부분 법정에서 구두로 행해지나 서면으로 이루어지는 경우도 있다. 이러한 형사절차 참여프로그램은 형사사법기관이 피해자에 대한 보호·원조를 충실히 함은 물론 형사사법기관이 피해자에 대해 배려하고 있다는 사실을 잠재적 피해자인 일반 국민들에게 보여줌으로써 형사사법에 대한 신뢰를 높이는 데도 목적이 있다. 그러나 피해자의 양형절차 참여에 대해서는 피해자의 인격성 회복과 응보적 정의의 심리적 만족 등 긍정론도 있지만 형사절차

가 사적 복수의 수단으로 전락하고 보수적 범죄통제 수단으로 악용될 소지가 있다는 반대론도 있다.

② 원상회복(Restitution)은 범죄피해를 당한 개인 또는 조직체에 대해 주로 금전적인 변상을 의미하며, 예외적으로 사회봉사명령과 같은 사회에 대한 상징적인 변상을 포함하는 경우도 있다. 또한 대부분의 州에서 가석방을 하기 전에 피해자의 의견을 듣도록 하는 제도를 시행하고 있다. 1970년대 후반부터 전개 되었던 피해자 권리운동이 가져온 중요한 성과 중의 하나다.

③ 피해자와 가해자간 조정제도(Victim-Offender Mediation Program)는 원상회복에 의해 완전히 구제받는 피해자는 극 소수에 그치고 특히 범죄인이 원상회복 프로그램에 적극적으로 참여하지 않기 때문에 이를 보완하기 위한 제도다. 비교적 경미한 재산범죄에 대해 피해자와 가해자 사이에 조정인이 개입하여 상호 협의를 진행시키는 제도로, 협의를 통해 피해자의 요구를 실현시키고 피해변상을 촉구하며 가해자의 자기책임을 자각하게 만드는 제도다.

④ 피해자와 가해자간 화해제도(Victim-Offender Reconciliation Program)는 비공식적인 분쟁 해결 수단인 조정제도와 원상회복제도를 결합한 제도다. 법원의 지시에 따라 동 프로그램 참여에 동의한 피해자와 가해자를 직접 면담하고, 면담하는 과정에서 중재인의 조언에 따라 피해사실과 서로의 감정을 의논하여 원상회복에 대한 합의를 도출하는 즉 전문적인 훈련을 받은 중재자의 참여로 면담 등을 주선하여 양 당사자간에 화해를 유도하는 제도다. 조정제도와 화해제도는 원칙적으로 경미한 재산범죄에 한하여 실시하고 예외적으로 법원과 당사자의 요청이 있는 경우 폭력범죄에 대해서도 실시하고 있다.

3. 범죄피해자 피해보상 제도(Victim Compensation Program)

미국의 모든 州는 범죄 피해자에게 범죄로 인하여 발생한 경제적 손실을 보상해 주는 “범죄피해자 보상법”(Victims of Crime Act)을 시행하고 있다. 이법은 처음 법적 권리로서가 아닌 인도주의적 의무나 공공복지와 같은 문제로 도입되었으나 1980년대 적극적인 범죄피해자 권리운동의 영향으로 "범죄피해자 법"(VOCA)이 제정되면서 법적 권리로 자리잡게 되었다.

연방정부는 연방범죄자들이 납부한 벌금이나 몰수금 등으로 재원을 마련하여, 각 州에서 범죄피해자에게 교부하는 보상금의 40% 정도를 지원하고 있다. 지급대상 피해자는 성범죄를 비롯한 모든 폭력범죄의 피해자이며, 1988년 범죄피해자 법을 개정하여 가정폭력 피해자, 음주운전사고 피해자도 보상을 받을 수 있도록 범위를 확대하였다. 그러나 최근 많은 州에서 운영자금 부족 등의 문제가 발생하고 있어 실질적인 피해보상에 상당한 어려움을 겪고 있다.

제2절 일본의 범죄피해자 보호정책

일본의 범죄피해자에 대한 지원체제 구축은 다른 나라와 달리 민간차원에서 출발한 것이 아니라 경찰에서 먼저 조직화되어 민간조직과 연계·확대되었다. 1974.8.30 "동아시아 반일무장전선"이란 좌익단체가 저지른 도쿄 마루노우치 소재 미쓰비시 중공업 빌딩 폭파사건(사망 8명, 부상 370명)을 계기로 공적인 범죄피해자 보상제도를 확립해야 한다는 여론이 국회·언론·유족·변호사협회 등에서 강력히 제기되고 공론화됨으로써 "범죄피해자 등 급부금 지급법"(1980.5.1)이 제정되고 1981.1.1 시행되었다.

그 후 일본의 범죄피해자 보호활동 경과를 보면 1981년 5월 재단법인 "범죄피해자 구원기금" 설립, 1996년 2월 경찰청이 "피해자 대책요강" 마련 후 전국경찰에 시달, 1996년 5월 경찰청 급여후생과에 "범죄피해자 대책실 설치, 1998년 5월 "전국 피해자지원 네트워크" 설립, 1999년 5월 범죄피해자 권리선언 발표, 2001년 7월 "범죄피해자 등 급부금 지급법" 개정법률 시행, 2003.10.3. "전국피해자 지원 네트워크"에서 10월 3일을 "범죄피해자 지원의 날"로 정하고 캠페인을 벌이는 등 적극적인 활동을 전개하고 있다.

1. 피해자 보호 관련 법령과 내용

일본은 범죄피해자 보호를 위해 2000.5.19 소위 "犯罪被害者 保護二法"(형소법 등 개정법과 범죄피해자 보호법)을 공포하여 피해자의 의사존중과 권리보호를 위한 제도를 한층 강화하였다. 그리고 2001년 7월에는 "犯罪被害者 등 給付金支給法"을 개정하여 지급대상 확대 및 급부 기초액을 인상하였다. "犯罪被害者 保護二法"과 "犯罪被害者 등 給付金支給法"의 강화된 주요 내용을 보면 다음과 같다.

첫째, "형사소송법 및 검찰심사회법의 일부를 개정하는 법률"(2000년 법률 제74호, 이하 형소법 등 개정법)을 통하여

① 증인의 부담 경감을 위한 조치로, 연소자나 성범죄 피해자 등의 증인심문시 긴장 완화를 위해 상담사 또는 부모 등을 동반할 수 있도록 하고, 피고인 등의 면전에서 증언하는 경우 정신적 압박감을 덜어주기 위해 증인과 피고인, 방청인과의 사이에 칸막이를 설치하는 등 차폐(遮蔽)조치를 강구하는 한편 성범죄 및 아동관련 범죄피해자 등의 증인심문시 법정 외의 별도장소에서 TV모니터를 통해 증인심문하는 방식을 채택(동법 제157조 2, 3, 4)하였다.

② 강제추행·강간 등 성범죄의 경우 정신적 고통과 범인과의 특별한 관계 등을 고려할 때 단기간에 고소를 결정하는 것이 곤란하다는 점을 감안, 친고죄인 성범죄의 고소기간을 폐지(동법 제235조 1항)하였으며

③ 피해자에게 의견진술의 기회 부여 등 공판에 참여시킴으로써 피해감정을 완화하고 피고인에게도 반성을 촉구할 수 있다는 관점에서 피해자등의 "의견진술제도"를 신설하였다.

④ 또한 검찰관이 사건을 불기소 처분을 한 가운데 피해자 및 고소·고발을 한 사람이 사망한 경우에 유족은 심사신청권자로 되어 있지 않았으나, 검찰심사회법 일부를 개정하여 유족(배우자, 직계친족 또는 형제 자매)에게도 심사신청권을 부여하는 등 범죄피해자의 권리를 더욱 확대하였다.

둘째, "범죄피해자 등의 보호를 도모하기 위한 형사절차에 부속하는

조치에 관한 법률"(2000년 제정 법률 제75호, 이하 범죄피해자 보호법)을 개정하여

① 범죄피해자 등으로부터 공판절차의 방청 신청이 있는 경우 당해 재판소의 재판장에게 공판절차의 방청이 가능하도록 배려해야 한다는 것을 법률상 의무로 규정하고(동법 제2조)

② 피해회복에 이바지하기 위해 형사절차에 부수하는 조치로서 법적인 권리는 아니지만, 일정안 요건하에 공판중이라도 소송기록의 열람 등사를 인정하도록 하였고(동법 제 3조)

③ 민사상 분쟁에 합의가 성립한 경우에는 공동으로 재판소에 화해를 신청할 수 있도록 하고, 그 합의가 형사재판의 공판조서에 기재된 경우에는 그 기록은 재판상의 화해와 동일한 효력을 가지는 것으로 되어 공판조서만으로 강제집행을 할 수 있도록 하는 등 범죄피해자의 권리 보호를 한층 강화하고 있다.

셋째, 1981년 시행된 "犯罪被害者 등 給付金支給法"이 1995.3 발생한 도쿄 지하철 "사린가스 사건" 등 무차별 살상사건을 계기로 급부금 지급의 문제점이 제기되는등 논란이 되어오다 2001.7.1 급부금 지급대상의 확대 및 급부 기초액의 인상을 주요내용으로 동법을 개정하였으며, 인상된 3종류의 급부금 지급 내용을 보면 ① "重傷病 給付金"은 1개월 이상 치료를 요하거나, 14일 이상 입원을 요하는 부상·장애를 입은 경우에 3개월 한도 내에서 피해자가 부담한 의료비를 지급, ② "障害 給付金"은 1~14급 장해를 입은 경우에 18만앤 ~1,849.2만앤 지급, ③ "遺族 給付金"은 사망전 피해자가 부담한 요양비를 포함하여 유족에게 320만앤~1,573만앤을 지급토록 하였다. 급부금 신청은 공안위원회(都道府縣 경찰본부 피해자대책실 또는 경찰서 경무과에 접수)에 하고, 급부금 산정은 피해자의 연령과 근로수입 등을 토대로 산정하여 지급한다.

2. 일본경찰의 분야별 범죄피해자 대책

일본경찰의 범죄피해자에 대한 정책을 주요 분야별로 살펴보면

① 성범죄 피해의 잠재화 방지 및 피해자의 정신적 부담을 덜어 주면

서 적정하고도 강력한 수사를 위해 성범죄 수사 및 피해자 지원체제를 정비하였다. 1966년부터 모든 都道府縣 경찰본부 수사과에 지도관을 두고 지도관 아래 성범죄 수사지도계를 설치하여 피해자 심리에 정통한 여성경찰관을 배치하고 있다. 성범죄 수사분야 여성경찰관을 확대하여 피해자의 事情을 청취하는 한편 강간사건 등 전문적으로 피해자를 지원할 필요가 있는 사건에는 수사요원과는 별도로 "피해자 지원요원"을 지정, 피해자에게 배치하여 피해자의 각종 요구를 들어주고 있다. 성범죄와 관련해서는 이 외에도 성범죄에 대한 2차 피해 방지대책과 함께 성범죄 피해신고를 촉진하기 위해 여경이 학교·병원·여성단체집회 등에 참석하여 홍보활동 전개하고 있다. 그리고 "성범죄 수사 매뉴얼" 작성 및 수사전문가 양성을 위한 교육훈련 실시, 피해자 치료를 위해 정신과 의사 등을 경찰 상담업무 어드바이저로 위촉하는 등 상담체제를 정비하고, 타기관·단체와 네트워크를 구축하여 피해자 지원 및 민간의 피해자 지원단체와 연계를 강화하는 등의 정책을 펴고 있다.

② 범죄피해자에 대한 다양한 정보 제공으로, 피해자들이 필요하다고 생각되는 각종 정보(형사절차, 급부금제도, 지원 기관, 담당경찰관 인적사항 등)가 담긴 안내 책자를 살인피해유족용 또는 성범죄피해자용 등 유형별로 제작하여 피해 신고시에 피해자에게 배포하고 있다. 또한 각 경찰서 형사과에 "피해자 연락 담당계"를 설치하여, 성범죄피해자 등에 대해 피의자 수사 및 처분상황 등을 통지하고, 문의 사항에 답변하고 있다.

③ 피해자의 재피해 방지 등 안전확보 대책으로, "재피해방지사건 등록요령"을 제정(1997.9)하여, 피해자에게 보복 위험이 있는 사건에 대해 계속적인 파악과 필요한 예방 및 경계활동을 하도록 하고, 가능한 한 범죄자에 관한 정보를 피해자에게 제공하고 있다. 또한 재피해 우려를 강하게 느끼는 피해자에 대해서는 府縣에서 방범벨 등 방범기기를 대여하거나 피해자의 집에 "자동긴급통보장치"를 설치하는 등 대책을 강구하고 있다.

④ 특히 보복 폭력등을 일삼는 조직폭력단으로부터 피해자를 보호하기 위한 대책으로는, "폭력단 대책법"에 의거하여 "신고전용전화"를 개설하여 상담과 정보를 제공하고 있으며, 폭력단으로 지정된 단체(지정폭

력단)의 폭력적 요구행위에 대하여 피해자의 신고가 있을 경우 都道府縣 공안위원회가 중지명령 또는 재발방지 명령을 하고 있다. 또한 부당한 요구에 대응하기 위한 사업자의 대응방법등에 관한 조언과 기타 필요한 원조를 都道府縣공안위원회가 행하도록 규정하고 있다(폭력단 대책법 제13조, 제14조).

제3절 프랑스의 범죄피해자 보호정책

프랑스에서는 형사절차에 있어 범죄피해자는 당사자로서 절차에 관여하는 권리가 전통적으로 인정되어 왔으며, 특히 1970년대 이후 私訴權제도(Action Civile 제도: 검사·피고인과 나란히 피해자인 "사소원고인"을 소송의 주체로 인정하는 제도, 형소법 제4조, 제5조)를 중심으로 가해자의 배상 촉진을 도모하는 한편 국가보상제도를 마련하여 경제적 지원 이외 다양한 보호책들을 발전시켜 왔다.

1977년 1월 형소법을 개정하여 그간 손해배상의 실효성에 흠결이 있었던 조직폭력범죄 피해자에 대하여 일정한 요건하에서 국가가 보상하도록 하였고, 1988년 7월 제정된 "범죄피해자보호강화법"은 정신적 손해에 대해서도 보상이 가능하도록 하였으며, 私訴權 制度도 신속한 절차 처리의 관점에서 개정하였다. 피해자 보호를 위한 정부기구로 중앙정부는 "피해자지원중앙위원회"를 두고 있으며, 이 위원회를 통해 피해자 지원 관련 정부정책 집행 및 관계부처와 민간기구와의 활동 조정 등을 하고 있다. 지방정부에는 "범죄예방위원회"를 중심으로 정부정책 시행 및 지방정부 시책을 조정하고 민간기구와의 피해자 지원을 협의하는 등의 역할을 수행하고 있다

1. 범죄피해자 피해보상

1977년 범죄피해자 보상제도가 처음 시행되었을 때는 고의·과실은

묻지 않았지만 사망 또는 중대한 신체 상해의 존재가 있고, 피해자의 경제적 빈곤상태와 더불어 다른 손해보전 수단이 없는 경우 등의 비교적 엄격한 요건이 요구되었다.

그러나 1981년에 절도·사기·횡령의 피해자중 일정한 수입 수준 이하의 피해자에게도 일정액의 보상을 하는 제도를 신설한 바 있고, 1985년에 강간 및 강제추행을 보상 대상범죄로 포함시켰으며, 1986년에 테러 희생자에 대한 보상기금 제도를 신설하였다. 1990년에는 신체장애의 보상에서 경제적 요건을 삭제하고, 보상금액의 상한 제한도 없애는 등 범죄피해자에 대한 보호를 한층 강화하고 있다.

2. 형사절차상 피해자 보호

조사단계에서의 피해자는 공식적인 지위를 갖지 않고 일반 시민과 같이 범죄에 대한 고발권 이외 특별한 권리는 없다. 그러나 검찰단계에서는 검찰로부터 불기소 결정을 통보 받으면 중재절차의 주 당사자가 되며, 피해변상 여부가 불기소 결정의 조건이 되기도 한다. 또한 私訴당사자의 지위에서 수사판사에게 私訴를 제기하여 수사가 개시되도록 할 수 있으며, 혐의자를 법원에 출석토록하여 재판을 받도록 할 수도 있다. 수사단계에서의 변호인 조력을 받을 권리는 물론 재판단계에서 공판에 참가하여 피해의 배상을 신청할 수 있으며, 공판과정중에 증거를 제출(증거수집에 관한 적법성의 원칙은 피해자에게는 적용되지 않음)할 수 있도록 하는 등 형사 절차상 다양한 보호를 하고 있다.

프랑스 경찰의 대표적인 피해자 보호 특별프로그램을 보면 성범죄 수사와 관련하여 1998년 6월부터 시행한 미성년 성폭력피해자 진술녹화 제도를 들 수 있다. 미성년 피해자의 반복적 진술과 재판정 출두로 인한 인권침해를 방지하기 위해 15세 미만의 강간·성폭력·성노출·성매수·아동포르노 범죄피해자에 대해 별도의 녹화실에서 본인 또는 법적 대리인의 동의하에 의무적으로 녹화하고, 증인으로 피해자 지원협회 등 제3자의 참여를 허용하고 있다. 이 제도는 우리나라에서도 성범죄 피해자 수사에 적극적으로 활용되고 있다.

제4장
우리나라 경찰의 주요 정책

제1절 정책비전과 추진전략

정책대안의 개발과 탐색의 원천이 되는 현존의 정책이나 과거 정책목록 속에 포함된 정책들은 정책대안의 채택과 집행에 있어 정책 불응요인이나 집행결과의 예측, 집행상 장애요인 파악 등 여러 장점이 있다는 것은 이미 앞에서 설명한 바 있다.

경찰정책의 기본적인 목표는 안전하고 질서있는 사회를 구축하는 것이다. 경찰정책은 이데올로기나 시대변화에 따라 과거 일탈 정도로 여겨졌던 행위들이 새롭게 사회문제로 부각되는 등 질적인 측면에서의 변화는 상당히 있지만, 큰 틀에서 보면 현재 추진하고 있는 정책들은 신종 범죄를 제외하고는 대부분 과거 정책목록 속에 있는 정책들이 반복되거나 부분적으로 변경·보완하여 추진되고 있는 것이 현실이다.

경찰의 주요 정책들을 살펴보는 것은 바람직한 경찰정책의 대안을 모색하기 위해 매우 중요한 일이다. 여기서는 2017년도 경찰청에서 마련하여 추진한 정책비전과 목표, 전략 그리고 주요 정책들을 "경찰백서"(2017-2019)와 "성과관리시행계획"(경찰청, 2015-2017) 등을 중심으로 요약해 보기로 한다. 2017년도 정책목표, 추진전략등은 2019년까지도 그대로 적용되고 있다.

1. 비전과 목표

경찰의 비전과 목표, 그리고 주요 추진전략 등은 시대변화에 따른 약간의 변화는 있지만 2017년 경찰백서에 비교적 알기 쉽게 요약 정리되어 있으며, 2020년 경찰백서에서도 볼 수 있듯이 2019년까지도 동일한 비전과 목표, 추진전략 체계를 적용하고 있다. 2017년 경찰백서를 중심으로 살펴보면 경찰은 "선진일류 수준의 안전과 질서"를 구축하기 위해 "국민과 함께하는 따뜻하고 믿음직한 경찰"로 거듭나 2017년을 "바르고 건강한 공동체를 구현"한다는 정책 비전과 목표를 제시하고 있다.

그리고 공동체 회복, 기본과 현장, 신뢰와 존중, 자율과 책임의 4가지 핵심가치를 제시하면서 ① 주민을 안전하게, ② 사회를 정의롭게, ③ 현장을 활력 있게 한다는 추진전략을 마련하고 있다. 이는 복잡하고 다양한 치안현실 속에서 정책비전과 목표를 실현하기 위해, 경찰은 주민을 비롯한 지역사회의 참여와 과학적인 진단·분석을 바탕으로 사회안전망을 더욱 촘촘하게 구축하고, 사회구성원간에 신뢰를 촉진하는 "공동체 치안"에 역량을 집중하여 "바르고 건강한 공동체 구현"을 선도하겠다는 경찰의 의지를 담고 있다고 볼 수 있다.

[그림 3-1] 정책비전과 전략

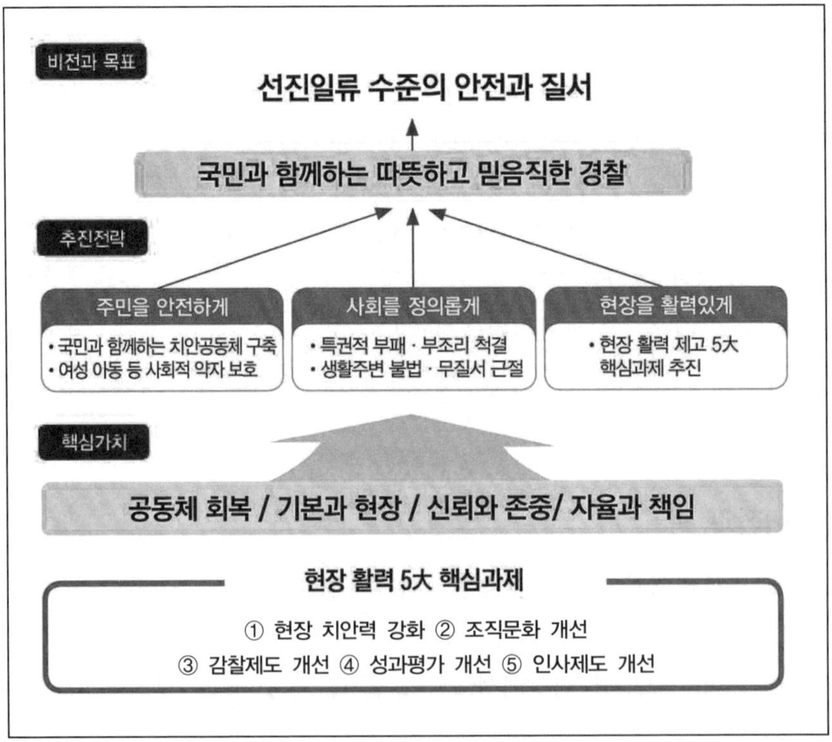

비전과 목표

선진일류 수준의 안전과 질서

국민과 함께하는 따뜻하고 믿음직한 경찰

추진전략

주민을 안전하게
- 국민과 함께하는 치안공동체 구축
- 여성 아동 등 사회적 약자 보호

사회를 정의롭게
- 특권적 부패 · 부조리 척결
- 생활주변 불법 · 무질서 근절

현장을 활력있게
- 현장 활력 제고 5大 핵심과제 추진

핵심가치

공동체 회복 / 기본과 현장 / 신뢰와 존중/ 자율과 책임

현장 활력 5大 핵심과제

① 현장 치안력 강화 ② 조직문화 개선
③ 감찰제도 개선 ④ 성과평가 개선 ⑤ 인사제도 개선

특히 경찰의 시선은 소외되고 힘든 약자를 향해야 하며, 이들의 든든한 버팀목이 될 수 있도록 보호하고 지원하는 데 지혜를 모으는 따뜻한 경찰을 지향하면서, 그 책임을 다하기 위해 그에 걸맞은 역량과 행태를 갖춤으로써 국민의 신뢰를 확보하겠다는 다짐도 하고 있다. 경찰의 정책비전과 추진전략, 핵심가치 등을 요약한 체계도(경찰백서, 2017: 12)를 보면 [그림 3-1]과 같다.

2. 주요 추진 전략

경찰은 최근의 치안정책 환경으로 1인가구의 증가와 개인주의 심화 등으로 공동체 의식이 약화되고, 시제총기와 테러위협, 무차별 범죄 등으로 국민불안이 가중되고 있는 가운데, 인공지능(AI) 빅데이터·사물인터넷(IoT) 등 4차 산업혁명 시대의 과학기술 발전은 앞으로의 치안정책 환경에 큰 영향을 미칠 것으로 분석하고 있다. 특히 사회정의에 대한 국민적 관심이 높아지면서 경찰의 법집행 정당성과 공정성을 강하게 요구할 것으로 예상하고 있다. 경찰은 이러한 환경을 극복하는 데 초점을 두고 주요정책의 추진 전략을 마련하고 있으며, 그 주요 내용은

첫째, 범사회적 협력을 바탕으로 주민을 안전하게 보호하기 위해, 사회적 약자 보호체계 내실화로 범죄피해를 최소화하고, 공동체 치안 활성화로 주민의 안전한 삶을 보장하는 한편 안보·테러 대응역량 강화 및 국제사이버 범죄에 공동으로 대처함으로써 변화하는 치안환경에 적극 대응한다.

둘째, 공감받는 법집행으로, 보다 정의로운 사회를 구현하기 위해, 수사환경을 개선하여 일선현장의 수사역량을 강화하면서, 구조적 부패·부조리를 엄정히 단속하여 깨끗한 사회를 만들고, 생활주변의 불법·무질서 척결함으로써 건전한 사회풍토를 조성해 나간다.

셋째, 인권친화적 경찰을 구현하고 현장의 활력을 제고하기 위해 인권수호 경찰상을 확립하여 대국민 신뢰를 증진시키고, 근무여건 개선과 함께 현장중심의 정책개발·지원 및 첨단 과학기술을 접목한 스마트 치안 등을 통해 현장 대응력을 강화한다는 세 가지 전략을 마련하고 있다.

제2절 분야별 정책과제

1. 국민 안전 분야

강남역 화장실 살인사건(2016.5), 신안 섬마을 여교사 성폭행 사건(2016.5) 등 사회적 약자인 여성이나 아동을 대상으로 한 범죄가 계속 발생되고 있고, 앞으로도 여성 혐오범죄를 비롯하여 특히 무차별·무동기 잔혹범죄의 발생은 더욱 증가할 것으로 예상되며, 이는 선진국에서도 이미 경험하고 있는 현상들이다. 또한 일반인도 마음만 먹으면 사제총기 제조가 가능한 현실 속에서 소외된 개인이 사제 총기 등으로 불특정 다수에 대한 공격이나 증오 표출로 테러를 감행할 가능성이 그 어느때 보다 높아지고 있다.

그간 사회안전망으로 작용해 오던 전통사회의 공동체 의식이 1인가구의 증가, 개인주의의 심화 등으로 급속히 해체됨으로써 우리나라 공동체 지수가 2016년 기준 OECD 35개국 중 최하위에 머무는 등 공동체 의식의 위기 현상을 보이고 있다. 이러한 공동체 의식의 위기는 사회안전망의 약화로 이어져 치안부담을 더욱 가중시키고 있다.

경찰은 공동체의식의 위기 상황을 극복하기 위해 ① 사회적 약자의 보호체계를 내실화하여 범죄피해를 최소화하고, ② "공통체 치안"(단순히 지역사회와 함께하는 것을 넘어 경찰과 국민, 국민과 국민 사이에 신뢰, 규범, 네트워크 등 사회적 자본을 축적하는 치안활동)의 활성화로 주민의 안전한 삶을 보장하며, ③ 국제·사이버 범죄에 공동으로 대처하여 변화하는 치안환경에 적극 대응하고, ④ 안보·테러 대응역량 강화로 확고한 사회안정 유지 등의 정책을 추진하고 있다. 경찰백서(2017)를 중심으로 요약하면 [표 3-1]과 같다.

[표 3-1] 국민안전 관련 정책과제

1. 사회적 약자 보호	• 취약계층별 "예방-수사-사후관리" 맞춤형 예방체제 구축 • 위기가정 모니터링 및 학대·성범죄 우려자 관리 강화
2. 안전한 치안공동체 구축	• 지역별 근린치안 목표 설정·개선/ 주차장 등 범죄예방 인증 확대 • 불법무기 전담 단속팀 신설/고위험 우범자 관리강화 • 외사 치안협의회 운영/ 외국인 체류정보 모바일 조회시스템 개발 • 순찰차 영상지원 시스템 구축/ 현장 대응시간 목표관리제 운영
3. 국제·사이버 범죄 공동대처	• 국내체류 외국인, 해외국민 및 진출기업 체계적·전략적 대응 • UN·인터폴 등 참여 활성화/ 외국 경찰과 MOU체결 등 협력강화
4. 안보·테러 대응역량 강화	• 북 도발·재난 등 위기상황 대비 및 현장 중심 테러 예방 활동 전개 • 사이버 안보 위해요소 등 보안수사 강화 및 탈북민 신변 보호 강화

2. 정의 사회 구현

최근 일부 권력자와 부유층의 특권의식과 소위 갑질 행태가 국민적 공분을 싸고 있는 가운데 특권없는 정의로운 사회를 만드는 것이 우리 사회의 화두로 등장하고 있다. 법과 원칙은 누구에게나 공평하게 적용되어야 하나 2016년 형사정책 연구원의 조사에 의하면 "권력자는 법 위반 시 처벌받지 않는 경향이 있다"는 질문에 국민 82.6%가 동의하고 있다.

사회가 불공정하다는 이러한 인식은 제도 불신으로 이어져 정책순응에 심각한 문제를 일으킨다. 나아가 헬조선, 금수저 같은 신조어가 생겨나는 등 신뢰라는 사회적 자본이 훼손되면서 사회적 갈등으로 이어지고 있다. 경찰은 원칙과 상식이 통하는 정의로운 공동체 사회를 만들기 위한 2017년 정책(프로그램)으로 [표 3-2]와 같이 요약 제시하고 있다.

[표 3-2] 정의사회 관련 정책과제

1. 부패·부조리 근절	• 토착·권력형 부패와 부조리/생활 밀착형 안전비리/고질적 민생부조리 • 전화금융사기/유사수신등 투자사기/공적자금 부정수급/불법 대부업 등
2. 자율·책임 기반 집회 시위 관리	• 준법 촉진활동 강화/안전사고 예방 • 채증요원 전문교육/장비 안전성 강화
3. 생활주변 불법·무질서 근절	• 조폭·주폭 척결/경미절도 단속강화 • 3대 교통위반(음주, 난폭, 얌체운전)특별단속 등 맞춤형 교통대책 • 총포·화약류 안전관리 강화/ • 학교 주변 유해업소 및 청소년 채팅앱 성매매 단속
4. 수사환경 개선, 현장 역량 강화	• 수사 인프라 확충/수사구조 개혁 • 과학수사 전문관 제도 등 제도 보완 • 디지털포렌식 증거분석 품질제고 등 수사 지원활동 강화

3. 현장 활력 제고

경찰정책을 제대로 집행하기 위해서는 치안정책 추진에 대한 경찰 내부 구성원의 이해와 지지가 선행되어야 효과적인 집행이 가능하다. 그러나 감찰활동, 성과평가, 인사관리 등 조직구조와 행태측면에서 일선 경찰의 불만이 고조되고, 조직 내 갈등으로 까지 비화되면서 현장의 활력이 크게 훼손되고 있는 것이 그간의 현실이다,

이에 대한 운영시스템 개선은 물론이고 권위적인 조직문화 자체를 변화시켜야 한다. 경찰관 개개인은 자아실현이라는 높은 수준에서 동기부여된 가운데 인권을 수호하는 경찰상을 확립하여 국민의 신뢰를 증진시켜 나가야 한다. 그리고 현장업무 집행에 갈등이 생기지 않도록 법과 규정을 재정비함과 더불어 처우개선과 다양한 사기진작책 등을 통해 활력있는 근무여건을 조성하여야 한다. 특히 첨단과학기술(IoT 등)을 적극 활용하는 등 치안역량을 강화시키는 노력도 병행해야 한다.

경찰은 2017년 조직 내 불신과 불만을 제거하고 일선현장의 활력을 제고하기 위해 ① 목표지향적 절대평가로 전환하는 등의 성과평가

개선, ② 야간조사 금지등 전반적인 감찰제도 개선, ③ 직위공모제도 개선등 인사제도 개선, ④ 범죄대응 패러다임을 과거 인력에서 과학적 방식으로 전환등 현장치안력 강화, ⑤ 일과 가정이 양립할 수 있는 방향으로 근무여건을 개선하는 등 조직문화의 변화유도 등 5대 과제를 핵심 과제로 선정하여 추진하고 있다.

제5장

경찰조직과 통계의 변화

제1절 경찰조직과 예산의 변화

1. 경찰조직 체계

오늘날의 경찰조직은 해방과 더불어 1945.10.21 미 군정청에 경무국 그리고 각도에 경찰부가 창설됨으로써 태동되었다. 그간 경찰조직은 1948.11 내무부장관 산하에 치안국과 각 시·도에 경찰국(1948.11)설치, 경찰병원(1953.12)과 국립과학수사연구소(1955.3)설립, 경찰전문학교를 경찰대학으로 승격(1981.3 개교)하는 등 조직 규모가 지속적으로 확대·발전해 왔다.

현재의 조직체계는 1991.8.1 치안본부→경찰청으로, 지방경찰국→지방경찰청으로 승격되면서 오늘에 이르고 있다. 2014년부터 2019년까지 경찰조직 변화추이와 경찰청 조직체계를 보면 [표 3-3]과 [그림 3-2]와 같다.

[표 3-3] 경찰조직의 변화 추이 (경찰백서, 2020: 316, 단위: 개)

연도	2014	2015	2016	2017	2018	2019
지방청	16	16	17	17	17	18
경찰서	250	251	252	254	255	255
지구대	515	514	516	518	582	585
파출소	1,438	1,463	1,473	1,486	1,433	1,436

[그림 3-2] **경찰청 조직체계** (경찰백서, 2020: 452)

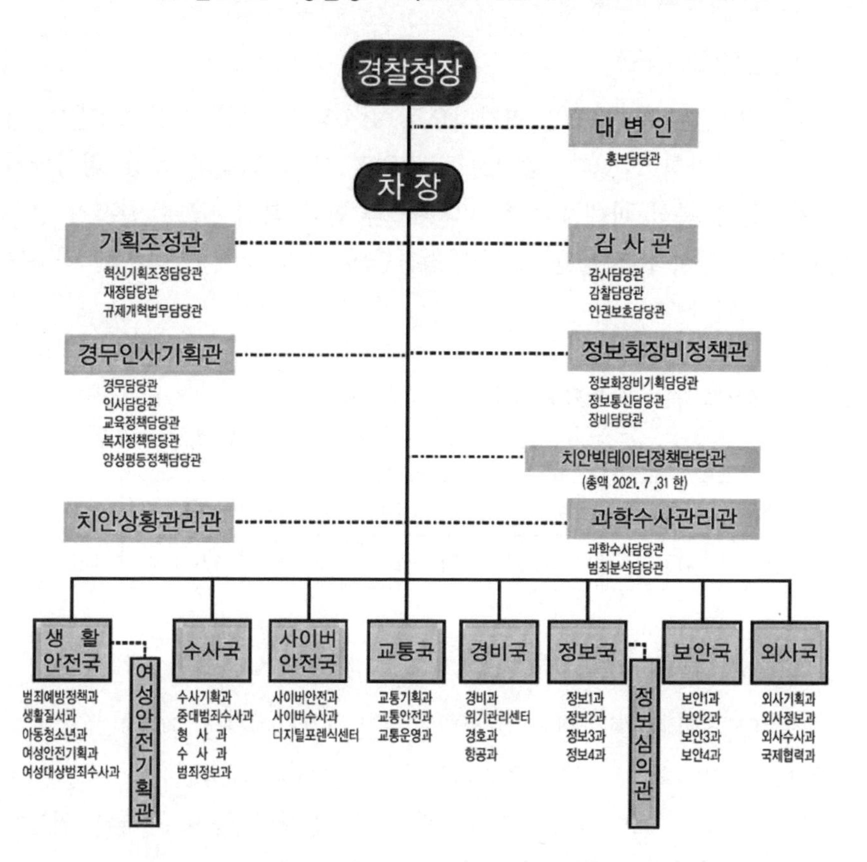

현재 경찰청은 1차장 8국 9관 32과 17담당관으로 편제(경찰청 홈페이지, 2020.12)되어 있고, 지방관서는 세종지방경찰청을 포함 18개 지방경찰청(256개 경찰서), 그리고 5개 소속기관(경찰대학, 경찰인재개발원, 중앙경찰학교, 경찰수사연수원, 경찰병원) 체제로 되어 있으며, 기본체제는 유지하면서 시대상황에 따라 조직 규모나 내용이 탄력적으로 조금씩 변화해 왔다.

그러나 앞으로의 경찰조직은 국가경찰, 자치경찰, 국가수사본부 체제 등의 내용을 담고 있는 개정 경찰법(2020.12.9 개정)이 2021.1.1 시행되어 그에 따른 조직 재편이 예상되며, 그간 경찰청장에 집중된 권한이 국가수사본부등으로 분산되는 등 조직에 큰 변화가 불가피하다.

2. 인력·예산의 변화

1) 인력(정원기준)

경찰인력은 전·의경이 연차적으로 감축되는 대신 직업경찰관은 지속적으로 증가하고 있다. 앞으로도 전의경 대체 인력과 복잡 다양해지는 치안환경 특히 피해자 보호 및 봉사와 함께 복지지표로 안전이 강조되고 있는 현실을 감안할 때 직업경찰관의 증가 추세는 당분간 지속될 것으로 보인다

[표 3-4] 연도별 경찰인력 변화추이(경찰백서, 2020: 322)

구 분	2014	2015	2016	2017	2018	2019
인력 총계	139,139	142,899	144,514	146,504	142,208	140,988
경찰관수	109,364	113,077	114,658	116,584	118,651	122,913

2) 예산(총지출 기준)

일반회계와 특별회계로 편성되어 있는 경찰예산은 2019년 총지출 기준으로 일반회계 10조 8,953억원, 특별회계 804원 등 총 10조 9,757억원이며, 치안인프라 확충 및 직업경찰관의 증가에 따른 인건비 상승 등의 영향으로 매년 증가 추세를 보이고 있다.

[표 3-5] 연도별 경찰예산의 변화 (경찰백서, 2020: 337, 단위 : 억원)

연 도	2014	2015	2016	2017	2018	2019
예산 총계	88,377	94,032	98,092	101,138	105,362	109,757
특별회계	1,660	1,665	1,218	732	770	804

제2절 범죄와 질서통계의 변화 추이

1. 총 범죄 발생 및 검거

총 범죄 발생은 2019년 1,611,906건으로 2018년에 비해 약 2.0% 증가하였고, 검거율은 수사환경의 악화 등으로 0.7% 정도 감소하였다. 발생은 2017년 이후 연평균 160만건 수준이고, 검거는 140만건 전후를 유지하고 있다.

[표 3-6] 총 범죄 발생 및 검거현황(경찰백서, 2019: 166 및 2019 경찰청 범죄통계)

구분	2013년	2014년	2015년	2016년	2017년	2018년	2019년
발생	1,857,276	1,778,966	1,861,657	1,849,450	1,662,341	1,580,751	1,611,906
검거율	76.4%	78.2%	80.5%	83.9%	85.0%	84.0%	83.3%

2. 범죄 유형별 분석

2019년 총 범죄 발생건수는 1,611,906건으로 인구 10만명당 3,108.8건이 발생하였다. 인구 10만명당 발생건수(발생비)가 가장 많은 범죄는 2018년까지는 교통범죄였으나, 2019년도에는 사기 등 지능범죄(735.8건)의 발생비가 가장 높았고, 다음으로 교통범죄(727.8건), 폭력범죄(555.3), 절도범죄(360.6건)순으로 발생비가 높다.

[표 3-7] 2019년 범죄유형별 발생건수 및 발생비

구분	발생 건수	발생비	구성 비(%)
전체 범죄	1,611,906	3,108.8	100.0
강력 범죄	26,476	51.1	1.6
절도 범죄	186,957	360.6	11.6

폭력 범죄	287,913	555.3	17.9
지능 범죄	381,533	735.8	23.7
풍속 범죄	21,153	40.8	1.3
특별경제 범죄	51,400	99.1	3.2
마약 범죄	8,038	15.5	0.5
보건 범죄	12,570	24.2	0.8
환경 범죄	3,877	7.5	0.2
교통 범죄	377,354	727.8	23.4
노동 범죄	975	1.9	0.1
안보 범죄	169	0.3	0.0
선거 범죄	611	1.2	0.0
병역 범죄	12,712	24.5	0.8
기타 범죄	240,168	463.2	14.9

* 죄종은 2011년부터 "위반행위속성 및 법익침해유형"을 기준으로 분류
* 발생비 = 발생건수 X 100,000/해당년도 추계인구수
* 자료: 2019 경찰청 범죄통계

3. 5대 범죄 발생·검거

국민들이 직접 피부로 느끼는 생활 주변의 범죄를 단속하기 위해 2015년부터 신설하기 시작한 "생활범죄 수사팀"의 활동으로 절도 검거율과 피해품 회수 건수가 늘어 나고, 경미한 범죄에 매달리던 강력팀은 강력사건에 집중함으로써 5대범죄 검거율도 동반 상승하는 추세를 보이고 있다. 2019년 5대범죄 발생과 검거건수는 [표 3-8]과 같고, 그 중 최근 5년간 주요범죄 유형별 발생비 추이는 [그림 3-3]과 같다.

[표 3-8] 2019년 5대범죄 발생 및 검거

구분	발생건수	검거건수
5대범죄(합계)	499,984	390,817
살인	779	780
강도	798	801
강간·강제추행	23,537	22,686
절도	186,957	113,673
폭력	287,913	252,877

자료: 경찰청 형사사법정보시스템(KICS: Korea Informatin System of Criminal Justice Services), 검거건수가 많은 것은 검거일시 기준으로 해당연도 이전 발생건 포함

[그림 3-3] 주요 범죄유형별 발생비 추이 (2015년~2019년, 단위: 건)

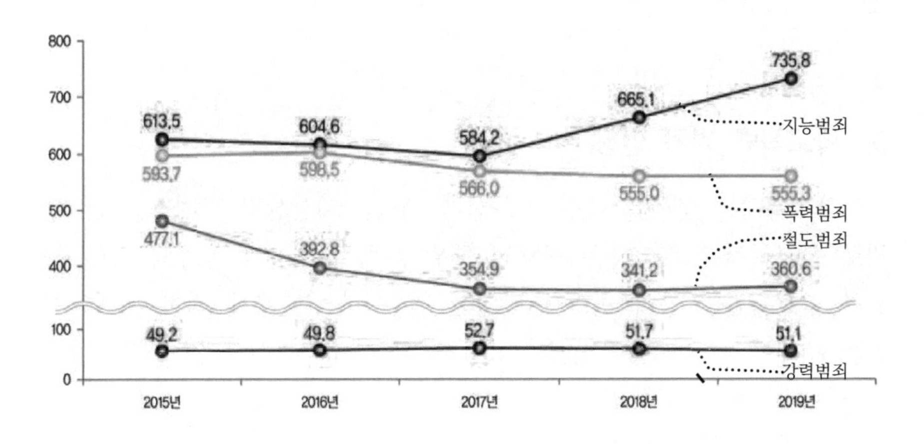

4. 성 범죄 발생 추세

최근 6년간 성범죄 발생은 2014년 29,517건에서 2019년 31,404건으로 지속적인 증가추세를 보이고 있고, 특히 IT기기의 발달 등으로 통신 매체를 이용한 음란 범죄가 꾸준히 늘고 있다. 성범죄 피해자 중

37.9%만 다른사람에게 피해사실을 알리고 도움을 요청한다는 여성가족부의 조사(2016)를 보더라도 암수율이 높은 성범죄 특성상 인지 또는 신고되지 않은 성범죄가 더 많을 것으로 추정된다. 따라서 현재 추진하고 있는 성범죄에 대한 정책 보완과 함께 지속적이고 종합적인 정책추진이 필요하다.

[표 3-9] 성범죄 발생 현황 (2019 경찰청 범죄통계, 재구성)

연 도	2014년	2015년	2016년	2017년	2018년	2019년
합계	29,517	30,651	28,993	32,272	31,396	31,404
강간·강제추행	21,172	21,352	22,229	24,139	23,467	23,537
카메라등불법촬영	6,623	7,623	5,185	6,470	5,925	5,764
통신매체이용음란	1,257	1,135	1,109	1,249	1,365	1,437
성목적공공장소침입	465	541	470	414	639	666

5. 학교폭력 검거 현황

학교폭력은 학생을 대상으로 신체, 정신, 재산상의 피해를 주는 행위로 학교폭력에 해당하는 구체적 행위 유형은 공간과 매체의 확대 등 최근 학교폭력의 양태 변화를 반영한 법률 개정을 통해 점차 확대되어 가는 추세이다. 암수율이 높은 학교폭력 또한 인지·신고되지 않는 경우가 많아 발생 통계의 신뢰성은 기대할 수 없다. 따라서 발생보다는 검거 중심의 추세분석이 보다 합리적이다.

유형별 검거현황을 보면 폭력사건이 대부분을 차지하고 있으나, 폭력사건은 점차 감소하고 있는 반면에, 성폭력 사건이 꾸준히 증가하고 있는 것을 볼 수 있다. 유형별 검거현황은 [표 3-10]과 같다.

[표 3-10] 학교폭력 유형별 검거현황 (경찰청 경찰백서, 2020: 129)

	계	폭행·상해	금품갈취	성폭력	기타
2012년	23,877	14,637	5,912	509	2,819
2013년	17,385	11,048	2,603	1,067	2,667
2014년	13,286	8,974	1,582	1,295	1,417
2015년	12,495	9,188	1,153	1,253	901
2016년	12,805	9,396	1,161	1,364	884
2017년	14,000	10,038	1,191	1,695	1,076
2018년	13,367	7,935	1,377	2,529	1,526
2019년	13,584	7,485	1,328	3,060	1,711

6. 마약류 사범 단속

2010년 이후 줄어들고 있던 국내 마약류 사범 검거인원이 2013년부터 다시 증가하기 시작하여 2019년에는 큰폭의 증가 추세를 보이고 있다. 2019년 마약류 사범 중 “향정신성의약품”과 관련되어 검거된 인원이 전체 마약류 사범의 대부분을 차지하고 있다. 이는 1980년대부터 남용 되어온 메스암페타민(필로폰)과 함께 IT기술과 교통·물류의 발달로 인터넷과 국제특송을 이용한 엑스터시, YABA, JWH-018, GHB 등 새로운 마약류가 유통되고 있기 때문이다. 특히 인터넷 IP 추적이 어려운 다크웹을 이용하고, 지불수단으로 암호화 화폐 등으로 거래하면서, 마약류 범죄가 지능화되는등 음성적인 경로로 마약류 유통이 증가하고 있다.

이러한 신종 마약류 유통과 새로운 방식의 거래수단 등을 감안할 때 마약류 사범의 증가 추세는 앞으로 계속될 전망으로 단속강화 등 마약류 근절을 위한 경찰의 지속적인 정책추진이 요구된다.

[표 3-11] 마약류사범 검거현황 (경찰백서, 2020: 224, 재구성)

구 분	2011년	2012년	2013년	2014년	2015년	2017년	2018년	2019년
계	5,477	5,105	5,459	5,699	7,302	8,887	8,107	10,411
마약	660	501	596	678	1,023	1,316	1,359	1,603
대마	819	673	665	700	723	1,044	938	1,547
향정	3,998	3,931	4,198	4,421	5,556	6,527	5,810	7,261

7. 사이버 범죄 발생·검거

정보통신의 발달로 인하여 다수의 범죄가 사이버 공간으로 이전하면서, 최근 5년간 사이버범죄는 주목할 만큼 증가하고 있으며, 특히 사이버 금융사기와 사이버 사기 등이 폭증하고 그 피해가 확대되고 있다. 특히 인터넷 IP 추적이 어려운 특정 소프트웨어로만 접속이 가능한 다크웹이나 비트코인 등의 암호화 화폐를 이용한 사이버 범죄가 지능화되면서 지속적으로 진화하고 있다.

최근 다중이 모바일 기기로 손쉽게 접근할 수 있는 채팅 프로그램으로 개설된 채팅방을 통하여 사이버 성폭력범죄(텔레그램 N번방 성착취 사건 등)가 발생하면서 사회적으로 큰 문제를 발생시키고 있다. 경찰청은 사이버경찰의 적극적인 역할 확대와 함께 각 범죄 유형별 전담수사팀 신설 및 전문인력 충원 등을 하며, 급격히 증가하는 사이버범죄에 효과적으로 대응하기 위해 노력하고 있다. 2019년 주요 사이버 범죄 유형별 발생 및 검거율을 보면 [표 3-12]와 같다.

[표 3-12] 유형별 사이버범죄 발생·검거율 현황 (2019 경찰청 범죄통계)

연 도	정보통신망침해		사이버 사기		사이버금융사기		개인정보침해	
	발생	검거율	발생	검거율	발생	검거율	발생	검거율
2014년	2,291	36.9	55,667	73.0	15,596	42.1	939	67.6
2015년	3,154	26.6	81,849	83.6	14,686	53.6	609	48.6

2016년	2,770	37.7	100,369	89.0	6,721	60.0	2,410	88.2
2017년	3,156	44.3	92,636	87.2	6,066	43.3	413	72.2
2018년	2,888	31.2	112,000	78.3	5,621	41.8	246	57.7
2019년	3,638	27.7	136,074	77.6	10,542	32.1	179	43.6

8. 교통관련 주요통계

2019년 자동차 등록대수는 23,677,366대로 1982년에 비해 약37배 증가하였고, 운전면허 보유자는 32,649,584명으로 1982년에 비해 약13배 증가하는 등 급격한 증가추세를 보이고 있다. 오늘날 교통문제는 안전문제뿐만 아니라 사회경제적인 측면에서 그 중요성을 더해가고 있다.

도심의 차량정체는 에너지 낭비와 함께 미세먼지 등 공해문제를 야기하면서 새로운 사회문제가 되고 있다. 경찰은 안전과 소통이라는 두 가지 문제를 동시에 해결해야 하는 어려움이 있지만, 대도시 혼잡지역은 소통에 보다 중점을 두고 고속도로와 지방은 안전에 우선순위를 두는 접근방법이 필요하다.

[표 3-13] 교통관련 통계추이(경찰통계연보, 2019: 254)

구 분	1982년	1992년	2002년	2012년	2015년	2019년
사고 사망자(명)	6,110	11,640	7,222	5,392	4,621	3,349
자동차(대)	646,996	5,230,894	13,949,440	18,870,533	20,989,885	23,677,366
인구(천명)	39,326	43,664	47,615	50,004	50,617	51,709
면허 소지자(명)	2,581,310	11,613,300	21,223,010	28,263,317	30,293,621	32,649,584
도로연장거리 (Km)	53,935	58,904	96,037	105,703	107,527	111,314
교통 경찰관	2,864	8,454	10,294	9,615	9,825	10,487

2019년 교통사고는 총 229,600건이 발생하여 3,349명이 사망하였으며 그간 꾸준한 감소추세를 보이고 있다. 교통사고 사망자는 OECD 회원국의 자료 부족으로 현시점에서 단순 비교하기는 어렵지만 2019년 기준 차량 1만대당 1.22명으로 OECD 회원국 2016년 평균인 1.0명에 비해 높은 수준을 보이고 있다(경찰백서, 2018: 262/ 경찰통계연보, 2019: 254) 교통사고 발생현황과 국가별 교통사고 사망자 비교는 [표 3-14], [표 3-15]와 같다.

[표 3-14] 교통사고 발생현황

구분	2013년	2014년	2015년	2016년	2017년	2018년	2019년
사고(건)	215,354	223,552	232,035	220,917	216,335	217,148	229,600
사망(명)	5,092	4,762	4,621	4,292	4,185	3,781	3,349
부상(명)	327,711	337,497	350,400	331,720	322,829	323,037	341,712

[표 3-15] 주요 국가별 교통사고 사망자 수 비교

구분	한국				OECD 평균	미국	일본	프랑스	스페인
연도	2016	2017	2018	2019	2016	2016	2015	2015	2015
차량1만대당	1.7	1.6	1.4	1.22	1.0	1.3	0.5	0.8	0.5
인구10만명당	8.5	8.1	7.3	6.48	5.5	11.6	3.7	5.4	3.9

사회지표나 사회적 사건은 정책의제 형성에 영향을 미치는 요인이다. 체제론적으로 보면 이러한 요인들이 사회문제가 되고, 정치체제에 투입되어 정책으로 산출된다. 그러나 모든 정책이 이러한 정책과정을 거치는 것은 아니다. 정부가 선제적 대응이 필요하다고 판단되면 바로 정책결정으로 이어지는 경우도 있다. 경찰 조직과 예산에 대한 통계의 변화추이를 분석하는 것은 그간의 경찰조직을 진단하고 새로운 조직발전 정책을 마련하는 계기가 될 수 있으며, 범죄관련 통계의 변화추이

또한 범죄대응정책의 결정에 방향타가 된다는 점에서 경찰의 각종 통계는 매우 의미있고 중요한 정책대안 탐색의 원천이 될 수 있다.

그간 경찰은 위기관리적 성격이 강한 업무특성 때문에 중앙통제, 권위적 집행, 능률성 강조 등의 가치관들이 조직 전반을 지배해 왔다. 이러한 경직된 가치관들은 조직 구성원들의 창의적이고 진취적인 정신을 위축시킴으로써 효과적이고 성공적인 정책집행을 어렵게 만든 측면이 많았다. 이러한 부정적 요인들로 인해 결국 국민들의 신뢰를 얻지 내지 못하게 되고, 치안현장에서는 저항 등 정책불응으로 이어져 일선 경찰의 현장업무 집행에 큰 문제를 노출시키고 있었다.

경찰법 개정으로 경찰은 국가경찰, 자치경찰, 국가수사본부체제로 재편되는 기회에 조직과 예산의 변화추이를 면밀히 분석하여 새로운 조직발전 전략을 모색해야 한다. 그리고 조직 구성원들은 민주적이고 창의적인 정신을 바탕으로 경찰정책 목표인 국민의 "안전과 질서"를 확실히 지켜야 국민으로부터 더 많은 신뢰를 받을 수 있고, 이러한 신뢰는 인력과 예산의 과소공급 문제를 해소하는데 큰 도움이 될 것이다.

특히 각종 경찰통계의 추세분석을 통해 지표의 의미 있는 변화가 있거나, 아니면 첨단과학 기술을 이용한 신종범죄나 국경없는 범죄가 발생하여 사회불안을 야기할 조짐을 보이면 경찰은 이에 신속하게 반응하여, 사회문제가 되기 전에 선제적으로 정책적 대응을 해야만 선진 일류경찰로 거듭날 수 있을 것이다.

참고문헌

• 국내문헌

김봉식(1968). 한국인의 사고방식을 통해 본 한국행정문화. 한국행정학보, 2.
김신복(1983). 발전기획론. 서울: 박영사.
——(1987) 기획, "한국행정의 역사적 분석: 1968-1984", 서울대학교 출판부.
노화준(2003). 정책분석론. 서울: 박영사.
——(2007). 정책학원론. 제2전정판, 서울: 박영사.
남궁 근(2004). 행정조사방법론. 서울: 법문사.
류지성(2012). 정책학. 서울: 대영문화사.
박동서(1996). 한국행정론. 서울: 법문사.
박성복·이종렬(2000). 정책학강의. 서울: 대영문화사.
박응격(1995). 행정학 강의. 서울: 박영사.
백승기(2010). 행정학원론. 대구: 도서출판 대명.
——(2006), 정책학원론. 서울:대영문화사.
이상안(2005). 경찰정책학. 서울: 대명출판사.
——(1999). 범죄경제학. 서울: 박영사.
이종수 외(1998). 새행정학. 서울: 대영문화사.
안해균(1997). 정책학원론. 서울: 다산출판사.
유 훈(2002). 정책학원론. 서울: 법문사.
유 훈 외(1982). 정책학. 서울: 법문사.
유기현(1992). 조직행동론. 서울: 무역경영사.
임재강(2012). 경찰정책학. 서울: 대왕사.
조진경 번역. 와이더스 & 위진스키(2008)의 갈등관리. 서울 크레듀.
윤정원(1998). 불확실성에 대한 관리적 접근. 국제정치논총.
윤시영(2007). 한국 집회및시위의 발생패턴과 폭력화요인 연구(한양대 박사논문).
장동운(1997). 갈등관리. 서울: 무역경영사.
정우일 외(2010). 글로벌시대의 행정학. 서울: 오래.
정정길(2000). 정책학원론(개정판). 서울: 대명출판사.

——(1988). 정책결정론. 서울: 대명출판사.
정정길 외(2003). 정책학원론. 서울: 대명출판사.
한석태(2013). 정책학개론. 서울: 대영문화사.
채경석 외(1997). 정책학원론. 서울: 대왕출판사.
한승준(2000). 사회조사방법론. 서울: 대영문화사.
경찰청. 경찰백서(2014~2020).
경찰청. 성과관리 시행계획(2017).
경찰청. 치안종합성과 평가계획(2017).
경찰청. 지역경찰 백서(자료집: 2003.4~2004.3).
경찰청. 범죄피해자 보호대책 관련 각국 동향(2004).
일본경찰청. 경찰백서(1998).
조선일보. 2008.8.2.
세계일보. 2011.6.11.
문화일보. 2014.2.17.
동아일보 - R&R. 여론조사, 2014.3.24.
국민대통합심포지움(전경련 주최). 2013.8.21.

• 외국문헌

Allison, G. T.(1971) Essence of Decision: *Explaining the Cuban Missile Crisis*. Boston: Little Brown.
Anderson, James E.(1979). *Public Policy Making*(2nd ed). N.Y.: Holt, Renehart and Winston.
————(1984). *Public Policy Making*(3rd ed) N.Y.: Holt, Rinehart and Winston.
Babbie, Earl(2001) *The Practice of Social Research*. 9th ed. Belmont, California: Wadsworth Publishing Co.
Backman, Noeman(1977). Policy Analysis in Government: Alternatives to Muddling Through. *Public Administration Review*. Vol.37.(May/June)
Bardach, Eugene(1976). Policy Termination as a Political Processs. *Policy Sciences*. Vol.7. No.2.(June)
Behn, Robert D.(1976). Closing the Massachusetts Public Training School. *Policy Sciences*. Vol.7. No.2.(June)

Barrett, Susan M. & C. Fudge eds.(1981). *Policy and Action: Essays on the Implementation of Public Policy*. London: Methuen.

Brewer, Garry & Peter Deleon(1983). *The Foundations of Policy Analysis*. Womewood Ⅲ: Dorsey Press.

Brewer, Garry(1978). Termination: Hard Choices, Harder Questions. *Public Administration Review*. Vol.38.

Campbell, Donald T. & Julian C. Stanley(1963). *Experimental and Quasi experimental Designs for Research*. Chicago: Rand McNally College Publishing Co.

―――――(1966). *Experimental and Quasi Experimental Designs for Research*. Boston: Houghton Mifflin Company.

Chelimsky, Eleanor(1985). *Program Evaluation: Patterns and Directions*. Washington, D.C.: American Society for Public Administration.

Chung, Kae H. & Leon C. Megginson(1981). *Organizational Behavior: Developing Managerial Skills*. N.Y.: Harper and Row, Publishers.

Cobb, Roger W. & Charles D. Elder(1972). *Participation in American Politics: The Dynamics of Agenda Building*. Boston: Allyn and Bacan, Inc.

Cook, Thomas D. & Donald T. Campbell(1979). *Quasi Experimentation*. Boston: Houghton Mifflin Company.

Cochran, Clarke E. et al.(1999). *American Public Policy: An Introduction*. 6th ed, N.Y.: St. Martins's Press, Inc.

Cohen, Michael D., James G. March & Johan P. Olsen(1972). A Garbage Can Model of Organizational Choice. *Administrative Science Quarterly*. Vol.17.(March)

Cyert, Richard M. & James G. March(1963). *A Behavioral Theory of the Firm*. Englewood Cliffs, N. J.: Prentice-Hall.

Dahl, Robert A.(1961). *Who Governs?* New Haven: Yale University Press.

Daniels, Mark R.(1995). *Organizational Termination and Policy Continuation:* Closing the Oklahoma Public Training Schools. Policy Sciences, Vol.28. No.2.(June)

Deleon, Peter.(1994). *Reinventing The Policy Sciences:* Three Steps

Back to the Future. Policy Sciences. Vol.27.

———(1978). A Theory of Policy Termination. in Judith May & Aaron B. Wildavsky eds. *The Policy Cycle*. Beverly Hills: Sage Publications.

———(1983). Policy Evaluation and Program Termination. *Policy Studies Revew*. Vol.12. No.4.

———(1997). Afterward: *The Once and Future State of Policy Termination*. International Journal of Public Administration. Vol.20. No.12.

Downs, Anthony.(1967). *Inside Bureaucracy*. Boston: Little & Brown Co.

Dawson, Richard E. & James A. Robinson(1963). *Interparty Competition, Economic Variables and Welfare Policies in the American States*. Journal of Politics, Vol.25.(May)

Dror, Yehezkel(1989). *Public Policy Making: Reexamined*. N.J.: Transaction Publishers..

Dunn, William N.(1981). *Public Policy Analysis, An Introduction*. Englewood Cliffs, N.J: Prenttice-Hall, Inc.

———(1994). *Public Policy Analysis, An Introduction* 2nd ed. Englewood Cliffs, N.J: Prenttice-Hall, Inc.

Dublin, Andrew J.(1984). *Human Relations: A Job Oriented-Approach*, 3rd ed. Publishing Company, Inc.

Dye, Thomas R.(1978). *Understanding Public Policy*, Englewood Cliffs, N.J: Prenttice-Hall, Inc.

———(1984). *Understanding Public Policy*. (5th ed). Englewood Cliffs, N.J: Prenttice-Hall, Inc.

Easton, David.(1965). *A Systems Analysis of Political Life*. N.Y.: John Wiley and Sons.

Edwards III, George C.(1980). *Implementing Public Policy*. Washington D. C.: Congressional Quarterly Press.

Edwards III, George C. & Ira Sharkansky(1978). *The Policy Predicament: Making & Implementing Public Policy*. San Francisco, C. A.:W. H.Freeman and Company.

Elmore, Richard.(1978). Organizational Model of Social Program

Implementation. Public Policy. Vol.26.(Spring)

———(1980) Backward mapping. *Political Science Quarterly*. Vol.94. (Winter)

———(1985). Forward and Backward mapping: Reversible Logic in the Analysis of Public Policy. In K. Hanf & T, A. J. Toonen. eds. *Policy Implementation inFederal and Unitary Systems: Questions of Analysis and Design. Dordrecht:* Nijhoff.

Etzioni, Amitai(1961). *A Comparative Analysis of Complex Organizations:* On Power, Involvement and Their Correlates. N. Y.: Free Press.

———(1964). *Modern Organnizations*. New York.: Prentice-Hall, Inc.

———(1986). *Mixed Scanning Revisited*. Public Administration Review. Vol.68.(January/February)

Fabricant, Solomon(1952). *Trend of Government Activity in the United States Since 1900*. New York: National Bureau of Economic Research.

Grindle, Merilee S. V. eds(1980). *Politic and Policy Implementation in the Third World*. Princeton, N.J.: Princeton University Press.

Hofferbert, Richard I.(1974). *The Study of Public Policy*. Indianapolis: The Bobbs-Merrill Company.

Hogwood, Brian W. & B. Guy Peters(1983) *Policy Dynamics*. New York: St. Martin's Press, Inc.

Hogwood, Brian W. & B. & Lewis A. Gunn(1984). *Policy Analysis for the Real World*. N.Y.: Oxford University Press.

Hjern, Benny & Chris Hull(1982). *Implementation Research as Empirical Constitutionalism*. European Juurnal of Political Research Vol.10. (June)

Lasswell, Harold D.(1951). The Policy Orientation. In Daniel Lerner eds. *The Policy Sciences: Recent Development in Scope and Methods*. Stanford: Stanford University Press.

———(1956). *The Decision Process: Seven Categories of Functional Analysis*. College Park: University of Marylands.

———(1971). *A Prev-View of Policy Sciences*. N.Y.: American Elsevier Publishing Company. Inc.

Jones, Thomas E.(1980). *Options for the Future.* New York: Praeger Publishers.

Kingdon, John W.(1984). *Agendas, Alternatives, and Public Politices.* Boston: Little Brown and Company.

Lasswell, Harold D. & Kaplan, Abraham.(1970). *Power and Society.* New Haven: Yale University Press.

Lipshitz, Raanan & Orna Strauss(1997). Coping with Uncertainty: A Naturalistic Decision-Making Analysis. *Organizational Behavior and Human Decision Processes,* 69(2).

Lowi, Theodore. J.(1964). *American Business, Public Policy, Case Studies and Political Theory.* World Politics. Vol. XVI(July).

————(1972). *Four Systems of Policy, Politics and Choices.* Public Administration Review. Vol.32. No.4(July-August)

Mazmanian Daniel A. & Paul A. Sabatier(1983) *Implementation and Public Policy.* Glenview, Illinois: Scott, Foresman and Company.

Mosca, Gaetano(1939). *The Ruling Class.* Trans. H. D. Kahn. London: McGraw Hill.

Nachmias, David(1979). *Public Policy Evaluation: Approaches and Methods.* N.Y.: St. Martin's Press.

Nakamura, Robert T, & Frank Smallwood(1980) *The Polictics of policy Implementation.* New York: St. Martin's Press, Inc.

Nelkin, Dorothy(1984). *Controversy: Politics of Technical Decisions*(2nd ed). Beverly Hills, C. A.: Sage Publications Ltd.

Nienaber, Jeanne & Aaron Wildavsky(1973). *The Budgetting and Evaluation of Federal Recreation Programs.* N. Y.: Basic Books.

Peters, B. Guy.(1999). *American Public Policy: Promise and Performance. Chappaqua,* N.Y.: Chatham House/Seven Rivers.

Poland, Orville F.(1977). *Program Evaluation and Administrative Theory.* Public Administrative Review. Vol.37.(May/June)

Posavac, Emil J. & Raymond G. Carey(1989). *Program Evaluation: Methods and Case Studies*(3rd ed). Englewood Cliffs: Printice- Hall Inc.

Pressman, Jeffrey L. & Aaron Wildavsky(1973). *Implementation.* Berkeley,

C. A.: University of California Press.

Quinney, R.(1977). *Class, Slale, and Crime: On the Theory and Practice of Criminal Justice*. New York: D.M.

Ripley, Randall B. & Grace A. Franklin(1982). *Bureaucracy and Policy Implementation*. Homewood Ⅲ.: The Dorsey Press.

Rutman, Leonard.(1984). Evaluability Assessment in Leonard Rutman ed. *Evaluation Research Methods: A Basic Guide* (2nd. Ed.). Beverly Hills, C.A.: Sage Publications, Inc.

Sabatier, Paul A.(1986). *Top-Down and Bottom-up Approaches to Implementation Research*. Journal of Public Policy. Vol.6. No.1. (January-March)

Schutt, Russell K.(1996). *Investigating the Social World: The Process and Practice of Research*. Thousand Oaks, California: Pine Forge Press.

Schermerhorn, John R., James G. Hunt & Richard N. Osborn.(1985) *Managing Organizational Behavior*. 2nd ed. John Wiley and Sons, Inc.

Shaw, C. & H. Mckay(1955). *The Natural History of Deliquent Career*. Chicago, University of Chicago Press.

Simon, Herbert A.(1947). *A Comment on the Science of Public Administration*. Publiic Administration Revew Vol.7.(summer)

―――――(1976). *Administrative Behavior*.(3rd ed). N. Y.: Free Press.

―――――(1993). *Decision Making: Rational, Nonrational and Irrational. Educational Administrative Quarterly*. Vol.29.(August)

Sutherland, E.(1974). Criminology, 3th ed. Philadelphia. Hippincolt.

Szilagyi Andrew P. & Marc J. Wallace(1990). *Organizational Behavior and Performance*. Goodyear Publishing Company, Inc.

Turoff, Murry(1975). The Policy Delphi. In Harold A. Linstone & Murry Turoff, *The Delphi Method*, Reading. Mass.: Addison-Welsley Publishing Co.

Waldo, Dwight(1987). What is Public Administration? in Jay M. Shafritz & Albert C. Hyde. *Classics of Public Administration*. Chicago: The Dorsey Press.

Weimer, David L. & Aiden R. Vining(1992). *Policy Analysis: Concepts and Practice*(2nd ed). Englewood-Cliffs, N. J.: Prentice-Hall.

Weiss, Carol H.(1972). *Evaluation Research: Methods for Assessing Program Effectiveness*. Englewood Cliffs: Prentice-Hall, Inc.

———(1984). Increasing the Likelihood of Influencing Decision. In Leonard Rutman ed. *Evaluation Research Methods: A basic Guide* (2nd ed.) Beverly Hills, C.A: Sage Publications, Lnc.

찾아보기

ㄱ

ㅈ

ㅊ

ㅋ

ㅌ

ㅍ

ㅎ

저자 약력

윤시영

경북대학교 정치외교학과 졸업
경북대학교 행정학 석사
한양대학교 행정학 박사
경찰청 생활안전·경비·수사국장
경북·대구·울산 지방 경찰청장
중앙 경찰학교 교장
소청심사위원회 상임위원
경일대학교 객원교수
대경대학교 석좌교수 역임

손보인

경북대학교 전자전기공학부 졸업
한국과학기술원(KAIST) 전기및전자공학 석사
경북대학교 법학전문대학원 전문석사
특허변호사회 부회장
서울지방변호사회 이사
한국산업보안연구학회 이사
법무법인 연두 변호사

경찰정책학강의

초판인쇄 2021. 2. 20
초판발행 2021. 2. 25
저 자 윤시영 • 손보인
발행인 황 인 욱
발행처 도서출판 오래
서울특별시마포구 토정로 222 406호
전화: 02-797-8786,8787; 070-4109-9966
Fax: 02-797-9911
신고: 제2016-000355호

ISBN 979-11-5829-201-0 93350

https://blog.naver.com/orebook
email orebook@naver.com

정가 23,000원